老江苏的趣闻传说

《趣闻圣经》编辑部 ◎ 主编

北京·旅游教育出版社

策　　划：丁海秀　李荣强
责任编辑：张　娟
部分图片提供：微图网

图书在版编目(CIP)数据

老江苏的趣闻传说/《趣闻圣经》编辑部主编. --北京：旅游教育出版社，2014.1
　ISBN 978 - 7 - 5637 - 2834 - 3

Ⅰ.①老… Ⅱ.①趣… Ⅲ.①江苏省—地方史—通俗读物　Ⅳ.①K295.3 -49

中国版本图书馆 CIP 数据核字(2013)第 274395 号

老江苏的趣闻传说

《趣闻圣经》编辑部　主编

出版单位	旅游教育出版社
地　　址	北京市朝阳区定福庄南里1号
邮　　编	100024
发行电话	(010)65778403 65728372 65767462(传真)
本社网址	www.tepcb.com
E - mail	tepfx@163.com
印刷单位	北京嘉业印刷厂
经销单位	新华书店
开　　本	720 毫米×1000 毫米　1/16
印　　张	23.5
字　　数	348 千字
版　　次	2014 年 1 月第 1 版
印　　次	2014 年 1 月第 1 次印刷
定　　价	39.80 元

(图书如有装订差错请与发行部联系)

编委会

主　编：徒步天涯
副主编：李荣强　陈庆伟　李鹏飞
编　委：（排名不分先后）

孙　沛	祝世超	马　静	杜蒙蒙
罗凤琴	陈雪姣	杨晓东	赵一文
李　然	王军锋	周鸣敏	江　飞
王　欢	谌立军	陈代明	邓　阳
邓益香	谌雨霞	邓幸妮	洪　武
程　倩	邓琴书	王　超	梁　慧
夏鸥云	唐　璐	刘小波	闵颖慧
黄　玉	霍庆冬	罗　垠	潘吉钜
彭赠忠	杨成芳	雒岩卫	张　娟
曹昌虹	秦玉虎	张冬霞	赵东瑾
王雷鸣	宗　静	徐丽丽	李瑶瑶
宫　烁	江鑫淼	杜　慧	

前言

　　自古便是富饶之地、鱼米之乡的江苏,历史悠久、文化多元、兼具南北色彩,是全国历史文化名城最多的省份,有着深厚的人文精神,众多的文物古迹、美丽的风景名胜、多彩的民族风情以及神奇的掌故传说……岁月留给它的是挥散不去的古韵幽幽。老江苏本身就是一本读不尽、品不够的厚书;本身就是一座丰厚的文化宝库,积淀了丰厚的文化内涵,造就了灿烂辉煌的文明,值得我们去挖掘,去探寻,去解读。

　　为何在南京古城建都的王朝都十分短命?阳澄湖大闸蟹为何被称为"蟹中之王"?象棋上的"楚河汉界"有何来历?苏州为何多出状元?唐伯虎点过秋香吗……

　　这些一个个有趣的话题,都可以在《老江苏的趣闻传说》里一一找到答案。

　　江苏实在是有太多可以说道的话题了。江苏文化就像一部卷帙浩繁的史书,凝聚着历史的烟云,刻画着岁月的沧桑,展现出民族的魂魄,给我们今天留下了多少鲜活的记忆。在本书中,我们从历史、地名、山川湖海、文物古迹、园林、宗教寺观、陵墓祠堂、旧居、饮食、娱乐、购物、交通、乡俗、名人等多角度对老江苏进行了全方位的精彩解读,力求将老江苏的故事精彩而有趣味地呈现在您的面前,为您介绍一个充满传奇的文化圣地。

　　《老江苏的趣闻传说》内容浅显易懂,向您介绍的各种掌故传说有着特殊的魅力。我们尽量选取那些最具代表性、最容易引起人们兴趣的老江苏的趣闻逸事,选取那些最能体现老江苏特色、典故丰富、可读性强的知识点,逐一呈现给渴求精神财富的读者。这些内容不但是您茶余饭后消遣的谈资,更是了解江苏、了解江苏人的绝佳窗口。另外,书中还精心挑选了数百张精美图片,尤其是大量弥足珍贵的老照片,让您在趣味阅读中充分感受到老江苏的底蕴。

今天,新江苏的发展虽然是日新月异,但老江苏的苏味余韵仍散发着独特的魅力。江苏的趣闻、传说不计其数,限于篇幅和编者能力,我们不可能将其一网打尽,但愿书中所选能增加您的知识,增长您的愉悦。这样,我们的目的也就算达到了。由于时间仓促,书中如有谬误,还望广大读者不吝赐教,以资修正。

《趣闻圣经》编辑部

总目录

老江苏的历史 ………………………… 1
老江苏的地名 ………………………… 21
老江苏的山川湖海 …………………… 39
老江苏的文物古迹 …………………… 63
老江苏的园林 ………………………… 107
老江苏的宗教寺观 …………………… 131
老江苏的陵墓祠堂 …………………… 157
老江苏的旧居 ………………………… 197
老江苏的饮食 ………………………… 213
老江苏的娱乐 ………………………… 241
老江苏的购物 ………………………… 263
老江苏的交通 ………………………… 279
老江苏的乡俗 ………………………… 295
老江苏的名人 ………………………… 327

目录

老江苏的历史

吴文化的发祥地在哪里	1
吴王的阖闾城建于何处	2
为何说南京是六朝古都	4
为何在南京古城建都的王朝都十分短命	4
为何说黄埠墩是无锡建城的起点	8
隋炀帝扬州"迷楼"中有何奥秘	9
建文帝生死下落之谜	10
为何江苏自古就被称为"鱼米之乡"	11
为何苏州被称为人间天堂	12
为何说徐州是两汉文化的发源地	13
为何说徐州自古为"兵家必争之地"	15
盐城的制造业始于何时	16
南通为何被誉为"中国纺织之乡"	17
为何无锡在民国时被称为"小上海"	18
宜兴为何被称为"教授之乡"	19

老江苏的地名

江苏一名有何由来	21
南京为何又被称作"金陵"	22
南京七家湾的得名与朱元璋有何渊源	22
苏州一名有何由来,其为何又称姑苏	23
无锡的名字有何由来	24
常州别称龙城有何来历	25
镇江名称有何由来,其为何古称"丹徒"	26
扬州一名有何由来	28
南通名称有何由来	29
徐州为何古称"彭城"	30
淮安一名有何来历	31
盐城一名有何来历,其为何又称"瓢城"	32
连云港一名有何由来	33
泰州为何又名"凤城"	34
宿迁一名有何来历	35
水乡古镇"木渎"的名称有何来历	36
水乡古镇"同里"的名称有何来历	37
水乡古镇"甪直"的名称有何来历	38

老江苏的山川湖海

为何南京的地形有"龙盘虎踞"之称　39
南京人为何将钟山俗称为"紫金山"　41
紫金山天文台建于何处,有何特色　41
为何在南京六合有一片壮观的石柱林　43
无锡惠山为何被誉为"江南第一山"　44
玄武湖因何得名　45
莫愁湖和莫愁女有何渊源　47
胜棋楼有何来历　48
南京溧水的胭脂河有何来历　49
为何苏州人常说"假虎丘真剑池"　50
虎丘试剑石有何来历　51
太湖成因之谜　52
瘦西湖因何得名　53
洪泽湖有哪些美丽传说　55
虞山尚湖因何得名　57
中泠泉为何被誉为"天下第一泉"　58
云龙山的饮鹤泉有哪些难解之谜　60
为何京杭大运河会流经扬州　61

老江苏的文物古迹

南京为何又名"石头城"　63
南京为何又名"台城"　65
南京明都城有何特点　65
南京明代城墙究竟有多长　67
为何每块明城墙砖上都刻着字　68
中华门"聚宝盆"的传说与南京城门
　有何关系　69
乌衣巷因何得名　71
"旧时王谢堂前燕,飞入寻常百姓家"
　描写的是何处　72
江南贡院有何建筑特色　73
"十里秦淮"为何有名　74
南京有哪些遗迹与郑和有关　75

南京燕子矶因何得名,有何历史地位　77
南京钟鼓楼位于何处　78
为何说"北有长城,南有盘门"　79
春秋淹城有何来历及特色　80
江宁金箔到底有多薄　82
为何徐州的汉画像石多　83
斩蛇碑有何特异之处　84
焦山碑林《瘗鹤铭》有何文物价值　85
唐代的扬州城位于何处　87
徐州为何会出现城下城的奇观　88
汉王镇"石祖"难解之谜　89
镇淮楼有何来历　91
南通博物苑为何被誉为"中国第一
　座博物馆"　92
孔望山有哪些著名佛教摩崖造像　92
总统府是否为孙中山就任临时大总统
　而建　94
总统府里的煦园为何又俗称"西花园"　95
《南京条约》签订于何处　96
南京大屠杀遇难同胞主要殉难于何处　97
雨花台因何得名　99
雨花台的烈士就义群雕为何由九人
　组成　99
雨花台的"二忠祠"供奉哪两位义士　100
梅园新村有何革命意义　101
淮海纪念塔是谁首先提出修建的　103
周恩来纪念馆及其童年读书处位于
　何处,有何特色　104

老江苏的园林

瞻园有何来历及特色　107
瞻园中的"虎"字碑究竟是谁写的　108
梦溪园因何得名　109
苏州古典园林是如何取名的　110
为何园林池塘边总建有旱船　111
沧浪亭有何特色　112

留园因何得名,有何特色	114
拙政园为何被誉为"中国园林之母"	115
狮子林有何趣闻典故	117
"狮子林"为何有两种写法	118
网师园有何建筑特色	119
"个园"名字有何由来	120
何园有哪四个"天下第一"	121
寄畅园有哪些传说故事	121
蠡园因何得名,有何建筑特色	123
"美人靠"因何得名	124
"鸳鸯厅"因何得名	125
为何片石山房被称为"人间孤本"	126
常州在史前是否有恐龙出没	127
红梅阁因何得名	128
为何常州的古典园林多以一字命名	129
网师园中的趣味楹联题对知多少	130

老江苏的宗教寺观

南京为何建有天妃宫	131
无锡南禅寺有何典故	132
灵谷寺一名有何由来	133
灵谷寺最早开建于何时	134
何谓"三绝碑"和"飞来剪"	135
为何玄奘法师的舍利会供奉在灵谷寺及九华山三藏塔	136
为何南京夫子庙为"庙市合一"的独特格局	138
夫子庙的聚星亭、魁星亭和棂星门各有何寓意	139
灵山大佛为何有名	141
天宁禅寺与乾隆帝的传说知多少	142
为何金山寺的山门朝西开	144
金山四宝知多少	145
《白蛇传》中的法海是否确有其人	146
慈寿塔下的"天地同庚"有何来历	147
南通三塔指哪三座	148

扬州盐商一夜造白塔的传说知多少	150
大明寺为何被誉为"淮东第一观"	151
玄妙观三清殿的"三清"指什么,有何建筑特色	152
茅山道士为何闻名	153
全国唯一的岳飞生祠在哪里	154
皂河龙王庙为何又被称为"乾隆行宫"	155

老江苏的陵墓祠堂

为何汉代王室贵族死后要穿玉衣	157
龟山汉墓未解之谜	158
龟山汉墓墓主是如何被确认的	160
狮子山楚王陵是如何被发现的	161
狮子山楚王陵有哪些未解谜团	163
土山彭城王墓出土的银缕玉衣知多少	165
为何唐骆宾王的墓会在南通	166
"南唐二陵"分别是谁的陵墓	167
为何南京会有异国君主的墓	168
颜真卿为何死后葬在句容	169
连云港出土的女尸为何能完好至今	170
虞姬死后的头颅葬于何处	171
天山汉墓的"黄肠题凑"知多少	172
徐州汉兵马俑是如何制作的	173
朱元璋的陵墓为何被称为"孝陵"	174
朱元璋是否真葬于明孝陵	175
明孝陵前的神道为何要拐个大弯	176
"治隆唐宋"碑的文字有何含义	178
明孝陵地宫之谜知多少	179
朱元璋陪葬妃子的残忍死法知多少	181
水下明祖陵之谜	182
孙中山为何选葬在南京钟山	186
中山陵是由谁设计的	188
"博爱"和"天下为公"分别有何来历	190
中山陵的石阶数目有何寓意	191
孙中山的遗体经历了怎样的磨难才最终葬于钟山的	192

蒋介石大陆自选墓地之谜知多少　194

老江苏的旧居

西楚霸王项羽的真正故里在何处　197
半山园历史上是谁的故居　199
薛福成故居为何又称"钦使第"　200
甘熙故居为何又名"九十九间半"　201
钱钟书故居有何特色　202
周庄为何被誉为"中国第一水乡"　204
镇江传统民居五柳堂有何来历及特色　206
扬州小巷有何特色　207
扬州的名人故居有哪些　208
户部山的民居有何特色　209
关盼盼与燕子楼有何传奇　211
周恩来总理故居位于何处　211

老江苏的饮食

"金陵八绝"知多少　213
淮扬菜有何独特风味　215
南京人为何爱吃鸭　216
扬州人为何爱吃鹅　217
徐州人为何喜欢吃羊肉　218
南京的"水八鲜""旱八仙"知多少　219
"鲜"字是谁发明的　221
徐州地锅是谁发明的　221
为何苏州人称碧螺春"吓煞人香"　222
无锡酱排骨和清水油面筋是如
　何制作的　223
松鹤楼有何独特传说　224
太湖船菜有何来历　226
何谓"太湖三白"　226
阳澄湖大闸蟹为何被称为"蟹中
　之王"　227
周庄"万三蹄"有何来历　228
丹阳封缸酒是如何得名的　229

高邮的咸鸭蛋为何双黄多　230
天目湖"三绝"为哪三绝　231
黄桥烧饼有何由来及特色　231
叶家烧饼为何又被称作"乾隆贡酥"　233
常州的芝麻糖和大麻糕有何来历　234
镇江"三大怪"为哪三怪　235
沛县人卖狗肉为何不能用刀切　236
何谓"霸王别姬"　237
"十三香"龙虾有何由来　238
洪泽湖的小鱼锅贴有何美丽传说　238
泰州梅兰宴有何特色　239
宿迁老汤猪头肉有何来历　240

老江苏的娱乐

民歌《茉莉花》的故乡到底在哪里　241
昆曲是如何兴盛及发展的　242
何谓"南京白局"，有何特色　244
苏州评弹有何来历及特色　245
吴歌究竟是一种什么样的民间歌曲　247
江苏梆子有何特色　248
何谓花鼓舞　249
大风歌是如何创作的　251
锡剧是何艺术形式，有何代表作　252
象棋上的"楚河汉界"有何来历　253
扬州木偶知多少　254
四面楚歌知多少　255
《二泉映月》是由谁创作的，有何特色　256
淮剧有何特色及来历　257
关汉卿的《窦娥冤》是根据什么故事
　创作的　259
何谓"拉魂腔"　260
盐城杂技为何有名　261

老江苏的购物

雨花石因何得名，是如何形成的　263

苏州刺绣为何蜚声中外	265
四大名锦之一的南京云锦有何来历及特色	266
惠山泥人"大阿福"有何传说	266
留青竹刻因何得名	267
宜兴紫砂壶为何有名	269
无锡阳山水蜜桃有何传说	270
何谓"扬州八刻"	271
扬州漆器和玉雕为何闻名海内外	272
扬州酱菜有何特色	274
牛皮糖为何号称"扬州一绝"	275
"泰州三麻"知多少	275
洋河酒有何美丽传说	276
连云港东海县为何被称为"中国水晶之都"	277
南通蓝印花布是如何制作的	278

老江苏的交通

为何南京夫子庙的文德桥会出现"半边月"的奇观	279
南京长江大桥有何独特建筑特点	280
南京的第一条柏油马路建于何时	281
法国梧桐是否来自法国	282
无锡的"骂蠡桥"因何得名	283
郑和下西洋出发于何处	284
苏州古桥知多少	285
箍箕巷与乾隆有何渊源	287
千年古渡西津渡知多少	287
为何说徐州是"五省通衢"	288
明代驿站孟城驿有何功能	289
扬州二十四桥之谜	290
五亭桥有何建筑特色	292
为何说连云港是新亚欧大陆桥的"东方桥头堡"	293
常州文亨桥有何特色	294

老江苏的乡俗

为何说"苏湖熟,天下足"	295
为何说"北有杨柳青,南有桃花坞"	296
南京为何以六朝的"辟邪"为城市标志	297
江南水乡的妇女服饰有何特色	298
南京夫子庙的金陵灯会知多少	299
苏州为何多出状元	300
为何江南养蚕人家多供奉"马明王"	301
何谓"扬州三把刀"	302
扬州喜话知多少	303
为何常州"木行"多	304
"慈禧赏三岛"知多少	305
为何常州人过年时要去天宁寺"点罗汉"	307
杜牧为何偏爱扬州月	308
水乡同里的"走三桥"习俗知多少	309
为何有"春牛首,秋栖霞"一说	310
如皋为何被称为"长寿之乡"	311
为何有"狮子回头望虎丘"一说	312
苏州的"吴侬软语"是如何形成的	314
为何苏州人常说"金阊门,银胥门"	315
为何日本人新年时要到寒山寺撞钟	316
苏州人中秋时为何要去石湖赏月	317
为何句容春城的朱巷村有元宵玩马灯的习俗	318
徐州有哪"十八怪"	319
南通三怪知多少	322
"溱潼会船"的习俗有何由来	323
为何宿豫人与沭阳人世代互称"老表"	324
为何盐城百姓大年三十要听"出语",烤"元宝火"	325

老江苏的名人

常州人文始祖季札有哪些传奇	327
伍子胥为何会一夜白发	329
"扶不起来的阿斗"为何会死在东海	330
刘邦是如何吹牛娶娇妻的	331
忍受"胯下之辱"的韩信有何传奇	333
陶弘景为何被称为"山中宰相"	334
《文心雕龙》是如何问世的	335
苏轼在徐州是如何做官的	336
欧阳修在扬州是如何做太守的	337
巾帼英雄梁红玉有何传奇	338
大脚马皇后有哪些传奇	339
沈万三缘何富甲天下	341
徐霞客是如何写就《徐霞客游记》的	342
吴承恩写《西游记》前是否到过花果山	343
唐伯虎点过秋香吗	345
史可法扬州抗清的壮烈传奇知多少	346
金圣叹名字有何由来	347
神医叶天士有何传奇	348
"扬州八怪"为哪八怪	349
一代帝师翁同龢知多少	351
南通第一状元胡长龄——以名得大魁的传奇知多少	352
清末状元张謇在历史上有哪些杰出贡献	353
常州革命三杰是哪三杰	355
陈毅茅山试"半仙"的传奇知多少	356
华罗庚在数学领域有哪些突出贡献	358
林散之为何被称为"当代草圣"	359
刘海粟一生有哪些传奇	360

老江苏的历史

 吴文化的发祥地在哪里

  吴文化的发祥地在今天的无锡市梅村,也就是最早的吴国首都——梅里。春秋时期,吴国的国力有了很大的发展,政治、军事力量都很强大。周元王三年(前473年),越王勾践灭吴,无锡属越国。周显王三十五年(前334年),楚灭越,无锡属楚国。秦王政二十五年(前222年),秦灭楚,设会稽郡,无锡属秦。

  据考古资料,西汉时期(前202—公元9年),无锡已出现多种手工业门类,包括冶铁、铸铜、制陶、髹漆等,而农业生产已使用铁器农具和牛耕技术。六朝时期(229—589年),由于北方频繁发生战乱,导致人口大量南迁,为无锡带来了劳动力和技术。这时,无锡开始大量兴建水利设施,提高农耕技术,商业贸易也开始兴起。

  唐宋时期,无锡的生产力水

无锡梅里古都

吴文化代表:"吴王光"青铜鉴

平进一步发展、提高。第一,农业发展迅速。从耕作技术上看,从原来"火耕水耨"的轮荒耕作变成了耕、耙、耖配套的耕作技术;从作物熟制上看,形成了稻麦两熟制;从灌溉技术上看,太湖周围经改造后,形成了完整的水网系统,河渠纵横、湖塘棋布、排灌结合。第二,养蚕业发达。唐朝诗人陆龟蒙在《奉和袭美太湖诗》里写道:"桑柘含疏烟,处处倚蚕箔。"第三,自隋炀帝开通京杭大运河后,无锡这段河道上"商旅往返,船乘不绝"。第四,从城市贸易上看,城中市场繁荣,交易兴盛,各种作坊鳞次栉比,如金银、彩帛、烟酒、油酱、米店等。毫无疑问,这时的无锡是江南的一块宝地。

明清时期,无锡的社会生产力得到了较快的发展,这主要得益于它自身的区位优势:自然条件优越,水陆交通便利,社会环境相对安定。比如,经过几次大规模的整治后,无锡西北的芙蓉湖周围出现了大批良田。从农业上看,"春豆夏麦,秋收禾稻,中年之岁,亩得三石",也就是说,精耕细作使得粮食产量逐年增加,无锡成为全国著名的"米仓一区"。

其实,早在元代,邻近各县上交漕粮时,已将无锡当作集中地。只是明清时期,这里的手工业兴盛了起来,商品经济发展较快,逐步形成了有名的米市和布码头。明时,无锡致力于兴修水利,推广水稻育秧移栽技术,所以粮食产量稳定,所产稻米可与苏杭之帛、淮扬之盐、浮梁之瓷、温州之漆相媲美。到清代前期,无锡稻米居江苏各县之首,因为经营规模、交易数量大,它成了漕粮的主要采办地和粮食余缺调剂市场("产者输之,购者集之")。雍正、乾隆年间(1723—1796年),无锡"米豆之业甲于省会","皖豫米商纷纷麇来,浙东籴贩,麇不联樯",可见其米市已初具规模。

随着无锡米市的形成与发展,北方产棉区的棉花被运至无锡,于是这里的乡间棉纺织业开始变得十分兴盛。后来,这里出现了无锡"布码头"之称,并与汉口"船码头"、镇江"钱码头"并称为"长江三码头"。到明弘治年间(1488—1506年),无锡已有很多布市。明末清初,无锡开始逐渐走向衰落。

吴王的阖闾城建于何处

阖闾城位于常州市雪堰镇阖闾城村,占地约 100 万平方米,是春秋中期的

常州吴王阖闾城

城址。城址呈长方形，东西长约1 300米，南北宽约800米，分为东城、西城和大城。东西无城墙残迹，城中段有城墙高3～4米，墙基厚约20米，均系夯土筑成。

东城较小位于无锡滨湖区境内。西城和大城较大，在常州境内。东西虽没城墙，但有30～40米的直湖港可用作堑壕，从而与外界隔断，起到军事防御作用。城内现有周家、东城等自然村，内有5座桥梁与外界相通。

按理说，吴国的都城在苏州，但是阖闾城却建在了常州。这是因为阖闾城是由吴王阖闾命令大将主持建造的。周敬王六年（前514年），伍子胥采用了"相土尝水，象天法地"的规划思想开始建城，因奉吴王阖闾命，故名阖闾城。它南临太湖，北靠仆射山、胥山、虾笼山等山，并以之为天然屏障。

阖闾城遗址现为省级文物保护单位，包括阖闾大城和东、西小城，东、西小城位于阖闾大城的西北。阖闾城的建造年代据推测为春秋晚期。西城南区有大型建筑群，对称分布；北区也有大型建筑。此外，闾江经过改造后成为阖闾城的城外环壕和城内水系；阖闾大城以北还有胥山湾以及龙山石冢等。

在阖闾城，曾出土了很多文物。其中，东西小城发现陆门和水门4座；在城墙上发现了大量的夹砂灰陶、红陶，时间跨度为新石器时代晚期至春秋战国时期，以及春秋时期的硬陶鬲足、罐片等遗物；有一件陶釜，从它的腰沿上看的话，明显带有马家浜文化的特征；采集到的黑衣陶豆残片，其特点和崧泽文化、草鞋山遗址中发现的陶豆相近；陶片有各种花纹，如饕餮纹、勾莲云雷纹、绳纹和方格纹、米筛纹、填线菱形纹等，这些遗物的特征体现了几何印纹陶的不同发展阶段。

吴王阖闾

为何说南京是六朝古都

南京,简称"宁",历史上曾叫金陵、建业、建康、石头城等,有6 000多年的文明史和2 400多年的建城史,与西安、北京和洛阳并称为"中国四大古都"。

南京明故宫遗址

南京地理区位优越,诸葛亮曾这样评价它:"钟阜龙蟠,石城虎踞"。谢朓在《入朝曲》一诗中曾这样描写南京:"江南佳丽地,金陵帝王州。"

起初,先后有6个朝代在南京建都,前后长达360年,这就是"六朝古都"的来历。分列如下:

229年,孙权称帝,建立吴国,定都于秣陵,并更名为建业,南京首次成为帝都。

西晋灭东吴后,把"建业"改成了"建邺",后又改为"建康"。

317—420年,东晋定都于此。

420—589年,南朝宋、齐、梁、陈四朝也相继定都于此。

自南京成为"六朝古都"之后,历史上又有4个政权定都南京。所以,南京还有"十代都会"的美名。分列如下:

937—975年,南唐在此建都。

1368年,朱元璋建立明朝,定都于此,并改名为"应天府"。

1853—1864年,太平天国定都于此,并更名为"天京"。

1912年,中华民国临时政府宣布南京为国都,后来国民党政府也以南京为国都。

这样,先后在南京建都的朝代就有10个,即东吴、东晋、宋、齐、梁、陈、南唐、明、太平天国和中华民国。

现在,南京是长江"金三角"地区的重要城市,也是全国著名的旅游城市,主要旅游景点有:中山陵、鸡鸣寺、阅江楼、玄武湖、夫子庙、紫金山、明孝陵等。

为何在南京古城建都的王朝都十分短命

古城金陵,即现在的江苏省南京市的前身。作为中华文明的重要发祥地之

东吴大帝孙权纪念馆

一,南京的历史非常悠久,有6 000多年的文明史、2 500多年的建城史和近500年的建都史,是中国四大古都之一,被称作是"六朝古都""十朝都会"。

提起南京,人们马上会想到它是虎踞龙盘的六朝古都、历史名城。但是,很少有人注意到这样一个现象,那就是历史上曾在南京定都的王朝有10个,但个个都是短命王朝。其中,东吴69年,东晋102年,南朝宋59年,齐23年,梁55年,陈则只有32年。五代十国时,南唐也曾建都金陵,从先主李昪、中主李璟到后主李煜,虽然历经3世却仅历时39年。南宋时,"泥马渡康王",宋廷南迁,在此建都,11年后,宋高宗便以建都当"修德行而不在于择险要之地"为名,弃城南逃,定都杭州,名曰临安。大明王朝在开国之初,朱元璋也曾定都于此,但仅经过了两代人就移都北京,加起来才50多年。清朝末年,太平天国饮马长江,建都南京,结果仅仅维持了9年的时间。

到底是什么原因使在这座王气十足的古城建都的王朝都十分短命?有传说认为,是秦始皇斩断了龙脉,从而断了南京的龙气。那么,秦始皇为何要斩断南京的龙脉?其背后究竟有怎样的玄机?

公元前210年,秦始皇第5次出巡,也是他一生中的最后一次东巡。他先是大张旗鼓地巡游云梦,浩浩荡荡地乘船顺江东下,在很远的地方就看见了阳光下王气氤氲的金陵城。御驾车队到达金陵后,秦始皇十分兴奋,他被这里虎踞龙盘的气势所深深吸引。

与秦始皇一同巡游的还有当时道法极高的方士常生、仙导,他们修道数十年,精通风水堪舆之术,一路上他们一直兴高采烈,大讲都城风水。但使秦始皇感到奇怪的是,自从到达金陵之后,这两位方士就变得沉默起来,当他们看到金陵地形地势和山川形胜之后,更是十分的忧虑。

见此情形,秦始皇就问他们:"金陵形胜,气象万千,两位何故沉默寡言?"两位方士对

秦始皇

视一眼,忧心忡忡,欲言又止。秦始皇便说:"四海之内,莫非王土。天下,乃皇帝之天下,有何惧哉!但说无妨,恕你们无罪。"于是,方士常生低声说:"金陵地形险要,气势磅礴,不是平庸之地,非同小可!"仙导也靠近秦始皇,郑重地附耳说道:"金陵乃龙脉地势,虎踞龙盘,地形险峻,王气极旺,五百年后会有天子坐镇!"

秦始皇一直认为,自己是皇帝,其皇脉应当永远地延续下去,一姓帝国千年万年,生生不息。听到两位方士这样说,大惊失色,赶紧询问:"有何破解之良策?"常生扫视金陵地势,指着方山说:"截断方山。"秦始皇一脸的不解,不知道为何要这样做,仙导见此便解释道:"方山地处金陵东南,其顶部平坦如官印,人称天印山。天印,自然是上天赏赐的官印,决定了金陵之地的王气兴衰和吉祥命运。断了方山龙脉,就是阻隔了金陵的王气,然后再引淮水贯穿金陵,通达长江,让河水冲尽王气。这样,陛下就可以高枕无忧了。"略通风水的秦始皇看到金陵城北的狮子山、马鞍山,便吩咐道:"这两座山也要截断。"于是,方山被截断,淮水贯穿全城。秦始皇还是不放心,于是将金陵改称为秣陵。秣陵,就是指养马的草料场。这样就使金陵王气更加受到压制。

当然,这只是一个故事、一个传说,虚假的成分太多,不足以说明在此建都的王朝短命的真正原因。要想说明这个问题,还要从南京的历史和地理位置说起。

春秋战国时期,南京地处"吴头楚尾",是吴国和楚国的交界地带,吴国在这里设置治城。公元前472年,越王勾践灭吴后,命令宰相范蠡在秦淮河畔修筑

东吴亡国之君孙皓

越城,南京的历史就是从那时开始的。公元前306年,楚威王灭越,原来属于吴国的土地也都被他吞并了,他在石头山修筑城池,设置金陵邑,其遗址就在今天的石头城,也就是南京城西草场门至清凉门之间。公元前223年,秦国灭楚,统一六国。公元前210年,秦始皇东巡,因为金陵有天子之气,于是改金陵之名为秣陵,以贬斥其气。

公元195年,当时正处在东汉末年,军阀混战。孙权的哥哥孙策南渡长江,占领丹阳、江乘、胡孰、秣陵等县,奠定了后来东吴基础。公元208年前后,诸葛亮出使江东,观察南京山川形胜,作出了"钟山龙盘,石头虎踞"的著名评语,从而使南京名声大振。公元211年,孙权听从谋士张纮的建议,把国都从京口迁到秣陵,并改名为建业。229年,孙权称帝,定

都建业,这是南京建都的开始。

孙权之所以在南京建都,不仅是因为这里有虎踞龙盘的险要地势,而且这里还有长江天险。此后历代在此建都的王朝无一不是与孙权一样,他们都是看中了这里险要的地理位置。然而,他们不知道的是,长江天险,既可以让他们有坐享之福,也可以成为他们的潜在之祸。

太康元年,也就是公元280年,晋武帝命王浚率领由高大的战船组成的水军,顺江而下,讨伐东吴。在强敌面前,东吴的亡国之君孙皓凭借长江天险,在江中暗置铁锥,用铁链横锁江面,自以为是万无一失。但王浚用数十只大筏子顺江而下,冲走铁锥,又用火烧毁铁链,然后顺流而下,直接抵达三山之下,很快就攻克了金陵。

南京总统府太平天国御座

从这场战争来看,虽然东吴拥有所谓的"王气"、天然的地形、牢固的铁链,但是这些都没有成为最坚实的依靠。唐代大诗人刘禹锡在《金陵怀古》一诗中曾写道:"兴废由人事,山川空地形。"说的是决定朝代的更替的最主要原因是人而非山川地形,从而说明了东吴灭亡的原因。

后来在南京建都的王朝最后被灭亡的情景大都与这场战争相同。都是敌方的水路大军越过长江,轻而易举地摧垮了沿江工事,然后兵临南京城下。于是,亡国之君们不是战死,就是自杀,还有的写下降书降表,想投降他国,求得一时的苟活。吴国的孙皓,南陈、南唐的两位后主都是这样的下场。

这些王朝的灭亡,除了过分依靠长江天险之外,无一不与放纵声色犬马,安享奢侈繁华有关。南京号称六朝金粉之地,绝不是空穴来风。唐朝大诗人杜牧有一首《泊秦淮》,很能说明问题。诗中写道:"烟笼寒水月笼沙,夜泊秦淮近酒家。商女不知亡国恨,隔江犹唱后庭花。"在南京建都的王朝虽然短命,但秦淮河岸边的歌舞却长久不息,就是在这歌舞声中,一个个刚刚建立起来的王朝,不久便匆匆灭亡了。

由此可见,并不是所谓的"王气""龙脉"在影响王朝的运势,而全在于人事的兴废。假如政事不修、朝纲不正,就是有再多的天险可以凭借,也无法阻挡灭亡的命运。

为何说黄埠墩是无锡建城的起点

黄埠墩,旧称小金山,地处无锡古芙蓉湖中心,因春申君黄歇(前314—前238年)曾在此疏治芙蓉湖而得名。它是古芙蓉湖遗留下来的小岛,占地面积220平方米,石砌驳岸,四面环水,北为双河口,南为江尖渚。

春秋时期,吴王夫差(?—前473年)伐齐,并为此开了运河,浚治了芙蓉湖。公元前486年,吴王北上伐齐,当时他带了数万水军、千艘战船,声势浩荡。当路过芙蓉湖时,他的队伍就停驻在黄埠墩,并在此大宴臣僚。也就是从这时起,黄埠墩成为古运河上重要的停靠之地,无锡城也就在此奠基了。

战国时期,无锡成为楚国春申君的封地。据东汉《越绝书》记载:"春申君时,立无锡塘,治无锡湖。"那时,春申君带领人民疏浚芙蓉湖,兴修水利。后来,人们为了纪念他的功劳,就将此地命名为"黄埠墩"。

南宋时,文天祥曾两度经过黄埠墩,并在这里写下了《过无锡》的爱国诗篇:"金山冉冉波雨,锡水茫茫草木春。二十年前曾去路,三千里外作行人。英雄未死心先碎,父老相从鼻欲辛。夜读程婴存国事,一回惆怅一沾巾。"

明时,右金都御史、被誉为"海青天"的海瑞在墩题写了一块匾额,曰:"临水玩山第一楼"。明人王永积在《锡山景物略》中写道:"墩上有文昌阁、环翠楼、水月轩,垂柳掩映,不接不离。登阁九峰环列,风帆片片,时过几案间。"

清时,康熙、乾隆二帝南巡时都曾在这里停留过。康熙题有"兰若"匾额,并把它比作水中的兰花;乾隆题有"两水回环抱一洲,不通车马只通舟"的诗句,并赞誉它为传说中的"蓬莱"。梁章钜在《楹联丛话》中这样赞美黄埠墩的美景:"无锡北门外,有黄甫墩,在芙蓉湖中,四面皆水,飞楼缥缈,极似西湖之湖心亭。窗户轩槛,皆九龙山翠所涵渲。登览胜概,甲于通邑。楼中匾联尚多,惟孙平叔宫保联云:灯火春星浮北廓;云霞朝景揽西神。秀整雅切,邑人盛称之。西神即九龙山也。"

黄埠墩在古代有各种各样的叫法、写法,如"黄婆墩""黄婆埠""黄阜墩""黄甫墩"等。清乾隆四十九年(1784年),乾隆皇帝第六次南巡,还曾将它笔误为"黄浦墩"。关于它,还有一个"黄鳝精"的传说:

春申君

传说，黄埠墩运河里住着一条黄鳝精。某天，它变作一个年轻人，在河畔的一棵大樟树下看书。这时，王母娘娘的四女儿彩云恰好路过此地。当她发现那个低头看书的青年后，就仔细端详了起来……而当青年看见彩云后，两人一见钟情、互生爱慕，于是就生活在一起了。可惜的是，一年后，天庭知道了此事。接着，黄鳝精被张天师压在了小岛底下，不能动弹了。

黄埠墩

在小岛西端，生活着几户穷苦人家。某天早晨，村里一个老头来到古井旁提水，他刚把吊桶放到井里，就听见井底下传来哀求声。他问明了原委，于是答应每天送几条鱼给黄鳝精吃。黄鳝精感激不尽，说以后定会报答他。

第二年夏天，无锡因为大雨导致河水泛滥，周围的田地房屋都被淹没了。唯一安然无恙的，就是运河中心的小岛。生活在小岛上的居民们认为，这是由于得了黄鳝精的保护，才躲过此次灾难，所以就将小岛命名为"黄埠墩"。

隋炀帝扬州"迷楼"中有何奥秘

隋炀帝杨广年轻时很有作为，为隋朝的江山做出了很大贡献，而年老之后却穷奢极欲，刚愎自用。他所建的"迷楼"可谓是穷天下之工巧，夺天地之造化，然耗费的巨资，几乎都掏空了国库。"迷楼"建成之时，隋炀帝游之，赞曰："使真仙游其中，亦当自迷也。"意思是说，即使天上的仙人在"迷楼"中游玩，也会沉迷其中的。那么"迷楼"位于哪里呢？

据《资治通鉴》记载，隋炀帝曾于洛阳修建一座西苑，以供宫女居住，只是不知此西苑是否就是"迷楼"。历史学家比较赞同的观点是，"迷楼"位于扬州。其证据多为文人所作诗文。如包何《同诸公寻李芳直不遇》："闻说到扬州，吹箫忆旧游。人来都不见，莫是上迷楼。"杜牧的《扬州三日》："炀帝雷塘土，迷藏有旧楼。谁家唱水调，明月满扬州。"在唐人诗中的"迷楼"几乎都是位于扬州。但是韩偓的《迷楼记》中却说"迷楼"位于长安。文中说："唐帝提兵，号令入京，见迷楼，太宗曰：'此皆民膏血所为。'乃命焚之。"文中说的"京"即长安。对于"迷楼"的位置，主要就是有这两种说法：一是扬州，一是长安。今人多认为是在扬州。因扬州城北的雷塘有"迷楼遗址"。作为前车之鉴，后人在遗址上建了一座

隋炀帝

"鉴楼"。现在的"鉴楼"为清朝重建,成为了扬州的风景名胜。

"迷楼"是当时一个能工巧匠所设计的。在"迷楼"中,隋炀帝藏有来自全国各地的美女万千,以供其淫乐。楼中还有一些机关巧器,如"御女小车""如意车"等。其淫乱行径不堪入目。楼中还设有巨大的铜镜,用于淫乐时观赏。有时,隋炀帝在楼中淫乐,整月不出"迷楼"。隋炀帝长年累月地沉迷于"迷楼"之中,不理朝政,荒淫无道,终使隋朝江山历二世而亡。

"水能载舟,亦能覆舟。"隋炀帝年轻时好大喜功,不体恤民苦,三征高丽,穷兵黩武,导致天怒人怨;年老时不思进取,不理朝政,荒淫无道,最终落得个被缢死的下场。其亡国之因,不是源于"迷楼",而是源于本身。

建文帝生死下落之谜

明建文帝朱允炆是明朝的第二代皇帝,明太祖朱元璋的长孙。1398年5月,朱元璋去世,朱允炆即位,年号建文。由于各藩王拥兵自重,于是建文帝与大臣开始实行削藩。但他心怀仁义,行事不够果断,给了燕王朱棣起兵的机会。朱棣于建文元年(1399年)七月于北京发动兵变,建文四年(1402年)六月攻入南京后,立即派人寻找建文帝。当时皇宫燃起大火,太监说建文帝携皇后马氏已火中自焚,妃嫔侍从等随其投火而死,但尸骨已烧焦,无法辨认。又有说建文帝已从地道出逃,不知下落。从此建文帝的生死下落成为一个谜。

据《明史纪事本末》说,朱棣攻破南京时,朱允炆想自杀,一个老太监说:"太祖临驾崩时留下一个铁箱子,秘藏于奉先殿,当临大难时可打开。"众人打开箱子一看,里面是三张写了姓名的度牒,一把剃刀,三件僧衣,一封书信。按照书信所示,朱允炆等人便剃了头,换上僧衣,从暗道出城,到别处云游去了。

建文帝朱允炆

听说建文帝可能是出逃了,急坏了来路不正的朱棣。他派人四处寻找,得到多种说法。有的说建文帝流亡于云南、贵州广顺、四川、湖北,有的说去了江浙、广东等地,有的说流亡到了南洋,但无一是实信儿。据《推背图》第二十八象云:"羽满高飞日,争妍有李花。真龙游四海,方外是吾家。"看来建文帝是去海外了。《明史》载:"成祖(朱棣)疑惠帝(建文帝)亡海外,欲踪迹之,且欲耀兵异域,示中国富强。永乐三年六月,命(郑)和及其侪王景弘等通使西洋,将士卒二万七千八百余人,多赍金币。"但这些人在南洋西洋并未访得建文帝的下落。

重庆沙坪坝磁器口龙隐门:
传说建文帝曾隐居于此

明嘉靖时郑晓撰《吾学篇》记有传闻,说建文帝年老到广西思恩州官府,自称是建文帝。当地官员将其送至京师。经辨认确为建文帝,就被迎入宫内,后老死于宫中,葬于北京西山,不封不树。此说有为朱棣子孙树德之嫌,不为人信。

又据《胡濙传》记载,在朱棣死前一年的一个晚上,他已睡下后,听说派去查找建文帝下落的胡濙回来了,便急忙召见。胡濙访得建文帝已削发为僧,一直藏在江苏吴县普洛寺内已无复位之意。此说也不大让人相信。

后来出现的说法还有建文帝藏于四川平昌佛罗寺(望京寺)说,湖北武昌说,福建宁德金坝村说等。据《明神宗实录》记载,万历二年十月,十二岁的神宗曾问张居正建文帝下落,张居正回答:"国史不载此事,但先朝故者相传,言建文皇帝当靖难师入城,即削发披缁,从间道走出,后云游四方,人无知者。"可见连明朝的帝王重臣也不知道建文帝的具体下落。

另为后人忽略的是靖难之后,朱棣将建文帝两岁的幼子朱文圭关在宫内,禁止任何人和他说话,直到55年后,明英宗第二次执政时才把他放出来。此时的朱文圭已听不懂人们所说的话,也说不出一句话,连牛马都分辨不清。可见朱棣是多么的虚伪,他的种种靖难借口都是假的。

为何江苏自古就被称为"鱼米之乡"

江苏历来被称为"鱼米之乡",自古就是我国的农业重镇之一,像粮食、棉花、油料等产量一直居于全国前列。

太湖暮色

首先,江苏有得天独厚的自然条件,比如土壤肥沃,水热资源丰富等。所以,这里多数地区的农作物熟制为一年两熟,特别是太湖流域的稻米,民谚曰:"苏湖熟,天下足。"

其次,江苏人多地少,粮食需求大,所以传统的耕作方式一直是精耕细作。

再次,江苏有着江河湖海的优势,无论淡水渔业,还是海洋渔业,都在全国占有重要的地位。例如,重要的淡水渔业基地有太湖、洪泽湖、长江和里下河地区;重要的渔场有吕四和大沙。其中,吕四港闻名全国,沿海渔场海洋资源丰富,盛产文蛤、海带、紫菜、对虾及各种鱼类。

然后,江苏林业资源丰富,宜溧山地等是重要的用材林基地,太湖流域是"全国三大蚕桑基地"(太湖流域、四川盆地、珠江三角洲)之一。另外,这里还有众多果品种植基地。例如,太湖沿岸丘陵区,有柑橘、枇杷、杨梅;徐淮平原,主要是苹果、梨;长江三角洲、宁镇丘陵区,以桃为特色。

最后,江苏全省各地均有畜牧业的分布。因此,畜产品市场供应充裕,价格相对稳定,如鸡、鸭、鹅等。

一直以来,江苏境内的农、林、牧、副、渔等各类产业比较均衡,发展也比较稳定,这就使它成了享誉全国的"鱼米之乡"。

为何苏州被称为人间天堂

谚语说:"上有天堂,下有苏杭。"这句话表明了苏州、杭州的美丽、繁华和富庶。对此,白居易曾赞赏道:"杭土丽且康,苏民富而庶。"

苏州地处江苏省南部,公元前514年建城,风景秀丽,号称"东方水城"。隋开皇九年(589年),始称苏州,并沿用至今。白居易在《忆江南》一词中是这样描绘它的胜景的:"江南忆,其次忆吴宫,吴酒一杯春竹叶,吴娃双舞醉芙蓉。早晚复相逢。"

然而,苏州作为"人间天堂"的最初意蕴,并不是繁荣景象的代名词。大约一千多年前,苏州还不怎么富庶,而北方和中原地区正值战乱,难民们逃难到了这里。南迁的难民看到这里比北方要安定富足,适合繁衍生息,于是以为来到了天堂。从此，就有了"上有天堂，下有苏杭"的说法。

苏州名胜众多，尤以园林而闻名，其中，苏州的拙政园、留园与北京颐和园、河北承德避暑山庄并称为"中国四大名园"。苏州有着众多秀丽的风景名胜，这是它被誉为"人间天堂"的一个很重要的原因。这里的著名景点有以下几处：

苏州留园

寒山寺：正殿面宽5间，进深4间，为单檐歇山顶。殿宇匾额是"大雄宝殿"，殿内庭柱悬有楹联，为赵朴初撰写，曰："千余年佛土庄严，姑苏城外寒山寺；百八杵人心警悟，阎浮夜半海潮音。"座上供奉着释迦牟尼金身佛像，两侧供奉着十八罗汉像。

虎丘：位于苏州古城的西北角，距今已有2 500多年。当年，吴王阖闾在此建都，死后墓地即在虎丘。虎丘被誉为"吴中第一名胜"。唐时，白居易任苏州刺史时，曾在虎丘凿山引水，修建堤岸，这里的景致变得更为秀美。唐朝大诗人张继描写此地枫桥的名诗——《枫桥夜泊》，更是千古绝唱："月落乌啼霜满天，江枫渔火对愁眠。姑苏城外寒山寺，夜半钟声到客船。"宋代大文学家苏轼曾说："到苏州而不游虎丘，诚为憾事。"可见，虎丘是游历者的向往之地。

留园：全园占地2万余平方米，和拙政园同属于"苏州四大名园"。它综合了江南造园艺术，层次丰富、错落有致，集住宅、祠堂、家庵、园林于一身，是江南名园之一。

拙政园：位于苏州市平江区，始建于明朝正德年间（1506—1522年），是苏州园林中最大、最著名的一座，堪称中国私家园林的经典之作，被誉为"中国园林之母"。

同里：地处太湖之滨、京杭大运河之畔，是典型的江南水乡古镇，可谓"小桥、流水、人家"。镇内自成水网，河水、小桥比比皆是，形成了十分独特的景观："家家临水，户户通舟""水巷小桥多，人家尽枕河""柳桥通水市，河港入湖田"。

为何说徐州是两汉文化的发源地

在徐州民间，有一种说法认为："秦唐文化看西安，明清文化看北京，两汉文

化看徐州。"徐州是我国的历史文化名城,拥有丰富多彩的历史文化遗存,尤以古文化遗产中的"汉代三绝"(汉墓、汉兵马俑、汉画像石)而闻名。之所以说徐州是两汉文化的发源地,原因有四点:

萧何

首先,徐州是两汉文化之根。两汉文化的开创者当然是刘邦,在其政治集团崛起的过程中,发挥了主力军作用的正是他的沛县老乡,即萧何、曹参、周勃、王陵、樊哙以及他的发妻吕雉。汉政权的建立,"大一统"局面和"文景之治"盛世的出现,为两汉文化的发展和繁荣提供了政治基础,是促成两汉文化最终得以形成的制度性保障。

其次,徐州有丰富的两汉文化遗存。最著名的就是汉墓、汉兵马俑、汉画像石这"文物"三绝。目前,徐州已发掘清理出了近300座汉墓,其中最具规模的是10多座汉代王侯陵墓。而在这些王侯陵墓中,龟山汉墓因其规模巨大、建筑精美、色彩神秘独占鳌头。龟山汉墓发现于1981年,是西汉第六代楚王——襄王刘注的夫妻合葬墓,也是徐州的汉墓中唯一确定了主人的墓葬。

再次,徐州籍人在两汉时期做出了标志性贡献,特别是在经学、文学、目录学方面。例如,经学家刘向编著了《新序》《说苑》等书;诗人韦孟有《讽刺诗》传世;目录学家刘歆的《七略》,是中国第一部官修目录;汉高祖之孙刘安主持编纂的巨著《淮南子》,是当时道家最成熟的著作。此外,东汉时期的徐州人张道陵是我国道教的创始人。

最后,徐州的民俗文化在两汉已传遍全国。汉高祖刘邦登基后,跟随他打天下的功臣都被封王列侯。这些功成名就的人在回到封地后,都或多或少地带来了刘邦老家的民俗风情,并主动或被动地开始向周围地区传播。这样一来,徐州民俗就影响了全国各地。

由上来看,"两汉文化看徐州"是不无道理的。两汉文化基本上形成了一种新的文化形态,"汉人、汉语、汉字、汉文化"的特定称谓,

徐州西汉兵马俑

就是它对历史产生了深远影响的明证。其主要内容和基本要旨大致有三方面：其一，"无为而治"奠定了汉王朝的立国之本；其二，"独尊儒术"造就了汉王朝的长治久安；其三，"龙凤文化"成为中华民族的精神象征。

为何说徐州自古为"兵家必争之地"

从古至今，徐州这里发生过很多次战争，光有记载的就多达400余次。公元前21世纪，徐州境内发生了最早的一次战争，即彭伯寿征西河。1948年，淮海战役爆发，这是徐州最近的一次战争。可以说，平均每10年左右，这块地方就要打一回仗。所以，徐州被称为"兵家必争之地"，是名副其实的。主要原因有以下几点：

第一，徐州地理位置得天独厚，是军事战略要地。徐州自古有"北国锁钥""南国重镇"之称，东晋人就认为"彭城之得失，辄关南北之盛衰"。辛亥革命的领导人之一黄兴曾这样评价徐州的战略地位："南不得此，无以图冀东，北不得此，无以窥江东。是胜负转战之地。"朱德也说："徐州历史上就是决战的古战场。"所以，徐州一战往往是影响敌我双方盛衰的决战。

徐州"不南不北，不大不小"，是中国南北的"咽喉"、东部的"腰眼"。这里山围水绕，占据了军事要害位置。宋人苏轼在《放鹤亭记》中说："彭城之山，冈岭四合"；宋人陈无已说："彭城之地，兵家为攻守要地。"山是天然屏障，易守难攻；河流同样有天然防御功能。近现代发生在徐州的3次重要战役，就可以说明这个问题：

1912年2月11日，辛亥革命新军克复徐州。就在第二天，清朝末代皇帝溥仪宣布退位，南北遂完成统一。国民大革命时期，北伐军曾以徐州为大本营，与军阀孙传芳、张宗昌展开决战，并最终取得胜利。解放战争时期，三大战役中的淮海战役是决定性战役，而它是以徐州为中心展开的。

第二，徐州交通便利，发生战争时可神速运兵。打仗就要调动军队，但兵贵神速，所以最重要的是，在最短的时间内以最快的速度完成军事部署。这样的话，交通条件是一个关键因素。首先，徐州属于长江流域，是这条水上大动脉的辐射地。自古代起，这里就有畅通的水路和重要的码头，被称赞为"五省通

军阀孙传芳

徐州淮海战役纪念馆

衢"。其次,徐州陆上交通也比较便利。近代,津浦铁路和陇海铁路在徐州交会,这里又成了我国的铁路交通枢纽之一。水路、陆路、铁路在徐州形成了密集的交通网络,一旦打仗的话,军队可朝发夕至,有利于迅速调兵遣将。

第三,徐州物产丰饶,人口众多,便于征兵征粮。徐州是淮海经济区中最大的城市,历史上曾长期繁荣,有"丰沛收养九州"的说法。这里地形丰富,"有地宜粮,有山宜林,有滩宜果,有水宜鱼";煤矿、铁矿矿藏丰富,为徐州提供了能源资源;气候适中,适于居住,劳动力众多……所以,占据了徐州,就意味着拥有了重要的战略资源。

盐城的制造业始于何时

盐城位于江苏省北部,素有"鱼米之乡"的美称,面积1.7万平方公里,是江苏省面积最大的城市。盐城因盐置县,因盐兴城,以"海盐文化"而独领风骚,有着2 100多年的建县史和1 600多年的建城史。在我国历史上相当长的时间内,盐城无论是海盐生产技术,还是海盐产量和质量,都居于全国前列。

作为中国东部沿海开发利用较早的地区之一,盐城拥有丰富的滩涂和海洋资源,早在4 000多年前的新石器时代,这里的先民就已利用近海之利"煮海为盐"。滩涂有4 553平方公里,可供开发利用的有1 300平方公里,其中潮上带1 677平方公里,潮间带1 610平方公里,分别占全省的75%、64.6%、60.8%。

到了秦汉时期,盐城一带"笼天下盐铁""煮海兴利、穿渠通运",制盐业已相当发达。汉武帝时,这里成为海滨的渔业集散地,同时又是淮东的盐产、盐政中心。政府为加强对这一地区的

盐城湿地生态国家公园

管辖,开始征收盐税,并于元狩四年(前119年)置盐渎县。"盐渎"的意思是盐河,据《后汉书》载:"郡县出盐多者置盐官,考盐渎以产盐得名。"

东晋时,盐渎县"环城皆盐场",制盐业很繁盛。安帝义熙七年(411年),"更盐渎名盐城",这里成了名副其实的产盐之城。唐中期,自朝廷开始实行"榷盐法"后,盐税独立。唐后期,全国盐务

盐城盐渎公园西门入口

由度支、盐铁二使管理,在地方则设分支机构,如场、监、院等。

宋初,朝廷设提举盐事司管理盐业,并下设分司辖各地方盐场。天圣二年(1024年),范仲淹在江苏黄海沿岸修筑捍海堰,后被称为范公堤。堤坝的建成,"有束内水不致伤盐,隔外潮不致伤稼之功用",盐城的制盐业得以进一步发展。到宋真宗时(998—1023年),境内二监年产盐量达5万吨以上,是淮南产盐最多的地方。

元明时期,设两淮都转运盐使司,盐城境内的13个盐场均属其管理。"(清)嘉庆六年(1801年),境内产盐118.9万引(每引为200千克,合23.8万吨),占两淮盐产总量之59.4%。"清中叶以后,境内产量渐减。1949年新中国成立后,由中央财政部盐务总局管辖两淮盐务。

20世纪80年代后,江苏省盐业公司盐城分公司以及一些盐业公司相继在此成立。近年来,通过企业改制,组成了江苏省银宝盐业有限公司,下辖灌东、新滩、射阳3个盐场。它以盐业为基础,融盐业、农业、水产养殖等为一体,改制后各盐场盐业生产有了新的发展。

南通为何被誉为"中国纺织之乡"

南通位于江苏省东南部,地处长江三角洲,土壤肥沃,气候温和,特别适宜种植棉花及饲养桑蚕。早在元朝末年,纺织业就从江南传到了这里。明清时期,这里成为了大宗棉花土布的集散中心。据史料记载:当时"通产之棉,力韧丝长""纺纱鸣机杼,百里声相闻"。

清光绪二十一年(1895年),实业家、晚清状元张謇在南通创建了一家棉纺织企业——大生纱厂,该纺织厂开创了近代中国民族机器纺织业的先河。后

老江苏的趣闻传说

张謇

来,这里又建成了中国第一所纺织专业高等学校,为本地机器纺织业的发展奠定了重要的基础。南通作为近代民族棉纺织工业的基地与纺织技术教育的发祥地之一,渐渐地从中国纺织业的摇篮,成长为闻名海内外的"中国纺织之乡"。新中国成立以来,特别是改革开放以来,南通的纺织业发展突飞猛进,现已成为中国家用纺织品服装的出口基地之一。

1985年,南通建成了中国第一座纺织专业博物馆——南通纺织博物馆。该馆馆内的基本陈列展现了中国与南通纺织的悠久历史,馆藏品中的文物、史料大部分是南通本地的,比较珍贵的有海安青墩出土的陶纺轮、张謇1894年中状元的捷报、大生纱厂早期的股票、账本、商标及产品等。馆内的当代纺织品标本是全国各厂获得金、银质奖的产品,基本陈列有"中国纺织撷英""南通纺织史""当代优秀纺织品标本"等。

为何无锡在民国时被称为"小上海"

早在宋代时,无锡的经济发展就处于全国前列。明清时,这里已成为苏南地区的贸易中心,尤以米市、布市而闻名。到了近代,无锡已有的经济实力为民族工商业的诞生奠定了基础,使其成为近代中国民族工商业的起源地。

1895年,杨艺芳、杨藕芳在无锡建立的业勤纱厂成为无锡最早的一家企业。1901年,荣德胜、荣宗敬兄弟二人在无锡创办了保兴面粉厂;1905年,又创办了振新纱厂。后来,他们二人发展成了我国当时的"面粉大王"和"纺织大王"。

1904年,周禹卿在无锡开办了第一家丝厂。20世纪10年代,沈瑞洲在无锡加工生产的"顺风牌"桐油,远销海内外,成为当时我国的重要出口物资。到30年代,沈瑞洲成为了名副其实的"桐油大王"。并且,从1929

无锡三国城

年起,这里就已开始举办大型国货博览会了。

以上就是无锡近现代工业的成就。此外,无锡的商业也很发达。早在20世纪初期,这里就是华东地区的一个商品集散地。三四十年代时,这里的工商业会所遍地开花,可谓琳琅满目。正是由于无锡在民国时期的工商业发展取得了繁荣鼎盛的局面,可堪与其临近的大上海相媲美,因此被人们誉为"小上海"。

宜兴为何被称为"教授之乡"

宜兴历史悠久,文化源远流长,素有"教授之乡"的美誉。从古至今,这里共走出了7位状元,10位宰相,385名进士,23位两院院士,84位大学校长,8 000余位教授、副教授。这里的人们有着尊师重教的优良传统,曾出现了"父子兄妹皆教授""一门七博士"的传奇,而清华大学校长蒋南翔和台湾大学校长虞兆中出生于宜兴小镇的同一条街上,更令人赞叹不已。

目前,宜兴共出了84位大学校长,他们分别是:

周培源、沙健孙、蒋南翔、徐悲鸿、陈篆生、赵亮宏、卢松明、谈德茂、舒仲渊、张权、蒋风之、仇伯华、史绍熙、潘望远、朱星、吴惕华、谈浩良、戴羌平、虞兆中、王瑜、刘浩春、许敖敖、任筑山、潘菽、徐泽华、王卓君、蒋孟平、夏锦文、闵春发、吴涤荣、彭坤明、王梅仙、张霞、张南群、冯焕文、周顺生、吴济时、郑白、邵效仙、张复生、路建美、芮金生、束舫、王道兴、徐晓虹、史国君、莎群、任远、马志远、邵汉强、尹汉学、李振陆、蒋云尔、欧汉生、沈永祥、郝超、吴俊生、方林虎、王达时、顾建生、陈群、潘序伦、曹梁厦、奚树基、蒋威宜、周鹏飞、李寿恒、胡建雄、许绍远、徐瑾、芮坤生、沙凯逊、许方、唐敖庆、蒋仲乐、史宁中、潘成胜、吴大章、蒋德明、王培生、朱任之、朱宣人、储常林、徐沛。

其中,蒋南翔于1952年起连续14年任清华大学校长兼党委书记;1979年起,他历任教育部部长、中共中央党校第一副校长。潘菽于1951年任南京大学校长。唐敖庆于1978年任吉林大学校长。

目前,宜兴籍的两院院士有23位,他们分别是:

周培源、潘菽、唐敖庆、史绍熙、朱洪元、朱既明、吴浩青、章综、程镕时、朱邦芬、褚君浩、周

宜兴高铁站

镜、高鼎三、沙庆林、薛鸣球、程天民、陈太一、吴中如、唐西生、陈国良、黄瑞松、吴岳良、陈志南。

其中,周培源是中国近代力学事业的奠基人之一;朱邦芬是物理学家,曾荣获中科院自然科学奖一等奖和第八届全国优秀科技图书一等奖。

由此来看,宜兴被称为"教授之乡",的确是名副其实。

老江苏的地名

 ## 江苏一名有何由来

　　江苏历史悠久，西周时（前1046—前771年）分属鲁、宋、楚、吴等国。春秋战国时，吴国在南部兴起，成为当时的"春秋五霸"之一。秦代时，属九江郡、会稽郡、彰郡、泗水郡及东海等郡。汉代分属扬州、徐州刺史部。隋开皇年间（581—605年），设苏州、扬州、徐州。唐初，分属江南、淮南、河南三道。北宋时属江南东路、两浙路、淮南东路和京东西路。元代分属江浙、河南二行中书省。明代江苏与安徽同属应天府，直隶南京。清初属于江南省。

　　康熙六年（1667年），江南省分为江苏、安徽两省，江苏正式建省，名字是从江宁（今南京）、苏州两府的首字而得来的。1853年，太

江苏省地图

平天国先后设江南省、天浦省、苏福省。民国十七年（1928年），南京为特别市。新中国成立后，设苏南、苏北两个行政公署区，南京为中央人民政府直辖市。1953年，公署区合并成为江苏省，省会为南京。

南京为何又被称作"金陵"

金陵，南京的别称。而关于"金陵"之称的由来，千百年来一直有着多种说法。

南京中山陵

其一，"因山立号"说。 "金陵"原本是钟山的名字。当时长江流经清凉山（金陵山的一部分）西麓，金陵邑临江控淮，形势十分险要，所以楚威王便选此置金陵邑。他是想以长江天堑为屏障而图谋天下。唐代《建康实录》中明确记载楚威王"因山立号，置金陵邑"，即以山名作邑名。

其二，"帝王埋金"说。 相传金陵这个名字是因为秦始皇在金陵岗"埋金"以镇王气而得，即"金之陵墓"。《景定建康志》载："父老言秦（始皇）厌东南王气，铸金人埋于此。"且有传说在秦始皇金陵岗立有石碑，其上镌刻："不在山前，不在山后，不在山南，不在山北，有人获得，富了一国。"也有说秦始皇并没有埋金在此处，而是声称山中埋金，好让寻金之人"遍山而凿之，金未有获，而山之气泄矣"，以此凿断山脉风水地形，泄露王气。另外，还有传说"埋金"的是楚威王本人。楚威王认为南京"有王气"，遂在龙湾（今狮子山北）江边埋金。

其三，"金坛得名"说。 南京地接华阳金坛之陵，故称金陵。

南京七家湾的得名与朱元璋有何渊源

七家湾位于南京市朝天宫东南，因这里最早住有7家回民而得名。据南京老百姓流传的民间说法，七家湾之名起源于明初，并且和朱元璋有关。近代南京史志学家陈作霖（1837—1920年）在《运渎桥道小志》中也描写了这个故事：

明初的某一年元宵节，朱元璋微服上街观灯，偶见一家门头上挂着一彩灯，于是停了下来。只见彩灯上画着一个蓬头污面的大脚女人，怀中抱了一个大西瓜。而朱元璋的皇后被称为"大脚马皇后"，所以朱元璋以为这是在讽刺他的皇后,于是恼羞成怒,顿生杀机。朱元璋脾气暴躁,刚愎自用,一旦他决定了的事情一般是谁也不能改变的。

马皇后得知此事后,赶忙前往观看。她在小巷看见一妇人,那妇人怀抱一个大孩子,手搀一个小孩。于是,她问道:"为何不抱小的而搀大的?"妇人回答说:"小的是我儿子,而大的是侄子,其父母双亡我不能亏待他。"马皇后听后,怜心大发,但她深知不能改变皇帝的主意,于是便叫那妇人晚上在门上挂一束芝麻秸,说是吉星高照、自有后福。

接着,那妇人回家后就按马皇后的意思在门上挂了芝麻秸,其他六家街坊邻居也纷纷效仿,在门上挂了芝麻秸。回宫后,马皇后急传

朱元璋

令:挂芝麻秸人家勿杀。深夜时分,官兵来到这条小巷进行了疯狂洗劫,只有那挂了芝麻秸的七户人家幸免于难,其余全部惨遭杀戮。以后,这条街巷就被人称作"七家湾"。

现在,七家湾已经成为一条繁荣的商业街,大店小铺林立,尤以牛肉锅贴而享有盛名。七家湾牛肉锅贴,汁多味美,粉丝汤鲜美、纯正,既好看又好吃,是南京的名小吃。

苏州一名有何由来,其为何又称姑苏

苏州,古称吴郡,位于江苏省东南部,历史悠久,人文荟萃。它是"中国首批历史文化名城"之一和"中国十大重点风景旅游城市"之一,也是江苏省重要的经济、对外贸易、工商业中心和重要的文化、艺术、教育和交通枢纽,还是中国最具经济活力城市、国家卫生城市、国家环保模范城市和全国文明城市之一。

公元前514年(吴王阖闾时期),古城始建,距今已有2 500多年的建城史。隋开皇九年(589年),根据地处城西南的姑苏山,更城名为苏州。苏州自古有两个名称,吴县的"吴"和苏州的"苏"。

古时候,有一位谋臣叫胥,他不但有才学,而且精通天文地理。大禹治水时,他还立过功劳,因而名望很高。他深受敬重,并受封于江东。此后,江东便被称为"姑胥"。当时,"姑"在荆蛮语中是拟声词,无任何意义。又因为

苏州姑苏台外景

"胥"字不常用,于是人们就改用近音字"苏"("苏"的繁体字是"蘇",由草、鱼、禾组成,寓意为"鱼米之乡")代替了"胥"。于是,"姑胥"就变成了"姑苏"。

春秋时期,吴王阖闾在灵岩山建造了一座姑苏台,于是灵岩山就成了姑苏山。如今,苏州一带还有胥江、胥门、姑胥桥等地名。隋时,朝廷改大批的"郡"为"州"。苏州本在"吴郡",起先要升格为"吴州",但由于"吴州"已为其他地方所用,所以就按姑苏山的名字将本地取名为"苏州"了。

苏州被称为"吴郡"的来历,有这样一个传说:相传商代末年,周国古公亶父有三个儿子,长子为泰伯,次子和幼子为仲雍、季历。亶父喜欢幼子季历,但是按照嫡传制度,君位必须传位于长子。于是,泰伯、仲雍为了尊重父意,就来到了当时荆蛮人居多的江东隐居,并入乡随俗。当时,江东人有喜欢边跑边呼喊的习惯,泰伯就给他们造了一个"吴"字,用来表示这种习俗。这就是"吴郡"的来历。后来,泰伯还被拥立为君长,国号为"勾吴"。"勾"也是当时荆蛮语的拟声词,没有意义。

此外,苏州城河道纵横,又有"水都""水城""水乡"的别称。13世纪,意大利旅行家马可·波罗在《马可·波罗游记》中将苏州赞誉为"东方威尼斯"。法国启蒙思想家孟德斯鸠则称赞苏州古城是"鬼斧神工"。

无锡的名字有何由来

素有"太湖明珠"之称的无锡位于江苏省南部,长江三角洲平原腹地,北临长江,南濒太湖,东与苏州接壤,西与常州交界。无锡是我国民族工业的发源地之一,著名的"鱼米之乡",素有"小上海"之称。

关于"无锡"这一地名的由来有两种说法。一种认为周、秦时期锡山产锡,至汉朝时锡尽,故名"无锡"。唐朝陆羽《惠山寺记》中记载:"山东峰(即锡山),当周秦间大产铅锡,至汉方殚,故创无锡县,属会稽。自光武至孝顺之世,锡果竭,顺帝更为无锡县,属吴郡。"这一说法最流行,历代无锡地方志都有记载。另一种说法认为"无锡"是古越语地名之一。"无"是发语词,没有实际意义;"锡"的原意因古越语失传已久,无从考证。

第二种说法是当今地名学者、语言学者、历史地理学者等，在总结前人学术成果的基础上，通过对江浙地区大量地名的调查研究而得出的结论。他们认为，无锡属于齐头式地名，冠首字虽然写法不同，但与古音相近，是古语的发语词。无锡这一地名，随着古代吴越地区的氏族迁徙、流散及与华夏氏族的融合，原本的意义渐渐失传，但却因使用同音汉字记录并保存至今。后人不知其由来，所以望文生义。也有学者认为，无锡之名是因古时生在当地的一个古越人部落以一种"冶鸟"为图腾而得名，其本义应与"神鸟"类似。

无锡寄畅园

常州别称龙城有何来历

常州处于长三角中心地带，别称延陵、毗陵、毗坛、晋陵、长春、尝州、武进等，是一座历史文化古城，距今已有 3 200 多年。隋文帝开皇九年（589 年），始设常州，此后沿用至今。1949 年建市，总面积 4 385 平方公里，常住人口 45 万余人。

关于常州被称为"龙城"的由来，人们众说纷纭，莫衷一是。

第一种说法： 传说很久以前，常州城的西北有一座九龙山。山上有一座古庙，当家的和尚叫弘智。一天晚上，他做了一个梦，梦见龙王的九太子有求于他，要他帮忙把前来抢占山头的八位兄长赶跑。接着，弘智和尚就召集僧众在大殿集中，一边击鼓撞钟，一边协助九太子打退了他的八位兄长。经过激战后，带头的两条恶龙逃到了宜兴的山里，另外六条龙都逃到了常州。九太子希望弘智和尚去常州安抚他们，让他们以后不要再兴风作浪，而是为百姓造福。

梦醒后，弘智便打点行李赶往常州。来到城里后，他就散布了六龙已到常州的消息。于是，城里的老百姓就造起了龙船，并于五月初五那天在白云古渡举办赛龙舟活动，以此来安抚六龙。从此，每年五月初五，当地的人们都会在"云溪竞渡"，划龙船的风俗也被流传了下来。这样，常州就被称为"龙城"或"六龙城"了。

第二种说法： 常州古城内的

常州天宁寺俯瞰

地形像龟,而龟在古代有"龙子"的说法,故称为"龙城"。据明邹忠颖《高山志序》记载:"六龙阴聚于毗陵。右以铁瓮诸山,若东西户屏。"这就是"地形说",也就是从地形上认为常州乃藏龙之地。

当然,这种说法还有可支撑的史料。清乾隆年间(1736—1796年),乾隆皇帝六下江南,每次必临常州。在常州的千年古刹天宁寺门前,乾隆还立了一块碑,亲书"龙城像教"四字。这块碑就是人们把常州称为龙城的史料。此外,龙在封建王朝还是皇帝的象征,所以被叫作"龙城"可能只是因为沾了一点乾隆的龙气,十分吉祥而又值得炫耀。

乾隆

第三种说法:据记载,明隆庆六年(1572年),常州知府施观民在这里建了一座龙城书院,因此常州也就有了"龙城"之名。

但是,人们一般按"地有龙形,故曰龙城"来解释"龙城"的来历,也就是说,龙城的由来很可能与它的城垣有关。常州城垣最早筑于西晋太康年间(280—290年),至明洪武二年(1369年)新城建立,有1 080余年。这期间先后共修筑了4道城垣,即内子城、外子城、罗城和新城。其中,后两道城垣虽不具龙形,但十分像龟形。

新城收缩了罗城的东、南、西三面,时有7个城门,后剩6个。它更像是一只昂首爬行的乌龟:北面的青山门好似龟头;而南面的德安门正如龟尾;东北面的和政门(即小北门)和西面的朝京门(老西门),像是龟的两只前爪;西南面的广化门和东面的通吴门,像是龟的两个后趾。至于青山门外的瓮城,呈半月形,好似龟的食盆;而青山门附近的两口水井,则像是龟的一双眼。因为古人说"龟为龙种",所以人们不直称"龟城"而称"龙城",这就是"龙城"的由来。

镇江名称有何由来,其为何古称"丹徒"

镇江位于江苏省南部,素有"天下第一江山"的美誉。镇江历史悠久,文化底蕴深厚,距今已有3 500多年的历史,境内有金山寺、西津渡等众多名胜古迹。这里区位条件优越,还是华东地区重要的交通枢纽。

关于"镇江"一名的来历,有两种说法:

其一,古代时,镇江北部沿江一带地势比较低,因此常常遭受水害。人们按

镇江商会

照趋利避害的讲究,在水名"江"字之前加了一吉祥的"镇"字,以示祈望。

其二,北宋徽宗政和三年(1113年),朝廷改润州之名为镇江,此后沿用至今,已有800多年的历史。镇江一面背山,一面临江,易守难攻,军事战略位置十分重要。据说,当时的统治者认为,这里是能够镇守江防的地方,故取名为"镇江"。

镇江在古代还有其他称呼,如西周时称"宜",春秋时称"朱方",战国时改名"谷阳"。"丹徒"也是镇江的一个旧称,距今已有2 200多年的历史。

公元前221年,秦统一中国后,镇江属会稽郡。某次,秦始皇东巡时,听一术士说:"谷阳京岘山有王气。"于是,秦始皇派了3 000赭衣囚徒凿断了京岘山的山脉,并将"谷阳"更名为"丹徒"。这在《太平寰宇记》中有记载:"吴录地理云:朱方后名谷阳。秦望气者云,其地有天子气,始皇使赭衣徒三千人凿长坑败其势,故云丹徒。"

三国吴嘉禾三年(234年),丹徒改名为武进;西晋太康二年(281年),复置丹徒;隋开皇九年(589年),废丹徒入延陵县;唐高祖武德三年(620年),延陵县还故治,复置丹徒县,为润洲治。此后,宋、元、明、清历朝均以丹徒作为名县,历为镇江府、镇江路治。

1912年,中华民国成立后,仍名丹徒县。1914—1927年,属金陵道;1928年改丹徒县为镇江县。1949年,复设丹徒县;1953年属江苏省镇江专区。1958年,丹徒县并入镇江市;1962年恢复丹徒县。1983年,升为地级镇江市。2002年,撤销丹徒县,改为镇江市丹徒区。

镇江名称的演变,反映了镇江作为区域性政治中心的重要性,也反映了它作为"兵家必争之地"的战略优势。1985年以来,镇江被列为中国沿海开放城市、重点旅游城市和历史文化名城。1987年,镇江港港口正式对外国籍船舶开放,并成为比较完整的具有海关、商检等口

镇江博物馆

岸管理服务功能的机构。此后,"镇江"之名声誉日甚,现已蜚声海内外。

扬州一名有何由来

扬州地处江苏省中部,是中国历史文化名城,素有"竹西佳处,淮左名都"之美名。扬州建城于公元前486年,距今已有2 400多年。

扬州之名,最早见于《尚书·禹贡》:"淮海维扬州",古时也写作"杨州"。扬州最早是一个广义的地理概念,包括今淮河以南和黄海、长江广大流域内的江苏、江西、安徽、浙江、福建等省。唐时,据杜佑《通典》载,古扬州地域内设有39个郡府,196个县。当然,大扬州概念也包容了今天的扬州。

现在的扬州地区,在古代各个时期的称呼有所变化。它在周时称"吴州",春秋时称"邗",秦、汉时称"广陵""江都"等,东晋、南朝称"南兖州"。汉武帝时期(前140—前87年),全国设十三刺史部,其中之一是扬州刺史部;东汉时治所在历阳(今安徽和县),后迁至寿春(今安徽寿县)、合肥(今安徽合肥西北)。

三国时期(220—280年),魏、吴两国各设扬州,只是治所不同,前者在寿春,后者在建业(今南京)。西晋时,治所仍设在建邺(今南京)。隋开皇九年(589年),吴州改为扬州,总管府仍在丹阳(今南京)。唐高祖武德八年(625年),治所从丹阳移至江北。从此,广陵成为扬州的代名词。

唐太宗贞观元年(627年),扬州属淮南道;玄宗天宝元年(742年),扬州改为广陵郡;肃宗乾元元年(758年),广陵郡复改扬州。昭宗天复二年(902年),封淮南节度使杨行密为吴王,王府在扬州;天祐十六年(919年),杨行密次子杨渭正式建吴国,国都在扬州,改称江都府,年号武义。

吴天祚三年(937年),南唐灭吴,定金陵(今南京)为都城,江都府为东都。南唐保大十五年(957年),后周复称江都府为扬州。北宋太宗淳化四年(993年),扬州属淮南道;太宗至道三年(997年),属淮南路;神宗熙宁五年(1072年),属淮南东路。

南宋高宗建炎三年(1129年),扬州增领广陵、泰兴2县。元世祖至元十三年(1276年),置扬州大都督府;次年改为扬州路总管府,领5州2县。惠宗至正十七年(1357年),朱元璋起义军占领扬州,改称淮海府,属江南行中书省;二十一年(1361年),改

扬州东关古渡牌坊

称维扬府;二十六年(1366年),改称扬州府,领3州9县。

明太祖洪武元年(1368年),扬州府属京师(后改为南京)。二十三年(1390年),扬州府领3州7县。清顺治二年(1645年),扬州府属江南省。乾隆二十五年(1760年),扬州府属江苏省。咸丰三年(1853年),太平军攻占扬州后曾改称为扬州郡。清末叶,扬州府领高邮州、泰州2州和江都、甘泉、天长、仪征、兴化、宝应、东台县7县。

扬州瘦西湖五亭桥

民国元年(1912年)1月,废扬州府,原属各县直隶于江苏省。民国三年(1914年)6月,江都县属淮扬道。1949年1月27日,设扬州市,同年改称扬州行政专区。1975年,扬州地区辖2市9县。1983年,扬州市改由省管辖。2011年11月13日,扬州市部分行政区划实施了调整,扬州市至此共辖广陵、邗江、江都3区和宝应1县,代管仪征、高邮2个县级市。

南通名称有何由来

南通是中国历史文化名城,简称"通",享有"北上海""体育之乡""教育之乡""建筑之乡""长寿之乡"等美誉。它位于江苏省中部地区,"据江海之会、扼南北之喉",拥有长江岸线226公里,集"黄金海岸"与"黄金水道"优势于一身,是首批对外开放的14个沿海城市之一。

"南通"一名,最早见于1911年设立的"南通县公署"。历史上,它的名称经历了许多变化。早在五六千年前,南通这里就有人类居住生活。晋朝(265—420年)、南北朝时期(420—589年),今南通一带涨成沙洲,后来沙洲并接,区域范围不断扩大。后周时期(951—960年),设通州(府),领静海、海门2县,这是南通一名的雏形。

唐初至五代,东洲和布洲并接,称为东布洲,并与其他一些沙洲合称海门岛,为通州属地。元

南通风光

末至清初,废海门县,设通州府海门乡。18世纪中期,海门县基本形成。19世纪末20世纪初,现代南通的境域形成。

清雍正三年(1725年),通州改称直隶州,辖泰兴、如皋2县;乾隆二十六年(1761年)改隶江宁布政使司。1911年辛亥革命后,废州立县,设"南通县公署",南通之名始见于史。1934年,南通行政督察区专员公署设立,共辖6县。解放战争期间,设通东、通海、通西、通如行署。

1949年新中国成立后,置南通市,南通县城迁至金沙镇。1952—1958年,设南通专区。1962年,南通市直隶于江苏省,辖6县。1983年,南通市与南通地区合并,实行市管县体制。2009年,设南通市通州区。

南通被称为"中国近代第一城",在近代文化科教史上,南通占有"七个第一":第一所师范学校、第一座民间博物苑、第一所纺织学校、第一所刺绣学校、第一所戏剧学校、第一所中国人办的盲哑学校和第一所气象站。

徐州为何古称"彭城"

徐州,古称彭城、涿鹿,又名彭城邑、彭城县,早在6 000多年前,就已有先民在此繁衍生息了。公元前573年,彭城之名已见诸文字。

彭城邑历史悠久,曾为多朝国都。据先秦典籍《世本》载:"涿鹿在彭城,黄帝都之。"原始社会末期,尧封彭祖于彭城,建大彭氏国,彭城之名始见于史。彭城与彭祖有关,他是黄帝的后裔,传说也是老寿星,活了800岁。因其善于烹调,还被称为我国烹饪的鼻祖。夏朝时(前2070—前1600年),全国分为九州,徐州为其中之一。当时,徐州是一个区域大概念,而彭城邑就是这一区域的中心城市。春秋战国时,彭城属宋,后归楚。

前221年,秦始皇统一中国,实行郡县制,彭城邑改为彭城县。楚汉争霸时期(前206—前202年),项羽建都彭城。西汉时(前206—公元25年,包括王莽和更始帝时期),设彭城郡;东汉时(25—220年),设彭城国,都城在彭城。三国魏时(220—265年),曹操迁徐州刺史部于彭城,徐州之名始见于史。

至清雍正十一年(1733年),在长达1 954年的历史长河中,彭城或为藩国国都,或为郡治,或为州治,但始终是今徐州地区的

彭城彭祖楼

政治、经济、文化和军事中心。雍正十一年，徐州升为府，府治在彭城县。因县境内有铜山岛，更名为铜山县。

民国初年，废徐州府，设徐海道，治所在铜山（徐州）。1945年抗战胜利后，国民政府仍置徐州市。1953年，徐州市由江苏省直辖，同时成立徐州专区，辖11县市。1983年，撤徐州专区，此后辖6区、5县市。

徐州"东襟淮海，西接中原，南屏江淮，北扼齐鲁"，是江苏省的"北大门"，是重要的交通要道、军事战略要地，素有"五省通衢"

汉高祖刘邦

"徐州通，则全国通"的美誉。徐州还是汉高祖刘邦、南唐烈祖李昪、南朝宋武帝刘裕、后梁太祖朱温的故里，享有"九朝帝王徐州籍"的美称。此外，历史上还有很多名人在此任职或生活过，如白居易、苏东坡、文天祥、方孝孺、潘季驯、李可染、马可等。

清代诗人邵大业曾这样称赞徐州："龙吟虎啸帝王州，旧是东南最上游。"作家王茂飞也评价过徐州："一州，两汉，三楚之西，乾隆四巡，五省通衢，六千年文明，主席七访，八百寿彭祖，九朝帝王徐州籍，十里长街淮海路。"

淮安一名有何来历

淮安，别称淮阴，历史悠久、人杰地灵，是国家历史文化名城，也是周恩来的故乡。淮安地处江苏省北部，历史上与扬州、苏州、杭州并称京杭大运河沿岸的"四大都市"，享有"中国运河之都"的美誉。2001年，原淮阴市更名为淮安市。淮安和扬州是淮扬菜的主要发源地。

夏商周时期，今淮安境内"交通灌溉之利甲于全国"，陆上干道也比较发达。春秋战国时，先后为吴、越、楚国之地。前221年，秦统一六国后，始置淮阴县邑。两汉时期（前206—公元220年），淮阴境内手工业、商业得到了繁荣发展，家学和私学兴起，文化水平得以提高，并涌现出枚乘、枚皋父子及"建安七子"之一的陈琳等一批文学大家。

南齐永明七年（489年），置淮安县，"淮安"之名始见于史。隋唐五代时期，境内经济继续繁荣发展。隋大业年间（605—618年），大运河开通，这里成为漕运的重要通道。宋元时期，境内文化有所发展，文化名人颇多。例如，诗人、"苏门四学士"之一的张耒，主修《奉元历》的盲人天文历算家

淮安府衙

卫朴,开明清写意画先河的画家龚开,书画鉴赏家和理论家、《画鉴》的作者汤垕等。

明清时期,置淮安府,府治在山阳县(今淮安区)。明中叶以后,淮安城进入鼎盛时期,成为运河线上的"四大都市"之一。明清两朝,仅山阳一县就出进士200余人,河下镇还曾出过状元、榜眼、探花,被誉为"河下三鼎甲"。这一时期还出现了一批名人,如《西游记》作者吴承恩、经学大师阎若璩、"扬州八怪"之一的边寿民、《温病条辨》(中医四大经典之一)的作者吴鞠通等。

民国时期,撤销淮安府,市境大部属淮扬道,后属淮阴行政督察区。1949年,淮阴专区成立。1952年,淮安县直隶于淮阴专区。1983年,淮阴专区改为淮阴市。2001年,原地级淮阴市更名为淮安市,原县级淮安市更名为淮安市楚州区,原淮阴县更名为淮安市淮阴区。2012年,楚州区改设淮安区。至此,淮安市辖清河、清浦、淮阴、淮安4区和涟水、洪泽、盱眙、金湖4县。

盐城一名有何来历,其为何又称"瓢城"

据清乾隆十二年(1747年)的《盐城县志》记载:"为民生利,乃城海上,环城皆盐场,故名盐城。"其实,盐城最早叫"盐渎"。西汉汉武帝元狩四年(119年),因这里有盐河而设盐渎县。"渎"就是"小河"的意思,"盐渎"就是"盐河"的意思。最早见于史书的第一位县丞是孙坚,即三国时吴王孙权的父亲。东晋义熙七年(411年),盐渎更名为盐城,"盐城"之名始见于史,并沿用至今。

盐城被称为"瓢城",是因为它的土城形状很是独特,西狭东阔、状如葫瓢,寓意为"瓢浮于水,不被淹没"。那时,"瓢"也是专门生产和输送盐的工具。在旧的《盐城县志》上,也有一幅清光绪二十一年(1895年)的盐城城池图,其平面

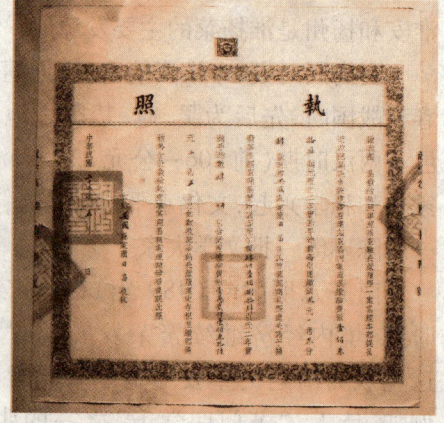
盐城博物馆收藏"海盐生产执照"

图与葫芦瓢十分相像。明人杨瑞云《盐渎感事》曾写诗云:"盐渎不堪问,萧萧风苇间。绕城惟见水,临海故无山。"

连云港一名有何由来

连云港,古称"海州",地处江苏省东北部,有"中国水晶之都""东海第一胜境"的美名。连云港历史悠久,古迹丰富,以"海"(连岛海滨浴场)"古"(海州古城)"神"(花果山)"幽"(宿城)"奇"(渔湾)"泉"(东海温泉)而著称,是首批14个沿海开放城市、全国49个重点旅游城市和江苏3大旅游区之一。1935年,这里因面向连岛、背倚云台山而正式定名为连云港市。

早在5万年前,这里就有原始先民繁衍生息。西周时属青州(一说为兖州),称"人方国东夷"。春秋战国时,先后属鲁、楚两国,称"郯子国"。秦时,置朐县,属东海郡。东魏武定七年(549年),始称海州。

西汉时,此地称东海郡,属徐州刺史部,辖朐县、郯城等38县;东汉时辖朐县、郯城等13县。三国时,称东海国,属魏,辖朐县、郯城等11县。西晋时,称东海郡,属徐州,辖朐县、郯城等12县;东晋时先后隶属于后赵、前燕、南燕、东晋,辖朐县、郯城等7县。

南朝时称东海郡,辖齐郡等6郡。北齐北周时,称海州。隋朝先称海州,后称东海郡,辖朐山等5县。唐时隶属河南道,先称海州总管府,后称海州或东海郡,辖朐山等4县。五代时,称海州,先后属吴、南唐、后周,辖朐山等4县。北宋宋太宗至道三年(997年),属淮南路。宋神宗熙宁五年(1072年),属淮南东路。宋理宗景定二年(1261年),改称西海州。宋恭帝德祐元年(1275年),为元所占,复称海州。

元世祖至元十五年(1278年),升为海州路总管府,后改为海宁府。至元二十年(1283年),又改为海宁州,属淮安府路。元顺帝至正二十七年(1367年),海宁州归吴,属江南行中书省。明太祖洪武元年(1368年),复称海州,属淮安府。至此,海州保有的州治和赣榆县等,已相当于今天连云港的境域。

清顺治二年(1645年),设江南省,海州属江南省淮安府。康熙六年(1667年),属江苏省淮安

连云港渔湾景区

府。雍正二年(1724年),升为直隶州,脱离淮安府管辖。民国元年(1912年),废海州直隶州。1933年,陇海铁路终端港建成。

1935年,连云市成立,为当时江苏省第三个省辖市。1937年,抗战爆发,连云市筹备工作被迫中止。1946年,第一任市长张振汉到任。1948年,全境解放后设立新海连特区。1949年新中国成立后,先称新海连特区,后称新海连市,辖新华区、民主区等7个区,属山东鲁中南行署。

1950年,隶属山东省临沂专区。1953年,划入江苏省,直隶于徐州专署。1961年10月1日,新海连市改称连云港市。1962年升为江苏省辖市。至2010年底,辖新浦区、海州区、连云3区和赣榆县、东海县、灌云县、灌南4县,市政府在新浦区。

泰州为何又名"凤城"

泰州地处江苏省中部,因其旧城南北狭长、形似凤凰而得名"凤城"。泰州有2100多年的建城史,是中国历史文化名城,享有"水陆要津,咽喉据郡""儒风之盛,冠淮南"的美誉。元朝时,意大利旅行家马可·波罗游历东方时曾来到泰州,他当时称赞说,"这城不很大,但各种尘世的幸福极多"。

西周时(前1027—前771年),泰州称海阳,属吴国。春秋战国时(前770—前221年),先后属吴、越、楚3国,楚时为海阳邑地。西汉时,建海陵县,属临淮。据《汉书·地理志》载,汉武帝元狩六年(前117年)置临淮郡,下辖29县,海陵县是其中之一。关于它的命名由来,据《大清一统志》卷六十七记载:"以其地傍海而高故曰海陵。"汉代海陵县的县治所在地不详,唐以位于今泰州市市区(海陵区)。

新莽时(9—23年),海陵县改称亭间,属淮平郡。东汉时(25—220年)属广陵郡。三国时(220—280年),废海陵县。西晋武帝太康元年(280年),复立海陵县,属广陵郡。南朝梁时(502—557年)改属海陵郡,郡治所在地不详;后移治于海陵县,辖海陵、建陵等7县,属南兖州。北齐时(550—577年),改属东广州。南陈时(557—589年)复属南兖州。

北周时(557—581年),改属吴州,辖海陵、建陵等5县。隋文

泰州老街

帝开皇三年(583年),废海陵郡。开皇九年(589年),改属扬州。炀帝大业年间(605—618年),扬州改称江都郡,海陵县属江都郡。

唐高祖武德三年(620年),海陵县改称吴陵县,置吴州。武德九年(626年),属扬州。南唐烈祖升元元年(937年),始置泰州,下辖海陵、泰兴等4县。自此,"泰州"之名始见于史,并沿用至今。

泰州兴化县署

北宋太祖乾德五年(967年),属淮南道;太宗至道三年(997年),属淮南路。神宗熙宁五年(1072年),属淮南东路。南宋为军事州,属淮南东路。元世祖至元十九年(1282年),属江淮行省;二十一年(1285年)改属扬州路,辖海陵、如皋2县。明太祖洪武年间(1368—1399年),属扬州府,辖如皋县。

清雍正三年(1725年),如皋县改属通州,泰州从此成为散州,不再辖县。民国元年(1912年),废泰州改称泰县。1949年1月22日,泰州市成立,属华中行政办事处第一行政区。1950年,泰州市和泰县合并,称泰县,政府驻泰州。1953年,划归扬州行政区。

1954年,泰州市改为省辖市。1958年,改属扬州专区。1971年,扬州专区改称扬州地区,泰州市为地辖市。1985年,泰州市成为江苏省计划单列市。1996年,经国务院批准,"扬泰分设",县级泰州市升为地级泰州市。2011年,泰兴市被列入江苏省直管县(市)。2012年,设姜堰区,至此泰州市下辖3区3市。

宿迁一名有何来历

宿迁位于江苏省北部,成立于1996年,是西楚霸王项羽的故乡,享有"中国白酒之都"的美名。它"北望齐鲁、南接江淮居两水(即长江、黄河)中道、扼二京(即北京、南京)咽喉",风光秀美、景观众多,被乾隆皇帝赞誉为"第一江山春好处"。作为世界生物进化中心和人类起源中心之一,它还被誉为地球上的"生命圣地"。

宿迁境内发现的长臂猿化石距今已有1 000多万年,是亚洲迄今为止发现的最早的古猿化石之一。早在5万年前,这里的淮河岸边便有先人临水而居,被称为"下草湾人文化遗址"。公元前113年,汉武帝封常山宪王少子刘商为泗

宿迁项王故里

水王,在此建泗水王国,前后历132年。春秋时属钟吾子国,后宿国迁都于此。秦时置下相县。东晋安帝义熙元年(405年),设宿豫县。

唐代宗宝应元年(762年),为避代宗李豫之讳,改宿豫县为宿迁县。"宿迁"之名始见于史,并沿用至今。1945年9月至1946年7月,曾设宿迁市,后属淮阴专区。1970年属淮阴地区。1983年属淮阴市。1987年,设县级宿迁市。1996年,设地级宿迁市,辖沭阳县、泗阳县、泗洪县等四县一区。

宿迁市农业生产条件得天独厚,拥有耕地面积30余万公顷,水域面积约24万公顷,是我国著名的"杨树之乡""水产之乡""螃蟹之乡"。这里农作物、林木、水产、畜禽种类繁多,盛产粮食、棉花、油料、蚕茧、木材、花卉等及银鱼、青虾、螃蟹等50多种水产品,是全国商品粮基地之一。

水乡古镇"木渎"的名称有何来历

木渎镇位于苏州城西、太湖之滨,面积62平方千米,距今已有2 500多年的历史,是著名的江南园林古镇。这里享有"石雕之乡""书法之乡""园林之乡""吴中第一镇""秀绝冠江南"的美誉,历来是吴郡的重镇,工业、商贸、文化、教育、旅游、交通等都比较发达。

"木渎"一名的由来,与一个传说有关:春秋末年,吴越相争时,越王勾践兵败于会稽,后为吴王夫差俘虏。相传,勾践施用了"美人计",给吴王进献了美女西施。吴王夫差对西施宠爱有加,特地要为她在灵岩山建造馆娃宫,还要在紫石山增筑姑苏台。于是,"三年聚材,五年乃成"。木材源源而来,最终堵塞了灵岩山下的河流港渎,即"木塞于渎","木渎"一名因此得来。

公元前221年,秦设吴县,木渎属吴县。王莽时(9—23年),属泰德县。此后,木渎一直为吴县辖地。据《元丰九域志》记载:"北宋设木渎

木渎古镇春晖楼

镇,属吴县,镇以渎名。"明、清时,仍为吴县6镇之一。清雍正年间(1723—1736年),属吴县长寿乡。民国元年(1912年),属吴县。民国三十六年(1947年)2月,木渎第二区与光福第三区合并为吴西区。1985年,金山乡与木渎镇合并。2001年,木渎镇划归苏州市吴中区管辖。

明清时,木渎有30多处私家园林,现已修复的有严家花园、虹饮山房、灵岩山馆、古松园、榜眼府第、盘隐草堂等。其中,虹饮山房是乾隆的民间行宫之一,内有20道清代圣旨,弥足珍贵;严家花园为江南名园,是严家淦(1905—1993年)先生的故居。

这里的自然、人文景观丰富而和谐,名列太湖风景区13个景区之首,被誉为"太湖风景区的一颗明珠",也被评为"中国最好玩的地方""最受欢迎旅游目的地"。境内风光秀丽,物产丰饶,因在群山环抱之中,故又有"聚宝盆"的美誉。

水乡古镇"同里"的名称有何来历

风景优美的同里镇位于苏州市吴江区,是"江南六大古镇"(周庄、同里、甪直、西塘、乌镇、南浔)之一,始建于宋代,距今已有1 000多年的历史。总面积33公顷,四面环水,被5个湖泊包围,由网状河流分割成了7个岛,中间有49座桥相连。1995年,它被列为江苏省首批历史文化名镇。

同里具有典型的水乡风格,旧称"富土"。唐朝初年,因觉"富土"太过奢侈,于是更名改为"铜里"。宋时,将旧名中的"铜"字拆为"同",称"同里",并沿用至今。据清嘉庆年间(1786—1821年)的《同里志》记载,自宋元时代起,这里已是吴中重镇。

同里镇内家家临水,户户通舟,以"醇正水乡,旧时江南"而闻名于海内外,因"小桥、流水、人家"而被誉为"东方小威尼斯"。由于它与外界只通舟楫,很少遭受兵乱之灾,所以古建筑保存较多,特别是明清时期的民居鳞次栉比,是江苏省目前保存得最为完整的水乡古镇之一。

1980年,同里被列为国家太湖风景区的景点之一;1982年被列为省级文物保护单位;1992年被列为省级文物保护镇。其中,著名景点"退思园"已被联合国教科文组织列入了世界文化遗产。

同里古镇风光

水乡古镇"甪直"的名称有何来历

甪直镇位于苏州城东 25 公里处,面积 75 平方千米,至今有 5 500 多年的历史。据《甫里志》载,甪直古称甫里,因唐代大诗人陆龟蒙(号甫里先生)曾隐居于此而得名。唐以后,由于镇东这里有直港通向六处,河道街形状像"甪"字,而改为"甪直",沿用至今。

关于"甪直"的来历,民间还有一个传说:据传,古代的独角神兽"甪端"在巡察神州大地时曾经过甪直,当它被这一块风水宝地吸引后,就长期生活在甪直。此后,甪直没有出现战荒,没有闹过旱涝灾害,人们年年丰衣足食。

甪直镇文化积淀深厚,始建于公元 503 年的梁代保圣寺内的唐塑雕罗汉堪称国宝,现为全国重点文物保护单位。甪直镇被费孝通誉为"神州水乡第一镇",也有"五湖之汀"的美名。还有一句话说,古镇"水巷小桥多,人家尽枕河",这是因为古镇区原有宋元明清时期的各式石桥"七十二顶半",现存 41 座,造型各异、各具特色,素有"中国古桥博物馆""桥都"之美称。

人们说,"看水乡,逛古镇,不可不去甪直。"这里的保圣寺是国家一级重点文物保护单位,元代书法家赵孟頫曾为其题抱柱联:"梵宫敕建梁朝推甫里禅林第一,罗汉溯源惠之为江南佛像无双"。郭沫若先生在游览完保圣寺后说:"保圣寺的罗汉塑像,筋骨见胸,脉络在手,尽管受着宗教题材的束缚,而现实感却以无限的迫力向人逼来,使人不能不感到一种崇高的美。"

甪直古镇古建筑

甪直文化灿烂,民风淳朴,造就了许多文坛巨匠和名人雅士。除唐代文学家陆龟蒙外,还有唐代诗人皮日休、罗隐,元代诗人赵子昂、柳贯,明代诗人、"明初三杰"之一的高启,清代改革家、作家、报纸出版家王韬,现代教育家、文学家叶圣陶等人。

古银杏是甪直的又一大特色,目前镇上共有 7 棵。叶圣陶先生因生前喜爱银杏,死后被葬在其中的 4 棵银杏树旁,当地政府还专门建了叶圣陶纪念馆,以供人们参观、瞻仰。此外,这里仍保留着卵石、花岗石铺成的街道,以及黛瓦白墙、木门木窗、宽梁翘脊的古建筑,多为明清时代所建。

老江苏的山川湖海

 为何南京的地形有"龙盘虎踞"之称

南京,是江苏省省会,位于长江下游南岸,这里是中华文明的重要发祥地之一。南京历史非常悠久,有6 000多年的文明史、2 500多年的建城史和近500年的建都史,是我国四大古都之一,被称作是"六朝古都""十朝都会"。提起南京,人们马上会想到它是一座虎踞龙盘的古代都城、历史名城。那么,南京的地形为什么会有"龙盘虎踞"的说法呢?

关于南京"龙盘虎踞"的来历有一个传说。公元前210年,秦始皇第5次出巡,也是他一生中的最后一次东巡。他先是大张旗鼓地巡游云梦,浩浩荡荡地乘船顺江东下,在很远的地方就看见了阳光下王气氤氲的金陵城。御驾车队到

南京老地图

南京总统府门楼

达金陵后,秦始皇十分兴奋,他被这里的气势所深深吸引。与秦始皇一同巡游的还有当时道法极高的方士常生、仙导,他们修道数十年,精通风水堪舆之术,一路上他们一直兴高采烈,大讲都城风水。自从到达金陵之后,这两位方士就变得沉默起来,而且十分忧虑。见此情形,秦始皇就问他们:"金陵形胜,气象万千,两位何故沉默寡言?"仙导对秦始皇说:"金陵乃龙脉地势,虎踞龙盘,地形险峻,王气极旺,五百年后会有天子坐镇!"由此,南京的地势就被称作是"龙盘虎踞"了,人们也常用这个词来说明南京的雄伟险要。

当然,上文所述毕竟只是传说故事而已,不足为信。南京之所以被称作"龙盘虎踞",与我国传统文化有着密切的关系。在我国传统文化中,龙虎是星宿神,他们一东一西,共同担负着守卫天宫的责任,被看作是天帝的守护神。人间帝王是天之子,当然也就把龙虎作为自己的守护神了。基于龙虎是帝王守护神的认识,风水术将金陵的东西两座山——钟山和石头山比作青龙白虎,这样天地相应,为金陵成为帝王福地提供依据。

龙虎还是皇权的象征。唐刘知几在《史通·书志》中说:"虎踞龙盘,帝王表其尊极。"也就是说,帝王利用龙虎来显示其至高无上的尊严和地位。现在出土的许多古代器物上都有龙虎装饰,商代青铜礼器有龙虎尊,战国曾侯乙漆箱上十分清晰地绘有一对龙虎,汉代皇帝玉玺上是龙虎纽。这样,有龙虎的地方,就代表着帝王的存在,所以南京才会在历史上多次被定为都城。

龙虎又是吉祥物。东汉蔡邕在《独断》中记载:"秦以前,民皆以金玉为印,龙虎纽。"汉铜镜常刻龙虎,并有"左龙右虎主四方""左龙右虎辟不祥"的铭文;汉墓画像多有龙虎图案,用以保护死者,为显示其神性,有的还会给他们加上双翼。相关实物有南京高淳出土的汉代龙虎画像砖、南京东晋皇室墓葬里的龙虎形帷帐座和唐长乐公主墓中的龙虎导引主人升入天宫壁画。

由上文我们可以知道,龙虎具有护卫帝王、象征皇权、寓意吉祥等功能,它们所主的方位又是东西,而南京城的东西两侧恰有两座山,就像龙虎一样拱卫着南京城,所以古人就将两座山比作是"左青龙,右白虎",这样既可以说明南京是吉祥之地,又为古代帝王们定都南京作了舆论上的准备。

南京人为何将钟山俗称为"紫金山"

钟山,又名紫金山,古名金陵山、圣游山,位于南京市东北郊,以中山陵为中心,包括紫金山、玄武湖两大区域,总面积约45平方公里。这里自然风光优美、古迹文物丰富,有"金陵毓秀"的称誉。

钟山为宁镇山脉西端,横亘于南京中山门外。该山东西长7.4公里,南北宽3公里,周长约20多公里,整体呈弧形,蜿蜒如龙,三国时诸葛亮对孙权说的"钟山龙盘"就是指这座山。据史书记载,钟山在汉代时就已经有现在这个名字了。汉末,秣陵尉蒋子文死难于此。到三国吴时,孙权为了避祖宗讳,就把这座山改名为蒋山了,宋代时又改回原名——钟山。

南京紫金山风光

那么,南京人为何将钟山称为"紫金山"呢?这还要从钟山的特殊岩石说起。钟山上有一种紫色的页岩层,在阳光的照映下,远看非常耀眼,有如紫金一般,所以人们又把钟山称为紫金山。

钟山有三峰:主峰北高峰,海拔468米,是南京的最高峰;第二峰偏于东南,名叫小茅山,海拔360米,中山陵就在其南麓;第三峰偏于西南,由于太平天国曾在山上筑天堡城,故被称为天堡山,海拔250米,著名的紫金山天文台就建在这座山的顶上。

紫金山天文台建于何处,有何特色

紫金山天文台,全称是中国科学院紫金山天文台,它是我国最著名的天文台之一。天文台总部观测站始建于1934年,位于南京市东南郊风景优美的紫金山第三峰——天堡山上。紫金山天文台是我国自己建立的第一个现代天文学研究机构,它的建成标志着我国现代天文学研究的开始。我国现代天文学的许多分支学科和天文台站都是从这里诞生、组建和拓展起来的。由于它在我国天文事业建立与发展中做出的特殊贡献,所以被誉为"中国现代天文学的摇篮"。

南京紫金山天文台

1913年10月,日本在东京召开亚洲各国观象台台长会议,在会议之前,他们邀请法国教会在上海的观象台代表中国出席会议。消息传出,举国哗然,而知识界尤甚。当时的中央观象台台长高鲁,发誓要建造一座能与欧美并驾齐驱的天文台,于是就选址在了紫金山上。当时的紫金山归总理陵园管理委员会管辖,管委会提出天文台必须按照中式风格设计。中式风格主要体现在屋顶和房檐上,而天文观测却需要圆形屋顶,这一棘手的问题被交给了杨廷宝领衔的基泰工程司,最终紫金山天文台落成。天文台牌楼采用毛石作三间四柱式,覆蓝色琉璃瓦,跨于高峻的石阶之上;建筑之间有梯道和栈道通连,各层平台均采用民族形式的勾栏;建筑台基与外墙用毛石砌筑,朴实厚重,与山石浑然一体。

紫金山天文台现设有4个研究部、5个实验室和7个野外业务观测台站,共有21个研究团组、实验室和基地单元。各野外台站运行有毫米波望远镜、近地天体望远镜、空间目标与碎片观测网、H太阳精细结构望远镜、太阳射电频谱仪、近红外太阳光谱仪等多种观测设备。天文台还设有图书馆,拥有图书和期刊数十万余册,是东亚地区最大、最全的天文图书馆。

紫金山天文台以天体物理和天体力学为主要研究方向,其定位是:面向天文学的重大科学问题,面向国家战略需求,以构建完整的天文科学与技术创新体系为着力点,建设我国一流的天文基础和应用研究及战略高技术研究基地、高层次人才培养基地和国际水平的天文研究中心。近期,天文台正在努力建成国际先进或国内领先的以暗物质粒子探测为核心的空间天文探测研究基地;以太赫兹探测技术为支撑,面向天文学重大科学问题的南极天文研究基地;以人造天体动力学和探测技术为支撑,面向国家战略需求的空间目标和碎片观测研究中心;以近地天体探测

南京紫金山地平经纬仪

研究为基础,面向深空探测的行星科学研究中心。

除了紫金山天文台总部之外,天文台在全国还有7个天文观测站:紫金山科研科普园区、青海观测站、盱眙天文观测站、赣榆太阳活动观测站、洪河天文观测站、姚安天文观测站和青岛观象台。其中,青海观测站是我国最大的毫米波射电天文观测基地,盱眙观测站是我国唯一的天体力学实测基地。天文台还以总部及观测站为依托,在南京紫金山天文台科研科普园区、盱眙铁山寺风景区、青岛观象台、青海省德令哈市(建设中)、云南省姚安县(筹建中)等地建设(或与地方政府联合建设)有5个天文科普园区,面向社会公众开展天文科普教育。

为何在南京六合有一片壮观的石柱林

南京石柱林,位于南京市六合区的八百桥镇、瓜埠镇一带,包括在桂子山、马头山和瓜埠山等地发现的玄武岩地质景观。这里的石柱林,一般由六边形、五边形规则的石柱群体组成。这里的石柱,每根直径40～60厘米,高20～30米,紧密排列,垂直于岩层层面,构成半壁石林,恢宏壮观。不仅如此,这里的石柱的规整性、个体大小及总体规模在国内均属罕见,可与美国黄石公园、爱尔兰北部、冰岛等地的玄武岩柱相媲美。那么,为什么南京六合一带会有一片壮观的石柱林呢?

南京在地质时期,曾处于火山喷发带上。由于火山喷发出的玄武质岩浆在地表受到特定环境影响而快速冷却时,往往会形成一种"柱状节理"的地质现象,即岩石因收缩裂开而成为一根根规则的六边形或五边形石柱,同时,所有石柱又紧密地排列在一起组成石柱群。南京六合的这种玄武岩节理景观,其石柱垂直于岩层而立、部分出露于地表,每根石柱直径40～60厘米,参天石柱有如刀劈斧削而成的石林峭壁,具有很高的游览和观赏价值。南京石柱林主要有桂子山、马头山和瓜埠山三处,下面就具体介绍一下。

桂子山石柱林: 分布于八百桥镇北5 000米的桂子山东侧,是南京石柱林当中气势最为宏大的一处,占地面积0.13平方公里。经地质学家考察论证,桂子山是更新世(距今约260万年至1万年)早期火山喷发后残存的玄武岩锥体。

南京桂子山石柱林

其基底宽约 1 600 米，海拔 189 米，地表基本上被土壤和植被所覆盖。石柱林的东侧边缘还有一处直径约 600 米的圆形敞口凹陷，深约 80 米；凹陷岩壁裸露的玄武岩石柱，呈灰黑色，是火山岩浆溢出地表时形成的柱状节理，最高的达 52.6 米。

马头山石柱林：分布于八百桥镇东 3 000 米。这里的火山柱状节理发育良好，错落有致，岩石表面大多因各种侵蚀而呈现出多种色彩。

瓜埠山石柱林：位于瓜埠镇东郊的一个采石场里。经过几十年开采后的瓜埠山，已被切去一半的山体横断面处，展现出了由六边形、五边形规则石柱群体组成的火山节理。一根根玄武岩石柱冲天直立，由深部直达地面，最高处达 70 多米。最为奇特的是，瓜埠山石柱呈放射状（扇形），就好像凝固了的火山喷发活动的瞬间，十分壮观。

无锡惠山为何被誉为"江南第一山"

惠山，坐落于江苏省无锡市西郊，属于浙江天目山由东向西绵延的支脉，最高峰为三茅峰，海拔 328.98 米，周围约 20 平方公里。惠山有九座山峰，其中最著名的有三个山峰，即头茅峰、二茅峰、三茅峰，每座山峰都有自己的特色。惠山的高度在我国算不上高，规模也算不上大，就景色而言也有比它更好的，那么它为什么会被誉为"江南第一山"呢？

惠山，在南朝时被称为历山，相传舜帝曾经躬耕于这座山上。因为山有九陇，所以当地人都叫它"九龙山"。根据《蠡溪笔记》记载，惠山的开山禅师是晋代的西域僧人慧照，他来到此山之后，常与名士交往，所以名气很大。后来，人们便用慧照的名字作为山名，称之为慧山。因为慧、惠二字的音相通，后来就变成惠山了。虽然惠山成名了，但是它还算不得名山，真正让惠山得到"江南第一山"美誉的还是乾隆皇帝。当年，乾隆皇帝在评述江南山水时，认为"唯惠山幽雅娴静，故江南第一山非惠山莫属"。于是，惠山就有了"江南第一山"的称号。1958 年，当地开凿了映山湖，把惠山和锡山连在了一起，并将二山辟为锡惠公园，成为当地的著名景点。

惠山还以其名泉佳水著称于天下，其最负盛名的就是"天下第二泉"。"天下第二泉"位于惠

无锡惠山古镇牌坊

山寺内,此泉共有三处泉池,入门处是泉的下池,在开凿于宋代的池壁上,有明代弘治十四年(1501年)雕刻大师杨理雕刻的龙头。泉水从上面的暗穴流下来,由龙口吐入地下。泉池上面是漪澜堂,建于宋代,堂前有南海观音石,是清乾隆年间从明朝礼部尚书顾可学的别墅中移过来的。堂后就是闻名遐迩的"二泉亭",亭

惠山天下第二泉

内和亭前有两个泉池,相传是唐大历末年(779年),无锡县令敬澄派人开凿的,分为上池与中池。上池为八角形,水质最佳;中池呈不规则方形,水是从若冰洞里浸出,据传,这个洞隙与石泉是唐代僧人若冰寻水时发现的,故又名"冰泉"。在二泉亭和漪澜堂的影壁上,分别嵌着元代书法家赵孟𫖯和清代书法家王澍题写的"天下第二泉"各五个大字石刻。

清碧甘甜的惠山寺泉水,从它开凿之初,就同茶人品泉鉴水紧密联系在一起了。在惠山寺二泉池开凿之前或开凿期间,唐代茶人陆羽正在太湖之滨的长城(今浙江长兴县)顾渚山、义兴(今江苏宜兴市)唐贡山等地的茶区进行访茶品泉活动。当他听说惠山有奇泉之后,曾多次赴无锡对惠山进行考察,并著有《惠山寺记》。

除了泉水,惠山最著名的就是惠山寺了。由于坐落在名胜之地,寺内又有著名的"天下第二泉",所以惠山寺的声誉早已名满天下。当然,这座寺院也有自己的特色。惠山寺历史悠久,早在唐宋之时就已经香火不绝、盛极一时了。寺院范围包括整个愚公谷和寄畅园,单是僧舍就有1 048间之多。古往今来,许多骚人墨客甚至是帝王将相,在经过京杭大运河无锡段时,都要在惠山寺逗留。现在惠山寺还保留着的古迹和建筑物有古华山门、唐宋石经幢、金刚殿、香花桥和日月池、金莲桥和金莲池、御碑亭、听松石床、古银杏树、大同殿、竹炉山房和云起楼等。

玄武湖因何得名

玄武湖,古名桑泊,至今已有1 500多年的历史了。该湖位于南京城中,处在紫金山脚下,是我国最大的皇家园林湖泊,也是当代仅存的江南皇家园林,名列"江南三大名湖"之一。以玄武湖为主体建设的玄武湖公园,是目前江南地区

最大的城内公园,被誉为"金陵明珠"。

南京玄武湖风光

玄武湖原来只是一片因断层作用而形成的沼泽湿地,湖水来自钟山北麓。秦始皇灭楚后改金陵为秣陵县,玄武湖被命名为秣陵湖;三国时期,因汉时秣陵都尉蒋子文葬在湖畔,所以孙权将湖名改为"蒋陵湖"。同一时期,孙权引水入湖,玄武湖才初具湖泊的形态。因为玄武湖位于燕雀湖和宫城之北,所以在当时被叫作"后湖"或"北湖"。刘宋元嘉初年,宋文帝对玄武湖进行了一次大规模的疏浚,挖出来的湖泥堆积在一起,成了露出水面的小岛。其中最大的为"蓬莱""方丈""瀛洲"三岛,合称"三神山"。那么,"玄武湖"之名是怎么得来的呢?

关于玄武湖的得名,有两种代表性的说法。一种说法是,相传在元嘉二十三年(446年),湖中出现"黑龙",而在当时"玄"是黑色的意思,于是就改称玄武湖了。另一说法则与玄武湖的方位有关,下面做具体介绍。

玄武湖最早的名字是"后湖"或"北湖",之所以取这个名字,是因为玄武湖的位置正好位于钟山的北麓。当时的南京城坐落在钟山之前,对南京城的居民来说,山后的这座湖泊当然称为后湖。至于北湖名称的由来,则是因为玄武湖位于南京城的北面,所以称其为"北湖"。在古代,"玄武"是中国神话故事中的四神之一,它的具体形象是龟与蛇的复合体。玄武和青龙、白虎、朱雀共同代表着东南西北四个方位,其中玄武主北方。玄武湖恰好位于南京城的北面,是"北方之神"玄武所主之地,所以就被叫作"玄武湖"了。目前,大多数的学者都主张采用"北方之神"一说。

南京玄武湖公园莲花仙子

玄武湖曾两度遭到浩劫,一次发生在隋文帝时,另一次则发生在宋神宗在位时。隋文帝灭了南陈之后,曾下令将南京城夷平,玄武湖就是在这个政策下消失了200多年。宋神宗时,王安石调任江宁府尹,提出了"废湖还田"的主张,于是玄武湖被填平了,从此南京城就陷入了遇雨成灾的噩梦之中,一直到了元朝疏浚措施完工之后,状况才稍获改善。1950年,玄武湖得到全面的整建,从而形成了今天的玄武湖。

玄武湖湖岸呈菱形,周长约15公里,占地面积437公顷,水面约368公顷。湖西、南两面紧邻明城墙,西侧以玄武门、南侧以解放门为出入口。湖水深度3米,湖内养鱼,并种植有荷花,湖边杨柳轻垂。夏秋两季,水面一片碧绿,粉红色的荷花掩映其中,满湖清香,景色迷人。湖中分布有五块绿洲,形成了五处景观。五洲之间有桥堤相通,别具其胜。公园中的水、陆交通独具特色:水面上有快艇、自娱艇和豪华渡轮等;陆地上有环保电瓶车,乘坐舒适,视野开阔。整个公园风景别致,游玩便利,是到南京旅游不可不去的佳处。

莫愁湖和莫愁女有何渊源

莫愁湖,位于南京秦淮河西岸,是一座有着1 500年悠久历史和丰富人文资源的江南古典名园,为六朝胜迹,自古就有"江南第一名湖""金陵第一名胜""金陵四十八景之首"等美誉。莫愁湖古时候被称为横塘,因其依石头城,所以又被称作石城湖。那么,"莫愁"之名从何而来?与莫愁女有何渊源呢?

莫愁湖的名字源于一个民间传说。古时候,有一个女子,名叫莫愁,她是河南洛阳人,幼年丧母,一直与父亲相依为命。莫愁文静、聪明、好学,采桑、养蚕、纺织、刺绣等样样拿得起来。邻居家的小孩念书,她听着记着,不但识得些字,还能吟咏几句诗文,而且莫愁还和父亲学了一手采药治病的本领。莫愁15岁那年,父亲在采药途中不幸坠崖身亡。因为家境贫寒,莫愁只得卖身葬父。

当时,有一个建康(今江苏南京)的生意人卢员外在洛阳做买卖,他见莫愁纯朴美丽,很同情她,便帮助莫愁料理了爹爹的后事,并带她来到建康。从此以后,莫愁就嫁进了卢家,成了员外的儿媳。莫愁和丈夫结婚后恩恩爱爱,第二年就生下了一个白白胖胖的儿子,取名阿候。虽然生活

南京莫愁湖

南京莫愁湖莫愁女雕像

富裕,但是莫愁时常想念家乡、怀念父亲,只有在帮助穷人治病时才会感觉到快慰、露出笑容。穷人们时常说:我们有了病痛什么的,见了莫愁就什么忧愁也没了!长此以往,莫愁女的名字就传开了。

卢员外曾在梁朝为官。一日,梁武帝听说水西门外卢家庄园的牡丹花开得正旺,于是就着便服来员外家赏花,只见牡丹花交错如锦、夺目如霞,梁武帝看得如痴如醉,就问员外:"此花何人所栽?"卢员外跪答:"此乃儿媳莫愁所栽。"梁武帝当即传莫愁见驾。梁武帝看到莫愁如花容貌,不由得神魂颠倒。回到宫中之后,他寝食难安,想将莫愁占为己有。终于,他想出了一条毒计,害死了卢公子,传旨选莫愁进宫为妃。莫愁得知后,悲愤交加,决心宁为玉碎,不为瓦全,投石城湖而死。

四周乡邻得知莫愁投湖,纷纷来到湖边痛苦拜祭,他们怎么也不肯相信这么好的女子会投湖自尽。于是,有人传说深夜在湖边听到了莫愁的哭泣声,也有人说看到天上落下一只小船,载着莫愁悠悠而去了。人们深深怀念莫愁,为了纪念她,就将石城湖改名为莫愁湖了。梁武帝闻讯后,自感惭愧,于是就写下了《河中水之歌》,以示纪念。现在,在莫愁的故居——郁金堂侧赏荷厅的莲花池内,有一尊2米高的莫愁汉白玉雕像,是南京的标志性景点之一。

莫愁湖公园占地面积58.36公顷,其中水面为32.36公顷。园内楼、轩、亭、榭错落有致,胜棋楼、郁金堂、水榭、抱月楼、曲径回廊等掩映在山石松竹、花木绿荫之中,呈现出一派"欲将西子莫愁比,难向烟波判是非。但觉西湖输一着,江帆云外拍云飞"的宜人景色。

胜棋楼有何来历

胜棋楼,原名"对弈楼",位于南京市水西门外莫愁湖公园内,始建于明洪武初年,重修于清同治十年(1871年)。相传,这里是明太祖朱元璋与大将徐达弈棋的地方。那么,这到底是怎么一回事呢?

相传,明太祖朱元璋虽然没读过什么书,但是非常喜欢下围棋。明朝的开国元勋徐达是一位弈林高手,所以朱元璋总找他下棋。可是朱元璋每次找徐达对弈,徐达总是败在他手下。对此朱元璋心里明白,恐怕这是徐达有意让着自己。但是，朱元璋有时又很自信，他觉得徐达未必就能总赢自己。于是有一次，朱元璋又叫徐达去下棋，在下棋之前，他一再告诉徐达："胜负决不怪罪你，你只要尽量施展棋艺以决一胜负即可。"于是，阵势就拉开了。两人从早上下到中午，午饭也没顾上吃。这时，朱元璋节节逼近，眼看胜局在望，心头一高兴，便脱口问徐

南京莫愁湖胜棋楼

达："爱卿，这局你以为如何？"徐达微笑着点头答道："请万岁纵观全局！"朱元璋连忙起身细看棋局，不禁失声惊叹道："哦！朕实不如徐卿也！"原来，朱元璋发现徐达的棋子竟在棋盘上布成了"万岁"二字。

朱元璋为了嘉奖徐达的功绩和棋艺，当即将"对弈楼"和整个莫愁湖花园赐给了徐达，并将"对弈楼"更名为"胜棋楼"。从此，徐氏世代掌管莫愁湖湖产直到近代，至今"胜棋楼"内还挂有徐达的肖像。后人还为此撰写了这样的一副对联："莫愁女观花眉飞色舞，朱元璋对弈好大喜功"。

在六朝古都南京的莫愁湖畔，走进牌坊式的大门，迎面便可以看到园内最高大的建筑——胜棋楼。这座小楼是一座明清风格的建筑，楼共有两层，房子只有五间，是明代皇帝朱元璋建造的，青砖小瓦，造型庄重，工艺十分精美。楼门上方横挂着"胜棋楼"三个大黄金字的匾额，这是清代状元梅启照书写的。正门与中堂之间有一张棋桌，桌子四周放着方凳，是专门为下棋的人准备的。楼内现陈列有朱元璋与徐达对弈的棋桌、画像、复制的龙袍和衣冠、古玩玉器、象牙雕刻以及各种明清红木家具共数百件，堪称是金陵之最。登上胜棋楼，可远眺钟山龙盘，石城虎踞；俯瞰湖心亭，湖景全貌，波光云影，尽收眼底，令人心旷神怡。

南京溧水的胭脂河有何来历

胭脂河，位于江苏南京市溧水县城西约 4 公里处，是明代在胭脂岗上开凿的一条沟通秦淮河与石臼湖的人工运河。此河南起洪蓝埠，北至秦淮河，长约 7.5 公里。那么，明代为什么要开凿胭脂河？其用意是什么？

明朝初年，朱元璋定都南京，由此南京成为了全国的政治、经济和军事中心，人口、驻军迅速增多。为了使苏南、浙北的粮草避开长江风险安全地运到南京，朱元璋下令开凿了胭脂河，以作为内河的漕运通道。胭脂河工程需要在一

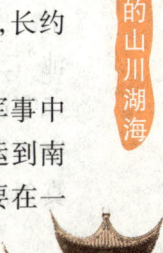

溧水天生桥雕塑

条长约5公里、高25～30米的胭脂石岗上开凿,在爆破技术并不发达的古代,这项工程的难度是可想而知的。据《溧水县志》记载,开山时,工匠们先用铁钎在岩石上凿缝,然后将麻嵌入石缝中,浇上桐油,点火焚烧,等到岩石烧得通红以后,再泼上冷水,这样利用热胀冷缩的原理使其开裂,然后将石块撬开,搬运出去。"焚石凿河"使得山岗上的岩石夹杂着紫红,犹如妇女用的胭脂一般,胭脂河之名便由此而来。其实,这是由于岩石中含有的铁质被氧化的结果。

在胭脂河上,有一块巨石凌空而架,横跨在两岸的峭壁之上,这是当年开掘时巧妙设计的"天生桥"。据《溧水县志》记载:"在河上以巨石面留为桥,中凿石孔十余丈,以通舟楫,桥因势而成,故名天生。"胭脂河开凿时,工匠们巧妙地将两处石质最硬、地势最高的地方留下来作为桥,将巨石下方凿开石孔以便舟楫通行,于是著名的天生桥便产生了。因为这座桥是借自然地势而建,所以被叫作"天生桥"。天生桥长34米、宽9米、厚8.9米,桥高35米。运河上留石为桥,在中外历史上都是十分罕见。现在,天生桥已经成为了溧水境内的一大奇景。

为何苏州人常说"假虎丘真剑池"

虎丘山,位于苏州城的西北3.5公里处,已有2 500多年的悠久历史了,素有"吴中第一名胜"的美誉。宋代大文豪苏东坡曾留下了"到苏州不游虎丘乃憾事也"的千古名言,使虎丘成为旅游者到苏州之后的必游之地。在苏州,当地人常说"假虎丘真剑池",这是为什么呢?

在虎丘,最神秘、最吸引人的古迹就是剑池。所谓剑池,就是虎丘崖壁下的一处窄如长剑的水池,剑池前面有一个"别有洞天"的圆洞门,圆洞门旁边刻有"虎丘剑池"四个大字,据《山志》等书记载,这四个字是唐代大书法家颜真卿所书。由于历史久远,"虎丘"两个字逐渐断落湮没,颜真卿的真迹就只剩下了"剑池"二字。到了明代,时任苏州太守马之骏命令著名的石刻师章仲玉将"虎丘"二字进行描摹补刻,恢复了原貌。但是,后人总觉得"虎丘"二字没有"剑池"二字写得那么好、那么漂亮,又因为"虎丘"二字是后来补上去的,所以有"假虎丘真剑池"之说。

除了上述说法之外，"假虎丘真剑池"还有另外一层意思，就是暗示着阖闾墓的秘密。因为剑池的东西两壁悬崖陡立是天然形成的，而虎丘的后山则是人工用土垒建而成的，目的就是为了掩盖吴王阖闾的墓。据方志上记载，剑池下面就是埋葬吴王阖闾的地方。之所以会有剑池之名，是因为当年埋葬阖闾时，他生前喜爱的"扁诸"

虎丘剑池

"鱼肠"等宝剑也都作为殉葬品一块埋在了他的墓里。相传，剑池下埋有3 000把宝剑，而虎丘下是否真的埋有吴王阖吕却不得而知。所以就有了"假虎丘真剑池"的说法。

当然，上述两种说法，都有自己的依据和道理，到底哪一种说法是真实的，现在已经不得而知了。

虎丘试剑石有何来历

虎丘山，位于苏州城西7公里，海拔34.3米，面积约19公顷。在远古时代，虎丘曾是海湾中的一座随着海潮时隐时现的小岛，历经沧海桑田的变迁，最终从海中涌出，成为孤立在平地上的山丘，于是人们便称它为海涌山。在距今2 400年前的春秋时期，吴王阖闾在与越国的槜李大战时不慎受伤，不久就死去了，死后他儿子将他葬于虎丘。据说，葬后三日有一只白虎蹲在山上，所以当地人就把"海涌山"改名为虎丘山了。在虎丘附近的上山路东侧，有一块巨石像被人切开一样，上面刻有"试剑石"三个字，这就是著名的虎丘试剑石了。那么，这块石头有何来历呢？

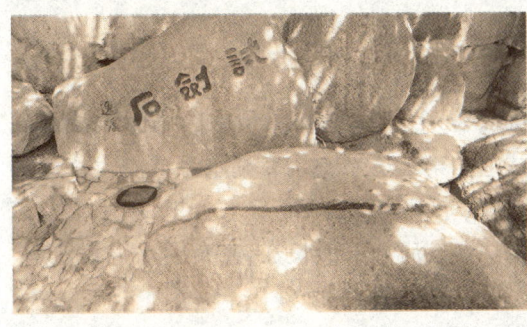

苏州虎丘试剑石

春秋时期，吴王阖闾为了争霸天下，召来了当时最有名的铸剑师干将、莫邪夫妇为他铸剑。阖闾给他们三百童男童女，让他们祭炉炼剑，并且让他们保证一百天内铸出一把举世无双的宝剑。干将看到这些孩子都还幼小，不忍心伤害他们，请求阖闾放

干将、莫邪

了他们,并且保证一百天内铸成宝剑。阖闾说:"只要你炼出宝剑,我什么条件都答应你,但是如若你完不成,你连同这三百童男童女都要死。"于是干将和莫邪就来到了苏州当时的匠门砌炉炼剑。

他们集"五山之铁精""六合之精英",在此处炼剑九十多天,但始终"不见青、黄",于是就将炼炉的温度升高,但是还是没出现黄、白、青色的烟气,这就表明有杂质还没有分离出来。莫邪看到干剑满面愁容,心想如果宝剑炼不成,那么干将连同三百童男童女都将被杀,想到这里她舍身投入了火炉之中。顷刻间,炉水变青,终于炼出了二把举世无双的宝剑,一把雄剑名"干将",一把雌剑名"莫邪"。

干将非常清楚吴王阖闾是一个暴君,只要宝剑一铸成,自己的死期也就不远了。到100天时,干将提着"莫邪"剑来到了虎丘山,将此剑献给了阖闾。阖闾为了试剑的锋利,对着旁边的石头手起剑落,顿时石头一分为二。阖闾一看宝剑已经铸成,于是就想杀死干将。正在这时,干将拔出那把雄剑,只见宝剑化为青龙,干将骑着龙,直上云霄成为剑神。后人为了纪念干将和莫邪,就将吴王所砍的那块石头称作试剑石。

当然,上文只是传说而已,因为再锋利的剑也不可能把这么一块石头一劈为二。事实上,这块石头是典型的火山喷出岩的凝灰岩,经过长久的风化,石头出现裂缝,时间久了,裂隙不断扩大,于是就形成了一条大缝,酷似剑劈而成,这就是虎丘试剑石的来历。

太湖成因之谜

太湖,古称震泽、具区、笠泽、五湖,位于江苏省南部,是中国第二大淡水湖(原位居第二的洞庭湖随着湖面缩减退为第三位),整个太湖水系共有大小湖泊180多个,流域面积达3.69万平方公里,水面面积2 338平方公里,湖水由北东两面以娄江、吴淞江、黄浦江为主的70多条河港下泄长江,密布的水道对航运、灌溉和调节河湖水位都十分有利。

太湖以其优美的自然风景和灿烂的人文景观吸引着众多游人的目光,广大的科研人员和地质爱好者在欣赏太湖优美的湖光山色的同时将目光聚焦在了太湖的成因上。

相传，在王母娘娘的蟠桃大会上，玉皇大帝送了一个大银盆作为礼物，盆内有72颗特大翡翠，还有各种玉石雕琢而成的千

苏州太湖夜景

姿百态的飞禽走兽，远远望去，活像一个精致的生态园。正当大家都对这个大银盆赞不绝口时，不请自来的弼马温孙悟空一腔怒气来大闹天宫，他不管三七二十一，见一样打一样，一棒下去，银盆便从天上跌落到人间，嵌在地里，银子化作白花花的水，72颗翡翠变成了72座山峰，玉石雕刻而成的飞禽走兽除了走兽没有成活，其他的均变成了相应的物种。太湖就这样形成了。

当然这只是人们借助丰富的想象力而口耳相传的故事，给太湖增添了一层神秘的色彩。对于太湖的成因，学术界一直没有达成一致观点，存在不同的认识。

构造成湖论。构造成湖论认为，太湖平原原是一个大的海湾，以后不断被水和沉积物所填充，遂演化成现在的湖泊。

泻湖成因说。泻湖成因说认为，这里原是一个大海湾，由于长江、钱塘江等泥沙长期淤积使得长江三角洲不断向东延伸，海湾口被淤积的泥沙构成的沙坝封堵，海湾因此封闭从而形成了今天的太湖。在河水和雨水的作用下，海水逐年淡化，太湖也就成了淡水湖。

陨石冲击坑说。陨石冲击坑说认为，5 000万年前，一颗巨大的陨石从东北方向降落到地上，因其能量巨大，产生了相当于1 000万颗广岛原子弹爆炸时所带来的巨大冲击了，于是便留下了2 300多平方公里的陨石坑，即今天的太湖。2009年，南京大学地球科学系的几名教授在对太湖排水清淤中发现的含铁质的石棍、带孔似炼铁的炉渣和一些形状似人或动物的石头进行研究后认为，这些"奇石"是太湖冲击坑的溅射物。这为陨石冲击坑说提供了关键性的证据，使得陨石冲击坑说引起了学界的广泛关注。

此外，关于太湖的成因还有构造沉降说、火山说、积水说和下陷说等。

 瘦西湖因何得名

瘦西湖，位于扬州市北郊，它是扬州城外保障河的一断较宽的河道，面积

扬州瘦西湖风光

约32公顷,长4.3公里。这里原是唐罗城、宋大城的护城河,南起北城河,北抵蜀冈脚下。明清时期,许多富甲天下的盐业巨子纷纷在沿河两岸买地建房,不惜重金聘请造园名家擘画经营,构筑水上园林。乾隆极盛时期,沿湖有二十四景,被誉为"两堤花柳全依水,一路楼台直到山"。康熙和乾隆两位皇帝南巡时都曾来到这里,对这里的景色都赞赏有加。既然是一段河道,那"瘦西湖"之名是怎么得来的呢?

相传在清乾隆年间,扬州的盐业兴盛,盐商富贾很多。当时,瘦西湖由于年长日久,所以淤塞严重,盐商们出资疏浚,并在东西岸兴建起了许多亭台楼阁。这样一来,湖上的风景便显得格外优美秀丽了。

当时,盐商中的巨富有三家,他们附庸风雅,经常到湖上游玩、宴客。这年早春二月,三个盐商来到湖上凫庄小宴,他们一面饮酒,一面欣赏湖面景色。大盐商年龄最长、阅历也多,总是以长兄自居,他喝了几杯酒后说:"我们这个保障湖,风景多好啊,一点也不比杭州的西湖差,可是却叫保障湖未免有点不相配。"二盐商惯于见风使舵,见大盐商发这通议论,立刻凑趣说:"高见,高见。我们扬州文人虽多,但却没有一个人关心这件事,实在叫人遗憾。"三盐商是一个自以为是的人,他接着说:"起个名字,还要文人?我看未免长他人志气,灭自己威风。来,我们三人思量思量,不信就想不出一个好名字来。"

三个人酒不喝了,都在低头沉思,过了好一会儿,大盐商先开口,他说:"我们的保障湖在扬州城之西,不如也叫它'西湖',二位以为如何?"二盐商马上附和说:"妙,妙,把保障湖改为西湖,那太好了,太好了。"三盐商看了二盐商一眼,不以为然地说:"你们二位都到过杭州,杭州的西湖多大啊!我们这个湖怎配称西湖呢?依小弟之见,叫'小西湖'还差不多。"大盐商摇摇头,觉得这个"小"字就比人家矮了大半截,这个名字不好,但他又想

扬州瘦西湖大门

不出一个好名字来，就说："'小西湖'还要斟酌斟酌，我看'西湖'是可以用的，只要在它前面加一个合适的字。"

就为这一个字，三个人又在苦苦思索了，过了好一会，二盐商开口了，他说："我们这个西湖，虽不及杭州的西湖大，但也有它的特点，就是湖身迂回曲折，有二十多里长，我看不如叫它'长西湖'。"其他两位盐商觉得不好，都摇头。接着，他们又想出一大堆名字来，什么"金西湖""银西湖""绿西湖"等，可是没有一个中意的。这样一来，他们才感觉到替湖起一个名字并不是那么容易的事。

恰巧，邻座有位书生，一直颇有兴趣地听他们争论，只是笑而不语。大盐商见了，就说："那看着我们笑的是个读书人，我们何不请他来起一个名字？"这位书生并没有过来，他站起来说道："三位的议论我都听到了，我看扬州的这个湖是可以与杭州的西湖相媲美，但清瘦过之，依我之见，称'瘦西湖'可也。"一听这个名字，三个盐商就佩服得五体投地，一再邀请这个书生入座饮酒，可是那个书生却飘然而去。从此，"瘦西湖"的名声就传开了。

当然，上文只是传说而已，关于"瘦西湖"之名的由来还有一种说法。据说，南宋时期，有一个叫汪杭的文人来到扬州，他观赏了此处的风景后，写下了一首诗："垂杨不断接残芜，雁齿红桥俨画图。也是销金一锅子，故应唤作瘦西湖。"这便是瘦西湖一名的来历了。

洪泽湖有哪些美丽传说

洪泽湖，原名破釜涧，位于江苏省西部的淮河下游，是我国第四大淡水湖。早在200万年以前，洪泽湖就作为古代海滨的一个泻湖而存在，后来逐渐退居内陆。公元616年，隋炀帝下江南路经洪泽湖时恰逢大雨，见湖水在大雨中波涛汹涌，便把破釜涧改名为洪泽浦。洪泽者，大水积聚之处也，洪泽湖由此而得名。洪泽湖像一颗充满活力的明珠一样镶嵌在辽阔的苏北平原上，它不仅为苏北约170万公顷的农田提供充足的灌溉水源，而且还是我国主要的水产资源基地之一。乾隆皇帝下江南时，曾赞誉洪泽湖为"水乡泽国，人间仙境"。洪泽湖历史悠久，而且又是如此的美丽，那它有哪些美丽的传说呢？

传说一：孙大圣抢食神丹。传说，当年孙悟空大闹天宫后，偷

洪泽湖自然风光

吃了太上老君的仙丹。为了防止孙悟空再来偷丹，老君就想找一个隐蔽的地方藏丹。老君从天而降，来到洪泽湖南岸的老山，这里正好有一个山洞。正在老君要进洞的时候，孙悟空追了上来，伸手就要抢葫芦。眼看仙丹就要被孙悟空夺走，老君一气之下打破了葫芦，一时间仙丹四处滚落，孙悟空连抓带抢得到几粒，其余的都落到洪泽湖里去了，于是鱼、虾、蟹都争着来吃仙丹。从那以后，洪泽湖里的鱼类肉鲜味美、可口好吃，直到现在仍然远近闻名。

传说二：九牛二虎一只鸡。人们常用"九牛二虎"来形容力量大，于是清代当地在加固洪泽湖大堤时，便铸造了"九牛二虎一只鸡"放在大堤水势要冲之处，以祈镇水。据说，当初铸造的铁牛，其肚内本是金心银胆，夜间还常跑到田里偷吃老百姓的庄稼，当人们出来打时，一棍子打了它的双角，后来不知道是哪个贪财之徒，偷摘了铁牛的金心银胆，遂使铁牛不能行动，失去了镇水的作用。现存的铁牛大小和真牛一样，均作昂首屈膝状，似哞哞欲叫，憨态可掬。铁牛横卧在厚约 10 厘米的铁座上，铸工精细，造型生动，重约 2 500 公斤。在铁牛肩胛上刻有楷书阳文："维金克木蛟龙藏，维土制水龟蛇降，铸犀着证奠淮扬，永除错垫报吾皇。康熙辛巳午日铸。"沧海桑田，当初的"九牛二虎一只鸡"只剩下了五头铁牛零落在堤上，成为洪泽湖一景。

传说三：老子炼丹在洪泽。洪泽境内的老子山，相传是当初老子炼丹的地方。春秋末年，老子骑着青牛来到了芦莆山下，一见此处山色清秀，于是就生了在此采药炼丹、为民疗疾的想法。老子在这里解救了无数人的病苦，最后功德圆满，杳然而去。后来人们发现，在此山有一岩洞，洞内四壁如削，有石床、石几等物，这就是老子的住所，人称之为"仙人洞"。在山的西侧有一堵巨石，上有鼎脚之痕，四周都是红色岩石，相传老子曾在这里砌炉炼丹，所以被称为"炼丹台"。在老子山南麓有一块潜伏巨石，上面有蹄形洞穴，穴内常年积水，清澈见底，不溢不涸，汲而复生，而且没有泉脉相通，人皆称奇，相传这是老子乘坐青牛西去函谷时留下的蹄痕，所以被称为"青牛迹"。这样，"仙人洞夕照""炼丹台怀古""青牛迹闻莺"就成了如今老子山的三大景观。

传说四：渔民刷锅不下水。从前，洪泽湖有对渔民老夫妇，他们很贫穷，家里只有一条破划子和一只破锅。一天，老两口过洪泽湖，想到集市上买点口粮和一口小锅。小船靠岸

老子

后,老两口就到集市上买东西去了。买东西时,任凭老头怎么问话,店里的人也不回答,老头很生气。眼看天已傍晚,他就到粮行里抓了一把小谷米,又在杂货店里拿了一口小锅,转身就往船上走,而卖东西的人也并不追赶向他要钱,渔夫很是奇怪。第二天早晨,渔夫发现带回来的小谷米变成了鲜鱼,老俩口喜出望外,赶紧将鱼抬到市上卖了,又买回米,高高兴兴回到船上准备烧饭。他们揭开锅盖一看,锅里饭菜都有,老俩口靠这口锅生活了好长时间。一天,老渔妇将锅放到水里想刷个干净,可是锅一入水就不见了。以后洪泽湖的渔民就再也不把锅放到湖里刷了,这种风俗一直流传到今天。

虞山尚湖因何得名

尚湖,位于江苏常熟城西、虞山之南,其宽广的湖面与虞山相映,有飞蝶扑山之姿。湖上分布有荷香洲、钓鱼渚、鸣禽洲、桃花岛等 7 个水中沙洲,形成了湖中有岛、岛中有湖的独特景观。那么,尚湖是因为什么而得名的呢?

尚湖的得名与姜子牙有关。商朝末年,纣王失德,荒淫无度,他废皇后、立妲己、囚忠臣、用小人、谪太子,弄得满朝文武闭口不言,宫廷上下众叛亲离,朝歌百姓纷纷逃离。在平民中有一位长者,他姓姜,名尚,字太公,虽年过七旬,但却有经天纬地的才能、排兵布阵的本领。当商纣王恣行暴政的时候,姜尚遁形而去,悄悄躲避到远离商都的东海边,住在虞山的石室中,每天与樵夫谈天说地或到山前湖中钓鱼取乐。

姜太公钓鱼十分奇特,别人钓鱼都用鱼钩,而他钓鱼只有一竿一线一竹丝,却常常能钓到大鱼,于是当地的渔夫、樵夫都常常去看他钓鱼,他也以此为乐。原来,他是利用竹丝的弹性,把它弯曲到一起,然后用一段鲜嫩的芦管套住放到湖中,鱼儿吞吃鲜嫩的芦管后,竹丝猛地张开撑住鱼嘴,这样任凭鱼怎样挣扎也无法逃脱,"姜太公钓鱼,愿者上钩"的典故就是从这里来的。后来,他把这一钓鱼绝活传给了当地老百姓,直到今天,尚湖周围的居民还常用这种方法钓鱼。

姜尚会看相、占卜、治病,他看相、占卜十分灵验,看病也能药到病治,但是他给人看相、占卜从不收钱,治病解忧也不收物,钓到的鱼都分给周围的百姓。他常与百姓聊天,讲一些安民治邦的道

常熟尚湖

理、带兵打仗的方法。不久之后，当地百姓都在他的影响下变得彬彬有礼，于是大家都称他为活神仙。后来，姜尚的故事传到了无锡梅村的仲雍那儿。那时，泰伯已经去世，而仲雍也年事已高，他听到这位奇人的消息之后，便不顾年迈，带着儿子、随从数十人前来访贤。

姜子牙

仲雍来到虞山脚下的湖边后，果然看见一人头戴斗笠，身披蓑衣，童颜鹤发，貌伟非凡。他马上上前施礼："垂钓者可是太公吗？"姜太公还礼说："正是，不知大人是谁？"仲雍回答说："我乃是崎州人士，古公亶父的儿子仲雍。"姜太公施礼说："早知大名，泰伯、仲雍让国避位，美名远扬。我乃是朝歌城中的小民百姓，因纣王暴虐才避隐到这里，想不到在这能见到你，真是幸哉、幸哉！"说完太公就收了鱼竿，与仲雍上山去了。

上得山来，进入石室，姜太公让小童沏茶。待坐定后，俩人便交谈起来。俩人一见如故，越说越投机，仲雍认为姜太公是栋梁之材，便说："当今纣王失政，天下万民深陷水火之中。"太公说："我听说西伯侯姬昌广行仁政，厚恤百姓，耕者给田，画土为牢，刻木为吏，不动刑罚，百姓有男子成婚、女子出嫁的，则出公钱而嫁娶，有夫无子、幼而丧父，都给钱帛而救济，崎州百姓，家富人足，歌舞升平。"仲雍道："纣王日行暴虐，尽多背叛，姬昌欲拯救庶民百姓，须有能人辅助，今先生有治国之道，布阵之法，何不去扶政呢？"太公说："所说极是，我观天象，王者必是姬昌，我将赴西岐。"

不出一个月，姜太公便离开虞山，一路风尘赶到西岐，在渭水之滨与西伯侯相遇，成为西伯侯的重臣。此后，太公辅助西岐施仁政、伐纣王、平定天下，成为周朝的开国元勋。常熟百姓为了纪念这位不远万里来到常熟隐居的西周宰相姜尚，便把他隐居虞山钓鱼的湖称为尚湖。

中泠泉为何被誉为"天下第一泉"

中泠泉，位于江苏省镇江市金山寺外。唐代时，这眼泉水就已经闻名天下了，当时的金山还是"江心一朵芙蓉"，中泠泉也处在长江中。据史书记载，在镇江城外，西来的江水受到石牌山和鹘山的阻挡，水势曲折转流，分为三泠

（即南泠、中泠、北泠），而泉水就在中间的一个水曲之下，故名"中泠泉"。因其位置在金山的西南面，故又称"南泠泉"。那么，中泠泉为什么被誉为"天下第一泉"？

唐朝以来，中泠泉水一直为人们所喜爱。唐代的评茶专家陆羽在品中泠泉水后，认为这眼泉的泉水质量非常高，当属"天下第一"。后唐时，名士刘伯刍将全国水分为七等，扬子江的中泠泉名列第一，从此，中泠泉就被誉为"天下第一泉"了。

镇江中泠泉

相传，用中泠泉的水沏茶清香甘甜，甚至可以"盈杯不溢"，也就是说，把泉水倒入杯中，水即使高出杯口二三分也不会外溢。不仅如此，有关书籍还记载，在水面放上一枚铜钱，钱不会沉底。当然，以上只是传说和古人记述，是否真的如此，我们现在也不得而知，但是中泠泉的泉水绿如翡翠、浓似琼浆、味道甘醇却是事实。

古时候，中泠泉位于长江之中，因为长江水深流急，所以要想汲取泉水非常困难。据传，在古时候打泉水需要在正午之时，将带盖的铜瓶子用绳子放入泉中，然后迅速拉开盖子，这样才能汲到真正的泉水。南宋爱国诗人陆游曾经游览中泠泉，并留下了"铜瓶愁汲中濡水，不见茶山九十翁"的诗句。

中泠泉后曾一度被人们遗忘，后来在清朝同治八年（1869年），候补道台薛书常等人又重新发现了这眼泉水，于是就让石工在泉眼的四周叠石为池。清光绪年间，泉池旁边建有庭榭，开塘种植荷菱，塘边植柳万株，以抵挡江流冲击。于是，中泠泉成为一处柳荷相映、十分秀丽的胜地。

现在，中泠泉已经不单是一处泉水了，已经成为一处风景区。在泉水方池南面石壁上刻有清人王仁堪所书的"天下第一泉"五个遒劲大字；在泉池的南面有一座八角亭，双层立柱，名叫"鉴亭"，取的是"以水为镜，以泉为鉴"之意；在一泉景区内，还有一座始建于东晋的芙蓉楼，是镇江名楼之一。登上芙蓉楼，可

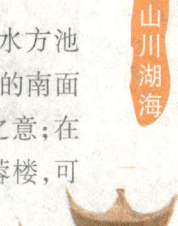

以隔湖与金山相望,山水相连、烟雨茫茫,景致万千。

云龙山的饮鹤泉有哪些难解之谜

饮鹤泉,位于江苏省徐州市云龙山北端山顶,靠近放鹤亭。在泉水的南侧立着一块石碑,上书有"饮鹤泉"三个大字,这是明天启三年(1623年)时,徐州户部分司主事张璇疏浚此泉时所立。自古以来,饮鹤泉就有许多难解之谜,那么具体有哪些呢?

谜团一:史料上的饮鹤泉。据北宋地理名著《太平寰宇记》记载:"有井在石佛山顶,方一丈二尺,深三里,自然液水,虽雨旱无增减。或云饮之可愈疾。时有云气出其中,去地七百余尺。"这里的井指的是饮鹤泉,石佛山则是云龙山的别名。明成化二十三年(1487年)所立的《重修石佛寺》碑文中说:"有井在山顶,弃而不食者累年,发其瓦砾,甘美如初。"清咸丰九年(1859年)时,饮鹤泉又疏浚过一次,碑记中说:"泉,甚甘。"据《徐州地方志》记载:"饮鹤泉一名石佛井,深七丈余。"上述史书典籍中有关饮鹤泉的记载告诉我们很多信息:第一,泉水的位置在云龙山山顶;第二,泉水位于井中,甘甜可口,甚至可以治病;第三,井的深浅说法不一;第四,历代曾多次疏浚此泉。由这些信息我们可以知道,历史上对于饮鹤泉的描述存在很多模糊和不一致的地方,所以饮鹤泉过去的具体情况就成为了一个谜团。

谜团二:饮鹤泉成于何时。饮鹤泉在北宋初年时就被载入《太平寰宇记》一书了,也就是说,饮鹤泉的形成早于宋初。那么,它具体形成于什么时候呢?饮鹤泉被称为石佛井,石佛指的是饮鹤泉东面兴化寺中的一座高11.52米的巨大石佛像。这尊石佛最初雕凿于北魏献文帝天安元年至孝文帝太和十年之间,即公元466—486年之间,因此有人推测饮鹤泉有可能形成于北魏时期,因为有佛就有香客,有香客便要喝水,于是就"造"了这么一口井。如果这种说法是真的,那么饮鹤泉距今就有1500多年的历史了。

谜团三:饮鹤泉是怎样形成的。饮鹤泉的水从何而来? 有人说是天降雨水积存的,井如巨大的石杯,滴水不漏;有人则说饮鹤泉能通大海,海水可以不断补充;还有人说云龙山深处有暗河、暗泉,水是从地下涌上来的。总之,各种

徐州饮鹤泉

说法很多,可以说是众说纷纭。1998年,当地实地勘测饮鹤泉,在井深24米处,发现3道宽约1厘米的石缝,水就是从那里涌出来的,一天可出水5立方米左右。那么,石缝里的水是从何而来的呢?有人认为是来自云龙山,雨雪降到云龙山之后,渗入山体裂隙,日积月累,形成潜流,遇石缝而出,从而形成泉水;还有人认为是来自郯庐断裂带,因为云龙山不大,绝大部分很可能是远水,即郯庐断裂带储藏的水。郯庐断裂带,位于山东郯城与安徽庐江之间,其中储藏的水可能在地下巨大压力的作用下,遇缝隙而出形成泉水,而云龙山恰巧有这样一处缝隙,于是水涌出地层而形成泉水。

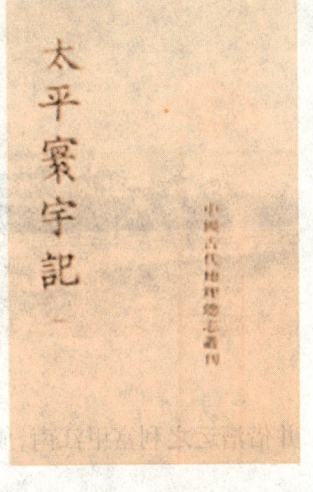

《太平寰宇记》

　　以上就是饮鹤泉留给世间的几个谜团。近年来,有关这几个谜团的研究虽然在不断增多,但是囿于历史资料和实际条件的限制,这些谜团一直没有被解开。随着科技水平的不断提高和相关研究的不断深入,这些问题或许会在不久的将来得到解答。

为何京杭大运河会流经扬州

　　京杭大运河,又称大运河,是世界上开凿最早、水道最长的水利工程,同时也是最古老的运河之一,它和万里长城并称为我国古代的两项伟大工程。京杭大运河北起我国北京市,南抵浙江省杭州市,流经天津、河北、山东、江苏和浙江四省一市,沟通海河、黄河、淮河、长江和钱塘江五大水系,全长1 794公里。在大运河沿线,有许多的城市,扬州就是其中之一。那么,京杭大运河为什么会流经扬州呢?

　　京杭大运河之所以会流经扬州,还要追溯到2 400多年前。当时,吴国为了北伐齐国、争霸中原,在江苏扬州附近开凿了一条引长江水入淮的运河,时称邗沟。后来,虽然诸侯争霸结束,但是邗沟保存了下来,一直作为运河使用。

　　隋炀帝(杨广)时,他为了到扬州看琼花,也为了南粮北运,开凿了京淮段至长江以南的运河,全长2 000多公里。到元朝时,由于都城大都(今北京)在北方,所以必须开凿运河把粮食从南方运到北方。为此先后开凿了三段河道,把原来以洛阳为中心的隋代横向运河,修筑成以大都为中心,南下直达杭州的纵向大运河。

　　京杭大运河按地理位置分为七段:北京到通州区称通惠河,长约82公里;

扬州古运河

通州区到天津称北运河,长约186公里;天津到临清称南运河,长约400公里;临清到台儿庄称鲁运河,长约500公里;台儿庄到淮阴称中运河,长约186公里;淮阴到瓜洲称里运河,长约180公里;镇江到杭州称江南运河,长约330公里。扬州是里运河上的名邑,从隋炀帝在城内开凿运河时起,这里便成为南北交通的枢纽,并借漕运之利富甲江南,成为我国古代最繁荣的地区之一。

老江苏的文物古迹

 南京为何又名"石头城"

在南京的清凉山西麓,自虎踞关、龙盘里、石头城门到草场门,可以看到城墙逶迤雄峙,石崖耸立,这就是依山而筑的石头城。据同治《上江两县志·山考》记载:"自江北以来,山皆无石,至此山始有石,故名。"因为清凉山是一座石质山,所以被称为石头山。据《建康志》记载:"山上有城,又名曰石城山。"这里所说的"城"就是石头城,因为石头城建在石头山上,故名。那么,为什么会用"石头城"代指南京呢?

关于这一问题,还要从石头城的由来说起。石头城历史悠久,可以追溯到2 000多年前的战国时代。据史书记载,公元前472年,越王勾践灭吴之后,企图进一步吞并楚国,他看中了位于现在南京中华门的长干里一带,于是就召他的谋士范蠡监理建城,并定名为

诸葛亮

老江苏的趣闻传说

南京石头城城墙

"越城",又叫"范蠡"城。当时的"越城"规模很小,城周长只有1公里多一点,占地面积也只有6万平方米,所以被称作"越台"。到了公元前333年,楚威王灭越,又在南京清凉山(又叫石头山)筑城,称为"金陵邑",这也是南京又称"金陵""石头城"的来历。

相传三国时,诸葛亮在赤壁之战前夕出使东吴,与孙权共商破曹大计。当诸葛亮途经秣陵县时,特地骑马到石头山观察山川形势。他看到以钟山为首的群山,像苍龙一般蜿蜒盘伏于东南,而以石头山为终点的西部诸山,又像猛虎似地雄踞在大江之滨,于是发出了"钟山龙盘,石头虎踞,真乃帝王之宅也"的赞叹,并向孙权建议迁都秣陵。孙权在赤壁之战后,迁移到秣陵(今南京),并改称秣陵为建业,第二年就在清凉山原有城基上修建了著名的石头城。当时长江就从清凉山下流过,因而石头城的军事地位十分突出,孙吴也一直将此处作为最主要的水军基地。此后数百年间,这里成为战守的军事重镇,南北战争也往往以夺取石头城决定胜负。

石头城以清凉山西坡的天然峭壁为城基,环山筑造,周长"七里一百步",相当于现在的3公里左右。这里北临大江,南抵秦淮河口,开有南门两座,东门一座。整座城池依山傍水、夹淮带江,形势险要。城内设有石头库、石头仓,用以储军粮和兵械。在城墙的高处筑有报警的烽火台,可以随时发出预报敌军侵犯的信号。至南朝时,石头城作为保卫都城的军事要塞的地位依旧未变。

古代长江绕清凉山麓东流,巨浪时时拍击山壁,将山崖冲刷成了峭壁。唐代以后江水日渐西移,石头城的地位就没有以前那样险要了。自唐武德八年(625年)后,石头城便开始废弃。五代时期(907—960年),石头城上兴建了第一座寺庙——兴教寺,以后这里就成为寺庙、书院集中的风景名胜区。直到今天,它仍以"石城虎踞"的雄姿享誉中外。

在清凉门到草场门之间的石头城城墙下面,有一块突出的椭圆形石壁,长约6米、宽约3米,因为长年风化、砾石剥落而坑坑洼洼、斑斑点点,中间还杂有紫黑相间的岩块,怪石嶙峋,远看隐约可见耳目口鼻,酷似一副狰狞的鬼脸,所以石头城又被称为"鬼脸城"。在鬼脸城西侧有一处清亮的池塘,从水面的一侧可以看到鬼脸城的倒影,老南京人俗称之为"鬼脸照镜子"。现在石头城遗址已被列为江苏省重点文物保护单位,成为人们踏青觅翠、抒发思古幽情的好去处。

南京为何又名"台城"

台城,位于今南京玄武湖南岸、鸡鸣寺北边,它是南京古城墙的一部分,东端与明都城相接,西端为城墙尽头,不再向西延伸。南京台城城墙全长253.15米,外高20.16米,下面以条石为基,高7.36米,基石上的城砖高12.8米。台城只是一段古城墙,为什么会用它的名字来代指南京呢?

根据一些历史学家考证,南京台城的城墙所在地是东晋和南朝各代朝廷的旧址,期间一直是六朝时封建王朝统治中心的后宫禁城。彼时的台城位于都城中部略偏东北,在今东南大学一带,是东晋和南朝诸代的政治、军事和思想文化的统治中心,代表了"六朝金粉"的兴衰。六朝时期,台城皇宫的规模很大,仅东晋宫内的大小殿宇就有

南京台城

3 500多间,至南朝四代时,这里更是重楼四起、殿阁栉比。所以,作为当时统治中心的"台城"也就成了南京的代名词。

此后,台城在历史上屡遭破坏,第一次是侯景之乱,第二次是三年后梁军收复台城,当时"王师之酷甚于侯景",第三次是隋灭陈,将建康宫池荡平用于耕垦。到了五代十国,杨吴先后三次筑金陵府城,台城被彻底废弃。几次兵祸使台城无迹可寻,但却名扬天下。历朝历代的文人墨客来到金陵,总忘不了去台城凭吊一番,留下了不少让人难忘的诗文。

现在,台城周围有北极阁、原"中央研究院"旧址、宋子文别墅等建筑景点供游人参观游览。

南京明都城有何特点

明代的都城主要有南京和北京两处。洪武元年(1368年),朱元璋即皇帝位,当年八月,下诏以应天府(即今江苏南京)为南京,开封府为北京。后来开封府被罢去"北京"称号,南京改称京师,正式成为明王朝的首都。明成祖夺取帝位后,于永乐十九年(1421年)正式改南京为留都,以北京为京师。在作为京师期间,南京城不断建设,成为了一座规模庞大、气势恢宏的城市。那么,南京明

都城有什么特点呢?

南京城在朱元璋称帝之前就已经开始建造了,此后历时21年,于洪武十九年(1386年)宣告完工。由于地形条件的限制和防卫的需要,南京城平面呈南北长、东西窄的不规则长方形。当时城周长号称有48公里,实测约有33.5公里;城垣高度一般在14至21米之间,基宽14米,顶宽

南京明故宫遗址建筑

4~9米,以石为基,上面砌有特制的大砖,有垛口13 616个;开有13个城门,以聚宝门最为宏伟;城墙内还设有藏兵洞23个,可供3 000名士兵驻守。洪武二十二年(1389年),都城外围又建起了外郭城,号称长90公里,实际为60公里,大部分都是依天然地形用土垒成的,约有20公里是用砖砌成的,开有18座城门。外郭城墙已经在早年间被毁,都城城墙则保留到了1949年以后。

在都城内还有皇城,位于城东,平面呈方形,城内有宫城(即紫禁城)。皇城以南北中轴线为主干,自洪武门至承天门筑有大街,东侧为礼、户、吏、兵、工五部,西侧为五军都督府。宫城内依中轴线建有奉天、华盖、谨身三殿和乾清、坤宁二宫,是皇帝举行大典、处理朝政及居住的主要场所。

在都城的中心还建有钟楼、鼓楼,在鸡笼山和聚宝山分别设有观象台。鼓楼东南的国子监是当时全国最高学府,最盛时有贡生9 000人,并有日本、高丽、琉球、暹罗等国留学生。城内的玄武湖是存放明代全部黄册的地方,湖心岛上建有库房,防守十分严密。

由于水陆交通便利,腹地广阔,周围地区经济发达,南京的商业和手工业相当繁荣。当时的商业区主要集中在秦淮河两岸,经营粮食、竹木、薪炭、六畜、桐油、苎麻、茶叶、纸张等商品以及各种消费品,可谓是商贾云集、百货充盈。当时的南京还以手工业著称,其中丝织、印刷、造船最为著名。当时南京的织造业除官营之外,还有大量民间机户和机匠,产品繁多,行销全国,并有颜料、印染等配套行业。秦淮河入长江口处建有龙江宝船所,可以制造用于航海的大

南京明故宫遗址公园一角

船,郑和航海即以此为基地。

永乐迁都后,南京成为"留都",虽仍设有六部、都察院等中央政府机构,但大多是安置年老、失宠、贬斥官僚的地方,并没有什么实权,所以南京的地位也就下降了许多。但是,南京城的城市布局没有改变,仍保持了之前的特色。

南京明代城墙究竟有多长

南京明代京城城墙,从1366年开始建设,于1394年建设完成,前后共耗时28年,是明朝"高筑墙"宏大工程中四大城垣(即皇城、宫城、京城、外廓城)现存最为宏伟的一部分。虽然在经过了战争和人为的多次毁坏之后,南京城墙已经不完整了,但它仍是我国现存规模最大的京城城墙。那么,南京城墙究竟有多长呢?

关于南京明代城墙的长度,600年来说法始终不一,仅官方公布的数据就有10多种。据明代皇家档案的记载:"京师城,周一万七百三十四丈二尺,为步二万一千四百六十九有奇,为里五十有九。"以上数据折合成今天的长度单位是33.38公里,这是600多年前关于南京城墙长度最早、相对精确的记载。明洪武十九年(1386年),因"新筑后湖城",重造通济、聚宝、三山等城门的瓮城,南京城墙的长度又发生了变化,于是就有了京城"计周九十六里"等说法。

到了清代,曾先后有"城周五十七里五分""城周四十里""万七千五百九十七丈(折合今54.73公里)"等说法。在民国时期,则存在着"城垣长三十三公里半"和34.23公里等说法。从20世纪50年代至1962年间,南京市曾对明城墙的长度统计过4次,结果出现了三种长度。1982年,南京市对明城墙再次进行测量,结果为现存完好及半损坏总长为21.35公里,原始长度则沿用了1958年测量的数据——33.68公里。

由于说法不一,学术界对明城墙的长度一直没有达成共识。各个时期所采用的尺子标准不一,如皮尺在不同湿度下本身就会伸缩,再加城墙本就是依地势而建,高低起伏、拐弯抹角,所以很难得出科学的数据。

为了弄清明城墙的真实长度,在2005年11月28日至2006年1月24日间,江苏省测绘局与南京市文物局联合进行了明城墙

南京城墙

建成以来最为科学的一次测量。这次测量采用了世界上最为先进的遥感、航空影像定位测量及 GIS 空间分析等方法和技术,精度非常高,可达地面 0.5 米范围。不仅如此,采用这种技术可以对城墙的直线、弧形、拐角处及起伏全部做到沿中间线测量,因此结果十分准确。

这次实际测量的内容很全面,从保存基本完好到地下遗迹、条石及原作为包山墙的山体,都测到了详细的数据。经过测量,明城墙总长度为 35.28 公里,其中,地面遗存部分 25.1 公里,遗址部分 10.18 公里。城墙现状基本完好的部分(原城墙地上保留三分之一以上,即 5 米高)的总长度为 22 425 米,最长一段是九华山至神策门段,长达 5 462 米;最短的一段为新民门段,长度仅为 25 米。城墙遗迹(原城墙保留不足三分之一,即 5 米高)总长为 2 666 米,其中最长一段为中央路西侧至钟阜门西段,测长为 1 036 米;最短一段为蓝旗街北测至月牙湖老城南端段,长度约 65 米。城墙遗迹(地面已无任何遗存)尚存约有 10 176 米。

这次测量还测出了明城墙最高处为琵琶湖段,高约 26 米;城墙顶部最宽处为西长干巷段,宽约 19.75 米;最窄处为富贵山西侧,宽约 2.6 米。作为"城池"的一部分,明城墙护城河也在本次测量之列,其相关数据也被首次测量了出来:现存护城河全长为 31 195 米,其中,最长段为玄武湖段,长达 5 658 米。

为何每块明城墙砖上都刻着字

南京明城墙,修筑于明朝,前后历时 21 年建成。它不遵循古代都城取方形或者矩形的旧制,设计思想独特、建造工艺精湛、规模恢宏雄壮,在钟灵毓秀的南京山水之间,蜿蜒盘桓达 35.28 公里。南京明城墙不仅是我国规模最大的城墙,而且是世界上规模最大的城墙。南京明城墙作为中国古代军事防御设施,是城垣建造技术集大成之作,无论是历史价值、观赏价值、考古价值还是建筑设计、规模、功能等方面,都是世界上独一无二的,可以称得上是继我国秦长城之后的又一历史奇观。细心的人会发现,在南京明城墙的城砖上,每一块都刻着字,这是为什么呢?

明代建筑南京明城墙时,用砖数量达数亿块,这些砖形制一致,一般为长 40~50 厘米、宽 20

南京城墙墙砖

厘米、厚10~12厘米。每块砖上都有铭文，少则一个字或符号，多则有70多个字。砖上有字是南京明城墙的一大特点，也是它历史文化遗产价值的重要内容。据有关记载，这些城砖分别来自长江中下游的广大地区，包括今江苏、江西、安徽、湖南、湖北五省的府、州、县，以及军队卫、所和工部营缮司等近200个单位，他们都承担有组织人力制坯、烧造的任务。正是因为负责烧造城砖的单位众多，所以为了明确责任，每块砖上都要有字，这是朱元璋想出来的办法。

朱元璋在修筑南京明城墙时，非常重视工程质量。明城砖在江苏、安徽、江西等地州府县烧制，为了明确责任人，朱元璋下令每一块城砖上都要有烧制工匠、督造官员名字的铭文，同时还要标明这块城砖来自于哪个地方。当时朝廷要求各地府、州、县地方官员，军队卫、所的士卒，以及县以下里、甲的基层组织负责人（总甲、甲首、小甲），直至造砖人夫、烧砖窑匠，都要在砖上留下姓名，以便验收。这种责任制，一方面保证了每块砖的高质量，另一方面也就造成了每块砖上都有好多字的现象。

中华门"聚宝盆"的传说与南京城门有何关系

南京中华门，位于明代南京城的正南方，是明洪武二年至洪武八年（1369—1375年）时，在南唐都城江宁府和南宋陪都建康府城南门旧址上拓建而成的，始称"聚宝门"，是我国古代的一座军事防御性建筑。这座城门位于南京市雨花台景区北边，门前后有内外秦淮河横贯东西，南边连接长干桥，北边连接镇淮桥，是南京老城城南交通的咽喉所在。南京中华门瓮城是我国现存最大的城堡式内瓮城城门，也被认为是世界上保存最完好、结构最复杂的古城堡式城门。在南京，一直流传着中华门"聚宝盆"的传说，这个传说与南京城门有什么关系呢？

明太祖朱元璋自明洪武五年（1372年）开始修筑京师应天府（今南京）内城城墙，其中最南边的城门是在南唐都城南门的故址上重建的。当初它之所以会被朝廷命名为"聚宝门"，和明太祖朱元璋有很大关系。朱元璋对沈万三家有万贯财产非常嫉妒和害怕，当时明代应天朝廷根基还不

南京中华门

老江苏的趣闻传说

南京中华门绞闸楼

是很稳固,国库空虚,朱元璋害怕沈万三会突然起兵造反,所以就想尽办法要找理由对付沈万三。明代洪武年间建造聚宝门城门楼的时候,意外频繁发生:每当城门楼建造到一半的时候,地基就突然下陷,以致整个城门楼倒塌。没办法,工匠只得从头修起,可修到一半地基仍然下陷,城门楼依然倒塌,反复建造依然修建不成。

明太祖朱元璋知道了这件事,就令谋士算卦。谋士说,城墙地基有怪兽专门吃土、吃城墙砖,需要在城下埋一个聚宝盆镇压,当怪兽吃土的时候,聚宝盆可以立即生出新土进行补充,这样就能保证城墙基础不下陷了。至此,朱元璋终于找到了对付沈万三的理由,于是就立刻下旨征收沈万三的聚宝盆,他还假惺惺地承诺沈万三说:"三更借,五更还。"征收来聚宝盆之后,工匠们将其埋压在城门基础的土层下面,然后奇迹出现了,城墙基础没有再次下陷,保证了城墙没有再倒塌。明太祖强征来聚宝盆就没打算归还,他怕富可敌国的沈万三会依仗万贯家财起兵造反,所以陆陆续续以各种理由给沈万三添加了几条罪名,把他发配到云南边疆充军,解除了京师东边的武装威胁。后来,直到沈万三病死,其尸体才从云南运回了吴县。

当然,上文所述只是民间传说而已,中华门"聚宝盆"的传说与南京城门是否真的有关系,我们就不得而知了。但是,聚宝门的质量确实很过硬。当初建造聚宝门的时候,朝廷为了保证城墙砖的质量,采取了严密的检验制度,每块砖上都在侧面印有制砖工匠和监造官员的姓名,一旦发现不合格制品,立即追究责任,这是世界上首次采用质量追踪制度,欧洲等西方世界直到二三百年后的工业革命时代才有所采用。因为有严密的质量追踪制度,并能够严格的加以执行,所以应天府内城墙包括聚宝门城墙的城砖质地都非常过硬,尽管经历了朝代更迭、太平天国起义和抗日战争等数次战乱,聚宝门依然保存完好。

中华民国二十年(1931年),当时的首都南京市国民政府认为"聚宝门"的封建意味太过强烈,为了响应北伐的革命需要,他们就把城门的名称改为"中华门",并由当时的国民政府主席蒋介石题写了城门的牌匾,题"中华门"三个字。

乌衣巷因何得名

乌衣巷，位于南京夫子庙泮池南侧，是南京最古老的一条街巷，也是东晋时的宰相王导、谢安故居的所在地。在六朝时，这里就已经是十分显赫的地方了，唐代诗人刘禹锡的一首《乌衣巷》更是使它流传千古。那么，乌衣巷因何而得名？它有什么由来呢？

关于乌衣巷得名的说法有很多，其中主要的有三种：第一种说法是这里曾是东吴时期的禁卫军驻地，由于军士们都穿着乌衣，由此而得名乌衣营，后来又改成了乌衣巷；第二种说法是东晋时期，王谢两家居住在这里，而两族子弟都喜欢穿乌衣以彰显身份的尊贵，所以得名乌衣巷；第三种说法来自南宋时编纂的《六朝事迹编类》。关于第三种说法，书中称刘禹锡诗中的"旧时王谢堂前燕"是误笔，原是"旧时王榭堂前燕"。因为南京曾有一个名叫王榭的人，他以航海为业。

南京乌衣巷

有一次海船失事，他误入乌衣国，娶妻生子。后来，王榭独自返回故乡南京，为了怀念乌衣国的时光，便将所住的巷子更名为乌衣巷。

以上三种说法哪一种是正确的呢？根据有关记载，第一种可能性最大。公元229年，孙权定都南京，乌衣巷在南京秦淮河南岸，是当时吴国守卫石头城部队的营房所在地。因为这里的士兵都穿黑衣，所以驻军营地就被称为"乌衣营"。西晋末年，乌衣营旧址改称为乌衣巷。司马睿南渡建康（即今南京）后，东晋开国元勋王导和指挥淝水之战的谢安都住在这里，王、谢望族才立宅乌衣巷，使这里成为了东晋时高门士族的聚居区。

到了中唐，诗人刘禹锡发出了"旧时王谢堂前燕，飞入寻常百姓家"的感叹，足见王谢旧居早已荡然无存。南宋时期，建康城曾一度得到恢复和发展，"商品繁盛，民殷物阜"。人们又在已经倾圮的王、谢故居上重建了"来燕堂"，其地址就在乌衣巷的东端，建筑古朴典雅，堂内悬挂有王导和谢安的画像。一时间这里士子游人不断，成为瞻仰东晋名相、抒发思古幽情的胜地。

"旧时王谢堂前燕,飞入寻常百姓家"描写的是何处

"旧时王谢堂前燕,飞入寻常百姓家"出自唐代大诗人刘禹锡的《乌衣巷》一诗,它描写的是位于南京乌衣巷中的王谢旧居的情景。

从繁华热闹的夫子庙出发,步过秦淮河上的文德桥,从媚香楼往西南行数十米,便可以看到乌衣巷的题字和树立的诗碑,再向里走就是乌衣巷了。乌衣巷很窄,路面铺有青砖,两边则是矮矮的仿古建筑风格的民房。这里的一切似乎都很普通,使人觉得它只不过是一条典型的江南小巷,而王谢旧居就位于这条巷子中。

王导谢安纪念馆

王谢古居,是南京夫子庙风景区里面的一个不可缺少的重要景点。这座古居坐北朝南,东西长50.4米、南北宽19.6米,建筑面积1 000平方米,由来燕堂、听筝堂和鉴晋楼等部分组成,形制优美,呈现出一派"青砖小瓦马头墙、回廊挂落花格窗"的格调,古朴典雅,溢彩流光。其主体建筑与附属建筑、内部建筑与外部建筑纵横交替,相互垂直,紧密相连,构成了一组完整的艺术整体,与夫子庙地区的明清建筑风格和谐相糅,协调一致,极为壮观。

古居内设有东晋生活起居陈列室、王谢家族变迁史陈列室和六朝历史生活用具陈列室,展览六朝文物。古居庭院的墙壁上嵌有《竹林七贤图》《对狮图》《行乐图》等六朝砖印壁画复制品。庭院中有仿兰亭"曲水流觞"的汉白玉九曲小池,配以竹石花木,优美雅静。

古居中最著名的当属来燕堂,"来燕"取自当年谢安以燕传信的故事,堂匾是当代著名书法家沙曼翁写的,以隶体杂汉简,笔锋遒劲有力,象征着六朝时期"王谢大宅"的风范。"金陵四十八景"中的第二十八景"来燕名堂"就是指"来燕堂"。大堂的正中竖立着一尊王羲之铜像,堂中陈列了王谢古居的一些文史资料。

江南贡院有何建筑特色

江南贡院,是南京夫子庙地区的主要建筑群之一,这里曾是我国古代最大的科举考场。贡院创建于南宋孝宗乾道四年(1168年),起初为县府学考试的场所,占地面积不大,应考人数也不多。如果遇到考生增多时,还会借用僧寺举行考试。1368年,明太祖朱元璋定都南京后,把乡试、会试都集中在江南贡院举行。明成祖永乐十九年(1421年),朱棣迁都北京,但南京仍是留都。因为江南地区人文荟萃,参考的士子日益增多,原有的考场便显得狭小了。于是,永乐皇帝没收了犯臣纪纲的府邸,又取怀来卫指挥陈彬家人陈通、忠勇伯家人侯清等人的房舍以及府尹黄公永元祠、秦桧之子贝喜祠等改建成"江南贡院"。清代初期,南京为江南省首府,所以贡院就一直沿用"江南贡院"之名。那么,江南贡院有什么建筑特色呢?

江南贡院四周建有两重围墙,上面布满荆棘,以防夹带作弊,故世人又称其为"棘围"。贡院内的明远楼位于贡院的中心,原是用来监视应试士子作弊与否的设施。该楼作四方形,飞檐出甍,四面皆窗。楼下南面曾悬楹联,是清康熙年间名士李渔所撰并题:"矩令若霜严,看多士俯伏低徊,群嚣尽息;襟期同月朗,喜此地江山人物,一览无余。"从联中也可看出明远楼设置的目的和作用。大门上悬有横额"明远楼"三个金字,外墙嵌《金陵贡院遗迹碑》,记述了贡院的兴衰历史。

在明、清两代,江南贡院还不断扩建,拥有考试号舍20 644间,有主考、监临、监试、巡察以及同考、提调执事等官员官房1 000余间,还有膳食、仓库、杂役、禁卫等用房,此外还有水池、花园、桥梁、通道、岗楼的用地,其规模之大、占地之广、房舍之多为全国考场之冠。

清光绪年间,科举制度被废止,江南贡院停止开科取士。1919年,除了留下了贡院内的明远楼、衡鉴堂和一部分号舍作为历史文物外,余下部分全部拆除,被辟为市场。终清朝一代,科考共举行112科,其中在江南贡院乡试中举后经殿试考中状元者,有江苏籍49名、安徽籍9名,共计58名,占全国状元总数的51.78%,由此足见其

南京江南贡院

在我国古代科举考试中的重要地位。

目前,江南贡院已成为我国目前唯一一座反映中国科举考试制度的专业性博物馆。它已经远没有当初宏大的规模,只保留了明远楼、贡院碑刻等重要文物古迹,复建有考试时考生所用的号舍40间,陈列有古时考生所用的文房四宝、油灯、食品以及专门制作的电动模拟考生塑像。

"十里秦淮"为何有名

秦淮河,古称淮水,本名"龙藏浦",全长约110公里,流域面积2 600多平方公里,是南京第一大河。秦淮河分内河和外河,内河在南京城中,是十里秦淮最繁华之地,也是南京古老文明的摇篮,被誉为"南京的母亲河",在历史上十分有名。秦淮河沿岸素为"六朝烟月之区,金粉荟萃之所",是"十代繁华之地",被称为"中国第一历史文化名河"。那么,秦淮河为什么有名呢?

早在石器时代,秦淮河流域内就已经有人类活动了。相传楚威王东巡时,望见金陵上空紫气升腾,以为王气,于是命人凿破方山,断长垅为渎,流入于江,后人误认为这条河是秦代时开凿的,所以称之为"秦淮"。从东水关至西水关的沿河两岸,东吴以来一直是繁华的商业区的居民地。从南朝开始,秦淮河成为名门望族的聚居之地,两岸酒家林立,浓酒笙歌,无数商船昼夜往来河上,许多歌女寄身其中,轻歌曼舞,丝竹缥缈,文人才子流连其间。当时,秦淮河及夫子庙一带是文人墨客聚会的胜地,两岸的乌衣巷、朱雀桥、桃叶渡纷纷化作诗酒风流,千百年来传于后世。其中,乌衣巷更是六朝秦淮风流的中心,东晋时曾经因聚居了王导、谢安两大望族而名满天下。

隋唐以后,秦淮河渐趋衰落,却引来无数文人骚客来此凭吊。南宋始建的江南贡院,成为我国古代最大的科举考场,于是秦淮逐渐复苏为江南文化中心。明清两代是十里秦淮的鼎盛时期,彼时这里富贾云集,青楼林立,画舫凌波,成江南繁华之地。明太祖朱元璋下令元宵节时在秦淮河上燃放小灯万盏,一时间,秦淮两岸华灯灿烂。

到了近代,由于战乱等原因,秦淮河水日渐污浊,两岸建筑多被毁坏,昔日的繁华景象已不复存在。1985年以后,江苏省和南京市都对这一风光带进行修复,

南京秦淮河夜景

秦淮河又再度成为我国著名的游览胜地。现在,经过修复的秦淮河风光带,以夫子庙为中心、秦淮河为纽带,包括瞻园、夫子庙、白鹭洲、中华门以及从桃叶渡至镇淮桥一带的秦淮水上游船和沿河楼阁等景观,可谓是集古迹、园林、画舫、市街、楼阁和民俗民风于一身的旅游线路,魅力十足。

南京有哪些遗迹与郑和有关

从1405年到1433年的28年间,明代航海家郑和率领庞大的船队七下西洋,途经东南亚、印度洋到红海和非洲,遍访亚非30多个国家和地区。南京是郑和下西洋的发源地、起锚地、航海宝船的主要制造地,也是郑和生活了30多年的城市。虽然与郑和有关的遗址遗迹遍及其下西洋航海的沿线各国和地区,但是其在南京地区的遗迹最为集中,保存也最为完整。经过近600多年的岁月,现在有迹可寻的郑和遗迹还有近10处,分别是宝船厂遗址、马府花园、静海寺、天妃宫、郑和墓、大报恩寺、净觉寺、浡泥国王墓等。

宝船厂遗址,位于南京市鼓楼区中保村,是郑和在南京留下的最重要也是最为珍贵的历史遗存,同时也是目前国内已知的唯一一处明代官办造船基地遗址。这里曾是郑和七下西洋的发祥地,当年下西洋的船只也多在此修造,并东行出海,直下西洋。随着下西洋活动的停止,该厂在明朝中期以后逐渐被废弃。据有关文献记载,永乐年间"取造海运船二百四十九只,备使西洋诸国",民间称郑和下西洋为"入海取宝",所以下西洋的船为"宝船",造"宝船"的地方就被称作"宝船厂"了。

20世纪70年代末期,宝船厂遗址还存有7条造船用的船坞遗址,被称为"作塘",如今第四、第五、第六作塘保存完好。2003—2004年间,南京市博物馆组织考古人员对该遗址中的"六号作塘"进行了抢救性考古发掘,出土文物1500多件,其中单大型舵杆和绞关木就有近10件。这些文物的出土,为揭开明代宝船的神秘面纱、探究明代的造船工艺提供了重要的实物支持。目前,宝船厂遗址及附近已经建设成为遗址公园。

天妃宫和静海寺也是与郑和下西洋密切相关的两处遗址。明朝永乐五年(1407年),郑和第一次下西洋回国,明成祖为表彰海神妈祖保佑船队航海安全的"功绩",赐建"龙江天妃宫",并亲自

南京宝船厂遗址大牌坊

郑和下西洋航海船队

撰写了为天妃歌功颂德的天妃宫碑碑文。永乐十四年(1416年),郑和二次下西洋率船队顺利返航,明成祖为褒奖郑和航海功德、弘扬国威而建寺,亲赐寺额"静海",取"四海平静、天下太平"之意。静海寺占地2万余平方米,里面有规模宏丽、规格高档、影响广泛的建筑群,是明代金陵八大寺院之一,也是郑和晚年的主要生活场所。天妃宫、静海寺在建成后的近600年时间里,几毁几修,历经沧桑,到20世纪80年代时,仅残留有天妃碑和静海寺东配殿。现在的静海寺是1987年在原址上复建的。目前,当地已经建成"静海寺—天妃宫历史景区"并向公众开放。

郑和在任南京守备时,在南京城有一座府邸,马府花园就是郑和府邸内的私家花园。郑和本姓马,马府所在地也因之名为马府街,这个名称一直沿用至今。郑和府邸在太平天国年间毁于战火,遗存的马府花园在1985年被改建为郑和公园,园内设有郑和像、郑和纪念馆以及郑和生平事迹及重要文物展。现在,郑和公园已经成为一处文化性的纪念场地、开放式的市民广场。

浡泥国王墓也与郑和有着密切的关系,同时也是中外友好交往的有力见证。郑和下西洋推动了明朝与东南亚沿海各国的和平交往,浡泥国就是其中之一。浡泥国,即今天的文莱苏丹国。据《明史》记载,明永乐6年(1408年)8月,浡泥国王麻那惹加那乃率150余人来中国进行友好访问,不幸病故于南京,遵其"体魄托葬中华"的遗嘱,明成祖朱棣以王礼将其安葬在南京南郊石子岗。自1958年发现以来,浡泥国王墓已进行过多次维修。目前,墓区有园内道路、墓坊、碑亭、接待室、史料陈列馆和东南亚风情园等设施和景点。

郑和去世后被赐葬于南京南郊的牛首山麓,那里是一个风光秀美的浅山区,南京人出游有"春牛首,秋栖霞"之说,意思是春季踏青时牛首山为首选,秋天看红叶则栖霞山最佳。20世纪80年代以来,有关部门对郑和墓进行了多次修缮。修缮后的郑和墓,完全保持回族及穆斯

南京郑和墓

林葬仪的习俗、规格和风貌,并建有碑亭、陈列室。

此外,南京还有两处与郑和有关的寺庙遗存,那就是大报恩寺和净觉寺。大报恩寺位于南京中华门外东侧,是明成祖朱棣为纪念其生母贡妃所建,由郑和监修。寺中建有被称作"世界第八奇迹"的琉璃宝塔,后来毁于太平天国战争时期,如今仅存有塔基。净觉寺,位于南京三山街,是南京最早的一座清真寺,初建于明洪武二十一年(1388年),宣德五年(1430年)遭火灾被毁,郑和第六次航海归来后奏请宣宗重建。目前,寺内明代建筑仅存有牌坊及东、西、北三面抱墙,是南京市伊斯兰协会所在地。

南京燕子矶因何得名,有何历史地位

燕子矶,位于南京市主城区北郊观音门外的直渎山上,海拔40余米,南连江岸,另三面均被江水围绕,地势十分险要。矶下惊涛拍石,汹涌澎湃,是长江重要的渡口和军事重地,因此被世人称为"万里长江第一矶",名列长江三大名矶之首。那么,燕子矶是因何而得名的呢?它有什么历史地位?

燕子矶海拔36米,山石直立于江上,三面临空,形似燕子展翅欲飞,所以被称作"燕子矶"。古代时,这里是重要的渡口,康熙、乾隆二帝下江南时,都曾在此停留。矶顶有碑亭,亭中石碑上面有清乾隆帝手书的"燕子矶"三个字,背面是他的题诗。燕子矶附近有弘济寺、观音阁等建筑。每当夜晚登临燕子矶,水月皓白,澄江如练,十分迷人,因此"燕矶夕照"名列"金陵四十八景"之一。燕子矶还是许多历史事件的发生地,在我国历史上有着重要的地位。

秦始皇统一中国后巡视全国就是从这里南下的;南朝梁末,北齐军队渡江南进,陈霸先率军出此山拒战,大破北齐军队;在宋金战争时,宋朝军队在这里大败了金兀术。鸦片战争时,英国侵略者沿江一路烧杀,攻打南京时首先在燕子矶登陆,入观音门、占迈皋桥、攻天堡城,迫使清政府签订了丧权辱国的不平等条约。

1937年12月间,南京城破后,日军一个骑兵营尾随逃难军民追到燕子矶。当时正值枯水季节,江面上的渡船早就逃到了江北,数万逃难人群一时陷入进退维谷的绝境。日本骑兵带着轻机枪,他们把枪架在燕子矶一带的山头上,对

南京燕子矶御碑亭

着江边人群一阵猛烈的扫射，难民一片惊慌，四处逃散，妇女、儿童和老人被践踏者不计其数。有的人躲进了芦苇荡，但很快遭到了日军密集的扫射，中弹者不计其数。据资料记载，在这场血腥的屠杀中，有5万多同胞血染江滩。为了纪念在此地受害的中国人，在今天的燕子矶公园内立有燕子矶江滩遇难同胞纪念碑。

南京钟鼓楼位于何处

南京钟鼓楼和北京钟鼓楼、西安钟鼓楼齐名，是融合南京历史、文化和自然景观的城市中心标志，也是凝结南京人深厚情感、流传有许多故事的地方。该楼现位于南京市鼓楼公园中，周围苍松翠柏，青葱幽静。

南京钟鼓楼始建于明洪武十五年（1382年），位于南京城西北－东南走向中轴线的一处山冈上，也就是今天的鼓楼岗。它的朝向为座西北朝东南，在方位上是斜的，整座建筑宏伟壮观。我国自古就有"晨钟暮鼓"的说法，"鼓楼之设，必于中城，四达之衢所"，钟声清亮悠扬，鼓声振聋发聩，响彻百里。在古代，它主要用于昼夜报时和迎王、选妃、接诏等大典大庆，是明代首都的象征。

南京钟鼓楼是一座红墙建筑，鼓楼分为上下两层，下层为城阙状。鼓楼岗高40米，鼓楼阁高30米，东西长44.04米、南北长22.60米、高8.8米，中间有券门三道，贯通前后。明末时，钟鼓楼因为战乱被摧毁，只留下了城砖砌成的一层台基。后来的楼宇是清康熙皇帝下令复建的，三层总面积约1.5万平方米。

清康熙二十三年（1684年），康熙皇帝为了根治黄河、了解民情、整顿吏制，从北京南下南京（古称江宁）进行巡视。由于排场盛大，康熙很不高兴，他告诫官员应洁己爱民，奉公守法，惩治腐败。次年，两江总督王新即命人将"圣谕"刻在石碑上，碑高两丈余，立在鼓楼的台基座正中，并建楼保护，此碑被称为"戒碑"，原来的鼓楼也更名为"碑楼"。所以，南京钟鼓楼又有"明鼓清碑"之称。

登上42级台阶到达鼓楼的二楼平台，门楼上有一块"鼓楼览胜"的匾额，两侧是一副对联：闹市藏幽于无声处闻鼙鼓，高台览胜乘有兴时瞰金陵。楼上原有报时用的大鼓两面、小鼓24面，但明亡后都不知去向了。二楼平台上有一口"太平大钟"，钟上镌刻有"吉祥""如意"字样。在鼓

南京鼓楼

楼的顶层,有一座摆放在玻璃罩中的龙凤塔,是慈禧60大寿时,地方官员所送礼物。龙凤塔高4米,圆3.5米,是六角七级结构,上面精雕细刻着人物、植物、动物等形象,金光闪烁。

在鼓楼的东边,有一座大钟亭,据说这里是钟楼故址,原悬挂有鸣钟,洪武二十五年(1392年)

南京钟楼及静海寺广场牌坊

时,又铸造了一口卧钟安放在这里。清康熙年间,钟楼和挂钟都遭到了毁坏,只剩下了那口卧钟。清末时,当地在钟楼原址上建亭,将明代卧钟悬挂于其间,这就是"大钟亭"了。这座亭子造型轻盈秀丽,大钟悬挂在梁上,钟由紫铜铸成,重约2.3万公斤。

南京钟鼓楼最繁华的时候是在1985年至1995年间,那时的钟鼓楼是南京的市中心,各种文化展览都在钟鼓楼举行。但是,因年久失修,钟鼓楼逐渐变得"老态龙钟",不堪重负。如今,钟鼓楼已被修葺一新,成为一处著名景点,它处于北京东路、北京西路、中山路、中山北路、中央路五条主干道的交会点偏西处,仍是南京的城市中心。站在楼上凭栏远望,高楼大厦、绿树繁花、车水马龙都尽收眼底。

为何说"北有长城,南有盘门"

盘门,位于江苏省苏州市城西南隅,是我国现存唯一的一处水陆并联城门,同时也是苏州古城的标志之一。盘门始建于公元前514年,距今已有2500多年的历史。当年,吴王阖闾命伍子胥筑城,动工之初相土尝水、象天法地,建"陆门八,以象天之八风;水门八,以法地之八聪",盘门就是其中之一。古盘门由水陆两门、瓮城、城楼和两侧城垣组成,这是古代筑城史上的创举。此后,盘门虽然历经战乱,但是仍然保存完好。人们常说"北有长城,南有盘门",这是为什么呢?

盘门处于古运河畔,有盘门、瑞光寺塔及吴门桥三部分。古城初建于春秋时期,现存的城门是元至正十一年(1351年)在原址上重建的,后来张士诚又增筑了瓮城,明清时又数次进行修缮,从而形成了今天水陆两门对峙的格局。

盘门大体上呈曲尺形,水门在陆门的南侧,由相距4.6米的内外两重城门组成,纵深24米。外门石拱券都是分节并列式构筑,金刚墙高达7.25米,墙角各立有一根方形石柱,上方架有楣枋以承载拱券。拱券矢高2.75米,开有闸槽,用绞关可以随时开闭,这种周到的战备与防洪设计,是古代筑城史上因地制宜的创举。内外水门之间,南北砌泊岸,东南角的城墙内辟有洞穴通道,可循石级登上城台。内门由三道纵联分节并列式石拱串连构成,三道拱的尺度不一,第三道最大,高9.7米、宽9.3米、深6米,设有木栅。内外两道水门的建筑结构不同,不是同一时代的遗存,而且外门的建筑时间要早于内门,现在水闸和木栅都已没有了,仅存有门臼等遗迹。

苏州盘门

陆门也有两重,中间是周长为180米的方形瓮城,可匿藏兵卒数百人。西南处正面有"盘门"城额,北城有登城坡道,城上筑有垛墙,沿外墙置有驰道、射孔、炮洞、闸口及绞关石等防御设施,两侧城垣至今保存完整。

盘门的水陆城门建筑历史悠久、设计建造独特、功能先进,和长城一样,都是我国古代重要的军事防御设施,而且都十分的宏伟壮观,所以人们说"北有长城,南有盘门"。

春秋淹城有何来历及特色

淹城,位于江苏省常州市武进区,是我国目前现存的西周到春秋时期的最古老的城市区。据说,这也是世界上仅有的一处三城三河形制的古城,迄今已有将近3 000年的历史,面积约有1平方公里。那么,淹城有何来历及特色呢?

关于淹城的来历和淹城的主人究竟是谁,史学界和考古学界众说纷纭,至今仍无定论。有人说淹城曾是商末周初奄国的国都,奄国是当时在山东曲阜东面的一个小国,其君主是奄君。相传,奄君就是周成王时与商代后人武庚勾结发动叛乱的分封王之一。被周成王灭国后,奄君带领

常州春秋淹城

残部从山东辗转逃到江南,在这里凿河为堑、堆土为城,仍称为"奄"。因为古代的"淹"字与"奄"字通用,所以后来就变成了"淹城",并一直流传至今。

还有人认为,淹城的创建者是春秋晚期吴国的公子季札。季札因不满阖闾刺杀王僚夺取王位,于是决心与阖闾的强暴政治决裂,并许下了"终身不入吴国"

常州淹城春秋乐园

的誓言,于是他在封地延陵筑城挖河,以示淹留之决心,邦名就叫"淹城"。

以上两种说法,虽然都有自己的合理之处,但是都还没有得到最终确认,所以"淹城的来历"和"淹城的主人究竟是谁"这两个问题暂时还是一个谜团。当然,除了这两个问题以外,关于淹城这座历史古城仍有许多的不解之谜,这都有待于考古工作者和历史学家去揭开谜底。

淹城,是一座历经沧桑的千年古城,它被里外三道河流环绕。从里向外依次是子城、子城河、内城、内城河、外城、外城河,三城三河相套。在我国,大部分古城池都是一城一河,少数是两城一河或两城两河,而淹城的这种"三城三河"建筑形制在我国的古城遗址中是绝无仅有的。据史书记载,淹城古城墙最高达20米,墙基宽25~30米,全部由泥土夯筑而成,但是现在都已经不存在了。根据考古发掘,淹城遗址东西长850米、南北宽750米,这正好和《孟子》中所记载的"三里之城,七里之廓"相吻合,也就说明了淹城是一座建于2900多年前的古城。

1935年,我国考古学者首次对淹城进行了实地调查,确认淹城是一处古代居民活动遗存。20世纪50年代和60年代,考古人员在淹城内河出土了3条独木舟和一批青铜器、陶器,这批成组文物的出土,首次展示了淹城遗址独特的文化面貌和内涵,引起了社会和学术界的轰动。在这之后,对淹城的研究一直不断。1986年,江苏省淹城遗址考古发掘队首次对淹城遗址进行了为期6年的考古发掘,解决了一些悬而未决的问题。

在淹城出土的大量文物中,有一件非常珍贵,那就是在内城发掘出的3条独木舟。三条舟中,最大的一条为整段楠木火烤斧凿而成的,长11米、宽0.9米、深0.45米。经测定,这条舟距今已有2800年的历史,是我国目前发现的最完整、最古老的独木舟,被誉为"天下第一舟",现藏于淹城博物馆。

江宁金箔到底有多薄

江宁,即今天的江苏南京,这里是我国金箔的重要产地,其制作金箔的历史已有 2 000 多年了。早在公元前 1122 至前 211 年的周代,我国就已经开始用金作为青铜的镶嵌物,那时已经有了镀金镀银的器件。到了六朝时期(公元 3 世纪初至 6 世纪末),佛教盛行,因为"佛要金装",所以真金箔的制作技术就应运而生了,而今天的南京市江宁区营防、花园乡一带就是这一技术的发源地,这一地区也就成为了金箔之乡。明清时期,江宁金箔制作达到了鼎盛,皇家宫廷建筑全部都采用江宁金箔贴金。在江宁县的龙潭花园一带,几乎家家户户都有小作坊,男锤金箔、女织锦线,成为祖祖辈辈的传家行当,至今仍兴盛不衰。既然江宁金箔这么著名,那么,它到底能有多薄呢?

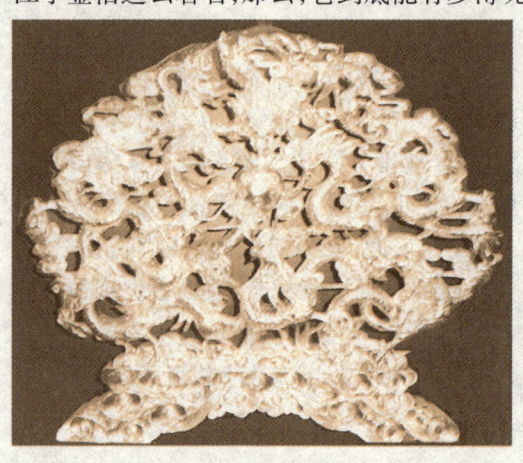

江宁金箔

金箔的生产工艺很独特,技术要求很高,从古到今一直是手工锤制,是我国的一种特种传统工艺。在当地,工人们将含金量达 99.96% 的纯金,经过化条、拍叶、落开子、做捻子、出具、切箔等 10 多道工序的精细加工,使大小不等的金条变成整齐划一、薄如蝉翼的金箔。一克 24K 金可以被锤打成薄约十万分之一毫米的金箔半平方米,100 张金箔堆在一起还不到 0.1 厘米高,由此足见南京金箔的质量之高。

除了薄之外,江宁金箔的切割更为精细。年轻妇女手拈一个羽鹅毛,轻吹一口气,将"薄如蝉翼,轻如鸿毛"的金箔摊放在切箔板上,用切箔器切割后,再将切割好的金箔一张一张地包装起来。切箔工艺也是一门绝技,每一位工人最少要经过一年半的培训、练功才能成熟。她们口中吹出来的风能成一条线,一张只有 0.001 微米薄的金箔在她们手下飘动自如、服服帖帖。切成功后的金箔,连针尖大的沙眼都不能有。

制作完成后的江宁金箔,薄如蝉翼,轻如鸿毛,色泽均匀,质地柔软,成色稳定,无皱褶,无沙眼,名扬全国,享誉海内外。天安门、故宫等古典建筑上的金碧辉煌的装饰,西藏布达拉宫、山东孔庙、杭州灵隐寺等名寺古庙里金光灿灿的诸佛众像,高级工艺品、家具、瓷器、真金银线织物、建筑装饰材料、金字招牌、高级中成药的配方和裹金等,都是以江宁金箔为原材料。

为何徐州的汉画像石多

汉画像石,是汉代人刻画在墓室、祠堂上的带有鲜明主题的装饰石刻画,它生动地描绘了汉代社会的典章制度、衣食住行、神话故事,展示了2 000多年前人们高超的艺术水准,再现了汉代物质文化、精神文化的高度文明。徐州汉画像石是汉代文化最有代表的艺术作品,它与汉墓、汉兵马俑并称为"汉代三绝",并以其独特的艺术风格、珍贵的历史价值与南京六朝石刻、苏州园林并称为"江苏三宝"。那么,为什么徐州的汉画像石多呢?

徐州是我国四个汉画像石集中地之一,之所以这里的汉画像石多,是因为这里的汉墓多。徐州在历史上就是我国的军事重镇,历来是兵家必争之地,所以汉代建立之后,在其附近分封了多个诸侯王,这些诸侯王都能世袭,所以随着时间的延长,诸侯王墓就越来越多了。由于汉画像石在当时的陵墓装饰中比较流行,这些汉墓中都有汉画像石存在,所以徐州的汉画像石就尤其多。目前,在徐州发现的汉画像石墓有20余座,通过普查征集的零散汉画像石400多块,这样大的数量在我国十分罕见。现在,当地已经建立起了汉画像石艺术馆,是一座收藏、陈列、研究汉画像石的专题性博物馆。

徐州汉画像石题材广博、内容丰富,反映现实生活的题材有车马出行、对搏比武、舞乐杂技、迎宾待客、庖厨宴饮、建筑人物、男耕女织等;反映神话故事的内容有伏羲、女娲、炎帝、黄帝、东王公、西王母、日中金乌、月中玉兔等;表示祥瑞吉祥的图案有青龙、白虎、朱雀、玄武、麒麟、九尾狐、二龙穿璧、十字穿环等。徐州汉画像石中的牛耕图、纺织图、九仕图、迎宾图、百戏图及8米长卷押囚图等,都堪称艺术珍品。

徐州汉画像石雕刻有力、画风质朴简洁,具有很高的艺术欣赏价值。其雕刻技法有阴线刻、浅浮雕两种。线刻细腻真切,有阴柔之丽;浮雕浑雄苍健,有阳刚之美。阴柔阳刚,体现了中国传统美的基本要素。徐州汉画像石的艺术特色是构图紧密、夸张得体、以形传神,表现出了一定的创造性。

徐州汉画像石丰富的内容,真实地再现了汉代政治、经济、文

徐州汉画像石艺术馆

化、信仰等各个方面的情况,充分展现出了汉代人的精神世界和日常生活,具有珍贵的历史价值。它精美的雕刻、丰富多彩的内容、生动形象的画面,使其在我国美术史中占有重要的位置。

斩蛇碑有何特异之处

斩蛇碑位于江苏省丰县王沟镇三十里庙村,是后人为了纪念汉高祖刘邦揭竿而起、推翻暴秦而立的碑。

汉高祖刘邦"斩白蛇起义",早已是千古流传的佳话。对于这一事件,在司马迁所著《史记》中的《高祖本纪》一篇里,是这样描述的:"高祖以亭长为郡送徒骊山,徒多道亡。自度比至皆亡之,到丰西泽中,遂饮,夜乃解纵所送徒。曰:'公等皆去,吾亦从此逝矣!'徒中壮士愿从者十余人。高祖被酒,夜径途中,令一人行前。行前者还报曰:'前有大蛇挡往,愿还。'高祖醉,曰:'壮士行,何畏!'乃前,拔剑斩大蛇。"

公元前206年,刘邦称帝,即汉高祖,开启了大汉帝国的篇章。后来,人们为纪念刘邦的斩蛇之事,便在他斩蛇处修建了一座庙宇,命名为"白帝子庙",而将斩蛇处的河沟叫作"斩蛇沟"。白帝子庙位于江苏丰县城西,因为离县衙有三十五里(合今17.5公里)零八步,所以人们也将此庙称作"三十五里庙",后简称为"三十里庙"。庙宇之中建有三间大殿,前带走廊,并有院墙、门面。庙门前立了一块石碑,即"斩蛇碑",上面详细记述了建庙的原因、经过、位置及意义。

明嘉靖五年(1526年),黄河决口,丰县顿时成了一片汪洋大海,白帝子庙毁于一旦。以后,人们又在原庙址的前面建了一座"土地庙"。清嘉庆元年(1796年),黄河再度决口,由于"三十里庙"首当其冲,故而村落和庙宇在大水中荡然无存。此后,人们再没有起庙,但"三十里庙"的村名一直沿用至今。

秦汉时的三十里庙,是一片荒野涸泽,有诗为证:翳荒漠漠夕阳斜,衰草凄凄无寒鸦。路断人稀野烟少,蛇虫狡兔共为家。但自从白帝子庙建成后,不时有人前来这里祭拜。人们重新建成"三十里庙"后,开辟出了斩蛇沟、丰西亭等景点,吸引了络绎不绝的参观旅游者和烧香求神者。随着时

汉高祖刘邦

间的推移，由近及远，"三十里庙"的声名产生了辐射作用。于是各色人等齐聚于此，发展壮大起了一个热闹非凡的庙会。渐渐地，一些商人、无业游民以及周围邻村的人家，都来到此处安家落户，有的开荒种地，有的做起了买卖。这样，一个村落就自然而然地形成了，在刘邦的传说故事影响下，人们将这里命名为"三十里庙"村。

汉高祖刘邦斩蛇像

新中国成立后，这里的人民走出了沼泽，过去的"斩蛇沟"被他们开挖成了50米宽的"白帝河"，昔日的荒坡秃岗也变成了名特优农副产品的生产基地。与过去的沼泽地相比，三十里庙村确实是"换了人间"，同样有诗为证：雷雨蛟龙久发祥，妖蛇何事触锋芒；酒催怒气飞红电，血溅平沙结紫霜。此夕兴亡占两帝，莫如中共谱新章；而今重访神灵地，桑麻氤氲看牧羊。

关于刘邦"斩白蛇"的故事，还有这样的传说：白蛇被斩后，血流满地。刘邦带领众人向前走去，突然碰到一位老妇人，她一边在路旁啼哭，一边拦住刘邦去路。刘邦于是问其缘故，老妇说："我儿子是'白帝子'（即白蛇），现在被'赤帝子'（暗指刘邦）所杀，我要你还我儿子的命来！"刘邦听后虽然颇感诧异，但不打算搭理她。由于赶路心切，就敷衍老妇说："这里是荒郊野泽，怎么还你儿子的命呢？还是到平地时再还吧！"刘邦说完，就带领人众向西南匆匆而去。野史认为，刘邦对老妇所说的话，预言了汉平帝时期的"王莽篡朝"。当然，这只是迷信的东西。

焦山碑林《瘗鹤铭》有何文物价值

焦山碑林，位于江苏省镇江市东吴路焦山东麓的宝墨轩内，碑林最早于北宋庆历八年（1048年）陈列于宝墨亭中，明代扩建为宝墨轩。自清代以来，碑林蜚声江南，但却屡遭毁坏。1960年，镇江市为抢救民族文化遗产，征集四乡刻石，建立焦山碑林。碑林由摩崖石刻与碑林陈列组成，摩崖石刻环集焦山西侧峭壁，气势磅礴，存有六朝以来的刻石百余方，有"大字之祖"之称的《瘗鹤铭》原址即位于此。那么，《瘗鹤铭》有什么文物价值呢？

《瘗鹤铭》，相传是南朝梁天监十三年（514年）时，由当时的隐士华阳真逸

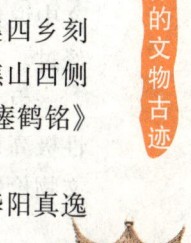

老江苏的趣闻传说

镇江焦山碑林

所书。它本是一篇哀悼家鹤的纪念文章,内容虽不足道,但其书法艺术成就极高。《瘗鹤铭》的书法意态雍容,格调高雅,是艺术性极高、影响极大的著名碑刻。不仅如此,它在我国书法史上还具有坐标意义,被誉为"大字之祖",其艺术影响力绵长悠久、远及海外,被誉为是焦山碑林的"碑中之王"。

《瘗鹤铭》的碑文存字虽少,但是气势宏逸,神态飞动。此碑之所以被推崇,是因其具有南朝时代书法的气韵,特别是篆书的中锋用笔的渗入;加之风雨剥蚀,增强了线条的雄健凝重及深沉的韵味。此碑的拓本及字帖久传国际,名震海内外。它既是成熟的楷书,又可从中领会出楷书发展过程中篆、隶笔势的遗踪,所以它是我国书法发展史的重要实物资料。

《瘗鹤铭》本刻于焦山的石壁上,唐代时失落于长江中。北宋熙宁年间,因当地修建运河,工人从江中捞出一块断石,经辨认正是史书上记载的坠落江中的《瘗鹤铭》的一部分。100年后,南宋淳熙年间,运河重修,疏掏工人又打捞出四块刻石。经考证,这四块断石也是《瘗鹤铭》的一部分。这样,与先前打捞上来的那块断石拼凑在一起,正好是失传很久的《瘗鹤铭》。到了明洪武年间,这五块断石又坠入江中。康熙年间,镇江知府陈鹏年花费巨资雇用船民打捞,终于在距焦山下游三里的地方将这五块残石捞了出来,粘合为一后仅存

《瘗鹤铭》

残字90余个,后被移到定慧寺壁间。现在宝墨轩还有《重立瘗鹤铭碑记》,碑记文中说到:"盖兹铭在焦山著称,殆千有余年,没于江者又七百年。"叙述了这段经过。

由上文我们可以知道,《瘗鹤铭》作为南北朝时期的重要书法作品,其艺术性极高,在我国书法史和碑刻史上都占有重要地位,再加上其历史悠久,所以其文物价值极大。

唐代的扬州城位于何处

扬州,是我国的历史文化名城,地处江苏省中部,长江下游北岸,江淮平原南端,是南京都市圈和上海经济圈的节点城市。扬州的建城历史悠久,可追溯到公元前486年,其名称最早见于《尚书·禹贡》,当时的扬州还只是古人心目中的一个广泛的地理概念,包括了今淮水以南、长江中下游的广大地域。据唐代杜佑所著的《通典》记载,在古扬州地域内,唐代设有39个郡府,196个县,范围很广。这个扬州虽然包括如今的扬州地区,但和当今的扬州不能混为一谈。那么,唐代的扬州城在哪里呢?

如今的扬州地区在春秋时称"邗"(邗国为周代的方国之一,后被吴所灭),秦、汉时称"广陵""江都"等。汉武帝时,在全国设十三个刺史部,其中就有扬州刺史部。东汉时,扬州的治所在历阳(今安徽和县),东汉末年治所迁到了寿春(今安徽寿县)、合肥(今安徽合肥市西北)。

扬州城遗址

三国时魏、吴各设置了一个扬州,魏的治所在寿春,吴的治所在建业(今江苏南京市)。西晋灭吴后,扬州的治所仍在建邺(今南京)。隋开皇九年(589年),改吴州为扬州,但总管府仍设在丹阳(今南京)。唐高祖武德八年(625年),扬州的治所从丹阳移到江北,从此广陵才享有扬州的专名。

扬州有城始于2400多年前的春秋末期,历经秦、汉、魏、晋、宋、齐、梁、陈直至隋、唐,城垣虽有兴废,但城址未变。五代时,在扬州牙城东南隅筑小城。宋时又筑大城,南宋末年筑宝佑城以抗元兵。宋朝灭亡后,宝佑城被夷为平地,仅剩下残破的宋古城。明代和清代,分别在宋大城西南和东南筑旧城和新城。今天在扬州西北的蜀冈上南北观望,仍可清楚地看到狭长高地上有断续的城垣的旧迹。由此我们可以推断,唐代的扬州城位于如今扬州城的西北方,两者相距也很近。

徐州为何会出现城下城的奇观

徐州，是我国最古老的城邑之一，其建城历史可追溯到4 000多年前的大彭氏国。在漫长的历史中，徐州城毁建不断，留下了许多城市遗迹。近几十年的考古发现证明，徐州城下有城、府下有府、街下有街、井下有井，是一座罕见的城叠城。那么，徐州的城下城奇观是怎样形成的呢？

古人选地建城，一般是靠山面水，这样建成的城市就总跟河流相伴随。徐州古城位于汴水与泗水的交汇处，地理位置与自然环境都十分优越。但是，南下的泗水和西来的汴水交汇于徐州城下，在给古城带来水运之利的同时，也带来了无尽的水患之苦。自古黄河多改道，金代明昌五年（1194年），黄河夺泗入淮，从此揭开了它跟徐州的千年"不解之缘"。

在明朝以前，黄河并没有固定的河道，而且经常在豫东、苏北一带泛滥，此冲彼淤，左右摇摆，而徐州城正处在这个摇摆面积的中心附近，所以经常遭受到黄患的威胁。明代隆庆年间，徐州连年大水，"隆庆五年（1571年）九月，水决城西门，倾入屋舍，溺死者甚多"。20年以后的万历十八年（1590年），黄河因屡次泛滥成灾，河床不断抬高，成为徐州城内百姓头顶上的一条悬河。次年，为了解除黄患，排除城中积水，明代治河名臣潘季驯建议"竣奎山支河以通之"，开掘了一条泄洪的支流，奎河便一直流淌至今。但是，随着时光的流逝，黄河的肆虐变本加厉，一场空前绝后的灭顶之灾终于在明熹宗天启四年（1624年）爆发了，顷刻之间"官廨民庐尽没，人溺死无算"。灾后幸存的百姓只好避居于云龙山、户部山等高地，水淹州城长达三年之久，这也是徐州历史上最严重的一次黄灾。州城被洪水淹没，河道被淤塞，多少繁华和生命，都被掩埋在了地下。

黄河水退去之后，徐州城变成了一片茫茫沙滩，是迁址建新城还是在原址重建？当时的徐州兵备道杨廷槐提议将城址迁移到徐州南面的二十堡。此处背山面阳，地势高峻，对多年饱受洪水灾害的徐州人来说，应该是理想的宜居之地。不料，新城区建设启动才10个月，徐州兵备道杨廷槐便被人参了一本。参他的人是兵科给事陆文献，他给明朝廷的奏折中称徐州迁城有六不当：运道不当，要害不当，有费不当，仓

徐州风光鸟瞰

库不当,民生不当,府治不当,并且涉及漕运、治安、财力、民众负担等问题。但其中最重要的一条还是钱,徐州的经济实力贫弱,异地建城的资金主要靠朝廷财政承担,自然是难以被明朝廷允准的,特别是陆文献奏折上称,改异地建城为原地重建可以节省一半的资金用于北方边境的防务,让明朝廷深为动心。在公议陆氏的条陈时,众大臣也都认为有理有据。于是,徐州的迁城之举就夭折了。

徐州城下城遗址出土的明代小瓷罐

明崇祯元年(1628年),城中泥沙渐平,兵备道唐焕修复旧城,居民才陆续迁回城中。后来经过八年时间的建设,至崇祯八年(1635年),徐州城才基本上恢复了旧貌。重建的徐州新城区,其街坊等建筑设施多是在原处按原来的形制、规模建造的,自然也就形成了地下与地上建筑物的重合,形成了城下城、井下井、府下府的奇巧重合的特殊景观。

汉王镇"石祖"难解之谜

汉王镇,位于徐州西南部苏皖交界的群山之中,东北部紧靠徐州市区,东部与铜山新区交界,西部和南部与安徽萧县接壤,镇域总面积95平方公里。境内山脉连绵,河流纵横,森林覆盖率达60%,有诸多自然和人文景观,是著名的"花果之乡""中国红玫瑰之乡""民间石刻艺术之乡""汉文化之乡"和"生态平衡之乡",是江苏省百家名镇之一,曾荣获联合国"全球生态500佳"提名奖。汉王镇素有"山水一色、民丰物阜"之称,被誉为徐州的后花园。在汉王镇,最有名的莫过于"石祖"了,可是很少有人知道"石祖"是什么意思、有什么象征,下面就让我们一起走进汉王镇的"石祖"。

在汉王镇的拔剑泉西边有一片芦苇,芦苇旁边有一条小溪,小溪旁边有一尊被柱子和铁链围起来的雕塑,这便是汉王镇"石祖"

石祖

彭祖

了。"石祖"裸露在地面的部分高约 1 米,直径 40 厘米,顶部呈椭圆球形,周身有 7 条棱角。除此之外,在距汉王镇境内的清代著名小说评论家张竹坡墓约 100 多米远的地方,原来也有两尊"石祖",形制与上述"石祖"大同小异。其中一尊被当地果农挖出,置于梨园小路旁,另一尊则被毁成两截,上半截已经不知去向。

"石祖"代表的其实是一种"性崇拜"。据中国当代著名性学家刘达临的研究,中国性崇拜始于石器时代,即原始社会。当时人类面临的最大问题,就是加速繁衍后代,与恶劣的自然环境做斗争,而性交又是男女之间最大的享受。在此背景之下,对性的崇拜便自然形成了。但是,如何表达这种对性的崇拜呢?在母系社会,最崇拜的是女阴;在父系社会,最崇拜的就是男根。然而在制作上,男根容易而女阴难,所以男根制作的比较多。"石祖"便是石制的男性生殖器的形象,而且还对其进行了艺术夸张。

"祖"字右边的一半是"且"字,在甲骨文和金文里,其代表的就是男性生殖器官。"祖"的另一半是"示",从字义讲表示敬神,从字形看也像个倒过来的男性生殖器,于是先人们就据此发明了"祖"字,所以祖就有了根的意思。自周代以后,先人们把男祖先称为"祖",把女祖先称为"妣",这两个字分别是男女生殖器的象征。由此可以推断,古人对祖先的崇拜,实际上就是对男女生殖器的崇拜。

既然性崇拜始于原始社会,那么"石祖"最早就应该是那个时代的产物。除了汉王镇石祖外,在浙江绍兴大禹陵也有男根崇拜物,距今约 4 000 年;在甘肃也曾出土过两个距今约 4 000 年的"石祖"。当然,石祖也有晚期的,如甘肃出土过唐代的一个"石祖"等。那么,石祖这么多,汉王镇"石祖"为什么有名呢?

要解决这个问题,就不得不提到一个人,那就是彭祖。彭祖是一位 4 600 多年前的人物,他曾在徐州一带建立大彭氏国,其足迹遍布徐州的山山水水,而且他还是"房中术"学说的奠基人。他公开提倡"房中术",认为"房中术"既可以养生,也可以表示对性、对生殖的崇拜。有人认为,虽然"性崇拜"的观念可能早于彭祖,但以"石祖"作为"性崇拜"的象征则有可能始于彭祖,汉王镇的"石祖"就可能是一个实证。

除了表示对性的崇拜之外,汉王镇的"石祖"还有什么作用呢?有人说它可以"镇娼",也有人说不生育的夫妇到"石祖"转上一圈,就能生育了。当然,这都只是传说而已。

镇淮楼有何来历

镇淮楼,雄踞于江苏淮安城中心,是古城淮安的象征性建筑,当地人称其为"鼓楼"。这座楼始建于北宋年间,距今已有800多年的历史了。那么,镇淮楼有什么来历呢?

镇淮楼原是北宋时期镇江都统司酒楼。当时的淮安(今淮安市楚州区)"扼江北之要冲,为南北交通之孔道",纵贯淮安全境的大运河是当时南北交通的命脉。南粮北运,要从运河穿长江、越淮河之后才能北上,船只都将到达淮安视为安全。所以当时凡是经运河到达淮安的,无论是文武官员、显宦世家、巨商富贾、文人墨客还是僧道名流,都要登楼祭酒,以庆幸运。到了元代,淮安"置总管府,用以控制南北舟车转输",楼上便悬挂"南北枢机""天澈云衢"的金字匾额。明代时,楼上设置"铜壶滴漏"用以报时,故又名"谯楼",后来又设置大鼓专司打更、报警,所以又被称为"鼓楼"。

淮安镇淮楼

清代乾隆年间,因为淮水水患不断,人们为了震慑淮水,就将这座楼更名为"镇淮楼"了。现存的镇淮楼建筑是清光绪七年(1881年)十月重建的,在原有基础上有所扩大。新建的镇淮楼为砖木结构城楼式单体建筑,坐北面南,底座为砖砌基台,长28米、宽14米、高8米,略呈梯形,坚实稳重。基台正中为拱形门洞,宛如城门。东西两侧为拾级而上的方砖踏步。基台上是两层砖木结构的高楼,面阔三间,楼高18.5米,楼顶为重檐九脊式,四角翘起的龙头双目圆睁直视,大口吞云吐雾,似有腾飞之势,造型优美,令人惊叹不已。

新中国成立后,淮安古城拓宽了街道,重修了镇淮楼,并以其为中心修建了公园。园中有金桂、玉兰、雪松、龙柏、蜡梅和法国女贞等各式花木,还有日本前首相田中角荣赠送给周恩来总理故乡的樱花。楼上被辟为楚州区博物馆展览厅,陈列了淮安的历史文物。镇淮楼招来了无数游客,他们到此或访古探胜,或借景咏怀,或摄影留念,或登楼远眺,以不同的方式领略古城淮安的万种风情。

南通博物苑为何被誉为"中国第一座博物馆"

南通博物苑,位于风光秀美的江苏省南通城东南的濠河之滨,是中国近代伟大的爱国主义者、著名的实业家、教育家、社会活动家张謇于1905年1月14日创办的,时至今日,南通博物苑已经走过了100多年的历程。那么,南通博物苑为什么被誉为"中国第一座博物馆"呢?

南通博物苑

据有关资料统计,目前我国有各类博物馆约2 200多家,在这众多的博物馆当中,第一座由中国人建造的就是南通博物苑。因为它是我国最早的博物馆,而且标志着我国博物馆事业的开端,因此被誉为"中国第一座博物馆"。

南通博物苑在建成之初占地3 500平方米,藏品分为天产、历史、美术、教育四部,主要陈列于南馆、北馆等展馆内,而大型文物标本则展示于室外。苑中广植花草树木,养殖珍禽鸟兽,与室内展品呼应,另有各种园林设施点缀其间,营造出了一种高雅精致而又轻松闲适的氛围,这种馆园结合的特色反映出了创建者独到的博物馆理念。1938年,日军占领南通,南通博物苑沦为日本侵略军的马厩,惨遭破坏,博物苑的藏品除少量转移外,大部分被劫被毁,直到新中国成立之后博物苑才获得新生。

今天的南通博物苑藏品以历史文物与自然标本并重,藏品总数近5万件。其中的历史文物以见证地方历史的文物为主,时间跨度从新石器时期直至当代;自然标本既有反映南通地区动物、植物等自然资源的藏品,同时也广集国内外珍贵的岩矿石、化石及珍稀动植物标本。整个博物苑新老建筑组合和谐,具有浓郁的文化氛围、优美的园林环境,既展现出了历史的典雅,也洋溢着新时代的光彩,是了解南通、亲近科学、接受文化熏陶的好去处。

孔望山有哪些著名佛教摩崖造像

孔望山,位于江苏省连云港市海州区,因山上有摩崖石刻而著名。这些摩崖造像全部聚集在山的西南角,依山就势浮雕而成。据推测,这些石刻大约是

孔望山摩崖石刻

在东汉末年建造的,是我国迄今为止发现的最早的一处佛教摩崖造像。据统计,孔望山摩崖石刻东西长17米、高9米,刻有约105个大小不等的神像,其中最大的高1.54米,最小的仅10厘米。除了佛教造像之外,这里还有道教及世俗造像多种。那么,在这些造像之中哪些比较著名呢?

在属于佛教题材的造像之中,以三尊立佛像较为突出。左面的一座高1.1米,穿圆领长袍,头作高髻,右手作施无畏印,正面而立,双足外撇,与大同云冈石窟中的大佛像足势一致,只是造型手法要粗糙古拙些,长袍的左下摆还有表示长袍被扯起的线条,可见左手握住衣襟。中间的一座高0.73米,雕于山石的侧面,向东而立,头上作高髻,右手作施无畏印,头部有背光,除了手印、头饰外,其姿势、服饰类似于山东沂南画像石墓的立佛。右边的一座高0.78米,头作高髻,有背光,身穿圆领长袍,双足外撇,与左面的佛像一致。

除了立佛之外,还有坐佛像。这一佛像高0.57米,头作高髻,穿圆领长袍,结跏趺坐,右手作施无畏印,与四川乐山麻濠享堂的坐佛类似,头饰与四川彭山出土的陶座上的坐佛接近。

孔望山造像中还有三个侧卧的人像。最东侧的一个身高1.45米,赤膊着短裙,乳部肋条用线刻表现,显得瘦骨嶙峋。佛像头西足东,右臂枕于头下,面左而卧,左腿弯曲,叠在右腿之上,显得悠闲自在,视死如归。腹部上方雕有一个虎头,好像要咬人的样子,这就是佛本生故事中"舍身饲虎"的场面。

在孔望山造像中最精彩的是一组涅槃变图。在两块断崖上镌刻有近50个人的像群,不但人物众多,所处的位置也较突出。造刻者在断崖下一块肉红色的石头上用高浮雕的手法镌成已入涅槃的佛陀,只见他仰身而卧,头上作高髻。在佛陀的左侧,刻有40多个头像、半身像,他们头脸各异、冠式不一、神情凄楚。

除了上述几处比较有代表性的佛造像之外,孔望山佛教造像还有许多,在这里就不一一介绍了。总的

孔望山摩崖立佛像

来说,孔望山佛教造像是运用我国汉画像石的传统技法来反映外来佛教题材的典型,似天工巧凿,浑然一体,既具备古朴奔放的汉画风度,又体现了完整连贯的佛教内容,这说明当时的佛教艺术已经达到了相当高的水平。尤为难得的是,这些佛教造像都位于陡峭峻拔、高低参差的山崖之上,人们要在这种山势上作业要克服很多困难。中国佛教协会副会长巨赞法师在参观这些造像时赞叹说:"这些佛像的刻成和被发现,真是功德无量!"

总统府是否为孙中山就任临时大总统而建

总统府,位于南京市长江路292号,原是南京国民政府旧址,现在已成为中国最大的近代史博物馆。明朝初年,这里曾是归德侯府和汉王府;清朝时,这里是江宁织造署、江南总督署、两江总督署,康熙、乾隆皇帝下江南时均以此地作为"行宫";1853年3月,太平军占领南京,洪秀全在此兴建了规模宏大的太平天国天朝宫殿(天王府);清军攻破南京后,焚毁宫殿建筑,于同治九年(1870年)在这里重建了两江总督署。1912年1月1日,孙中山在此处宣誓就任中华民国临时大总统,并组建了中国历史上第一个共和制的国家政权——中华民国临时政府。那么,总统府是不是为孙中山就任临时大总统而建的呢?

其实,孙中山就任临时大总统时,总统府还不存在,当时只是占用了原来的两江总督署,并没有对其进行实质性的修建和改变,而且名字也不叫作总统府。1927年4月,南京国民政府成立后不久,即于9月移驻这里办公。1928年10月,国民政府实行五院制,辟国民政府东院(东花园)为行政院办公处,国府西院(西花园)为国民政府参谋本部和主计处。

1937年12月,国民政府的统治中心——南京沦陷。此后,国民政府先后成为日军第16师团部和伪维新政府行政院以及汪伪政府的立法院、监察院和考试院;国府东院成为伪交通部、铁道部等;国府西院成为伪军事参议院。1946年5月,国民政府还都南京后,这里仍为国民政府所在地。东花园成为国民政府社会部、地政部、水利部和侨务委员会;西花园则成为国民政府主计处、军令部,总统府军务局、首都卫戍总司令部。

1948年5月20日,蒋介石在南京宣誓就任中华民国行宪第一任总统后,国民政府改称总统府,

南京总统府办公室

并进行了一系列的改建和完善，从而奠定了今天总统府的形制和规模。但是，此时的总统府和孙中山就任临时大总统时的两江总督署已经大相径庭了。所以，总统府并不是为孙中山就任临时大总统而建的。

1949年4月23日，人民解放军解放南京，攻占总统府，此后总统府一直作为有关机关的办公

南京总统府展厅蒋介石等蜡像

场所。自20世纪80年代以来，有关机关单位陆续搬迁。当地于1998年在总统府旧址之上，开始筹建南京中国近代史博物馆。经过精心的规划和五年的建设，至2003年已初具规模。目前，博物馆总占地面积为9万平方米，共分三个参观区域，中区（中轴线）主要是国民政府、总统府及所属机构；西区是孙中山的临时大总统办公室、秘书处和西花园，以及参谋本部等；东区主要是行政院旧址、马厩和东花园。一系列展馆和史料陈列，都分布在这三个区域中。

总统府里的煦园为何又俗称"西花园"

煦园，也称西花园，是一座别具特色的江南古典园林。它小巧玲珑，虚实相映，层次分明，是中国园林建筑的代表之作，同时也是金陵名园之一。那么，煦园为什么又被称作是"西花园"呢？

明洪武元年（1368年），明太祖朱元璋招抚劲敌陈友谅旧部，在煦园为陈友谅之子陈理建造了汉王府。其后，明成祖封其次子朱高煦为汉王，辟原汉王府的东半部为"新汉王府"，所以煦园就成为新府第的西园，因为朱高煦名中有一个"煦"字，所以取名为"煦园"。

南京总统府煦园

清代时，两江总督衙门设在原汉王府，其东侧为江宁织造署，于是煦园就成为两江总督署的花园。康熙二十三年至四十一年（1684—1702年），康熙帝六次南巡，其中有五次住在江宁织造署，他常到煦园中游玩。太平天国建

孙中山

天朝宫殿时,煦园得到扩建,成为天王府的御花园。因花园位于宫殿的西侧,故被称为"西花园",与东花园相对称。

1912年1月1日,孙中山在煦园暖阁宣誓就任临时大总统,中华民国临时政府成立,孙中山的临时大总统办公室和起居室就在煦园内。以后,这里又先后作为南京留守府、江苏都督府、督军署等机构的办公场所。1927年4月,国民政府成立,国民革命军总司令部、军委会以及总统府军务局等机构都曾在园内设有办公处。因此,煦园被誉为"四朝胜迹"。

进入煦园内,首先看到的是一座大假山群,由十二生肖石叠合而成。假山是中国古代园林建筑中的重要要素之一,中国北方皇家园林体现的是真山真水,而南方私家园林往往以假山假水来体现园林的自然神韵。这座大假山,在园林构景中起到了欲露先藏、欲扬先抑的抑景作用,给游人创造了一种渐入佳境的情趣。

煦园的园林构筑以水为主体。水体呈南北走向,在建园手法上,为了突破单一狭长的水体,还巧用画舫、楼阁将水面自然分割成各自独立又相互联系的三个部分。水体平面如长形花瓶,使中部形成较开阔的水面,南航北阁遥相呼应,东讲西楼隔岸相望,有分有聚,虽分实聚,景致自然和谐。

《南京条约》签订于何处

《南京条约》,又称《江宁条约》,它是我国近代历史上与外国列强签订的第一个不平等条约。那么,丧权辱国的《南京条约》签订于何处?

道光二十二年(1842年),清朝在与英国进行的第一次鸦片战争中战败,清政府代表在停泊于南京下关江面的英军旗舰"康华丽"号(也译作"皋华丽"号)上与英国签署了《中英南京条约》。当日,停泊在长江上的英国军舰全部悬挂英国国旗,官兵身穿节日礼服。清政府代表耆英、牛鉴先行登上"康华丽"号,年老患病的伊里布因无力登舰,被英军抬上舷梯。耆英、伊里布、牛鉴和璞鼎查分别代表中英两国在条约上签字盖印。英国侵略者为炫耀对中国的征服,校级以上军官全部参加了仪式。在条约签订后,"女王万岁"的呼声此起彼伏,英军礼炮轰鸣,并在甲板上升起了黄龙旗,表示战争结束。《南京条约》文本一式四份,两份于当日签字,另外两份由道光皇帝和英国女王签字盖印后于次年6月26日在香港互换。

道光二十三年(1843年),英国政府又强迫清政府订立了中英《五口通商章程》和《五口通商附粘善后条款》(也称《虎门条约》)作为《南京条约》的附约,其中除了具体地规定《南京条约》的一些细则外,还增加了一些新条款,如英国人在中国犯罪不受中国法律制裁、任何侵略者在中国获得特权英国也同样可以享受等。

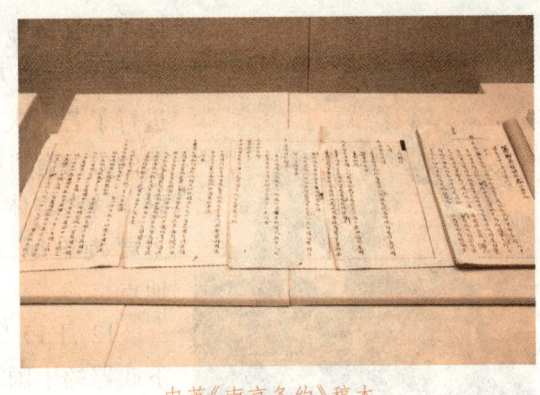

中英《南京条约》稿本

《南京条约》签订以后,美、法先后强迫清政府订立了中美《望厦条约》和中法《黄埔条约》。从此以后,各帝国主义国家纷纷效尤,通过各种手段,强迫中国订立了一系列不平等条约。这些不平等条约就像套在中国人民身上的枷锁,使中国人民陷入了深深的苦难之中,而《南京条约》就是套在中国人民身上的第一具枷锁。《南京条约》的签订严重破坏了中国的主权和独立,从此中国开始沦为半殖民地半封建社会。

南京大屠杀遇难同胞主要殉难于何处

南京大屠杀,是在日本全面侵华战争初期,日本军队在当时中华民国首都南京犯下的大规模屠杀、强奸以及纵火、抢劫等战争罪行与反人类罪行。日军占领上海后,直逼南京。国民党军队在南京外围与日军多次进行激战,但未能阻挡日军的多路攻击。1937年12月13日,南京在一片混乱中被日军占领。日军在华中方面军司令官松井石根和第6师团师团长谷寿夫等法西斯分子的指挥下,在南京地区烧杀淫掠无所不为,对手无寸铁的南京民众进行了长达6周惨绝人寰的大规模屠杀。

当时,日军进城兵力约50 000人,而执行军纪维持的宪兵却仅有17人。日军除了个别

南京大屠杀纪念馆

南京大屠杀纪念馆雕塑

地或小规模地对南京居民随时随地任意杀戮之外,还对中国人特别是解除了武装的军警人员进行了若干次大规模的"集体屠杀"。大规模屠杀的方法有机枪射杀、集体活埋等,手段极其残忍。这些集体屠杀的发生地,就是我们同胞的主要殉难地,下面就让我们一起去找寻这些地点。

12月15日(日军占领南京的第3天),已放下武器的中国军警人员3 000余人被集体解赴汉中门外,日军用机枪对他们进行了密集扫射,许多人当场遇难。负伤未死者也与死者尸体同样遭受焚化。到了夜里,解往鱼雷营的中国平民及已解除武装的中国军人9 000余人,被日军屠杀。同一个夜晚,日军又在宝塔桥一带屠杀了3万余人。

12月16日(日军占领南京第4天),在位于南京安全区内的华侨招待所中躲避的中国男女难民5 000余人,被日军集体押往中山码头,他们双手被反绑,排列成行,被日军用机枪射杀,之后被弃尸于长江以毁尸灭迹。5 000多人中仅白增荣、梁廷芳二人在中弹负伤后泅至对岸,才免于遇害。

12月17日(日军占领南京第5天),中国平民3 000余人被日军押至煤炭港下游的江边集体射杀。同日,在放生寺、慈幼院避难的400多中国难民被集体射杀。

12月18日(日军占领南京的第6天)夜晚,日军将从南京城内逃出后被拘囚于幕府山的中国难民男女老幼共57 418人,全部用铅丝捆扎,驱集到下关草鞋峡,用机枪密集扫射,并对倒卧在血泊中尚能呻吟挣扎者以乱刀砍戮。事后将所有尸骸浇以煤油焚化,以毁尸灭迹。此次屠杀仅有伍长德一人被焚未死,得以逃生。同日,在大方巷难民区内,日军射杀4 000余中国人。

除了屠杀,在日军进入南京后的一个月中,全城发生了2万多起强奸、轮奸事件,无论少女或老妇,都难以幸免。许多妇女在被强奸之后又遭枪杀、毁尸,惨不忍睹。与此同时,日军遇屋即烧,从中华门到内桥,从太平路到新街口以及夫子庙一带的繁华区域,大火连天,几天不息,全市约有三分之一的建筑物和财产化为灰烬,无数住宅、商店、机关、仓库被抢劫一空。

日军暴行的高潮从1937年12月13日攻占南京开始持续了6周,直到1938年2月才开始好转。据第二次世界大战结束后远东国际军事法庭和南京军事法庭的有关判决和调查,在大屠杀中,有20万以上乃至30万以上的中国平民和战俘被日军杀害。

雨花台因何得名

雨花台,坐落在六朝古都南京的西南部,已经有3 000多年的历史了。三国时,因这里的山岗上遍布五彩斑斓的石子,被称为石子岗、玛瑙岗、聚宝山。北宋大观年间,吏部侍郎卢襄根据雨花石的传说,将云光法师讲经处命名为"雨花台"。从此之后,雨花台之名流传开来。明清时期,雨花台就已经成为金陵城的标志性风景之一。

要说起雨花台的特色——雨花石,可称为一绝。不少散见于史料中的诗文称雨花石是女娲补天的遗石,如孔尚任在《咏六合石子》中写道:"珍重养清泉,有时天可补。"南朝梁代以后还流传有"梁武帝时有云光法师讲经,感动上天,天花纷纷坠落"的神话故事。其实,雨花石并不是产自雨花台,而是产于南京市郊及长江两岸的六合、仪征、江宁、江浦等地。

南京雨花台雨花阁

宋人杜绾在《云林石谱》中称雨花石为"玛瑙石""螺子石"。明《一统·南京》中则称:"雨花台石,聚宝山出。"雨花石之名真正脱颖而出是在明末清初,在此之前石名随地名更迭,从"玛瑙岗"到"雨花台",从"玛瑙石"到"雨花台石",再到"雨花石"。后来,随着雨花台之名的确定,绮石、五色石、六合石、灵岩石、江石子、螺子石等均定名为雨花石,并流传至今。

雨花台的烈士就义群雕为何由九人组成

雨花台,位于南京市中华门南,是一座以自然山林为依托,以红色旅游为主体,融自然风光和人文景观为一体的全国独具特色的纪念性风景名胜区。1927年,蒋介石发动了"四一二"政变叛变革命,从此以后直到1949年新中国成立前夕,雨花台一直是国民党屠杀中国共产党党员和爱国人士的刑场。这22年中,约有近10万名共产党人、工人、农民、知识分子等革命的志士、爱国人士在此被

南京雨花台烈士就义群雕

杀害,这里洒满了烈士们的鲜血。

1950年,南京人民为了纪念革命先烈,在这里兴建了雨花台烈士陵园。1979年,雨花台烈士就义群雕在雨花台落成,成为雨花台烈士陵园的标志。群雕高10.03米、宽14.2米、厚5.6米,由179块花岗岩拼装而成,总重量约1 300吨,是目前我国同类题材花岗岩雕塑之最。这座雕塑主题突出,层次分明,上实下虚,共有九个人物形象组成。很多朋友可能会问,为什么是9个人呢?

雕塑中的人物形象之所以有9个,是因为"9"这个数字在我国传统文化中代表阳数之极,其寓意是在雨花台牺牲的先烈人数非常之多。不仅如此,群雕上的9个人物分别代表了不同的群体。群雕上既有戴着镣铐、蔑视敌人的工人;也有横眉冷对的知识分子;还有怒目圆睁的农民;更有临危不惧的女干部;此外还有咬紧牙、抿着嘴的小报童和身陷囹圄、充满胜利希望的女学生。可以说,这座雕塑栩栩如生地再现了先烈们在就义前英勇不屈、视死如归的光辉形象。

雨花台的"二忠祠"供奉哪两位义士

二忠祠,位于南京雨花台,在历史上就是一个掩埋忠骨的地方。"二忠祠"里祭祀的是宋代名臣杨邦义和文天祥,他们以崇高的民族气节受到后世的敬仰。

杨邦义(1085—1129年),字希稷,谥号"忠襄",南宋吉州吉水县黄桥镇杨家庄(今云庄村)人,他是舍生取义的抗金名臣。杨邦义于1115年考中进士,历任婺源县尉,蕲州、庐州、建康三郡教授,溧阳县知县,建康府通判等职。1129年抗金被俘,金兵劝降时誓死不降,咬破手指在衣襟上

南京雨花台二忠祠

写下"宁做赵氏鬼,不为他邦臣"的血书后殉节而死。杨邦乂生有四个儿子,长子叫杨振文,曾任朝请郎,后徙居南京为父守墓;次子叫杨郁江,徙居浙江;三子叫杨昭文,曾任武昌县令,留居吉水杨家庄;四子叫杨蔚文,徙居湖南。

1127年,宋金战于开封,宋败,从此偏安江南。1276年,元军渡江南下,南宋小朝廷所在地临安告急。此时,已辞官归乡的文天祥闻讯后,立即散家产充军资,统兵勤王,被授予左枢密使官衔。此后三年,文天祥在东南沿海领兵抗元,后在潮州五坡岭遭遇战中兵败被俘。在押解北归途中,文天祥曾多次自杀,但是都没有成功。过零丁洋时,他挥毫写下"人生自古谁无死,留取丹心照汗青"的千古名句。此后,他被押解一路北上,到达白沟河南

文天祥

岸,再向北行,跨越界河,即入辽界,他心潮难平,写下了《过白沟河》一诗,在诗中回想在此地殉国的杨邦乂,不禁悲从中来。

文天祥置个人生死于度外,誓效杨邦乂的高风亮节。1283年,在被囚于元大都兵马司监狱三年后,在一个大风扬沙、天昏地暗的日子,慷慨就义,围观者一万多人。他询问何处是南,人们告诉他后,他挺胸昂首,面朝南方,从容赴死,实践了他在《过白沟河》诗中"我辈终堂堂"的誓言。

为纪念这两位英雄,后人于白沟河畔修建了一座"二忠祠",并勒石刻碑,上刻有文天祥《过白沟河》一诗的全文,供往来客商游人凭吊。但遗憾的是,二忠祠最终毁于战火。1998年,当地复建"二忠祠",其主体建筑为九檩举架单檐歇山仿古寺院建筑,祠宽15米、进深10米、屋面正脊高9.9米。祠堂正门25米处砌筑了硬山式折线形照壁,长6.88米,武中奇书写的文天祥的《正气歌》篆刻在黑色磨光花岗岩上。

梅园新村有何革命意义

梅园新村,即中共代表团梅园新村纪念馆,位于江苏省南京市城东长江路东端的梅园新村街道两侧,由中共代表团办事处旧址、国共南京谈判史料陈列馆、周恩来铜像、周恩来图书馆等部分组成,是我国近现代历史遗迹及革命纪念建筑物。1946年5月至1947年3月,以周恩来为首的中国共产党代表团,在这里同国民党政府进行了10个月零4天的谈判。那么,梅园新村有什么革命意

梅园新村纪念馆

义呢?

1946年5月3日,国民政府迁都南京。同日周恩来、董必武率中共代表团博古、陈嘉庚、邓颖超、章伯钧等同志由重庆到南京。截至23日,中共代表团南京办事处(11月19日改为中共驻京办事处)100多人进驻梅园新村30号、35号、17号,继续进行艰苦的停战谈判。当时对外称中共代表团南京办事处,对内称中共中央南京局。南京局内设组织部、宣传部、外交事务委员会、地下工作委员会、群众工作委员会、财经委员会和党派组、军事组、资料组、政治研究室、办公厅以及第十八集团军驻京办事处、解放区救济总会驻沪办事处等机构。

中共中央为揭露国民党的内战方针,并尽可能推迟全国性内战爆发,派代表团到南京谈判,竭力争取和平,就中原内战、东北停战、国民大会等问题与国民党反动派进行针锋相对的斗争,签订了《关于停止中原内战的协议》,推迟了中原内战爆发的时间,为中原部队战略转移赢得了时间。6月6日,迫使蒋介石下达为期15天(后又延期8天)的东北停战令。在停战、整编、恢复交通等谈判中,中共作出多次让步,但终因国民党坚持无理要求而使谈判陷入僵局,26日全面内战爆发。中共的态度是:全面长期停战,召开政治协商会议,改组国民政府。蒋介石一面扩大攻势,一面不断提出新的无理要求并拉拢、诱骗第三方面参加"国大"。11月15日,"国大"开幕,谈判由此破裂。

1947年2月27日、28日,国民政府渝、京、沪警备机关分别通知驻梅园新村中共机关,限于3月5日前撤返延安。3月3日,董必武从沪抵宁,与张治中、张群等交涉撤返事宜。7日上午,中共驻京、沪两地人员74人撤离南京。董必武在机场发表书面讲话,并向南京人民告别:"再见之期,当不在远。"

自1946年5月起,以周恩来为首的中共代表团进驻梅园新村,与国民党政府进行了长达10个月的谈判斗争。中共代表团在南京谈判期

梅园新村纪念馆周恩来铜像

间,坚定地执行党中央的指示,在国统区广泛地领导和开展爱国民主运动,揭露了蒋介石假和平、真内战的阴谋,争取了朋友,教育了人民,对加速解放战争的胜利,做出了巨大的贡献。梅园新村是中国共产党和国民党政府谈判的最后一站,是中共党史上的重要一页,是一座永远矗立在人们心中的历史丰碑。

淮海纪念塔是谁首先提出修建的

淮海纪念塔,即淮海战役纪念塔,位于徐州市淮海战役烈士纪念塔园林南侧。举世闻名的淮海战役,是中国人民解放战争中具有决定意义的三大战役之一,是在以毛泽东为核心的中央军委领导下,在由刘伯承、陈毅、邓小平、粟裕、谭震林五人组成的总前委的卓越指挥下,完成的一场决定中国命运的伟大战略决战。在淮海战役中,人民解放军参战部队有12.4万人受伤,3万余人为国捐躯。淮海纪念塔就是为了纪念为淮海战役的胜利献出宝贵生命的人民战士而建的,是人民英雄书写人民战争壮丽凯歌的见证。那么,淮海战役纪念塔是谁首先提出修建的呢?

1949年1月26日,淮海战役结束不久,中原野战军就建议在淮海战役的中心地——徐州修建淮海战役纪念塔。为了纪念淮海战役的伟大胜利,表彰先烈们崇高的革命精神,中国共产党中央委员会和中华人民共和国国务院批准了这一建议,并决定在徐州兴建淮海战役烈士纪念塔,以铭记先烈的不朽精神,寄托人民的无尽思念。

1960年,纪念塔举行了奠基典礼;1965年11月,纪念塔落成。至此,这座由毛泽东主席题写碑名的纪念塔,巍峨耸立在徐州凤凰山东麓。纪念塔面朝东方,塔高38.15米,塔身正面镶嵌着毛泽东亲笔题词"淮海战役烈士纪念塔"九个镏金大字,塔座镌刻着碑文,高度概括了淮海战役的经过及取得胜利的原因和意义。两侧为大型浮雕,右侧是人民解放军一往无前的英雄形象,左侧是人民群众奋勇支前的壮丽情景。

纪念塔建成几十年来,其后续建设一直没有中断。先是建成了占地77万平方米的淮海战役纪念塔园林,之后又在园内建成了纪念馆主体建筑,后来又新建了淮海战役总前委群雕、淮海战役碑林、徐州国防园和粟裕墓等纪念教

徐州淮海纪念塔

育建筑，并建有青年湖、青年广场、贵宾厅、山路等游乐服务设施，设置大小花坛200多个，植各种珍贵树木10万余株。园区内的各大建筑独自成景又珠联璧合、交相辉映，共同构成了一处空间辽阔、规模宏大、独具特色、闻名全国的纪念性园林风景区。

除了修建淮海战役纪念塔之外，在淮海战役的三个重要战场——碾庄圩、双堆集、陈官庄也都建有纪念碑、纪念馆等。这些建筑，不仅是为了怀念牺牲的人民解放军战士和为国捐躯的同胞，更是为了纪念淮海战役的伟大胜利，记录我军以少胜多的光辉历史，记录这古今中外战役史上最为动人的篇章。可以说，淮海战役的胜利使长江以北的华东、中原地区的劳苦大众喜获解放，打开了通向国民党首府南京的大门，基本上决定了蒋家王朝的最后覆灭，迎来了新中国诞生的曙光。

周恩来纪念馆及其童年读书处位于何处，有何特色

周恩来纪念馆，位于江苏省淮安市北门外桃花垠，坐落在一个三面环水的湖心半岛上。这座纪念馆是为了纪念周恩来同志诞辰100周年而建的，于1992年1月16日落成，邓小平题写了馆名，江泽民、李鹏、李先念、杨尚昆等同志为纪念馆题词。周恩来纪念馆是为纪念中华人民共和国开国总理周恩来而建立的一座大型纪念馆，是一座展现周恩来一代伟人风采的巍巍丰碑。

淮安周恩来纪念馆

整个馆区由两组气势恢宏的纪念性建筑群、一个纪念岛、三个人工湖和环湖四周的绿地所组成。馆区总面积35万平方米，其中70%为水面，建筑面积1.5万平方米。在纪念馆南北800米长的中轴线上，依次有瞻仰台、纪念馆主馆、附馆、周恩来铜像和仿北京中南海西花厅等纪念性建筑。此外，还有岚山诗

碑、海棠林、海棠路、樱花路、五龙亭、怀恩亭、西厅观鱼等景点。周恩来纪念馆馆区平面图呈等腰梯形,俯瞰全景,纪念岛和三个人工湖构成汉字忠字形。

周恩来纪念馆四面环水,清波荡漾,总建筑面积3 265平方米,由主馆和辅馆两部分组成。主馆底部基台呈方梯形,而馆体呈八棱柱体,在庄严中具有动感,喻示着周恩来数次在我党我军生死存亡关头所起的扭转乾坤的作用;基台周围由四根巨大的花岗岩石柱撑起锥形大屋顶,寓意他最早提出建设社会主义四个现代化的千秋大业;与主馆相呼应的辅馆呈"人"字形展开,标志着周恩来伟大崇高的人格,并含蓄地表达了周恩来永远活在人民心中。

主馆分为三层,一层展厅共分八个部分,通过丰富翔实的文献史料和珍贵的文物图片以及5台电视显示屏,展现了周恩来光辉的一生。二层瞻仰厅置放着周恩来坐像,这尊汉白玉雕像高3.2米,基座高1.5米,展现的是周恩来总理手握长卷,微笑凝视着前方的伟人形象。从纪念馆正面隔湖望去,南面是观景台,它由廊厅和两座高达16米的剑碑组成,象征着周恩来的丰功伟绩与日月同辉。从这里乘游艇,可直达周恩来故居。

整个纪念馆造型庄严肃穆,形式朴实典雅,既有传统的民族风格,又有现代建筑特色,建筑的每个部分寓意深蕴,体现着设计者匠心独运,表达了亿万人民缅怀周总理的心愿。

1904年秋,6岁的周恩来随父母、嗣母移居到位于清江浦(今淮安市)外祖父家的万公馆,并在万府家塾继续读书。外祖父万青选遗留下的丰富藏书,成了周恩来童年获取知识的宝库。1905年9月,因万府家塾馆办得不理想,周恩来随嗣母、生母迁居到万府南面的陈家花园。

位于市区古运河北岸的陈家花园,是周恩来嗣母陈氏祖辈居住的府邸。整个建筑为明清风格,占地700平方米,建筑面积500平方米,共有房屋18间。读书处入门朝北,门楼古朴庄重,门楣上方是原全国人大常委会副委员长彭冲亲笔题写的"周恩来少年读书处"横匾。从正门向前是一条古砖铺就的甬道,甬道的尽头是照壁,左右两侧有两个四合院。东院为当年的生活起居区,有砖木结构房屋7间,一道回廊将上下堂屋和南边小院连为一体。庭院中间一株蜡梅和一盆碧荷清香扑鼻,生机盎然,让人清晰地感受到当年主人的高洁品行和情操。南面有三间堂屋。正中堂屋靠北墙有一条几,条几两

淮安周恩来纪念馆周恩来雕像

夕阳下的淮安周恩来纪念馆

头微微翘起几寸,上面有一部古式座钟和一对青瓷帽筒。墙上悬挂清代著名画家龚贤的山水画和王文治书写的"虚竹幽兰生静气,和风畅日契天怀"条幅。堂屋内摆放有一张八仙桌、四张太师椅和两只茶几。东侧隔栅板壁悬挂"扬州八怪"之一——郑板桥的梅、兰、竹、菊四幅国画,西侧隔栅板壁悬挂沈周、文徵明、唐寅、董其昌书法各一幅。

正是在陈府,周恩来先后读了《四书》《五经》《西游记》《水浒》《三国演义》《说岳全传》《镜花缘》等许多部古籍名著。1907年春,周恩来生母(万氏)病故,家塾馆因无力维持而关闭。周恩来带着弟弟恩溥、恩寿返回老家淮安驸马巷居住。周恩来在故乡度过了12个春秋之后,于宣统二年(1910年)离开淮安,赴东北伯父处读书,从此他再没有回过家乡。

老江苏的园林

瞻园有何来历及特色

瞻园又称"大明王府"和"太平天国历史博物馆",是南京现存历史最久、保存最为完好的一组明代古典园林建筑群,属国家级文物保护单位。其面积约 2 万平方米,共有大小景点 20 余处,布局典雅精致,与无锡寄畅园、苏州拙政园和留园并称为"江南四大名园"。瞻园被指定为"2004 年中国南京世界历史文化名城博览会"指定接待景点,中外游客盛赞其为"金陵第一园"。

瞻园始建于明朝初年,距今已有 600 多年的历史。明初,朱元璋念开国功臣徐达"未有宁居",赐建魏国公府邸,瞻园为府邸的西圃。后经徐氏七世、八世、九世三代人修缮与扩建,至万历年间(1573—1620 年)已初具规模。清顺治二年(1645 年),该园成为江南行省左布政使

瞻园

徐达

署。乾隆帝巡视江南时,曾住在此园,并御题"瞻园"匾额。太平天国时,瞻园先后成为东王杨秀清府、夏官副丞相赖汉英衙署和幼西王萧有和府。清同治三年(1864年),清军夺取天京,该园毁于战乱。同治四年(1865年)、光绪二十九年(1903年),瞻园两度重修,但已今非昔比。民国时,江苏省长公署等政府机关曾设园内。此时的瞻园已经花木凋零,峰石破败,面目全非。1960年,我国著名古建专家刘敦桢教授主持瞻园的恢复整建工作,不仅保留了原有的格局特点,而且还充分地运用了苏州古典园林的研究成果,推陈出新,创造性地继承和发展了我国优秀的造园艺术。

扩建后的瞻园,东西二园合一,其山水布局既保留了明清园林风格,又汲取现代南北方造园艺术精华,形成兼容并蓄之特色。园内有乔灌木810株、竹类面积400平方米。东瞻园有太平天国历史博物馆展区、水院、草坪区、古建区,西瞻园有西假山、南假山、北假山、静妙堂等景点。瞻园的名字来源于欧阳修诗"瞻望玉堂,如在天上",其宏伟壮观的明清古建筑群、陡峭峻拔的假山、清幽素雅的楼榭亭台,勾勒出一幅深院回廊、奇峰叠嶂、小桥流水、四季花香的美丽画卷。

瞻园现仍留存中山王徐达时期的石矶及紫藤,主要陈列文物有天父上帝玉玺、天王皇袍、忠王金冠、大旗、宝剑、石槽等300多件。瞻园虽不大,却颇具特色。它蕴藏着几百年来深厚的文化内涵和历史典故,特别是王府中至今珍存着的镇宅之宝——虎字碑,堪称"百年古碑,天下第一",相传是朱元璋称帝后御赐给虎将徐达的,其中还有很多鲜为人知的传奇历史故事。王府有一大奇迹,即世界上最早的空调建筑——铜亭,它设有最早的取暖设备。游瞻园的最大特点就是让每一位游客都仿佛置身于六百年前,过一把皇帝、王爷瘾。

瞻园中的"虎"字碑究竟是谁写的

在瞻园中,有一块苍劲的"虎"字题碑曾一度因为由何人所题而引起不小的争议。

这块草书"虎"字碑位于瞻园观鱼亭入口处的右边墙壁上。"虎"字书写得出神入化，仿佛真是一只猛虎在咆哮。如此神形俱似的天下第一"虎"是由谁题写的呢？

这块碑的下端落款为"邵道人"三个字。这"邵道人"又是谁呢？据瞻园工作人员解释，这"邵道人"是明朝宰相刘伯温的师傅。徐达功成名就后，想保子孙永享荣华富贵，便去请邵道人帮忙。于是邵道人便书写一草书"虎"字，让徐

南京瞻园徐达官邸

达将此字刻于石碑之上。后来，在朱元璋清除那些立下战功的老臣时，这个"虎"字给了徐达灵感，让他得以保命。所以，这个"虎"字被徐家看作是保佑子孙平安的护身符。在清代，乾隆皇帝下江南时，誉其为"天下第一虎"。这个传说固然精彩，但是缺乏历史的依据。如果邵道人与徐达和刘伯温等人有着如此密切的关系，明朝的史书中不可能不记载。事实是，明朝的任何史书中都找不到"邵道人"这三个字。后经历史学家和文物学家考证，这个"虎"字其实源于民国时期的一个文人——江亢虎。虽然此人写得一手好书法，喜欢附庸风雅、舞文弄墨，而且文采斐然，但是却有一个人人都唾骂的身份——汪伪政府的大汉奸。江亢虎原名绍铨，抗战期间被汪精卫收买，做了汪伪政府的考试院院长。他一直都喜欢题词，却因为名声不好，一般不署名。

如果当初人们知道瞻园的"虎"字出自汉奸之手，恐怕这块碑石早已"粉身碎骨"了。

 梦溪园因何得名

梦溪园位于江苏镇江，是北宋时期著名科学家沈括晚年居住并撰写科学巨著《梦溪笔谈》的地方。历史上的梦溪园是一座著名的宋代文人宅院，目前已不得见其原貌，但其布局和景致可在沈括所著《自志》中窥见。

梦溪园原是北宋科学家沈括的居所，但他并不是一直居住于此。沈括三十岁时，常梦见一处风景秀美之地，此地山清水秀，花木如锦，绿水环绕，赏心悦目，因此想找一处梦中的居所。后来他托人在镇江买了一块园地，几年后沈括路过镇江，看到这块园地不禁又惊又喜，觉得与梦中所见景致无异。于是便举家移居于此，建舍筑轩，将门前小溪命名为"梦溪"，庭院命名为"梦溪园"。他在这里潜心撰著，完成了包罗他毕生科学研究结晶的不朽著作《梦溪笔谈》。此

书大约成书于 1086 年至 1093 年,收录了沈括一生的所见所闻和思想见解,是中国科学技术史上的重要文献,被西方学者称为"中国古代的百科全书"。

梦溪园原占地十多亩,依山而筑,环境幽静,景色宜人。园内有花堆阁、岸老堂、壳轩、深斋、远亭、花峡亭等建筑。壳轩是沈括著书的房间,厅堂里安放着沈括塑像,陈列着沈括当年的著作及使用的工具、实物等,沈括在此居住了八年(57~65 岁),死后归葬于杭州,其家属仍居镇江,而梦溪园逐渐荒芜。南宋宁宗年间,辛弃疾任镇江知府时,对它进行过修葺。后梦溪园数易其主,原貌早已荡然无存。1985 年,镇江市政府在原址附近初步修复了梦溪园。现在的梦溪园由两进六间青砖平房和一方小庭园组成,园门上端有镇江籍我国著名科学家茅以升题写的石匾"梦溪园"三个大字。

沈括

苏州古典园林是如何取名的

苏州素有"园林之城"的美誉。其私家园林始建于公元前 6 世纪,至明代建园之风极盛时有 200 多处园林遍布古城内外,至今保存完好的尚有 60 多处,对外开放的园林有 19 处,代表了中国江南园林的总体风格。苏州古典园林以其古、秀、精、雅、多而享有"江南园林甲天下,苏州园林甲江南"之誉。

苏州各园林占地面积虽不大,但以意蕴深刻见长,变化无穷,在中国汉族建筑中独树一帜。苏州古典园林的重要特色之一,在于它不仅是历史文化的产物,同时也是中国传统思想文化的载体。古代造园者都有很高的文化修养,造园时多以画为本,以诗为题,通过凿池堆山、栽花种树,以独具匠心的艺术手法在有限的空间内点缀安排,以中国山水花鸟的情趣寓唐诗宋词的意境,反映古代哲理观念、文化意识和审美情趣,创造出文化意蕴深

苏州拙政园

厚的"文人写意山水园",表达园主的理想和追求。其文化底蕴主要表现在园林的命名,这种命名艺术不仅丰富了园林的人文内涵,同时也传达了大量的历史和文化信息。苏州古典园林的命名方式一般分为以下几种:

(1) **以园名表达园主的处世态度**。如拙政园、留园、退思园、怡园、网师园、半园、耦园等等。以拙政园为例,拙政园是面积最大的苏州园林,被誉为"天下园林之母"。此地初为唐代诗人陆龟蒙的住宅,元朝时为大弘寺。明正德四年(1509年),御史王献臣仕途失意归隐苏州后将其买下,聘请吴门画派的代表人物文徵明参与设计,历时16年建成,借用西晋文人潘岳《闲居赋》中"筑室种树,逍遥自得……此亦拙者

苏州沧浪亭

之为政也"之句取园名。暗喻把浇园种菜作为自己(拙者)的"政事",表达归隐山林的追求。

(2) **以园中美景为园名**。如沧浪亭、桃园、五峰园等。以沧浪亭为例。沧浪亭是苏州最古老的一座园林,始为五代十国吴越王钱镠之子钱元亮的池馆。宋代著名诗人苏舜钦以四万贯钱买下废园,进行修筑,园内有一泓清水贯穿,波光倒影,景象万千。诗人因感于"沧浪之水清兮,可以濯吾缨;沧浪之水浊兮,可以濯吾足",题名"沧浪亭",自号沧浪翁,并作《沧浪亭记》。

(3) **以诗词之意为园名**。如鹤园、残粒园、可园等。以鹤园为例。鹤园是清朝道员洪鹭汀于光绪三十三年(1907年)建造的,因著名书法家俞樾书有"携鹤草堂"牌匾而取名"鹤园"。后归属于庞屈庐,其孙庞蘅裳闲居园中时,谐"鹤园"音自号"鹤缘",又署其厅曰"栖鹤"。

不论园名具体出于何处,总是涵括了园林所有者或建造者的爱好和理想,并通过一定的造园手法来使情怀、美景、性格达到和谐统一。而这正是文人雅士的特长,通过他们的参与,使园林艺术和中国传统文化结合起来,从而极大地丰富和完善了园林艺术。

为何园林池塘边总建有旱船

苏州园林极尽江南水乡之美,有小桥流水的诗韵。园内多筑有池塘,而池塘边总建有旱船,与四周的青树绿水构成苏州园林的奇妙景致。这园林的池塘

苏州狮子林石舫

边为什么总建有旱船呢？

旱船也称作"舫"。在我国古时，人们常把两船相并称为舫。后来，舫用来指游览用的小船。这是一种外形模仿舟楫而制的建筑物。因其不能航动，所以又名"不系舟"。园林中的舫便是一只"不系之舟"。江中置一叶小舟，向来是文人雅士隐逸山林湖泊的象征，园中的舫正符合了归隐后追求不受羁绊、自由自在的心理需求。

江南多水，舟是主要的交通工具，因此在园林的一池清水中建造舫，既是现实生活的写照，又给池水增加生机和动感，并启发园主诗意的想象或表达园主无奈的感慨；或表现"水能载舟亦能覆舟"，身在江湖而心系朝廷；或自比浪迹天涯的不系舟，借"舟"之形表达"不系"的自由人格。

苏州园林中的舫，一般由头舱、中舱、尾舱三部分组成，通常是船体下部以石砌，上部船舱则多为木构，而且大多建于水中，有的临岸贴水，好似待人登临；有的伸入水中，似起锚待航，供人在内游玩欣赏水景。有趣的是，苏州园林中的舫大多只有船头而无船尾。究其原委，主要是建筑的需要。因为园林的舫大多求神似而非形似，以榭或楼的形式与地面过渡，自然而美观。当然也不排除有的园主特意建造有头无尾的舫，以隐喻自己有头无尾的宦海生涯。

拙政园中的香洲、狮子林中的石舫、退思园的闹红一舸等都是旱船。拙政园的香洲通常被认为是旱船建筑的佳例。它由荷花台、四方亭、面水榭、野航阁等组成，可以说集中了园林建筑的各种样式，以抽象美的外在形式启发游客的想象，表现了江湖不系舟的意境。

舫除了其造型别致美观，更代表了园主对洒脱生活的一种向往和追求，所以苏州园林的池塘边总建有旱船。

沧浪亭有何特色

沧浪亭是苏州园林的代表之一，与狮子林、拙政园、留园并列为苏州宋、元、明、清四大园林。其布局自然和谐，堪称构思巧妙、手法得宜的佳作。该园占地面积 1.08 公顷，园内有一泓清水贯穿，波光倒影，景象万千。它之所以能成为四大园林之一，是因为其别具一格的园林魅力。

其一，沧浪亭是苏州现存历史最为悠久的园林。 它始建于北宋庆历年间（1041—1048年），为文人苏舜钦所有。苏氏之后，沧浪亭几度荒废，南宋初年一度为抗金名将韩世忠的宅第；清康熙三十五年（1696年），巡抚宋荦重建此园，把傍水亭子移建于山巅，形成今天沧浪亭的布局基础，并以文徵明隶书"沧浪亭"为匾额；

苏州沧浪亭

清同治十二年（1873年）再次重建，遂成今日之貌。沧浪亭虽因历代更迭有兴废，已非宋时初貌，但多为建筑物的倾毁，而园中假山、池水、古木，还一直保持旧时的风采，部分地反映出宋代园林的风格。

其二，沧浪亭景色不以工巧取胜，而以自然为美。 所谓自然，一是不矫揉造作，不妄加雕饰，不露斧凿痕迹；二是表现得法，力求山水相宜，宛如自然风景。沧浪亭造园艺术与众不同，园外景色因水而起，未进园门便见一池绿水绕于园外。园门前有一道石桥，池水由西向东，烟水弥漫，极富山岛水乡之诗意。沿池筑一复廊，蜿蜒曲折，既将临池而建的亭榭连成一片，又可通过复廊上一百余图案各异的漏窗两面观景，使园外之水与园内之山相映成趣、相得益彰。

其三，风格迥异的布局。 与拙政园、网师园等环水而建的布局相反，沧浪亭内的建筑大多环山而建，并以长廊相接。沧浪亭主要景区以山林为核心，环山的建筑有碑记亭、面水轩、观鱼处、闲吟亭、闻妙香室、明道堂、清香馆、御碑亭。这些建筑面山而立，形成一个向心布局，仰视中心的土山，充分表达了"高山仰止，景行行止"的主题。园内布局亦以山石为主景，迎面一座土山，沧浪石亭便坐落其上，周围古木新枝，生机勃勃。亭及依山起伏的长廊又利用园外的水面，通过复廊上的漏窗渗透作用，沟通园内、外的山、水，使水面、池岸、假山、亭榭融为一体。

其四，独特的建筑之美。 沧浪亭园内的西南小院院墙表面嵌有多幅雕砖，刻画着诸多历

苏州沧浪亭游廊

史人物故事。东侧为清香馆和五百名贤祠，内壁嵌砌从春秋至清朝约2 500年间与苏州历史有关的人物五百余名，刀功细腻，颇值观赏。再南有厅屋翠玲珑和看山楼，环境清幽。由此折东，为明道堂的一组庭院，此堂为园中最大建筑，格局严整。著名的沧浪亭高踞丘岭，飞檐凌空，结构古雅，与整个园林的气氛相协调。全园漏窗共108式，图案花纹变化多样，无一雷同，构作精巧，环山的就有59个，在苏州古典水宅园中独树一帜。此外，还有小亭观鱼处和厅屋面水轩，可俯览园外水景。另有石刻34处，计700多方。

总之，沧浪亭占地虽小，但以其园林的古老以及其他园林所不具备的特点，在苏州园林中占有相当重要的地位，成为苏州四大名园之一。

留园因何得名，有何特色

留园是著名的苏州古典园林，以建筑布置精巧、奇石众多而闻名，与苏州拙政园、北京颐和园、承德避暑山庄并称"中国四大名园"。

留园原是明嘉靖年间（1522—1566年）太仆寺卿徐泰时的东园，园内假山为叠石名家周秉忠所作。清嘉庆年间（1796—1820年），刘恕以故园改筑，名"寒碧山庄"，又称"刘园"。同治年间（1862—1874年）盛宣怀购得此园，加以扩建，修葺一新，取"留"与"刘"谐音，始称留园。这就是留园名称的来历。

晚清著名学者俞樾作《留园游记》，称留园为"吴下名园之冠"。这并非浪得虚名。留园有以下几大特色：

建筑特色。留园内的建筑约占园总面积的四分之一，数量在苏州诸园中居首，分布也较为密集。厅堂、走廊、粉墙、洞门等建筑与假山、水池、花木等组合成数十个大小不等的庭园小品。它在空间上的突出处理，充分体现了古代造园家的高超技艺、卓越智慧和江南园林建筑的艺术风格和特色。每一个建筑物在其景区都有着自己鲜明的个性，从全局来看，没有丝毫零乱之感，给人一种连续、整体的感觉。园内亭馆楼榭高低参差，曲廊蜿蜒相续有700米之多，颇有步移景换之妙。建筑结构式样代表清代风格，在不大的范围内造就了众多各有特性的建筑，处处显示了咫尺山林、小中见大的造园艺术手法。留园整体讲究亭台轩榭的布局，讲究假山池沼的配合，讲究花草树木的

苏州留园大门

映衬,讲究近景远景的层次。在留园里,游览者无论站在哪个点上,眼前总是一幅完美的图画。

布局特色。留园全园分为四个部分,在一个园林中能领略到山水、田园、山林、庭园四种不同的景色:中部以水景见长,是全园的精华所在;东部以曲院回廊的建筑取胜,有著名的佳晴喜雨快雪之厅、还我读书处、冠云台、冠

苏州留园春色

云楼等十数处斋、轩,院内池后立有三座石峰,居中者为名石冠云峰,两旁为瑞云、岫云两峰;北部具乡村风光,并有新辟盆景园;西区则是全园最高处,有野趣,以假山为奇,土石相间,堆砌自然。留园以水池为中心,池北为假山小亭,林木交映。池西假山上的闻木樨香轩,则为俯视全园景色最佳处,并有长廊与各处相通。建筑物将留园划分为几部分,各建筑物设有多种门窗,每扇窗户各不相同,可沟通各部景色,使人在室内观看室外景物时,能将以山水花木构成的各种画面一览无余,视野空间大为拓宽。

艺术特色。明徐泰时建园时追求平淡疏朗,简洁而富有山林之趣;至清代刘氏时,建筑虽增多,仍不失深邃曲折幽静之趣,布局和现在大体相似,部分地方还保留了明代园林的气息;到盛氏时,一经修建,园内显得富丽堂皇,昔时幽静的气氛消失殆尽。全园曲廊贯穿,依势曲折,通幽渡壑,长达六七百米,廊壁嵌有历代著名书法石刻三百多方,其中有名的是董刻二王帖,为明代嘉靖年间吴江松陵人董汉策所刻,历时二十五年,至万历十三年方始刻成。

留园以其独创一格、收放自然的园林艺术而享有盛名。其千姿百态、赏心悦目的园林景观,诗情画意的无穷境界,令人叹为观止。

拙政园为何被誉为"中国园林之母"

拙政园是苏州园林中最大、最著名的一座,同时兼揽中国四大名园之首、全国重点文物保护单位、全国特殊游览参观点、世界文化遗产四项桂冠。拙政园是大观园式的古典豪华园林,以其布局的山岛、竹坞、松岗、曲水之趣,被誉为"天下园林之典范""中国园林之母"。

拙政园建于明代正德四年(1509年),初为唐代诗人陆龟蒙的住宅,元朝时为大弘寺。明正德四年(1509年),御史王献臣仕途失意归隐苏州后将其买下,

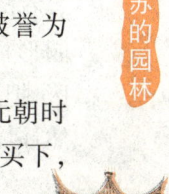

拙政园

聘吴门画派的代表人物文徵明参与设计蓝图，历时16年建成，借用西晋文人潘岳《闲居赋》中"筑室种树，逍遥自得……是亦拙者之为政也"之句取园名，暗喻把浇园种菜作为自己（拙者）的"政"事。500多年来，拙政园屡换其主，曾一分为三，园名各异，或为私园，或为官府，或散为民居，直到20世纪50年代，才完璧合一，恢复初名"拙政园"。拙政园中现有的建筑，大多是清咸丰九年（1859年）成为太平天国忠王府花园时重建，至清末形成东、中、西三个相对独立的小园。

拙政园在不同的历史阶段，其布局有着一定的区别，早期的拙政园与现状并不完全一样。正是这种差异，逐步形成了拙政园独具个性的特点，也正是这些个性特征造就了其"中国园林之母"的盛誉。

首先，拙政园具有独特而规范的"一池三山"的构园格局。"一池三山"是一种独特的园林模式，源于中国的道家思想，并在以后各朝的皇家园林以及一些私家园林中得以继承和发展。"三山"指神话中东海里的蓬莱、方丈、瀛洲三座仙山。拙政园规范了中国古典园林"一池三岛"的构园格局，形象地堆砌了海上蓬莱、方丈、瀛洲三座仙岛，首先在精神上给人们提供了方士炼丹幻想长生不老的具象场所，定下了道学的基调。拙政园五分之三的水面中三岛布列，起到了分割水面、丰富景观的作用，形成了山因水活、水随山转之意境。正面看山势连绵开阔，侧面看崇山峻岭，一山接着一山，这山望着那山高，完全符合山水画的"平远、深远、高远"构图法。

其次，拙政园的建园艺术以水见长，为江南园林的典型代表。在叠山理水的营造上，拙政园总结了前代花园的中心山水构造经验，真正树立了"水绕山转，山因水活"的典范。全园以水为中心，山水萦绕，花木繁茂，自然典雅，庭院错落，具有浓郁的江南水乡特色。拙政园形成的湖、池、涧等不同的景区，把风景诗、山水画的意境和自然环境的实景再现于园中。森森

苏州拙政园室内摆设

池水以闲适和平静氛围见长,流水蜿蜒曲折,引人入胜;平桥小径为其脉络,长廊逶迤填补虚空,岛屿山石映其左右,使貌若松散的园林建筑各具神韵。整个园林用大面积水面造成园林空间的开朗气氛,基本上保持了明代"池广林茂"的特点。建筑仿佛浮于水面,在不同境界中产生不同的艺术情趣,创造出处处有情、含蓄曲折、余味无尽的意境。

同时,该花园又是由明代最著名的画家文徵明先生倾力设计,文人园的意境追寻达到了极致,后世花园皆以此为蓝本,因此拙政园作为"中国园林之母"当之无愧。

狮子林有何趣闻典故

狮子林为苏州四大名园之一,至今已有近七百年的历史。因园内"林有竹万,竹下多怪石,状如狻猊(狮子)者",又因天如禅师维则得法于浙江天目山狮子岩普应国师中峰和尚,为纪念佛徒衣钵、师承关系,同时取佛经中狮子座之意,故名"狮(师)子林"。

狮子林原为菩提正宗寺的后花园,公元1341年,高僧天如禅师来到苏州讲经,受到弟子们拥戴。翌年,弟子们买地置屋为天如禅师建禅林,初名"狮子林寺",后易名"菩提正宗寺""圣恩寺"。后来此处几易其主,1917年为颜料买办商人贝润生购得,经9年修建,仍名狮子林。由于林园几经兴衰变化,寺、园、宅分而又合,传统造园手法与佛教思想相互融合,以及近代贝氏家族把西洋造园手法和家祠引入园中,使其成为融禅宗之理、园林之乐于一体的寺庙园林。

传说狮子林里的石狮子是从浙江的天目山飞来的。当时,八仙人铁拐李和吕洞宾赴王母娘娘盛宴,骑一头青狮路过天目山。二人因口渴下凡饮水,那头青狮子也跳进水里嬉耍,爬上岸时身上的水散落在四周的岩石上,顿时变成了一群小狮子。铁拐李见了,为责罚狮子动了凡心,用铁拐一指,将这群狮子变回了石头。青狮因不忍离去,化作狮子峰。宋仁宗时,浙江国师寺的佛法高僧中峰和尚云游至天目山,在此结庐诵经。天长日久,狮子岩和狮子峰因为经常聆听高僧的说法,居然通灵成精,又变回了青狮,成了中峰和尚的坐骑。中峰和尚骑着青狮来到苏州菩提寺看望徒弟天如禅师,菩提寺中

苏州狮子林水塘

本来怪石很多，形状也多似狮子。青狮见了大喜，于是又变成了一座狮子峰，青狮身上散落的狮毛也变成了形态各异的小狮子。天如禅师见了双手合十，连说"阿弥陀佛"，赞叹师父功德圆满。中峰和尚说："那不妨就把这里称为狮子林吧。"于是，狮子林便因这石狮子而扬名。

真趣亭是狮子林的主观景亭，"真趣"二字乃乾隆御题。关于此亭的名字来历大至有两个版本，尽管是后人杜撰，游客却十分感兴趣：

一说乾隆下江南时，游玩狮子林，在假山里钻来钻去，感觉很有趣，便提笔写下"真有趣"三字。边上陪同的苏州王状元一看，觉得皇帝题出这样三个字，流传后世恐失水准，灵机一动后便向乾隆说，"有"字写的非常好，能不能将这个字赐给我。乾隆何等聪明之人，一点即悟，当下顺水推舟，留下"真趣"二字，便是真趣亭名字的由来。

另一说狮子林乃苏州王状元的祖产，后家道中落，转手卖给了他人。陪同乾隆游玩狮子林时，看到乾隆所题"真有趣"三个字，灵机一动，觉得要回祖产的机会来了，于是向乾隆讨要这个"有"字，皇帝没多想就给了他。王状元一转身就向现在的园主人要这宅子，皇帝都说"有"了，园主人也没办法，只好忍痛割爱。

"狮子林"为何有两种写法

狮子林以"假山王国"之誉著称于世，园内长廊环绕，楼台隐现，曲径通幽，极尽江南园林之秀美。狮子林又可写作"师子林"，这两种写法各有来历。

狮子林正门照壁上的贴金砖额书"狮子林"三个大字，字体严谨大气，传为乾隆手书复刻于此。这个名称是因"林有竹万，竹下多怪石，状如狻猊（狮子）者"而来。狮子林因园内林立的奇峰怪石均似狮子起舞之状，且诸多名峰中以狮子峰为首，故而名之。

苏州狮子林内门

在入口东门处，却书有"师子林"三字。这个名称也有一段来历：狮子林原为菩提正宗寺的后花园，1341年，高僧天如禅师来到苏州讲经，受到弟子们拥戴。翌年，弟子们买地置屋为天如禅师建禅林，初名"狮子林寺"，后因天如禅师维则得法于浙江天目山狮子岩普应国师中峰，为纪念佛徒衣钵、师承关系,取佛经中狮子座之意,故名"师子林"。

网师园有何建筑特色

网师园是苏州园林中极具艺术特色和文化价值的中型古典山水宅园代表作品。其历史悠久,始建于1174年,始称"渔隐",至1765年前后定名为"网师园",并形成现今布局。如今的网师园保持着旧时世家完整的住宅群及中型古典山水园,是典型的宅园合一的私家园林,以简洁自然著称。

网师园以其精致的造园布局、深蕴的文化内涵、典雅的园林气息,被陈从周先生誉为"小园之极则"。其建筑具有以下特色:

其一,布局紧凑,比例协调。网师园宅园相连,其中园林部分总体可划分为南、北、中三区,大小庭院如众星捧月般环绕着中部花园,多而不杂,主次分明。网师园最大的特点在于"以有限面积造无限空间",这一点集中体现在中部主景区的布置上:建筑环池而居,四面各有一组建筑群,兼具点景与观景的双重功能。除月到风来亭体量稍嫌大之外,其余如濯缨水阁、射鸭廊等皆与山池树木配合得体,比例和谐。池北的看松读画轩与集虚斋虽为大型厅堂,却巧妙地隐退其后,与水池之间隔以树木花台,既丰富了层次与景深,又减少了建筑对于水面的压迫。池东原为一组高大墙垣,却在空亭、漏窗和起伏山石的映衬之下显得含蓄洁净。池西的月到风来亭中悬置大镜一块,与水面相得益彰,凡此种种,无不体现出一种自然和谐的建筑组合特色。

其二,层次分明,参差错落。在网师园中,建筑面积约占全园的三分之一,如何联络这些建筑并将它们与山池交融在一起便成为了一个重要课题,其中"廊"发挥了巨大作用。由外宅的园门入园,循廊至小山丛桂轩,再由小山丛桂轩经过一段幽静曲折的回廊可达中部,体现了建筑艺术中的对比手法。廊的穿插更集中反映了网师园建筑空间的组合变化。比如琴室是位于全园西南角的一处小庭院,要想找到其入口必须几经曲折。另外,一系列的小院、天井也增添了曲径通幽的气氛,使得园林布局诡幻莫测,层次分明。这种变化性亦是网师园的重要特色之一。自池南北望,较低的看松读画轩隐于树丛中,东北方有一前一后的楼房参差配列,高耸的古柏与贴水的曲桥、石

苏州网师园

苏州网师园集虚斋

矶亘列其中,组成错落的构图。除此之外,园中平桥与驳岸也极尽曲折错落之能事,可为苏州诸园作一表率。

其三,精致典雅,简洁明净。网师园的建筑与庭院均以精致见长。主厅万卷堂前的砖雕门楼雕刻精致,饱经沧桑300余年后仍然古雅清新,享有"江南第一门楼"的盛誉。门楼东西两侧是黛瓦盖顶的风火墙,古色古香。顶部是一座飞角半亭,檐角翘起,覆盖有黛色小瓦,造型轻巧别致,挺拔俊秀,富有灵气。屋檐下枋库门系四方青砖拼砌在木板门上而成,并以梅花形铜质铆钉嵌饰,既美观大方,又牢固实用。殿春簃集庭院之精华,以诗立景,以景会意,是古典园林小院建筑的精品。小院布局合理,独具匠心,主体建筑将小院分南北两个空间。殿春簃小轩三间,西侧带一复室,窗明几净,最宜读书,为仿明式结构。

"个园"名字有何由来

个园是江南私家住宅园林的典型代表,也是江南民居建筑的优秀代表。它坐落在江苏扬州古城北隅。"个园"中的"个"字颇耐人寻味。据说,用"个"字来为园林命名,还有着深刻的含义呢!

个园的主人是清代中叶的两淮盐总黄玉鹤。虽然黄玉鹤家中累资巨万,但是他很有文化品位。他把自己的情趣和心志都蕴藏在自己精心设计修建的园林中。因为黄玉鹤爱竹,所以,个园是以竹为特色和灵魂。而"个"字也是由"竹"而来。

"竹"的半边就是"个"字。庭院里各种竹子顶部的每三片竹叶都可以形成"个"字,而且竹叶倒映在白墙上的影子也是"个"字。另外,竹也因其清雅的姿态、碧玉般的色彩及"正直、虚心、有气节"的品格历来被文人墨客、正人君子所喜爱和赞美。竹在扬

扬州个园

州的栽培历史也很悠久,如唐代姚合的《扬州春词》里就写到扬州人"有地唯栽竹,无家不养鹅"。

由上可知,正因为黄玉鹤生性爱竹,便取清袁枚"月映竹成千个字"的句意,把自己的私家园林命名为"个园"。

何园有哪四个"天下第一"

在扬州,出了名的大宅子除了个园,就是何园了。这座被誉为"晚清第一名园"的私家园林由清光绪年间任湖北汉黄道台、江汉关监督的何芷舠所建造,又名"寄啸山庄"。何园有冠盖中国造园艺术的四个"天下第一":天下第一廊、天下第一窗、天下第一山和天下第一亭。

何园把廊道建筑的特色和魅力发挥到了极致,园中1 500米的复道回廊构成了园林建筑四通八达之利与回环变化之美,在中国园林建筑中绝无仅有,因此被称作"天下第一廊"。而复道回廊上的花窗,采用镂空的建筑手法,仿佛一串串开在回廊上的花朵,造型极其逼真,实乃园林花窗中罕见的杰作,被称作"天下第

扬州何园花窗

一窗"。"天下第一山"是何园的片石山房,它是在清朝画坛享有盛誉的石涛和尚叠石造园的人间孤本。在西园池的中间,有一个戏台,即中国仅有的一座水上戏台——水心亭,是何园的"天下第一亭",是观赏戏剧、歌舞和纳凉赏景的最佳之选。水心亭以其独有的造景风格,吸引了很多影视剧组前来拍摄、取景,如《红楼梦》《还珠格格》等都曾在此拍摄。

何园集扬州园林艺术之大成,又很好地融入了西洋元素,是中国园林建筑中的一朵奇葩。

寄畅园有哪些传说故事

一句"两情若是久长时,又岂在朝朝暮暮",让后人永远记住了宋代"苏门四学士"之一的秦观。明朝嘉靖年间,一处在无锡拔地而起的精美私家园林也让人们记住了号称"五部尚书"的秦金。他就是秦观的后人。从秦金开始,

秦氏家族就在无锡有了自己的宅院,有了记录自己家族风风雨雨的地方。这座宅院就是寄畅园。这座吸收了江南园林建筑精华的园林,一度吸引了众人的目光。就连康熙和乾隆皇帝也多次莅临,而且还留下了许多动人的故事与传说。

无锡寄畅园万卷楼

据说,康熙南巡在寄畅园落脚时,对园中茂密幽森、苍劲挺拔的古木特别喜爱。当时寄畅园主人秦德藻的次子秦松期向康熙皇帝介绍说,祖先修建园林时曾亲手栽植了许多古树佳木,园中很多树的树龄都在百岁以上。康熙发现有一株香樟树特别粗大,而且每处枝叶都散发着樟树特有的清香。就在他离开时,突然就有一阵风吹过,樟树叶簌簌作响,就像一个人在倾诉自己的哀愁。康熙神情恍惚地到卧云堂休息,蒙眬之中,就看见那棵古老的樟树长着脚向自己走了过来。康熙一看,原来是穿着明朝官服的秦耀在向自己跪拜,并说:"望圣祖仁皇帝为吾昭雪!"康熙一惊,醒了过来,才知原来刚才是自己在做梦。他把秦松期找来,询问秦耀之事。秦松期便把太祖秦耀在明朝受冤的事情讲了出来。数年后,康熙皇帝亲下旨意,将秦耀牌位列入贤祠,并为他设立了"天垣首谏"的牌坊。又过了几年,那棵一向长势很好的古樟树突然枯死,就在秦家人不解之时,宫中传来了康熙皇帝驾崩的消息。看来,古树也是有灵气的啊。

康熙皇帝虽然驾崩,可是大清朝正在蒸蒸日上。几十年后,康熙的孙子乾隆皇帝也微服出巡到了无锡。当时,正在无锡城微服出游的乾隆皇帝听说有一位得道高僧正在寄畅园中下棋,无人能敌,便到园中挑战。二人坐下来对弈了一番,眼见要输,乾隆皇帝便开始着急了。他心想:我虽是微服出巡,但是如果在京城之外的地方输了棋,回到京城怎样堵住众人之口?所以,不一会儿乾隆就汗流浃背了。老和尚抬头看了一眼与自己对弈的中年人,只觉此人气宇轩昂,非同凡响,于是便料定此人非王即胄。所以,他就不动声色地让了乾隆几步棋。最后,乾隆虽赢,但也从此明白强中自有强中手,很是郁闷。因此,当年乾隆皇帝下棋之处就被人们称作"郁盘"了。

蠡园因何得名,有何建筑特色

蠡园位于江苏无锡蠡湖之滨,三面临湖,亭、廊、堤均傍水而建,精致纤巧,色彩和谐,是太湖边上一处秀丽的园林胜景。

蠡园之名与蠡湖有关。蠡湖原名"五里湖",是太湖东北岸的一个内湖。相传两千多年前,越国大夫范蠡助越王灭亡吴国后,功成身退,和西施泛舟此湖,隐居终生,死后葬在湖畔不远处,所以五里湖又称蠡湖。蠡园也因此得名。

蠡园曲岸枕水,秀丽明媚,散发出水乡园林的特有风姿。其建筑主要有以下特色:

门厅端庄,古朴素丽。蠡园大门原系"渔庄"大门,经数次改筑,辟为蠡园正门。它以方砖贴面,屋顶为青色小瓦,下为金山石墙裙,门额为金色"蠡园"二字。门厅后墙又开八角形门洞,接出暗廊,廊端又开月洞,由此入园。迎面八角形门洞上方,为"蠡湖烟绿"匾,两侧为128字的"门"字长联。从正门入室,经小廊见修竹土岗,自成一坞,坞中有建于1930年的"百花山房",面阔五间,雕花门窗。过长廊循径向前,有1985年建成的"濯锦"茶楼,两层三开间。

亭阁林立,颇具艺术。蠡园内建有思越亭、四季亭、敞亭、六角亭、春秋阁等亭阁,各具特色。思越亭小巧精致,内有西施、郑旦蜡像。四季亭分别为春亭"溢红"、夏亭"滴翠"、秋亭"醉黄"、冬亭"吟白",一律黄顶红柱,三面置有坐槛靠背,栋梁间彩绘四季花卉。春亭旁种梅花,夏亭旁种夹竹桃,秋亭旁栽桂花,冬亭旁种蜡梅。周围有小桥流水,石径穿插,设小舢板供游人泛舟。四季亭左,有小桥通四面环水的小岛。岛上建有八角攒尖的敞亭,翘角处塑杂技雕像。四季亭南,沿湖筑大堤半围。长堤西南角的六角亭临湖而立,亭上悬"月波平眺"额,亭内12根楞木上雕有60只金凤凰,每5只凤凰由一条龙率领,正中绘以双龙戏珠。春秋阁居于园中,分三层,飞檐翘角,阁前悬刘海粟书写的匾额。

园深廊回,曲径通幽。蠡园设有诸多走廊,连接着园内的各处美景。浣芳廊布置"范蠡西施故事"的画廊,有"夷光出世、溪畔浣纱、范蠡用计、勾

无锡蠡园风光

无锡蠡园西施雕像

践献美、吴王骄淫、伍员被害、越国灭吴、范蠡隐退、泛舟五湖、经商制陶"等10幅画面。千步长廊位于蠡园东部,临湖而建,长289米。长廊曲岸枕水,一侧依墙而筑,呈半封闭式。墙上遍开镂空花窗,用一色中国小青瓦砌成,数十个花窗图案各异,富有我国民族建筑工艺特色。长廊中间,架两座跨水廊桥,立月洞门8处,高低起伏,显得深邃多变。廊内有"饮绿""雪浪""澄波""织雨""伫月"等砖刻题额16方,东廊墙上嵌有名人碑刻38方。另一侧临水敞开设置朱栏坐槛,水光潋滟。在长廊东端,通过延伸入蠡湖50米长的涵洞平桥,有建于1935年的亭式水榭,呈长方形,飞檐翘角,顶铺金色琉璃,可凭栏观赏蠡湖全景。

"美人靠"因何得名

　　江南园林的亭子或廊轩旁,常有一种伸向外侧且通常伸向水面的栏杆,被人称为"美人靠"。苏州园林中的"美人靠"花式繁多、做工精致,加上它所富含的独特韵味,成为了园林和古建筑中的一道美丽景观。

　　"美人靠"也叫"飞来椅""吴王靠",学名"鹅颈椅",是一种下设条凳、上连靠栏的木制建筑,因向外探出的靠背弯曲似鹅颈,故得名。其优雅曼妙的曲线设计合乎人体轮廓,靠坐着十分舒适。通常建于回廊或亭阁围槛的临水一侧,除供休憩之外,更可以欣赏到凌波倒影的美景。

　　其实,"美人靠"的叫法是由讹传而成。起先,因为这种栏杆呈鹅颈形,建筑上称"鹅项靠",而"鹅项"与吴语方言"吴王"相近,从"吴王"又延伸出吴王的美人西施。于是便成了"美人靠"。

　　关于"美人靠"还有另一个传说。据说两千多年前,吴王夫差因宠爱西施,命人在灵岩山建了馆娃宫,宫中便设有这种长条靠椅,专供吴王休息所用,所以称之为"吴王靠"。而吴王又非常宠爱西施,因此也叫"美

西施

人靠"或"西施靠"。而今悠闲地靠在上面的男客们,都十分乐意"吴王靠"的称谓,而女客们却更喜欢"美人靠"这名字。

另传,"美人靠"是徽州民宅楼上天井四周设置的靠椅的雅称。徽州古民宅往往将楼上作为主要的日常憩息和活动场所。古代闺中女子轻易不能下楼外出,寂寞时只能倚靠在天井四周的椅子上,遥望外面的世界,或窥视楼下迎来送往的应酬,故雅称此椅为"美人靠"。与园林中亭子廊轩旁的"美人靠"功用与由来大同小异。

"鸳鸯厅"因何得名

"鸳鸯厅"是私家园林的一种厅堂形式,将室内分隔为空间相等的南北两部分。两厅分男厅和女厅,相背而置。苏州拙政园里的"卅六鸳鸯馆"和"十八曼陀罗花馆",狮子林里的"燕誉堂"和"绿玉青瑶之馆",还有留园的"林泉耆硕之馆",都称鸳鸯厅。为什么会有"鸳鸯厅"这种叫法呢?

鸳鸯在人们心目中是永恒爱情的象征,是相亲相爱、白头偕老的表率。基于人们对鸳鸯的这种认识,苏州的文人墨客产生了翩翩联想,将苏州私家园林中的双面花厅唤作了"鸳鸯厅"。实际上在苏州方言里,"鸳鸯"还有另外一种意思,可指基本相同而又略有差异的一对事物。细究起来,鸳鸯二字在这里就是形容词,不是名词。以这两种特定含义的"鸳鸯"来解读苏州园林中的鸳鸯厅,其文化内涵就更丰富了。

鸳鸯厅作为苏州园林中一个较为重要的要素,主要是园林主人会客休闲的地方。厅堂内部一分为二,因而在功能上也有男厅女厅或南厅北厅之别。虽只相隔一面屏风似的墙,但男厅尽显尊贵、雕梁画栋、富丽堂皇,表现出的是张扬;而女厅一般少有装饰,连坐椅也没有扶手,含蓄且平朴简洁,意思是含而不露。两厅铺地地砖也大小形状不同,门窗雕饰也有精细、简朴之差,甚至灯饰、窗帘都风格有异。虽是一室,都是主人,同是会客,却是根本的不同,确确实实成了"鸳鸯",完全体现了旧时的男尊女卑、主次有别的习俗。

不过大多数男女的心目中,还是宁愿将鸳鸯厅当作纯真爱情的象征,以前苏州的青年男女谈情说爱,就钟情相约在姑苏园林,

苏州留园鸳鸯厅

尤其爱在鸳鸯厅内山盟海誓。在这里,人们将自己的理想和愿望赋予了鸳鸯,将婚姻长久、家庭幸福的心愿和祝福深深寄托于鸳鸯厅中。

为何片石山房被称为"人间孤本"

片石山房位于扬州城南花园巷,是何园之南的一个规模不大的园林,现仅存遗迹,一般游客不容易找到。片石山房以园内的假山叠石而著名,其叠山之妙,在于独峰耸翠、清池映秀,堪称"奇峭",以石壁、石磴、山涧三者最是绝妙。相传片石山房的假山石出自清代大画家石涛和尚之手,现在可算是石涛叠石的"人间孤本"。

扬州何园片石山房

片石山房又名"双槐园",楠木厅东院墙上嵌砖刻"片石山房"四字,为临摹石涛手书放大的。园内的假山结构别具一格,采用下屋上峰的处理手法,湖石假山基本保持原貌。叠石假山中,西为主峰,东作陪衬,精妙古朴,片石峥嵘。山势东起贴墙蜿蜒至西北角,山体环抱水池,主峰峻峭苍劲,配峰在西南转折处,两峰之间连冈断堑,似续不续,有奔腾跳跃的动势。下藏石室两间,即所谓"片石山房"。

片石山房上,以太湖石紧贴墙壁堆叠的假山高低错落,迎风耸翠。山腰有石磴道,沿石壁可登峰顶。因整个山体均为小石块叠砌而成,故称"片石山房"。其石块拼镶技法极为精妙,拼接之处有自然之势而无斧凿之痕,其气势、形状、虚实处理等,与石涛画极相符。假山沿东蜿蜒,中峰下筑有石洞,极为幽深,仿佛天然形成,造型奇特,布局手法大致继承了明代叠山之法,不过重点更加突出,主峰与山洞更加明显,主次分明。园内新添碑刻,选用石涛等诗文9篇,置于西廊壁上。

片石山房既有南方之秀,又具北方之雄,充分利用立体空间,小中见大,堪为造园之范例。

常州在史前是否有恐龙出没

相传我国早在1 700多年前的晋朝时代，巴蜀地区的武城县就曾发现过恐龙化石。时至现代，河南西峡盆地的地层中也发现了丰富的恐龙蛋化石。可见，史前时期的恐龙曾栖息于我国。而如今，说起中国的恐龙，大部分人都可能会首先联想到江苏常州。那么，常州地区在史前时期是否有恐龙出没呢？

常州中华恐龙园恐龙化石

答案从目前来说是否定的。常州确实以恐龙而知名，但它并不是恐龙化石的产区，可以说自古至今并未在其周围发现过任何有关恐龙的历史信息。常州之所以会被贴上恐龙的标签，是因为当地建有一座以恐龙为主题，融博物、科普、娱乐、休闲及表演于一体的综合性游乐园——中华恐龙园。

常州中华恐龙园是常州市第一个以宣传普及恐龙知识为主题的文化公园，由鲁布拉、中华恐龙馆、嘻哈恐龙城、雨林冒险、欢乐街、香树湾花园酒店六大主题区构成，以恐龙馆为主体，集展示、游乐、科普和科研为一体，是中国目前最大的恐龙博物馆和最大的生态主题公园，收藏和展示了中国和国际上的恐龙化石三十六具，其中包括最珍贵的中华龙鸟。

在中华恐龙园之前，常州与恐龙相关的仅有一个"龙城"的史称。作为沪宁线工业走廊上重要的工业城市，这里不产恐龙化石，也非历史文化名城。相对于省内的南京、苏州、无锡而言，常州构筑大型城市、发展自身旅游产品可用的资源十分有限。1996年，原国家地矿部为保护珍贵的远古动植物化石，拟建一个新的博物馆。但北京博物旅游资源过于密集,收益可能入不敷出。常州抓住了这次重要机遇,创造性地将恐龙的主题引进了龙城常州,从而将博物产业与旅游产业、文化产业相结合。1997年,常州市政府与原地矿部、国土资源部三方签约,建设中华恐龙园。公园一期占地33.33万平方米,投资3亿元人民币,到2000年完工开园,首年即创下了接待游客120多万人次、年收入5 000万元的旅游业奇迹。常州也从此以恐龙闻名。

因此,常州在考古学家们找到确凿的证据,即发现恐龙遗迹之前,可以判断为在史前并不曾有恐龙出没。

红梅阁因何得名

红梅阁位于江苏省常州红梅公园东南隅,原名飞霞楼,相传曾是北宋道教南宗始祖紫阳真人张伯端著经处,属天经观。后毁于战乱,至元代重建,改名玄妙观,并建飞霞楼于观之东北。

飞霞楼之所以会更名为"红梅阁",是因为当地流传着这样一个传说:相传元朝至元年间(1335—1340年),有个叫龚子彬的县吏在飞霞楼内编造狱册,每天由家中婢女送饭给他吃。一天,他外出回来,已经十分饥饿,却不见婢女送饭来,于是怒气冲冲回家责打婢女,不料误打在脑袋上,使其毙命。第二天早上,他在案桌上方的遮尘板下发现了昨日的饭菜,才明白自己冤枉了婢女,不由悔恨万分,一时感慨道:"此间积案如山,焉知无枉乎?"于是,他一把大火烧掉了全部案卷,然后到常州府台自首,被判充军云南。恰巧府台是云南人,就托龚子彬捎封信给家里。

常州红梅阁

龚子彬被押解上路,刚出城门,迎面走来一位仙风道骨的鹤发老者,愿与他们同行。说着,顺手将一根树枝折成手杖,又解下腰间的丝带,让龚子彬跨上手杖拉着丝带,闭上眼睛。他霎时间只觉耳边生风,脚底生云。不到半个时辰,他们便来到一座红梅盛开的城市,即是云南。龚子彬惊喜之余,当即进城为府台投递家书,府台父亲见信函日期还是当天日期,问明缘由后不由惊叹,为感谢龚子彬及时送信,就请当地官府让龚子彬仍回常州。龚子彬等人瞬间又回到常州。府台以为他们尚未动身,待见到回信,惊疑不止。龚子彬于是拿出从云南折回的红梅作凭证,府台这才相信。之后龚子彬便跟随老者学习仙道。数年后,飞霞楼的石柱居然出了形似梅的花纹,于是更名为"红梅阁"。

红梅阁屡经兴衰,最后毁于太平天国时期,现存建筑为清光绪二十六年(1900年)重建。该阁建于2米高之土台上,高17米,砖木结构,斗拱翘角,气势壮观。阁前院落原植红梅翠竹,被称作"常郡之巨丽""拟仙都之仿佛"。历代题咏颇多,阁内外壁间至今犹存紫阳真人石刻像、著经处及建阁碑记等石刻。阁前冰梅石柱为元代天庆观牌坊石柱原物,长2.5米,直径0.40米,因长期经历日晒雨淋后产生石纹,其石纹形似冰梅。

为何常州的古典园林多以一字命名

常州园林虽不及苏州园林历史悠久,但常州作为江南文化的重要代表城市之一,亦有着不少精巧别致的私家园林。据记载,常州地区拥有45座园林,明清时盛极一时。常州的园林不仅数量多、历史悠久,其取名也是独树一帜,大多以一字命名,如"近园""半园""约园""暂园""未园"等,而且几乎都表现出"似园非园"之意。常州古典园林为何会如此取名呢?

原来,这种取名方式一方面是出于园主自谦,另一方面则与常州当地著名园林艺术家戈裕良有关。

明末清初时,有一位著名的叠石家叫戈裕良,年少时就帮人造园叠山。他好钻研,能融泰、华、衡、雁诸峰于胸中,所置假山使人恍若登泰岱、履华岳,入山洞疑置身粤桂,曾创"钩带法",使

常州近园

假山浑然一体,既逼真,又坚固,千年不败,驰誉大江南北。被誉为叠山艺术工巧典型的苏州环秀山庄的湖石假山,就是他的代表作之一。他的作品还有常熟燕园、如皋文园、仪征朴园、江宁五松园、虎丘一榭园等,无不精妙绝伦。就连狮子林的石洞、石涛的片石山房,他都不以为然,可见其心气之高,当然也反映出其造园技艺之精湛。有这样一位造园大师,常州地区其他的园林都不敢贸然称园,因此多以一字命名,且多表现出谦虚的含义。

网师园中的趣味楹联题对知多少

网师园是苏州园林中古典山水宅园的典型代表。其精巧的建筑和典雅幽静的园林气息，吸引了众多的文人墨客。在网师园八百多年的历史中，其主人多是文采斐然的文人雅士，来参观的游客也多是颇有名气的诗词大家。所以，在这个画境一般的园林里，处处充满着浓浓的诗意。

网师园一角

网师园濯缨水阁内悬挂着一副由扬州"八怪"之一的郑板桥手书的对联：曾三颜四；禹寸陶分。这副对联笔法刚劲流畅，朴实自然，被称为苏州园林"一宝"。短短的上下八字联却连用了四个著名历史人物的著名典故：曾子的"吾日三省乎吾身"；颜回的"孝、悌、忠、信"四种美德；大禹治水惜时，三过家门而不入；陶侃论惜时，指出应珍惜每一分。这副对联上联讲的是儒家的"立德"，下联说的是"惜时"的榜样。这样紧凑而又读之隽永的联句，真可谓是点墨成金。

在园内的"看松读画轩"，有一副精妙的叠字对联：莺莺燕燕，花花叶叶，卿卿暮暮朝朝；风风雨雨，暖暖寒寒，处处寻寻觅觅。这副对联读来朗朗上口，字里行间透漏着灵气，使人犹如陶醉在春夏秋冬四季冷暖交替变幻和莺歌燕舞、万木争荣、百花吐艳的美景之中，别具诗情画意。

另外，还有许多明清时期文人们的墨迹。如在琴室悬挂的"山前倚杖看云起，松下横琴待鹤归"出自清代著名文学家沈复之手，在濯缨水阁的写景联"雨后双禽来占竹，秋深一蝶下寻花"来自清朝著名宰相刘墉笔下。

所以，漫步在网师园中，欣赏着温婉柔情的江南水乡之景，品评着精美绝伦的名家巨匠之作，真是一件惬意的事情。

老江苏的宗教寺观

南京为何建有天妃宫

南京天妃宫,位于南京市下关区狮子山麓的建宁路旁,始建于明朝永乐年间。天妃,也就是妈祖,是我国神话传说中的海神,相传是宋朝莆田湄洲屿人林愿的第六个女儿。她于农历三月二十三出生,出生的时候有祥光异香,长大后就云游于岛屿之间,保佑人们的航海安全。元代时,妈祖被敕封为天妃,以后历代皇帝累加封号,我国沿海的很多地方都立庙奉祀她。南京位于长江下游,虽然离海很近,但是并不靠海,那么为什么会建有天妃宫呢?

据史书记载,明永乐五年(1407年),郑和第一次下西洋后顺利回国,为了感谢天妃保佑船队在海上的平安,明成祖朱棣加封天妃为"护国庇民妙灵照应弘仁普济天妃",并下令在南京仪凤门外狮子山下建造天妃宫以示

南京天妃宫

表彰。后来,明成祖又在天妃宫内立了一座碑并亲自撰写碑文,以表达对天妃"护国庇民"功绩的感激。此后,郑和每次下西洋出航前,都要专程到天妃宫祭拜妈祖。

清咸丰三年至十一年(1853—1861年),南京天妃宫在太平天国运动被破坏,到抗日战争期间又屡遭破坏。至此,天妃宫墙倒屋塌,毁坏殆尽。2004年7月,为纪念郑和下西洋600周年,南京下关区花费巨资重建了天妃宫。新落成的南京天妃宫,占地面积约1.7万平方米,采用明代官式建筑的形制和风格,主要由东西两轴线建筑院落组成。其中,西轴线为两进院落,设有天妃宫大殿、玉皇阁及两侧配殿等;东轴线为双进院落,主要设有观音殿和两侧配殿。

无锡南禅寺有何典故

无锡南禅寺,位于无锡城南的古运河畔,是距今1 450年的南朝四百八十寺之一。这座寺庙始建于梁武帝太清年间,当时的南朝梁帝萧衍崇尚佛教,在全国大兴寺庙。无锡当时也兴建了不少寺庙,其中有一座规模宏大的护国寺,它在梁溪十大刹中居于第二位。唐高宗咸亨年间(670—674年),护国寺改名为灵山寺,北宋仁宗皇帝又赐其名为"福圣禅院",老百姓因其地处无锡城南门而称之为南禅寺。南禅寺规模宏大,因而号称是"江南最胜丛林"。那么,南禅寺有什么典故呢?

在南禅寺中,有一座七级八面、高43.3米的古塔。这座塔位于羊腰湾与运河的交汇处,传说是为了制服水患才把塔立在了这里。据《南禅寺记》记载,在北宋雍熙年间(984—988年),有一位僧人持钵而来,他走进庙中后忽然不见了踪影,后来人们发现寺壁上有这位僧人的影子,于是就信以为佛,建造佛塔进行供奉。在佛塔建成后,寺院还从苏北泗州接来了三尊佛像放于塔中。

明代无锡人张思安在《南禅寺重修塔碑记》中说:"院之西有溪,曰'梁溪',溪之脉与惠山第二泉通。父老相传云:昔有巨蛟蜿蜒其中,每天地晦暝,辄兴风雨,喷腥涛,居民震怖,商贾怀忧。雍熙中,有异僧驻锡于兹,谕于众曰:苍龙在耳,宜建浮屠(宝塔)以镇之,则蛟自潜,民安业矣。"这一记载说的也是寺内佛塔的来历。记载中说,在南禅寺的西面有一条溪水,名

无锡南禅寺

叫梁溪,这条溪水与惠山的第二泉相通。当地人说这条溪水中曾有一条巨龙,每天兴风作浪,弄得人心惶惶。后来,寺里来了一位老僧,他对众人说,要想镇住苍龙就必须建造佛塔,这样就可以平安无事了。于是,当地人就在寺中建了这座佛塔,以后果然就没有出过事。

上文典故中所说的佛塔,就是现在南禅寺中的妙光塔。这座塔始建于北宋雍熙年间,北宋崇宁三年(1104年),宋徽宗赵佶赐塔名为"妙光塔"。妙光塔是一座楼阁式砖塔,八角七层,檐角悬挂有铜质铎铃,有"十里传闻金铎响,半天飞下玉龙来"的美誉,是"无锡八景"之一。晴天的时候,妙光塔的影子可以落到数里外的一座桥下,所以这座桥就被称为"塔影桥"。这座塔自建成以后,历经多次劫难,现存的是明正统年间所建。1925年,荣宗敬、荣德生、唐申伯等人出资做了修复。1993年,妙光塔按原样修葺一新。

20世纪80年代以后,南禅寺被建成了文化商城,且规模不断扩大,成为了人们游玩、购物的好去处。其中妙光街被无锡市定为旅游一条街。

灵谷寺一名有何由来

灵谷寺,位于南京市中山陵东面1.5公里处的紫金山东南麓,它是明代佛教的三大寺院之一,也是南京的一处重要寺院。紫金山早在六朝时就已经是佛教圣地了,到梁武帝时,其周围大小寺院已达70多所。那么,灵谷寺有什么由来呢?

灵谷寺的前身是位于独龙岗的开善寺,南朝天监十三年(514年),梁武帝为了埋葬宝志和尚,在独龙岗建开善精舍和志公塔。唐朝乾符年间(874—879年),改名为宝公院。宋朝开宝年间(968—975年),更名为开善道场。宋太平兴国四年(979年),宋太宗又题寺额为"太平兴国禅寺",明初改为蒋山寺。

南京灵谷寺

明朝建都南京后,选择在龙盘虎踞的钟山西边建设皇家陵园,所以明太祖就把蒋山寺迁到了钟山东南麓。这里"左群山右峻岭,北倚天之叠嶂,复穹岑以排空,诸峦布势,若堆螺髻于天边"。寺庙建成之后,明太祖赐额"灵谷禅寺",灵谷寺之名由此而来。清康熙四十六年(1707年),康熙皇帝南巡时临幸钟山,御赐"灵谷禅林"匾额,并写下了"天香飘广殿,山气宿空廊"的对联赐给寺院,使灵谷寺更为知名。

灵谷寺最早开建于何时

灵谷寺是梁武帝为安葬名僧宝志而建立的寺院。据《高僧传》卷十记载,宝志(又作保志),俗姓朱,金城(甘肃兰州)人。出家后拜僧俭为师,修习禅学,有很深的佛学造诣。传说在南朝宋元徽元年(473年)以后,宝志言行神异,"手足皆鸟爪",常随身携带古镜、剪刀尺、扇之类的东西,披发赤足而行,"时或赋诗,言如谶记"。齐武帝、梁武帝和侯王士庶视其为"神僧",十分推崇。

南朝梁天监十三年(514年),宝志圆寂。梁武帝在宝志的安葬处即钟山西南坡独龙阜建造了五级木塔,以后又逐步扩建,成为寺庙,取名开善精舍。当时,佛教十分兴盛,钟山一带有佛教寺庙70多座,但开善精舍的规模最为宏大,被称为"钟山第一禅林"。据相关史料记载,从山门到大殿就达2 500米,寺内有放生池、金刚殿、天王殿、无量殿、五方殿、毗卢殿、观音阁等殿堂,寺后有宝访公塔,十分巍峨壮丽。

明朝建都南京后,明太祖选择龙盘虎踞的钟山西边作为皇家陵园,于是就把开善精舍迁到了钟山东南麓。这里"左群山右峻岭,北倚天之叠嶂,复穹岑以排空,诸峦布势,若堆螺髻于天边"。寺庙建成后,明太祖赐寺额"灵谷禅寺"。清康熙四十六年(1707年),康熙皇帝南巡时临幸钟山,御赐"灵谷禅林"匾额。

南京灵谷寺灵谷塔

灵谷寺迁址新建之后,规模宏大,殿宇林立,佛塔矗立,占地约5公顷,有1 000多个僧人。除了现存建筑外,当时还有金刚殿、天王殿、五方殿、毗卢殿、观音阁、禅堂、客室、方丈室等,朱元璋曾御笔题额"第一禅林"。后来,由于战乱等原因,灵谷寺大部分被毁。清代中叶,灵谷寺又恢复了昔日的盛貌。除了殿宇修复外,还有"灵谷八景",这八景是:钟阜晴云、浮屠秋月、古殿钟声、苍池松影、银杏栖霞、清泉咽竹、空衍应掌和曲水流觞。

到了清朝咸丰同治年间,由于清军与太平军在此交战,寺院又一次被毁,虽然在同治年间寺院得以重建,但是规模已经大不如前,然而红墙黄瓦、松翠林茂、鸟语花香、环境幽静,仍不失"灵谷深秋"的佳景。

今天的灵谷寺是清同治六年曾国藩所修的"龙王庙",现有院落三重,西首为大雄宝殿,宝殿正中有释迦牟尼塑像,左右为观音菩萨和地藏菩萨,殿两侧排列着十八尊罗汉。东首院落原为观音殿,后改为玄奘法师纪念堂。

何谓"三绝碑"和"飞来剪"

"三绝碑"和"飞来剪"都是在南京发现的重要文物,那么,两者到底是什么东西呢?它们有什么作用呢?下面就具体介绍一下。

三绝碑: 南京中山陵园风景区,古木参天、万松苍翠,到处都分布着名胜古迹。在这众多的古迹中,尤其引人注意的是梁代名僧宝志的墓塔——宝公塔,这是宝志和尚留在世上屈指可数的遗迹之一。在宝公塔前的志公殿内,有一块黑色石碑,碑上刻有唐代画家吴道子所绘的宝志像,大诗人李白为这幅画像作了像赞,并由唐代著名书法家颜真卿书写而成,这样,碑上就有了三位大家的遗迹,故称"唐贤三绝碑"。由于战火毁坏,到清代时,石碑第三次重刻,碑额上端又增添了乾隆手书的"净土指南"四个字。

飞来剪: 在南京市的灵谷寺志公殿前,有一具剪形铁器,重千斤以上。当地人传说这是从天外飞来的,所以称其为"飞来剪"。那么,飞来剪有什么用途和来历呢?

"飞来剪",又名"双铁镇"。据记载,飞来剪上原铸有"天吴金"三个字。相传,东吴时,因山中有蛟龙,当地人铸此剪以镇蛟龙,故又名"双铁镇"。但是,有人认为这是误传。有专家认为,朱元璋在称帝前曾自立为吴王,这具飞来剪应该是那时候铸造的,所以有"天吴金"三个字。有专家推测,飞来剪其实是朱元璋的愚民道具,就像当年陈胜、吴广起义时所用的"鱼腹丹书"和"篝火狐鸣"的伎俩一样,是为自己登基做铺垫。

除了上述说法之外,还有一种看法认为飞来剪是太平天国时期的遗物。太平天国攻克南京后,将其作为都城,并改名为"天京",所以有人猜测,"吴天金"三个字中的"吴"指的是南京,"天"指的是天国天京,"金"指太平天国从广西金田村开始。那么,它是做什么用的呢?有专家推测,飞来剪可能是太

南京唐贤三绝碑

平天国时期铸造的用于镇城、镇水的器物。

当然,以上两种说法都只是推测,飞来剪到底有什么来历和用途,今天还不得而知,只能等到更加有力的证据被发现,这个谜团才可能会被解开。

为何玄奘法师的舍利会供奉在灵谷寺及九华山三藏塔

玄奘(602—664年),汉传佛教史上最伟大的译经师之一,中国佛教法相唯识宗创始人。玄奘俗姓陈,名祎,出生于洛阳偃师市,出家后遍访佛教名师。唐太宗贞观三年(629年),玄奘从长安出发,历经艰难抵达天竺,游学于天竺各地。贞观十九年(645年)回到长安,在大慈恩寺等寺院研究和翻译佛经直到圆寂。玄奘翻译的佛经,多用直译,笔法严谨,他所撰写的《大唐西域记》,是研究印度以及中亚等地古代历史地理的重要资料。玄奘圆寂后,其遗骨历经劫难,其中有两份保存在南京,一份位于南京灵谷寺,另一份则埋在了南京九华山的三藏塔下。那么,玄奘法师的舍利为什么会供奉在灵谷寺及九华山三藏塔?其中隐藏着哪些鲜为人知的秘密呢?

玄奘大师圆寂之后,被土葬在白鹿原。后来,唐高宗每当望向白鹿原时就非常伤心,这就使原本就很虚弱的身体更加不堪一击。大臣们见状,就和玄奘座下的弟子商议能否迁塔,将大师供奉在其他地方,这样高宗皇帝看不见,在情绪上会好一些。后来,玄奘弟子将大师的法身请出,火化之后,迁葬于兴教寺。

唐末黄巢之乱时,兴教寺被毁,玄奘遗骸被寺僧携至终南山紫阁寺安葬。由于唐末五代时期的战乱,终南山紫阁寺逐渐萧条,至北宋时紫阁寺已经颓废。

玄奘

当时的南京天禧寺住持可政到此处朝山,看到玄奘顶骨无人看护,于是他亲自将玄奘顶骨舍利迎请到天禧寺供奉,并在天禧寺东岗建塔,安置玄奘顶骨舍利,玄奘舍利从此与南京结缘。

到了明太祖洪武年间,天禧寺已经更名为长干寺,寺僧守仁及居士黄福灯等将玄奘顶骨舍利由东岗迁移至南岗,建塔安置。随着岁月的流逝,长干寺也逐渐颓败。后来,明成祖朱棣下令,在天禧寺原址上建造大报恩寺,并在玄奘三藏塔前建三藏殿。清末,太平天国的战火延烧到大报恩寺,此寺与三藏塔都毁于一旦,玄奘大师的顶骨舍利也因此长眠于地下,

南京灵谷寺大雄宝殿

后来就逐渐被世人遗忘了。

1942年11月初，驻防在南京中华门外的日军部队，在大报恩寺三藏殿遗址后大兴土木，准备建造一个"稻禾神社"。就在挖地基时，他们挖出一个神秘的石函，石函上刻有文字，记载了玄奘顶骨辗转来到南京安葬的经过。为了验明真伪，日军当时就从原中央大学抓走了五名考古学专业的教授，把他们关在这里，对石函进行考证。为防止走漏消息，日军禁止教授们与外界接触，还杀害了很多进行挖掘工作的民工。

当时，爱国人士纷纷开始调查此事，据说有一个懂得日语的记者混入到工地上拍到了照片，率先披露了此事，于是全国一片哗然。日军迫于舆论压力，终于承认玄奘大师顶骨出土的事实。此时，玄奘大师的灵骨已被日军送往天津，准备通过山海关运走。在舆论压力之下，日本人将出土的部分玄奘顶骨舍利和文物交给汪伪政府。汪伪政府从日本人手中取回玄奘大师的顶骨舍利后，将其分为两份，一份供奉在鸡鸣山下的汪伪政府中央文物保管委员会，另一份和石函被安奉于玄武湖畔的九华山三藏塔下。

九华山上的三藏塔是一座五层楼阁式青砖塔，塔仿西安大雁塔形式，塔的每层开辟有四扇拱形门，在第一层的南面塔壁上镌刻着"三藏塔"字样。第一层的中央有一圆形石墩，类似棺木，小石碑上刻有"玄奘大师灵骨"字样，这就是玄奘大师灵骨舍利供奉处，玄奘顶骨舍利就埋藏在石墩下的三藏塔地宫里。

当年保存在汪伪政府中央文物保管委员会的那份玄奘舍利则供奉于灵谷寺中。新中国成立后，南京建立了博物院，保存在汪伪政府中央文物保管委员会的玄奘舍利就被转移到了博物院中。1973年，为了接待日本友人大谷莹润长老，经周总理特批，首先开放了灵谷寺，并将佛教圣物——玄奘法师顶骨舍利从南京博物院请出，移交给了灵谷寺供奉。全国有那么多的寺院，而且有的寺庙可能比灵谷寺还大，周总理当

南京九华山三藏塔

年为什么会将玄奘大师的顶骨舍利供奉在灵谷寺呢?

周总理做这样一个决定,是经过了多方考虑的。当时正是"文化大革命"时期,僧人差不多都离开了寺院,好多寺庙都遭到了破坏,这怎么办?周总理找到时任佛教协会副秘书长赵朴初,对当时全国的寺庙情况进行了了解,准备恢复开放一些寺庙。但恢复开放的寺庙历史要悠久而且要有地位,开放了以后还要有影响。到底开放什么寺庙呢?考虑之后,决定在全国范围内先恢复开放三所寺庙,第一所就是南京灵谷寺,前后花了15天时间就恢复开放了,第二所是杭州的灵隐寺,第三所就是天台山的国清寺。因为南京灵谷寺恢复开放早,各项设施较为完善,所以玄奘大师的顶骨舍利就在这时迎奉到了寺中。此后,虽然玄奘顶骨舍利曾多次外出巡展,但是最终都会回到这里接受供奉。

以上就是玄奘法师的舍利会供奉在灵谷寺及九华山三藏塔的曲折经过。

为何南京夫子庙为"庙市合一"的独特格局

南京夫子庙,始建于宋代,位于秦淮河北岸的贡院街旁,是供奉和祭祀孔子的地方,被誉为中国四大文庙之一。它规模宏大,是一处历经沧桑的古建筑群,历史上曾几番兴废,被誉为秦淮名胜,是古都南京的特色景观区和蜚声中外的旅游胜地。夫子庙还是中国最大的传统古街市,其"庙市合一"的独特格局在我国十分少见。那么,南京夫子庙的这种格局是如何形成的呢?

明清时期,夫子庙是南京的文教中心,同时也是居东南各省之冠的文教建筑群。在夫子庙两侧,原有学宫的东西前甬道。东甬道为学宫正门,门前有坊,坊东为明清两朝状元、榜眼、探花题名牌坊,坊西为会元、解元题名牌坊,坊的背面是武科题名牌坊。东西甬道旁,原来各有三祠两署。民国以后,我国废除科举制度,开始兴建学堂,学宫逐渐衰落,祠、署分别改为学校、教育局、图书馆等设施,学宫甬道也成为摊贩市场,这样就形成了东西市场。

在夫子庙的东侧是明清时期的江南贡院。当时的贡院东起今姚家巷,南至贡院街,西至贡院西街与夫子庙隔街相望,北至今建康路,正门在今永和园及秦淮剧场之间。整个贡院四周都围以高墙,墙外是街道,街道的另一边是店铺、民居。光绪三十一年(1905年)废科举后,贡院就闲置无用

南京夫子庙天下文枢牌坊

了。民国七年（1918年），当地决定拆除贡院，开辟了市场。

1984年，南京市人民政府决定开发建设以夫子庙古建筑群为中心景区的"十里秦淮"风光带。自此以后，秦淮河的污水得到了治理，沿河房屋和街道迅速改观，在东起桃叶渡、西抵中华门的秦淮河两侧，一批文物古迹和旅游景点得到了恢复和建设，还兴建

南京夫子庙习礼亭

了高低错落、富有地方传统特色的河厅河房、歌楼舞榭以及商业街，并在河上恢复了绝迹多年的"秦淮画舫"。同时，临河的贡院街一带则被改建为古色古香的旅游文化商业街，而且当地还按照历史上形成的庙会的格局，复建了东市场、西市场。

1987年，东西市场建成，总建筑面积为4 400平方米。它吸收了我国传统的商业街道的空间形式和尺度，采用明清时代的街市风格，以石板铺地，店铺采用"青砖黛瓦马头墙，回廊挂落花格窗"。这样，就形成了店、庙、市、街合一的格局，富有浓郁的地方特色。现在，夫子庙已成为富有明清建筑风格的十里秦淮风光带上的一个重要景点。

夫子庙的聚星亭、魁星亭和棂星门各有何寓意

夫子庙是一组规模宏大的古建筑群，是我国四大文庙之一。夫子庙始建于宋代，位于秦淮河北岸的贡院街旁，庙前有聚星亭、思乐亭，中轴线上建有棂星门、大成门、大成殿、明德堂、尊经阁等建筑，另外在庙东还有魁星阁。那么，夫子庙的聚星亭、魁星亭和棂星门各有什么寓意呢？

聚星亭

聚星亭是夫子庙中的一处著名古迹，位于夫子庙棂星门以西，与棂星门西面的奎光阁相应。它是一座八面二层的古亭，原建于明万历十四年（1586年），数百年来几经兴毁。清同治八年（1869年），江宁乡贤朱芙峰等人筹资对其做了最后一次整修。"文革"期间，聚星亭被作为"破烂的四旧"而拆除了，现在的聚星亭是1984年复建的。

奎星是二十八宿之一，是北斗七星的第一颗星。汉代《孝经授神契》一书中有"奎主文章"之说，东汉宋均作注说："奎星屈曲相钩，似文字之画。"因此，古

人也把奎星写成魁星，演化为天上文官之首。"聚星"，是聚集奎星，得取功名之意。

传说，奎星确有其人，他长得奇丑，既是麻脸，又是瘸腿，幼时常被邻里讥笑，但他志气极高，发奋读书，后来参加科举考试中了进士。殿试时，皇帝有意戏谑他，问他脸上的麻子是怎么回事。他从容答道："麻脸满天星。"再问脚为何跛了，他说是："独脚跳龙门。"皇帝见他才思敏捷、对答如流，又文章极佳、忧国忧民，于是钦点他为状元。

魁星亭

魁星亭，现称魁光阁，是夫子庙古建筑组群中著名的古迹之一，又名文星阁。它在科举时代是士子们"夺魁"的象征，很富时望。它始建于清乾隆年间，道光时期曾重修，咸丰时毁于战火，同治年间再度重建，抗战期间日军侵占南京时再次被毁，如今又屹立在秦淮河畔。过去古老的南京城没有高楼大厦，因此方圆数十里内外都可以远望到这一秦淮名胜，因此它也就成了夫子庙的标志。

"魁星"为天上文官之首，是主宰文运与文章兴衰的神。旧时，魁星亭内塑有一个赤发蓝面的鬼形神像。他一足立于海中鳌头之上，另一足向后翘起，像"魁"字的大弯钩。一手捧斗，

南京夫子庙魁星亭

形如"魁"字中的斗字；另一手执笔如点状，以示点中士子，这就是传说的"魁星点斗"。因此，古代读书人对魁星十分崇敬，每当南京乡试开考，从大江南北赶来应试的秀才们，在秋闱寒灯苦思"八股"之前，都要来聚星亭朝拜魁星，指望考取举人，日后进京"一举夺魁"。

棂星门

在夫子庙泮宫广场上，有一座棂星门坐落在大成殿门前。棂星门始建于明朝成化十六年（1480年），历史上几经兴废。清同治九年（1870年），当地重修夫子庙时，重建了棂星门。新建的门是石结构式建筑，门桩为华表式，云纹望柱，装饰有"穿云板"，

南京夫子庙棂星门

柱脚前后饰抱鼓回纹石。抗战爆发后,南京遭到日军的重点进攻。1937年12月,日军集中火力猛烈炮击南京周边地区的各种建筑物。在炮火中,夫子庙的棂星门等建筑遭到破坏。新中国成立后,棂星门才又得到重建。

文庙中建棂星门象征着祭孔如同尊天,后来人们又将棂星解释为天镇星、文曲星、魁星。古人认为"天镇星主得士之庆,其精下为灵星之神",以棂星命名孔庙大门,象征着孔子可与天上施行教化、广育英才的天镇星相比,又意味着天下文人学士汇集于此,统一于儒学的门下。

灵山大佛为何有名

灵山大佛,坐落于无锡马山秦履峰南侧的小灵山地区,这里原是唐宋名刹祥符寺的旧址。为了保存古迹、弘扬文化、落实宗教政策,20世纪90年代,在修复祥符禅寺建造大佛立像筹建委员会的筹划下,在恢复祥符寺的同时,兴建了露天青铜释迦牟尼佛立像。大佛所在位置是唐玄奘命名的小灵山,故名灵山大佛。那么,灵山大佛为什么有名呢?

地位重要

灵山大佛是在德高望重的原中国佛教协会会长赵朴初先生的亲自主持下建造起来的,得到了中国佛教界以及社会各界的鼎力相助。在灵山大佛建设过程中,赵朴初先生还提出了神州"五方五佛"的理念——伴随着灵山大佛的建成,得以圆满了东方灵山大佛、南方天坛大佛、西方乐山大佛、北方云冈大佛、中原龙门大佛的"五方五佛"的格局。

规模宏大

作为世界上最高大的露天青铜释迦牟尼立像,灵山大佛高88米,比四川乐山大佛还要高17米,由1 560块青铜壁板拼装焊接而成,总用铜量达到了700吨,全部铜板展开面积可达9 000多平方米,焊接铜板的焊缝总长度达到了35公里。在大佛的建造过程中,运用了很多现代高新科技,如先进的抗风、防震、避雷等措施。同时,由于使用了特型铜壁板和先进的焊接技术,大佛的外形达到"天衣无缝"的程度。

寓意深刻

灵山大佛右手指天,称为"施无畏印",是大佛在为众生除去痛苦;左手指地,称为"与愿

无锡灵山大佛

印",是大佛在保佑众生平安快乐。庄严安详的大佛,时刻都在祝福着来往游客。可以说,灵山大佛是集文化、艺术和宗教于一身的大型艺术珍品。如此浩大的工程,也只有在国泰民安、国富民强的盛世才能实现。

技艺精湛

瞻仰大佛时不论走近走远、或左或右,大佛的"眼神"总是跟随着、关注着朝拜者。难道"佛眼"真的会"动"?难道真的是"佛法无边,无所不见"?其实,这是雕塑家的神来之笔和建设过程中的巧夺天工创造了如此神奇的效果。

正是上述多种因素的结合,使得灵山大佛名扬海内外,成为众多佛教信徒朝拜的圣地和游客游玩的佳处。

天宁禅寺与乾隆帝的传说知多少

天宁禅寺,坐落在常州延陵东路,始建于唐代贞观、永徽年间(627—655年),距今已有1 300多年历史。寺内殿宇巍峨,金碧辉煌,素有"东南第一丛林"之称。它与镇江金山寺、扬州高旻寺、宁波天童寺合称"禅宗东南四大丛林"。清乾隆下江南,曾三次到寺中拈香顶礼,并题写了"龙城象教"的匾额。既然乾隆曾三次来此,那么他与天宁禅寺有什么传说呢?

相传,乾隆皇帝并不是旗人所生,是清皇室雍正皇帝把当朝丞相陈阁老(浙江海宁陈世倌)的儿子抱进内宫调了包。当年,同月同日同辰,皇后生了一个女孩,丞相家生了一个男孩,皇室用计将男孩抱进内宫,抱出来的时候却成了女孩,惊得陈阁老目瞪口呆,但他不敢声张,因为一旦泄密就会遭到杀身之祸,无奈之下,只得辞官出家当云游僧去了。数十年后,红花会首领于万亭潜入内宫将掉包的来龙去脉告知了乾隆,乾隆半信半疑,为了弄清真相决定微服私访。

乾隆带了一名心腹仆人,从北京一路南下微服私访。一日,他们到了镇江金山寺,看见佛堂有一位胖和尚盘腿闭目打坐,一双僧鞋倒放在跟前。乾隆上前问道:"请问师父法号?"胖和尚答说:"我的法号是八乂,请施主随缘吧。"因乾隆是微服私访,所以不便多语,于是主仆二人拈完香就返回客栈了。乾隆问心腹仆人:"刚才打坐的僧人法号叫八乂,是什么意思呢?"随从回答万岁说:"八乂是个字啊。"乾隆又问是什么字,随从回答说:"八

常州天宁禅寺

字下面加个义是父字。"乾隆又问:"那双僧鞋倒放是何原因呢?"随从说:"在苏北口音里,鞋子倒了,就是说孩子到了。"乾隆暗想,原来老僧就是自己的生身父亲。虽然这次父子见了一面,但是没有相认,所以乾隆心里的结还是没有解开。

数年之后,乾隆二次下江南来到常州。当时正值常州的夏季,船停靠在水门桥,上岸后乾隆就在水门桥转悠。街道上的商店旗幌随微风来回摆动,映入眼帘的是悦和饭馆,于是主仆二人就走进店内,找了个雅座倚窗坐下。店小二上前服务,帮着打点酒菜,特别推荐一道金钱饼,乾隆吃后一直说味道好极了。酒足饭饱之后,主仆二人继续赶路,前往大宁

乾隆皇帝大阅图

寺。二人进山门之后,看见伙房灶头处,有一个胖和尚躺在地上睡午觉,头枕烧火的铁叉,二手一字伸直、双脚分开,明白人一看是"天"字,乾隆暗叫了一声,随从也心知肚明。

主仆二人吸取了数年前在镇江金山寺的经验教训,心中已有了主意。二人不言不语,见佛拈香,拈完二人已是汗流浃背。主仆就奔主事堂去了,见了方丈,先讨口茶喝,方丈盼咐下去上好茶。他见二位施主穿着不一般,拿的又是象牙骨的折扇,猜测他们来头不小。待坐定后,方丈便问:"二位施主来贫寺是拈香还愿还是占卦问事?"乾隆一边品茗一边说:"香已拈完,请问大师,刚才我俩进得山门看到一位胖和尚,他头枕铁叉,二手伸开,睡在地上,他是什么法号?"主持回答说:"不瞒二位施主,没有胖和尚哪有当今的小天子啊?"乾隆暗惊:我的行踪他怎么会知晓? 主持看出了乾隆的疑惑,便说:"其实原因很简单,一是陈阁老是云游僧,他平时不留心,时间一长不免露出破绽;二是今日来的二位施主也不一般。"

乾隆内心机密被大宁寺主持一言道破,内心想:"这住持法力不浅有功力,不能怪罪他,但心中又不服,得想个办法治你一下。"于是,乾隆在随从耳旁关照了一下,随从就下去办事了,乾隆暗想:"我要试探你一下,看你如何处理。"不一会,随从拿了一篮鸡蛋送给方丈,此时乾隆暗想:"你要是拿了鸡蛋,道德不尊是坏和尚,那可是杀头之罪;你要是不拿鸡蛋,那就是抗旨,也是杀头之罪,我看你怎么办!"只见和尚不紧不慢,一面接鸡蛋一面念道:"皇上赠我一篮桃,既无核来又无毛,老僧带你上西天,免在人间吃一刀。"乾隆一听大喊一声:"好啊! 有

赏!"随从拿出文房四宝,乾隆提笔在大宁寺的大字上重重赏了一画,从此常州大宁寺就改为天宁寺了。

乾隆回京后,拨款拨地重造常州天宁寺。为了纪念老父在天宁寺云游出家,乾隆在北京宣武区也建了一座天宁寺。同时,为了老父云游能有个安身之所,乾隆下令在全国造了几十座天宁寺,但是其中被称为"东南第一丛林"的天宁禅寺,仅常州一处。

为何金山寺的山门朝西开

金山寺,位于江苏镇江市区西北,距市中心3公里,海拔44米,周长520米,始建于东晋明帝时。南朝、唐朝时,寺名均叫金山寺。北宋真宗年间,因真宗梦游金山,便赐名为龙游寺。宋徽宗时,因崇尚道教,改称为神霄玉清万寿宫。宋钦宗、徽宗被金兵俘房后,又复名龙游寺。从元代起,又称金山寺。清康熙南巡时,给金山寺题写了"江天禅寺"的匾额,尽管这块匾额至今仍挂在寺庙的门楣上,但其金山寺名远播海内外,它与宝光寺、文殊院、高旻寺并称为长江流域四大禅宗丛林。有人可能发现金山寺的山门是朝西开的,这是为什么呢?

镇江金山寺大雄宝殿

传说,金山寺的山门原来也是朝南开的,可是寺庙屡屡发生灾难,而且山门口经常可以听到惊天动地的轰鸣声,寺庙方丈百思不得其解。一天,寺外来了一位云游僧人,他对着山门左看右看,然后对金山寺的方丈说:"金山寺的山门朝南,正对着天上的南天门,这得罪了玉帝,所以金山寺屡遭灾难,而且雷鸣不断。"说完,僧人便化作一缕青烟不见了。方丈一看,知道是神仙点化来了,就急忙连夜重修山门,改面朝南为面朝西。从此,金山寺就平安了下来。

上文所述毕竟只是传说而已,其实金山寺山门朝西是园林家的精心之作。古代金山是一座江心小岛,江水自西向东奔流而下。游人面西而立,放眼望去,就能看到"大江东去,群山西来"的壮观景象。因此,当时在建造金山寺时,工匠们独具慧眼,将山门朝西开,突出了江山如画的效果,增加了金山寺的山水魅力。只是沧海桑田,经过数百年的变迁,金山寺早已不在江中独立,已经与陆地连成了一体,所以今天我们就无法看到那山水交融的美景了。

金山四宝知多少

金山,位于镇江市区西北的长江南岸,又名金鳌岭,也称浮玉山,唐代起称为金山。金山高60米,周长520米,占地面积10公顷。它原是屹立于长江中的江心岛屿,后因长江水流变迁,在清道光年间与长江南岸相连。金山山势巍峨,风景优美,有"江南诸胜之最"的美誉。在金山上有一座始建于东晋明帝时的金山寺,由于历史上金山寺有许多典故与动人传说,如《白蛇传》水漫金山、梁红玉擂鼓战金山、妙高台苏东坡赏月起舞等,使得金山寺广为人知。在金山寺的慈寿塔下陈列有一批珍贵历史文物,其中有苏东坡的玉带、周鼎、金山图、铜鼓,这就是"金山四宝"。那么,"金山四宝"有什么来历和特色呢?

镇江金山

宋神宗年间,大学士苏东坡与金山和尚佛印交往甚密,被称为"忘形交"。有一次两人以禅语对句,用东坡的玉带作赌,东坡一时迟钝而输了赌局,于是玉带就成了寺院的镇山之宝了。苏东坡的这条玉带保存在金山已有900多年的历史了,被人们称为是"国宝"。这条玉带宽约二寸、长约二尺,带上缀着24块米色白玉,有长方形、圆形、心形。清初被火焚毁四块,乾隆皇帝游金山时,命玉工补齐,至今上面还刻有乾隆的诗句。但是后补的四块玉在颜色上和原有的玉不同,所以一看就可以知道先后。

周鼎,是西周宣王时代的铜器,迄今已有2 700多年的历史了。当时,周宣王北伐成功,为了铭记北伐统帅遂启祺的功绩而铸造了这尊铜鼎,所以这尊鼎又被称为遂启祺鼎。

金山图,是我国明朝著名画家文徵明所绘,画中江水茫茫,微波荡漾,金山如同浮玉一般飘浮在波涛之上。整幅画山色青碧,上面有一栋栋画檐朱宇,展现了当时金山和金

苏东坡

山寺屹立于扬子江心的秀美雄姿。在画的末尾还有文徵明写的《金山寺追赋》诗一首。

铜鼓,是一种鼓状铜器,高27厘米,直径50厘米,重11.9公斤。传说,这面鼓是诸葛亮发明的,行军时可以作为煮饭的炊具,战斗时可以用作战鼓敲打,所以又叫诸葛鼓。

古往今来,金山四宝不仅给金山增添了不少的文化气息,而且吸引了无数的游客前来金山游玩,到金山寺上香,使金山和金山寺名扬海内外。

《白蛇传》中的法海是否确有其人

法海,是电视剧(含小说)《白蛇传》《新白娘子传奇》及影片《青蛇》中的一个重要角色。在影视作品中,他是金山寺的住持,拥有极强大的法力,一直坚持降妖除魔、拯救苍生。他思想有所保守,以偏概全,错误地认为所有的妖精都应该予以收服。因此,他将恩爱夫妻许仙与白娘子拆散,在经过水漫金山一场大战之后,他终将白蛇(白素贞)收服并镇于金山寺下。多年以后,白素贞之子许世林以其孝心感动天地而将母救出。鲁迅先生在《论雷峰塔的倒掉》一文中,就曾对法海和尚进行了猛烈抨击,嘲笑他躲在蟹壳里。既然法海这么有名,那历史上到底有没有法海这个人呢?

在历史上,法海确有其人,虽然其原型身份尚有争论,但是大都认为他是唐宣宗大中年间的吏部尚书裴休的儿子。裴休,字公美,唐代济源县裴村人。他出身于官宦之家,家世奉佛,他自己也笃信佛教,对佛学颇有研究。根据《金山寺志》等有关资料记载,法海就是裴休的儿子,俗名裴头陀,少年时被父亲裴休送入佛门,取法号法海。在出家之后,法海领父命先去湖南沩山修行,接着又远赴江西庐山参佛,最后到镇江的泽心寺修禅。

当法海来到泽心寺时,这座始建于东晋时期的寺庙已经倾毁了,杂草丛生。时年46岁的法海跪在残佛前发誓要修复寺院,为了表示决心,他还燃指一节。从此,法海身居山洞,开山种田,精研佛理。一次,法海在挖土修庙时意外挖到一批黄金,但他不为金钱所动,而是将黄金悉数上交给当时的镇江太守李琦。李琦将此事上奏皇上,唐宣宗深为感动,下令将黄金发还

镇江金山寺法海像

给法海修复庙宇,并赐寺名为金山寺。现在在金山寺仍有法海洞,据传是当年法海修寺时居住的地方。

那么,小说故事中的法海形象是不是真的呢?法海是得道高僧,历史上从没有拆散过别人的家庭。据说,当年法海曾驱赶一条白蟒蛇入长江,后人才据此创作出了《白蛇传》。除了法海之外,白素贞和许仙在历史上也确有其人。白素贞是镇江守备之女,许仙在一家名叫太和生的药店里当学徒。

受影视剧作品的影响,现在很多人都很痛恨法海,认为他破坏了他人的美满生活。但是,有一点需要说明,我们所痛恨的法海是电视剧中的法海,而非历史上真正的法海,因为历史上的法海不仅没有折散别人的家庭,还凭着其超人的毅力,经过多年的苦心经营,创建了规模宏伟、别具一格的金山寺,对佛教做出了很大贡献,并被奉为金山寺的"开山裴祖"。

《白蛇传》戏曲人物泥塑

慈寿塔下的"天地同庚"有何来历

慈寿塔,位于江苏镇江市金山的西北峰,塔高30米,始建于1 400多年前的齐梁。宋哲宗元符末年(1100年),当时的宰相曾布为超度其母,在金山的南北半山各建有一塔,一座名为"荐慈塔",另一座名为"荐寿塔"。明初时,双塔坍塌,到光绪年间得以重建。当时正逢慈禧太后60岁寿辰,于是就取名慈寿塔。在慈寿塔外花墙上,刻有"天地同庚"四个大字,这有什么来历呢?

光绪年间,正逢慈禧太后60寿辰,虽然当时的中国正是多事之秋,但是朝中官员仍纷纷觐见祝贺,时任两江总督刘坤一也在其中。大臣们一个接一个的上前贺寿,好不容易轮到刘坤一了,他对慈禧说道:"老佛爷60大寿,卑职没什么厚礼,只是在江南镇江金山上造了一座

镇江金山寺慈寿塔

宝塔,名曰慈寿塔,祝您长寿千岁。"

慈禧一听,满心欢喜:在江南名刹造了一座名塔,还将自己的尊号用了,真是妙极、妙极!满心欢喜之余,慈禧暗想:既然你为我祝寿,那我倒要考考你,我到底有多大寿辰。于是,慈禧严肃地问道:"你祝我长寿,那你觉得我能活到多少岁?"这一问可把刘坤一难住了,因为这祝贺奉承的话容易说,但是要算出慈禧究竟能活多大岁数那就不容易了,说多说少都不行,说得不好就会杀头问罪。刘坤一此时此刻虽冥思苦想,却怎么也想不到一个万全之策。

正在慈禧低头喝茶时,身后有一个小孩以迅雷不及掩耳之势递给他一张小纸条,他一看连忙俯首答道:"天地同庚。"慈禧一听便喜笑颜开,连夸:"好!好!"于是就大大奖赏了刘坤一,同时心中暗暗称赞:"这两江总督这么个年纪了,还那么才思敏捷。"其实,慈禧哪里知道,这是刘坤一看了小孩的纸条才回答出来的。那这个小孩是何许人也?这个小孩便是湖南籍的李远安,时年只有8岁。李远安不光聪明过人,而且写的一手好书法。事后,刘坤一就让李远安写了"天地同庚"四个大字,将其带回镇江,刻在了慈寿塔旁。

南通三塔指哪三座

南通三塔,指的是位于江苏省南通市的三座古塔,它们历史悠久,是南通的标志。在南通流传着这样的民谣:"南通三座塔,角分四六八;两塔平地起,一塔云中插。"民谣中所说的"三塔"指的就是南通城中的光孝塔、城东的文峰塔和狼山的支云塔。这三座塔都有什么特色呢?

光孝塔

光孝塔,建造于北宋太平兴国年间,是南通三塔中建造最早的。南通人常说"先有塔,后有城",这里的塔说的就是光孝塔。光孝塔是南通的象征,1000多年来虽然几经修建,但仍然保持着唐塔的建筑风格。光孝塔塔身奇长,玲珑挺秀,塔高30多米,穿过须弥座似的塔基,踏上古老的木楼梯,仿佛置身于唐代。光孝塔为五级八角的砖木结构,每层都用砖砌成岩座,腰檐向上反翘,绕以雕版木栏,造型优美,建造精湛。

关于光孝塔的传说故事很多,其中就有一个和乾隆时期的状元胡长龄有关。胡长龄家住

南通光孝塔

在光孝塔西北,他小时候很喜欢到塔上去掏麻雀。有一次,他不小心翻过栏杆直往下掉,幸运的是衣服钩在了二层的檐角上,他毫不惊慌大声喊人,结果平安无事。后来,胡长龄高中状元,在回乡时来到光孝塔,将塔称为支提塔。

支云塔

支云塔,位于南通狼山山顶。据明代《狼五山志》和顾养谦《重修狼山寺记》等资料记载,唐总章二年(公元669年),狼山山顶就已经建有浮屠了。到北宋太平兴国年间,狼山僧人智幻和郡人姚彦章为了纪念僧伽大士而在狼山顶建了一座塔,这就是今天的支云塔。此后,虽然经过多次重修,但是支云宝塔依然保持了宋塔的基本风格。

南通支云塔

关于支云宝塔,陆游在《老学庵笔记》中还记有一则神奇的传说。北宋宣和末年(1125年),有巨商曾施三万缗(千文为缗)钱,将古泗州城普照塔修葺一新。数年后,富商经商归来,当他乘船在江上前行时,忽然看到上游水面有一座塔向东漂浮而来。等塔来到眼前,富商才看出来,这是泗州城的普照塔。正在这时,塔中走出了一个和尚,他对商人说道:"修塔施主,淮南发大水,大师命我将此塔送往东海神山。"说罢,江面狂风大作,宝塔向东飞去,在狼山落定,自此狼山就有了这座塔。

当然上文只是传说而已,不足为信。支云塔建成后,屡遭雷击和火灾。民国年间,支云塔装上了避雷针,这才消除了雷击之灾。1984年寺庙大修,工人们从塔顶重达200多斤的铜葫芦里,取出了历代僧人放在里面的金玉饰器、银箔珠宝、佛像经书等几十件镇塔之宝,佛塔修好后,又复归原处。这次大修后,支云塔朱漆雕栏,檐面覆有金色的琉璃瓦,使人们在十几里外就可以看见它,非常耀眼夺目。

文峰塔

文峰塔,是南通三塔中身材最魁伟、建成最晚的,它始建于明代万历四十六年(1618年)。文峰塔是南通三塔中最高的一座塔,塔高39米,为六角五楼的砖木结构建筑,塔身古朴而优美。塔檐有龙首、走兽、仙人装饰,典雅而传神,塔檐伸出较长,檐角向上反翘,塔顶有一尊仰月宝瓶。在塔所在的院内,有一株罗汉松,它陪伴着文峰塔历经了几百年的风风雨雨,粗糙的树干、茂密的枝叶,撑起了一方郁郁葱葱的田园。园内还有古色古香的亭台楼阁、别有情趣的树木花

草,景色别致优美。

南通三塔,每一座都有自己动人的传说,正是故事赋予了塔以生命和灵性。南通三塔是南通历史的见证,它们看过了一代代从它们脚下走过的人们,它们欣赏着江海平原上的每一处变化,它们沉默无语地耸立着,正如这座城市一样,勇敢而坚强、美丽而年轻。

扬州盐商一夜造白塔的传说知多少

无锡瘦西湖白塔

扬州白塔,位于扬州瘦西湖风景区。白塔建造的十分精美,其塔座为八角四面,每面三龛,龛内有砖雕十二生肖像,象征一年有12个月,一天有12个时辰;筑有台阶五十三级,象征童子拜观音的五十三参图;相轮为13层,象征天的最高处十三天。要说起这白塔的来历可谓奇特,扬州民间至今还流传着"一夜造白塔"的故事。下面我们就一起来看看这"一夜造白塔"到底是怎么一回事。

乾隆皇帝一生六次南巡,"一夜造白塔"的故事大约发生在乾隆第三次南巡时。当时,乾隆爷的船队到达扬州后,他登上龙舟进入瘦西湖游览。在湖上,皇上指着一处美景说:"这里很像京城里的"琼岛春阴"(即北海),美中不足的是少了一座喇嘛塔!"这句话被陪伴皇上游玩的一位名叫江春的人听见了,他虽然不明白喇嘛塔是什么,但是却暗暗记下了这件事。要说这江春还是有一些来历的,他是当时扬州盐业的八大总商之一。他为了弄明白皇上的意思,用银子买通了内监总管,得到了白塔的图纸,然后他急招当时的一个大工匠来到瘦西湖,问道:"你能建造这种塔吗?"工匠回答说:"这有何难!"江春说:"这座塔必须在今天完成,明天皇帝要来看。"工匠自信满满地对江春说:"你大可放心,明天日出时,如果湖心没有喇嘛塔,或者有塔而和图上的不像,那我就自行离开,以后再也不踏进扬州半步!"

当时的扬州富商云集,工商业极为发达,单是从事土木建设的工匠就达10余万人,都等着为富豪之家修缮园林。正是有这10万工匠聚集在扬州,那位领工的大匠才敢于对江春许下诺言。这位大匠也的确是不负重托,他"号召徒众,不期而会者数万",他把数万之众组合成若干专业施工队,"各值一事,不相厕杂",效率果然极高。等到东方天还没亮的时候,那座喇嘛塔已经是"丰下锐上,高耸云表,钩心斗角,穷极工巧",像模像样地耸立在了瘦西湖中。

等到天明以后,江春托总管呈报皇上:"喇嘛塔已落成矣。"乾隆很是疑惑,等他来到湖上,"一展望间,则巍然翼然者,早映于眼帘,而旭日鲜明,正激射其金

乾隆南巡图

轮之顶,一若知有帝王之赏鉴而故炫其金碧辉煌之特色者。"乾隆心中大喜,说:"有此一塔,湖光生色!"这座喇嘛塔便是今天瘦西湖上的白塔了,它与五亭桥高低相依、和美并济,共同构成了瘦西湖的一景。不过,一夜造出白塔也实在是太离奇了,即使是拥有现代科技的今天也很难做到,所以传说只是传说而已。

大明寺为何被誉为"淮东第一观"

大明寺,位于江苏省扬州市蜀冈中峰。始建于南朝宋孝武帝大明年间(457—464年)。唐天宝元年(742年),名僧鉴真东渡日本前,曾在此传经受戒,该寺因此而名闻天下。1 500多年来,这座寺庙的寺名曾多次变化,隋代时称为"栖灵寺""西寺",唐末称"秤平",乾隆皇帝又曾亲笔题书"敕题法净寺"。1980年,大明寺恢复原名。大明寺历史悠久,称号众多,但是有一个称号是不得不说的,那就是"淮东第一观"。那么,大明寺"淮东第一观"的美誉是怎么来的呢?

自建寺以来,大明寺及其附属建筑因集佛教庙宇、文物古迹和园林风光于一身而享有盛名,可以称得上是一处历史文化内涵十分丰富的民族文化宝藏。也正因如此,历朝历代对该寺不乏丽辞华章。北宋时,扬州属淮南东路辖区,著名文学家苏辙(子由)与秦观(少游)畅游大明寺,作诗唱和。秦少游诗末句为:"游人若论登临美,须作淮东第一观。"自此,大明寺作为"淮东第一观"而名闻天下。清雍正年间,时

扬州大明寺栖灵塔

任扬州知府高士钥提议用宋代著名诗人秦少游赞颂大明寺景观的句子来制作一面石碑,并请了当时金坛书法家蒋衡亲笔题字。碑制作完成后就被嵌在了大明寺山门外东偏壁上。

虽然受到很多文人的推崇,但是大明寺也免不了历经劫难。咸丰三年(1853年),寺庙毁于太平军的兵火之下。此后,大明寺几经修建,规模不断扩大。现在的寺庙是清同治年间两淮盐运使方浚颐修建的。新中国成立以后,当地曾多次整修扩建这座南朝古刹。

"文革"时期,"红卫兵"以"破四旧"为名,要砸烂寺庙内佛像。周恩来总理紧急命令当地要坚决保护大明寺古迹。于是,地方政府及时封闭了寺庙,这才使古刹幸免于难。1979年,寺庙全面维修,佛像贴金,大明寺焕然一新。1980年,为迎接鉴真大师像回国巡展,复名"大明寺"。此后,在能勤、瑞祥、能修等法师的主持下,大明寺规模越来越大,中外宾客络绎不绝,千年古刹大放光彩。

玄妙观三清殿的"三清"指什么,有何建筑特色

玄妙观,位于江苏省苏州市观前街,始建于西晋咸宁二年(276年)。道观原名真庆道院,唐代改名为开元宫,北宋时又改名为天庆宫。南宋初,道观毁于兵火,南宋淳熙六年(1179年)时重建。元至元元年(1264年),道观更名为玄妙观。三清殿是玄妙观的正殿,其所谓"三清",分别指殿内供奉的玉清元始天尊、上清灵宝天尊、太清道德天尊。殿内正中为玉清元始天尊,右为上清灵宝天尊,左为太清道德天尊,三座塑像慈眉善目,表情和蔼,神采奕奕。

三清殿历经宋、元、明、清各代,先后经过三次整修,民国年间遭到破坏,现仅存第三进殿。它与福州华林寺、宁波保国寺同被誉为江南古建筑之花,被古建筑专家视为古建筑杰作。那么,三清殿建筑有什么特色呢?

三清殿为重檐歇山顶结构,面阔五间,进深四间,当心间有4根金柱、8架椽,翼似乳状,使用的是宋代建筑的手法。整个建筑结构严谨,柱头微具卷杀,柱础作莲花覆盆形,柱间只施阑额,不用普柏枋;斗拱雄大,斗底作皿板形,拱作偷心造;补间铺作前后檐各一朵,斗拱和椽檩之间彩绘有道教的图案。作为我国南方最大的木构古建筑,三清殿既是宋代官式建筑的

苏州玄妙观三清殿

代表,也表现出了地方性建筑的特点,是研究宋代南北建筑差异的重要例证。

三清殿内现存有石刻10块,其中有宋徽宗赵佶手书瘦金体《神霄玉清万寿宫碑》、宋孝宗《赐少傅陈俊卿札碑》、陈俊卿谢恩表文碑、宋王禹撰写的《陈仁璧墓碑》、方昭书撰写的《祥应庙记碑》以及苏东坡、文天祥、文徵明等历代名人题刻,汇集了篆、隶、真、草各体书法,古雅别致,弥足珍贵,是研究我国书法艺术和道教历史的珍贵文物。

茅山道士为何闻名

茅山,位于今江苏省句容市和金坛市交界处,风景秀丽,幽静宜人,有道教圣地"十大洞天"中的"第八洞天"之称,又有"三十六小洞天"之称,还被誉为是"天下七十二福地"中的"第一福地"。提起茅山,很多人都会想到茅山道士。那么,茅山道士为什么会这么有名?

说到茅山道士,首先要说一说"三茅真君"。公元前82年,已经年过六旬的陕西咸阳人茅盈来到句曲山,他在山中采药济世救人,并在洞中潜心修炼,最后得道成仙。得道后,茅盈回乡对父亲说,我已经受圣师符箓,无时不有天丁天兵在守护,所以你千万不可以打我,否则被三官大帝知道了,你会受到惩戒的。他父亲不相信,正要举起手杖打他,谁知手杖已经被折断了。还有一次,茅盈将一位溺水的人救活了,还让他活到了90岁。凡人也可以通过修道成为神仙而长生不老,这使茅盈的两个兄弟也很心动,于是他们抛弃荣华富贵,弃官不做,追随茅盈千里迢迢来到句曲山,最终都如愿以偿飞升上清了,这就是"三茅真君"。此后,茅山就成了道家的修仙之地。

到了陶弘景以后,茅山宗人才辈出,其影响也日渐扩大。唐宋时期的茅山宗发展到了高峰,唐代茅山道士王远知、潘师正、司马承祯、李含光等,都极得大唐宗室的尊崇。茅山宗主要传承了《上清大洞真经》,修持方法以思神、诵经为主,当然也有炼丹,陶弘景本人就是一位精于炼丹的高手,梁武帝就曾经服食过他的丹药。宋朝至明朝时期,茅山宗与各派融合,从此就不复存在了。

到了清代,由于清帝宠信佛教密宗,道家受到了执政者的极力排斥。清代以后,近代科学兴起,这更是让道家的发展走上了绝境。茅山道门

句容茅山老子像

子弟大都由此沉沦了,以至于真正的道士越来越少,反而那些假道士、真神棍却越发猖獗起来,这使门人不思进取,整天只知装神弄鬼骗人钱财,也使茅山宗面目全非、乌烟瘴气。

时至今日,偶尔出现的所谓茅山法门多见于民间巫术,茅山道士也多是以捉鬼降妖而闻名于世,但是这些和茅山宗的教义精华毫无瓜葛。之所以会出现这样的现象,一则是后世弟子为了骗吃骗喝而愚弄乡民所至,二则是那些无知信徒们夸大其词、以讹传讹造成的结果。

全国唯一的岳飞生祠在哪里

岳飞(1103—1142年),字鹏举,宋河北西路相州汤阴县人。他20岁从军,32岁被擢为节度使,累官至太尉、宣抚使、枢密副使。他一生坚决主张抗金,曾四次举兵北伐。绍兴十一年(1142年),遭投降派奸相秦桧杀害,时年39岁。岳飞死后,各地为纪念他的功绩和操行,纷纷建祠立庙,人称"岳庙"。在众多的岳庙中有三座天下闻名:岳飞出生地河南汤阴的岳庙;岳飞赴义地杭州西湖的岳庙;还有一个就是江苏靖江的岳王庙。靖江岳庙原称"岳忠武穆生祠堂",俗称岳王庙,位于江苏省靖江市生祠镇中街。这座庙建在岳飞在世之时,故而被称作是岳飞生祠,这也是全国唯一的岳飞生祠。那么,岳飞生祠为什么会建在这里呢?

南宋年间,金兵进犯中原,岳飞率兵抵抗,岳家军所向披靡。可奸臣秦桧与当时的南宋皇帝宋高宗赵构狼狈为奸,想与金兵媾和,于是岳飞就成了他们的眼中钉。宋高宗在一天之内连发12道金牌命岳飞返回南宋都城临安(今杭州),无可奈何的岳飞只好率兵南回。位于中原前线的老百姓对岳飞依依不舍,随着岳家军一路后退,一直到了扬子江畔的靖江。半夜,岳元帅走出帐篷,看到面前的这块土地有山有水,宜桑宜粮,是一块养人的鱼米之乡。天亮时分,岳元帅就召集老百姓,对他们说出了一番视民如子的肺腑之言:"你们就不要随我渡江了,我看这是一块好地方,你们就在这里生活吧。"岳飞走时,老百姓紧紧相随,送了又送,一直送到了江边的一座桥头才不得不停住了脚步。岳飞大受感动,就脱下了身上的白袍留给老百姓作留念,后来百

靖江生祠岳庙

姓们为了怀念岳元帅、希望他长生不老,就建成了供奉白袍的白衣堂,再后来又建成了一座庙祠,这就是今天的靖江岳王庙了。

一进岳庙大门就是大殿,这是岳庙的灵魂和中心,很有庄严威武之气。穿过绿树鲜花相拥的甬道,门厅前抱柱上挂有楹联:三十功名尘与土,八千里路云和月。进去之后,可以看见岳飞坐像位于大殿正中,他红缨帅盔,紫袍金甲,足履武靴,神态英武逼人,但是仔细端详便可发现,岳飞英武神态中隐藏有一丝抹不去的苦思与忧戚。据说,这是全国唯一一座带有忧戚神态的岳飞塑像。坐像上方,挂有元帅手书的"还我河山"匾额。坐像后面,就是那首有名的《满江红》。

殿中除了岳飞塑像之外,还有他的部下和朋友的雕塑。在元帅坐像两侧有岳飞八神将浮雕,岳云、牛皋等人栩栩如生,仿佛一直陪伴着岳元帅忧国忧民。大殿的后面是后殿,名为思岳轩,岳飞像碑位于正中,岳飞的朋友李纲和韩世忠手书的诗文就刻在石碑上。在岳王庙的回廊下,还有岳飞手书的《前出师表》全文石刻。出了岳王庙,在庙门两边的墙壁上,还镶嵌着刻有"精忠报国"四个字的四块石碑。

岳飞

皂河龙王庙为何又被称为"乾隆行宫"

皂河龙王庙,原名为"敕建安澜龙王庙",坐落于江苏省宿迁市西北20公里处的古镇皂河。它北临骆马湖,南接废黄河,东连马陵山,傍湖连水,交通方便,四季分明,气候宜人。这座龙王庙始建于清代顺治年间,改建于康熙二十三年(1684年),后经雍正、乾隆、嘉庆各代皇帝的复修和扩建,形成了现在的规模。现在的龙王庙占地36亩,周围红墙环绕,是一座三院九进封闭式北方宫殿式建筑群。皂河龙王庙还被称为"乾隆行宫",这是为什么呢?

据当地老百姓传说,当年乾隆

宿迁皂河龙王庙

乾隆写字图

皇帝第一次沿运河南下时，途经古镇皂河。他见到沿河的这座小镇码头商贾云集，十分繁荣，便禁不住要上岸看一看。上岸之后，乾隆更是被小镇的风土人情、风味小吃所吸引，他不仅品尝了皂河有名的刘家汤水，还对皂河烧饼大加称赞，并特赐名为"乾隆贡酥"。就在乾隆品尝当地小吃时，一段风流趣事发生了。

原来，这卖汤的刘老板半月前新娶了一房儿媳，名叫叶儿，这叶儿不仅勤快大方，而且还特别漂亮，她不是一般书上说的闭月羞花、沉鱼落雁之美，而是一种健康的美，有一种少妇特有的气质。总之，叶儿的举止言谈深深地迷住了风流天子乾隆。乾隆决定当晚住进镇南的龙王庙里，第二天再去喝刘家的汤。第二天乾隆便趁喝汤的时机，送了一个精美的玉佛挂件给叶儿，还派人送了许多金银给刘老板。送礼的人将乾隆的真实意图告诉了刘老板，那刘老板一听是皇上看中了自己的儿媳，而且赏赐的金银完全可以再给儿子娶上十个媳妇，自然喜不自禁，哪还有不从之理。于是，乾隆皇帝便于当晚再次住进龙王庙，还把叶儿召进了庙内。之后，乾隆便命地方把庙地扩大，按皇家宫廷式样进行扩建，并赐名为"皂河乾隆行宫"。后来，乾隆皇帝六次下江南，五次宿顿于此，并建亭立碑，帑金修缮。于是，皂河"乾隆行宫"的名声就响了起来。

200多年来，龙王庙行宫以其悠久的历史和美丽的传说，吸引着众多的中外游客和专家学者不断地研究、探讨。同时，它又以其独特的宫殿式建筑风格和丰富的文化内涵，向人们展示着其独特的魅力。

老江苏的陵墓祠堂

 ## 为何汉代王室贵族死后要穿玉衣

玉衣,又称玉柙或玉匣,是供皇帝和贵族死后穿的葬服,它是用许多四角穿有小孔的玉片以金丝、银丝或铜丝相连而制成的,根据丝的不同,可分为金缕玉衣、银缕玉衣和铜缕玉衣。玉衣的出现大约是在西汉文帝和景帝时期,其存在的下限大约是在东汉末年或三国初年。据《后汉书·礼仪志》记载,皇帝使用金缕玉衣,诸侯王、列侯、始封贵人、公主使用银缕玉衣,大贵人、长公主使用铜缕玉衣。那么,汉代王室贵族死后为什么要穿玉衣呢?

有专家认为,以玉衣作为葬服的主要目的是使尸体得以永久保存。据《汉书·杨王孙传》记载,杨王孙认为玉石能使尸体千年不朽,他说:"口含玉石,欲化不得,郁为枯腊,千载之后,棺椁朽腐,乃得归土,就其真宅。"在《后汉书·刘盆子传》中也有西汉各皇帝陵墓中凡穿有玉衣的尸体都完好如生人的记载,虽然这种说法不足为信,但在某种意义上反

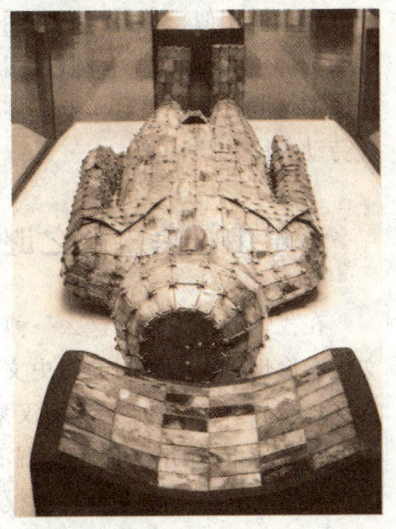

中国国家博物馆馆藏金缕玉衣

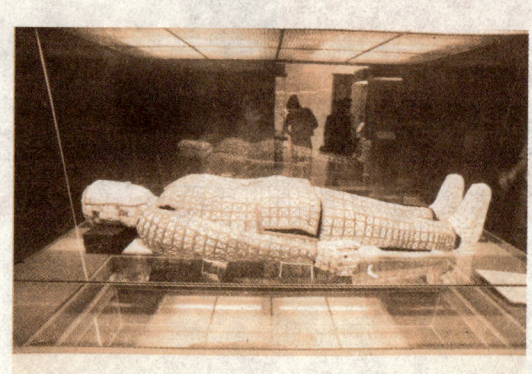

西汉南越王墓出土的丝缕玉衣

映了当时人对于玉能防腐的认识,也正是在这种认识的驱动下,汉代王室贵族才会以玉衣入葬。

目前,我国在许多地方都出土过汉代玉衣或玉衣片。其中,出土有玉衣的西汉墓葬有18座,所出玉衣为金缕的有8座,银缕的2座,铜缕的2座,丝缕的1座,缕质不确定的5座。就玉衣片的质料而言,除玉质外,还有用琉璃片作为代用品的。出土有玉衣的东汉墓葬有16座,其中出银缕、铜缕玉衣各一套的有3座,出银缕玉衣的3座,出鎏金铜缕玉衣的1座,出铜缕玉衣的7座,缕质不确定的2座。玉片的质料有玉质的,也有石质的。

在已经出土的汉代玉衣中,最具代表性的是1968年在河北满城一号汉墓中出土的中山靖王刘胜的金缕玉衣。这件玉衣在刚发掘时因年代久远已经变形,部分玉片也因金丝折断而散乱,但整个玉衣被完整地保存了下来。经过考古工作者精心地修复后,这件玉衣恢复了原貌。这件玉衣全长1.88米,共用玉片2 498片。玉片的大小和形状按人体各部分的不同形状而设计,以长方形和方形的居多,另外还有三角形、梯形、多边形等。玉片角上穿孔,以便用金丝编缀。玉衣分头部、上衣、裤、手套和袜五个部分,每部分又由若干部件构成。头部由脸盖和头罩组成,上衣由前片、后片和左右袖筒组成,裤由左右裤筒组成,玉衣外表和人体相似。整件玉衣共用金丝1 100克,这些金丝都经过了细致的加工,并且随部位的不同,既有圆形、扁圆形和麻花形之分,也有单股和用许多根金丝拧成的合股之分。整套玉衣形体肥大,披金挂玉,十分精美壮观,充分展现了古代劳动人民的智慧。

龟山汉墓未解之谜

在我国的旅游界有这么一种说法:秦唐文化看西安,明清文化看北京,两汉文化看徐州。作为我国的历史文化名城,徐州历史文化遗存特别丰富,特别是古文化遗产中的汉代三绝,即汉墓、汉兵马俑、汉画像石,其中又以汉墓位列第一。迄今为止,徐州汉墓已发掘清理了近300座,在这些形式各异的汉墓中尤以十几座汉代王侯陵墓最具规模,而在这十几座王侯陵墓中,龟山汉墓又以其规模巨大、建筑精美、色彩神秘而独占鳌头。龟山汉墓是西汉第六代楚王刘注的夫妻合葬墓,1981年被当地开山采石的群众发现。虽然从发现至今已有多年,但是其仍有许多的谜团仍未解开。那么,这些谜团有哪些呢?

徐州龟山汉墓

崖洞墓开凿之谜:龟山汉墓是典型的崖洞墓,其15间墓室和两条甬道,总面积共700余平方米,容积达2600多立方米,几乎掏空了整个山体。在半山腰挖石修墓,其神奇堪与埃及金字塔垒石成墓相比肩。那么,汉代的工匠是如何掌握山体的石质和结构的呢?又是如何安全、顺利施工的呢?关于这两个问题,至今还没有得到一个恰当的解答。

塞石之谜:龟山汉墓的南甬道在发现时,被26块塞石堵塞。这些塞石分为上、下两层,每层13块,每块重达6~7吨,石块间接缝紧密,连一枚硬币也难以塞下。据专家考证,汉墓的甬道在当时处于龟山的半山腰,而塞石却来源于遥远的西南边陲。在生产力极为低下的汉代,古人又是用什么方法把这些庞大的塞石运来并塞进甬道的呢?至今这个问题也没有得到回答。

精度之谜:龟山汉墓的墓葬开口位于龟山西侧,有南北两条甬道,甬道各长56米、高1.78米、宽1.06米,沿中线开凿最大偏差仅为5毫米,精度达1/10 000;两甬道之间相距19米,夹角为20秒,误差仅为1/16 000,如果将其向西无限延伸,其交点将位于1 000公里外的西安,这是迄今为止世界上打凿精度最高的甬道。不仅如此,甬道由26块巨大的塞石分上下两层封堵,塞石之间排列十分紧密,连一枚硬币也无法塞进,而且甬道两壁都磨如平镜。按当时的技术水平,这样高精度的甬道是如何修建而成的呢?

崖壁画之谜:在楚王棺室北面墙上,清楚地显示着一位真人大小的影子,它身着汉服,峨冠博带,作拱手迎宾状,被称为"楚王迎宾"。令人费解的是,这一现象是在墓室正式开放后逐渐形成的,而影子外却没有任何渗水痕迹,有人认为这是由于岩石石质不同而造成的,但它为什么偏偏出现在楚王棺室内呢?这个问题至今也没有得到解答。

星宿分布图之谜:刘注夫人墓室的前厅和棺室及石柱上都分别留有乳头状石包,其分布走向呈不规则排列,但绝非工艺点缀,这种分布到底代表什么意思呢?有人认为它代表的是天上星宿的分布,还有人认为是楚王刘注上应天星。但是细细考察之后,以上之论点均不能自圆其说。因此,这些乳状石包到底代表着什么,现在还不得而知。

徐州龟山汉墓出土的车马

刘注前殿未解之谜： 刘注前殿位于整个墓葬的中心部位，是15间墓室中最大的一间，面积达68.91平方米，象征着楚王生前理政朝拜、宴饮宾客的大殿。殿中间的擎天石柱高大粗壮，气势雄伟，恰好撑在南北甬道的中轴线上，其构造之巧妙令人叹为观止。这样的布局是巧合还是另有寓意呢？现在也无从解答。

壶门之谜： 据有关专家考证，楚王夫人下葬的时间应该是在楚王下葬三四年之后，但楚王墓和夫人墓都是同时开凿完成的。当时，两个墓宫之间留有一道门，却未开通，直到楚王夫人下葬后，才由工匠们"开门寻夫"。能够建造此墓的能工巧匠，把两座墓宫打造得天衣无缝，但在这里却留下一个让人无法理解的问题——这里是15个墓室中唯一一个开凿不规则的过道，楚王这边门小，夫人那边门大，使整个通道呈曲尺形。有人认为，这是工匠们在"开门寻夫"时找错了位置，凿到一半时才修正的。但是，在龟山墓15间墓室中除了这一个过道外，其他的没有一处发生误凿，这到底是出于什么原因呢？关于这一问题，至今也没有一个令人信服的解答。

由上文我们可以看出，龟山汉墓可以说是谜团重重，它给人们留下了太多的遐想空间。那么，这些问题到底有没有一个真正的答案呢？这恐怕需要再进一步的研究才能得出结论了。

龟山汉墓墓主是如何被确认的

"两汉看徐州"，汉墓、汉画像石和汉兵马俑是徐州两汉文化遗存的代表，其中以汉墓最为突出。在徐州发现的众多汉墓中，最有代表性的当属龟山汉墓。龟山汉墓位于江苏省徐州市龟山西麓，是西汉第六代楚王襄王刘注及其夫人的合葬墓。这座墓以山为陵，几乎掏空了整座山，规模庞大。不仅如此，这座墓还是徐州唯一确认了墓主人身份的汉代楚王陵墓。那么，龟山汉墓墓主是如何被确认的呢？

龟山汉墓于1981年2月被当地群众发现，同年11月，当地文物部门对北墓道及整个墓葬进行了发掘清理。由于历史久远，这座墓中的文物已经被盗墓者洗劫一空了，所以墓主人的身份就一直没有确定。1985年，当地在文物普查工作中意外征集到了该墓出土的刘注龟钮银印,从而揭开了墓主人的身份之谜。

龟山汉墓为两座并列相通的夫妻合葬墓,分为南北两个甬道,长度均为56米。其中,南甬道为楚王刘注墓,北甬道为其夫人墓,墓均为横穴崖洞式。墓葬开口处于龟山西麓,呈喇叭形状,由人工开凿而成。墓中有墓室15间,室

徐州龟山汉墓墓道

室相通,大小配套,主次分明,总面积达700余平方米,容积达到2 600多立方米。这个由全手工开凿的墓穴,工程浩大,气势雄伟,举世罕见。

狮子山楚王陵是如何被发现的

楚王陵,位于江苏省徐州市三环路狮子山,是西汉早期分封在徐州的楚王的陵墓,距今已有2 100多年的历史了。这座陵墓依山而建,凿山为藏,坐北朝南,深入山体中达60多米,整座陵墓南北总长117米,总面积约为851平方米,凿石量达5 100立方米。其庞大的规模、恢宏的气势、奇特的建筑结构,无不令人叹为观止,被发现时,曾在国内外引起巨大轰动。那么,楚王陵是如何被发现的呢?

徐州,又名彭城,历史上就有"自古彭城列九州,龙争虎斗几千秋"之说。其地处江苏、山东、河南、安徽四省的交界地带,历来是区域的交通、经济、文化中心和军事重镇。在我国历史上,围绕徐州进行的战争多达200多次,抗日战争时期的台儿庄战役和解放战争时期的淮海战役都是为争夺徐州而进行的。这里是汉高祖刘邦起家的地方,西汉建立后,刘邦分封诸侯王,将徐州及其周围36县划为楚国,分给他的弟弟楚元王刘交,史称其为楚王。此后共延续了12代楚王,他们死后都葬在环绕徐州的山丘之中,位于徐州东郊的狮子山就是其中之一。

狮子山是一座不起眼的、海拔只有60米高的小山包。最初的时候,考古人员并没有发现这里有座王陵,而是发现了位于王陵西侧约300米远的汉兵马俑。1984年冬天,一部推土机在狮子山的西南部取土时,偶然铲出了一批汉兵马俑,这是继1965年夏季陕西咸阳发现汉兵马俑、1974年春季西安临潼发现秦始皇陵兵马俑之后我国出土的第三批兵马俑。随后文物部门和考古人员就对

狮子山兵马俑进行了大规模的发掘,并于1985年在原址上建立了徐州汉兵马俑博物馆。

兵马俑博物馆建好之后,考古学家们并没有停止他们的工作,他们在思考着一个问题:这样规模宏大的兵马俑为何葬在这里?从已经发现的咸阳兵马俑和临潼秦始皇陵兵马俑来看,它们一定是汉代某个分封到徐州的楚王王陵的陪葬物。于是考古学家们开始在附近寻找,并将目光集中到了狮子山上,他们草拟了各种有关陵墓形状的模拟图,利用各种仪器进行探测,还请来了地质勘查队钻孔探究,但最终都一无所获。勘探工作进展得非常困难,当时由于山丘上已经有几百户人家建房居住了,民房鳞次栉比,所以不能采用大规模的普探,而只能采用梅花桩的勘探方法。尽管如此,探察还是要受到干扰,花钱征用民房由于经费和各种其他原因也未能全面展开,这种漫无边际而又没有百分之百的把握的做法最后只得作罢。有一次考古人员在征用的一户民房打下的探沟距楚王墓的外墓道仅10米。

一晃6年过去了。1990年的一天,徐州汉兵马俑博物馆馆长、考古学家王恺在狮子山村里找线索时,与当地老人闲聊,86岁的老人张立业说,他家祖辈挖过很深的大地窖,其中最大的一个能放一万多公斤红薯。老人的话引起了王恺的注意,因为狮子山上都是石头,怎么可能挖出这么大的地窖呢?于是,考古人员在张立业老人的配合下,在张家已废弃的地窖里开始寻找历史的遗迹。当探沟挖到地下3米时,考古人员发现了外墓道上人工开凿的痕迹。为了弄清陵墓的具体位置和外围结构,他们又做了勘探和探究,直到1992年才最后确定楚王陵的位置,它距离陪葬的兵马俑队阵只有500米远。此后,对狮子山楚王陵的考古发掘才逐渐展开。

楚王陵,坐北朝南,由墓道与附属建筑、主体建筑两大部分构成,共有墓室12间,使用面积达850多平方米,它将狮子山掏空了半座。陵墓采用的是汉代流行的横穴岩洞式,却又开凿了一个巨大而方正的天井,这在以往开掘的汉墓

徐州西汉楚王陵

中是从未有过的。这座天井就像一处奢华而美丽的大厅,通过长达117米的墓道就可以穿过天井、通向山体深处神秘的地下世界。为了清理天井中的夯土和填石,人们用铲车、吊车作业尚且花去了三个多月时间,而且狮子山还是一座石头山,可想而知,在汉代开凿这个硕大的天井,要耗尽

多少人的生命。有专家们推测,这座规模宏大的楚王墓在当时至少也得花20年时间才能完工。

楚王陵的墓室和侧室用途分明,有庖厨、御府库、储藏室、钱库、兵器库、印章及杂件库、陪葬墓、棺室、礼乐室等。在汉代,盛行灵魂不灭学说,崇拜儒家孝道思想,普遍认为"人死辄为神鬼而有知",由此产生了"事死如

徐州西汉楚王陵出土的凤冠

生"的丧葬观,在墓室的形制和结构上也极力模仿现实生活中的地面住宅,而且在随葬品方面尽量做到应有尽有,几乎包括了生人所用的衣食住行各方面的所有物品与器具。

墓中出土各类珍贵文物2000余件(套),有金、银、铜、铁、玉、石、陶等质地,其中不乏价值连城的艺术珍品,如雕龙玉璜、弦纹玉环、雕花玉卮、螭虎纹玉饰、镶玉漆棺、铜扁壶等,都是国内考古首次发现。在众多的文物中,还有各级官员的印章150多方。考古人员从出土的文帝四铢半两钱推定,该墓的上、下限时间为公元前175年至公元前118年,并由此推断出狮子山楚王陵的陵主人应该是第二代楚王刘郢或者第三代楚王刘戊。尤其珍贵的是,科学工作者根据王陵中残留的楚王遗骨,首次成功地复原了2 100年前一代楚王的形象。

狮子山楚王陵有哪些未解谜团

楚王陵,位于徐州东郊南麓的狮子山,发掘于1994年。这座王陵凿石为室,穿山为藏,墓室嵌入山腹内深达百余米。其庞大的规模、恢宏的气势、奇特的建筑结构,无不令人叹为观止。那么,狮子山楚王陵有哪些未解的谜团呢?

墓主人之谜

楚王陵的主人到底是谁?关于这个问题一直存在争议。20世纪80年代,一辆正在取土的挖掘机挖掘到了楚王陵兵马俑。此后的十几年间,考古学家一直在寻找这些兵马俑的主人。1991年7月,楚王陵被发现,1994年正式开始发掘。经过长期的研究,专家们初步断定墓主人为西汉第三代楚王刘戊。

但是,随着考古发现的不断深入,不少专家对墓主人的真实身份提出了疑问:这座墓到底是不是刘戊墓?有专家认为,由于刘戊是在反叛当时的中央政府后战败而死的,按照常理推断,死后不该再享尊荣,但是楚王陵的规格却非常

高,金缕玉衣、兵马俑等王侯礼器一样不少,这似乎与刘戊的叛臣身份与地位不相称。因此,部分专家推断,楚王陵的主人可能不是刘戊,而是第二代楚王刘郢客。

然而推断归推断,任何一个科学的结论都需要事实来支持。考古工作者断定,狮子山地区是一个以楚王陵墓为核心,以兵马俑为陪葬军阵的大型陵园,在这个区域内一定还有其他未发现的汉文化遗迹。这些遗迹被发掘出来之后,将对研究汉文化提供更加翔实有力的依据。也许到了那时,楚王陵主人的真实身份才会浮出水面。

徐州西汉楚王陵楚王像

异香之谜

在狮子山楚王陵发掘时,发生了一件非常奇特的事情。在考古人员清理墓区时,一股奇特的异香扑入考古队员的鼻内,沁人肺腑。当时工作人员只顾着发掘工作,谁也没有在意这种奇异的幽香,只一会的工夫,这股异香就渐渐淡去,最后消失殆尽,再也闻不到了。事后人们才逐渐注意起这股异香。这股异香究竟从何而来?它又是一种什么样的香气呢?据有关专家考证,这股异香的来源有两种可能:

第一种来源是中药香草的气味。在楚王陵的11个分室中,在西侧室的一边有一间"沐浴室",这个"沐浴室"是为古代帝王沐浴而准备的,古时候帝王沐浴和普通百姓不一样,都是把香料或者中草药浸泡在水中,以达到沐浴净身、保健养生的功效。这种"异香源于中药香草"的说法,有实物作为证据,在楚王陵沐浴室发现的盛放中草药的篮子状的盘器就可以证明。

第二种来源是东侧室中的食监房。在这里,考古人员出土了许多盛有兰陵美酒的酒缸,兰陵美酒的酒香浓厚、历久弥香,很可能在楚王地宫里积久不散。而一旦地宫打开,便会异香四散,集聚在洞口排出。此外,在食监房里还出土了来自古下邳地区的苔干、符离集的烧鸡及沛县的腌汁狗肉,这些都是彭城封国境内管辖之地出产的美食,当时的异香也很可能是这些

徐州西汉楚王陵兵马俑

美食共同发出的气味的混合物,长时间地在地下条件下发酵而产生的。

以上两种关于异香之谜的说法,否定了迷药及地宫瘴气的成分,排除了作为防御进入地宫者及盗墓者的毒气的可能。因为如果这种异香能有效防止盗墓行动的话,那么在楚王陵就不会发现因被盗而遗落在洞口的玉器、钱币的痕迹。虽然这两种说法都有自己的依据和推理逻辑,但是这并不能作为有力的证据,因为当时香气早就飘散完了,而且也无法找到香气的确切来源,所以上述推测也只能是推测,而不能作为支持香气来源的证据。基于此,异香之谜可能只能作为楚王陵未解的一个谜团一直存在下去了。

土山彭城王墓出土的银缕玉衣知多少

土山彭城王汉墓,位于徐州云龙山北麓,它是未确认的某一代彭城王夫妇的合葬墓。墓中有墓室 7~8 个,规模较大。1979 年,考古人员在发掘这座王墓的时候,从 1 号墓出土了一件银缕玉衣,其复制品现存于徐州市博物馆。这件银缕玉衣整体情况如何?有什么特色呢?

出土于土山彭城王汉墓的这件玉衣,修复后总长 1.71 米,整件玉衣共用玉片 2 600 余片,编缀玉衣的银丝重约 800 克。从外观上看,"玉衣"的形状和人体几乎一样。在"玉衣"内的头部,有眼盖、鼻塞、耳塞和口含,

土山彭城王墓出土的银缕玉衣

下腹部有罩生殖器用的小盒和肛门塞。整件"银缕玉衣"从头到脚由头罩、上衣、裤子、手套和鞋五部分组成。头罩包括头顶和后颈,顶部是一块璧形玉片。脸盖包括额部至下腭以及左右两耳,眼、鼻、嘴部的玉片都是特制的,以便显示人脸逼真的形象,如玉衣的两眼呈橄榄形、下腭呈半月形,鼻子是用 15 片小条梯形玉片和一片半圆形玉片组成。上衣、裤子、手套和鞋等部位的玉片有正方形、长方形、月形、三角形等。

西汉建立之初,天下初定,百废待兴,社会经济正处在缓慢的恢复阶段,在经过几十年的休养生息后,经济有了很大发展,于是在王室贵族中,生前奢靡、死后厚葬的风气日渐浓厚。不仅如此,汉代人认为灵魂不死,"侍死如奉生"。所以上自皇帝、诸侯,下至官吏、富族,对于死后的丧葬之礼无不奢华至极,所以作为最能显示墓主人身份和等级的玉衣屡屡出现在汉代墓葬中。东汉时期,这种传统得到了沿袭,所以在土山彭城王汉墓中出土银缕玉衣也就不足为奇了。

为何唐骆宾王的墓会在南通

骆宾王墓,位于南通城东,在有佛教八小名山之首的狼山脚下。骆宾王(619年—?),今浙江义乌人,他与杨炯、卢照邻、王勃并称为"初唐四杰",在我国文学史上占有重要的地位。骆宾王从小机敏过人,他7岁即能作诗,著名的古诗《鹅》就是他的代表作,在当时极负文名。骆宾王是义乌人,那他的墓为什么会在南通呢?

骆宾王年轻时颇为潦倒,"落魄无行",后来又因为屡次上疏言事而获罪入狱,最后被贬为临海县丞。武则天即位后,扬州刺史徐敬业于光宅元年(公元684年)起兵反周,骆宾王就参与到了徐敬业的军中,并为他撰写了《讨武曌檄》。在这篇檄文中,骆宾王写道:"请看今日之域中,竟是谁家之天下?"于是轰动一时,就连武则天在读了这篇文章后都被骆宾王的文采所震动,感叹道:"宰相安得失此人?"

骆宾王

后来,徐敬业兵败,骆宾王跟随他逃跑,打算自长江口逃亡到高丽(今朝鲜)。当船行驶到海陵(今泰州,当时下辖南通)时遇到大风,木船无法东行,于是将士们哗变,众人跳水逃生,骆宾王从此就亡命于"邗自白水荡"(今江苏启东吕四一带)。追兵将领四处搜捕骆宾王等人,但始终不得,因为怕承担对朝廷重犯追捕不力的罪名,他们就杀了几个与骆宾王等人相貌似的人回去交差了。这样,骆宾王才得以隐姓埋名活了下来,直到去世。骆宾王死后葬于南通,其家乡义乌有其衣冠冢。

骆宾王的墓一直不为人所知,直到明末时才被发现。据朱国桢《涌幢小品·骆宾王冢记》记载,明正德九年(1514年),南通有一个曹姓农民,在城北黄泥口开荒掘地时发现了一座坟墓,题名为唐骆宾王之墓。他打开墓一看,见一个人衣冠如新躺在里面,于是非常害怕,立即将墓用土盖好,只将石碑带回。后来,他想了想还是害怕,于是就将墓碑打碎,扔回了原处。

清朝乾隆十三年(1748年),闽处士刘名芳居住在军山编撰五山志,他听说这件事后,就到黄泥口搜寻,"访得之:一抔残土,半浸水中,掘地得断石'唐骆'

二字,唐字未损,骆字蚀其下半矣。因请于太守董公(董权文),效前守彭士圣移金将军墓故事,移葬狼山"。这样,一代文雄骆宾王之墓就从黄泥口迁到了狼山,并从此长眠于斯。

"南唐二陵"分别是谁的陵墓

南唐二陵,位于江苏省南京市江宁区祖堂山南麓,两座陵墓分别是我国五代十国时期南唐先主李昪及其妻宋氏的钦陵和中主李璟及其妻钟氏的顺陵。二陵相距100米,距离很近,所以并称为"南唐二陵"。"南唐二陵"发掘于1950年,其墓室继承隋唐以来陵墓建筑的基本特点,布局规矩,结构严谨,并保存有精细的石雕和彩画,对研究唐宋时期的建筑、帝王陵寝制度、艺术都有重要价值。

二陵都是依山而筑,由南唐大臣江文尉和韩熙载设计,东为钦陵,西为顺陵。二陵的形制大致相同,在平面上分前、中、后三个主室,每室东西附有侧室,钦陵总计有13个墓室,顺陵有11个。后室为陵墓主体,放置棺椁,装饰非常讲究,钦陵后室室顶绘有天文图,地下有青石铺面,刻有蜿蜒曲折的地理图。在结构上钦陵前

南唐二陵钦陵

中二室为砖砌,后室为石造,顺陵则全部用砖砌成。二陵墓门、墓壁的表面皆仿木建筑形式,做出柱枋、斗拱等。

钦陵的中室和东西便房柱都用石灰粉饰,上面绘满了艳丽的牡丹花纹,四壁都涂有朱彩。北面壁顶上还横着双龙夺珠和头戴盔胄、身披细甲、手持长剑、足踏祥云的大型武士浮雕像。现在浮雕像上还残留有敷金涂彩的痕迹。由此可见,当年二陵地宫建筑十分豪华。顺陵虽与钦陵形制略同,但墓内的结构装饰和绘画艺术已失去南唐初年雄伟富丽的气魄,反映了这位没落君主"手卷真珠上玉钩,依前吞恨锁重楼,风里落花谁是主,思悠悠"的政治生涯。

二陵发掘后被就地保护起来,1956年维修加固,1962年又在二陵墓室地下修建排水道。1981年起,有关部门对墓室进行维修加固,采取防潮措施,划定保护范围,整治周围环境,在陵园区内广植树木,修建了陵门、石桥、碑亭、陈列室等辅助设施。

为何南京会有异国君主的墓

在南京南郊的安德门石子岗西面,有一座来历颇为特殊的陵墓。它并不是哪朝天子的陵墓,而是一位外国君主的墓葬,墓的主人是古勃泥国王麻那惹加那乃。那么,这位异国君主为什么会在死后葬在南京呢?

勃泥国是东南亚的一个古代小国,也称"渤泥"或"浡尼",它位于东南亚加里曼丹岛北部地区,即今天的文莱达鲁萨兰国,其含义为"生活在和平之邦的海上贸易者"。早在汉代,勃泥国就与我国有商业往来。到了北宋太平兴国二年(977年),两国开始正式交往。到了明初,朱元璋曾委派御史张敬之、福建行省都事沈秩二人出使勃泥国。那时的勃泥国国王是哈漠沙,他也派使者随同张敬之一起来到我国南京,对明王朝的建立表示祝贺。到了明成祖朱棣时,两国的关系更加友好。

由于勃泥国位于当时东、西洋海上交通的枢纽之地,地理位置重要,郑和第一次下西洋时就访问了勃泥国,并封前国王世子麻那惹加那乃为勃泥国王,还授予其印符、诰命。勃泥国是一个伊斯兰教国,信奉伊斯兰教的郑和自然容易与勃泥国的国王、大臣联络感情,搞好关系。所以,作为和平使者的郑和深得勃泥国王麻那惹加那乃的信任。

永乐六年(1408年)八月,勃泥国王率王妃、子女及近臣共150余人,远涉重洋来到中国。明朝政府事先派人前往泉州迎接,从泉州到南京的沿途各地都隆重地备宴设席。到达南京后,明成祖在华盖殿接见了远道而来的贵宾,客人送上了勃泥国的名贵特产,成祖以礼回赠。接着在奉天殿(今南京午朝门公园)大摆宴席,盛情接待麻那惹加那乃一行,为他们洗尘接风。宴后,又送客人到会同馆加以悉心招待。此后,成祖每日命官员送酒宴到会同馆,并让大臣和太监日夜陪伴他们。

同年十月,勃泥国王忽染急病,明成祖忙令太医全力为其诊治,但终因病情恶化,医治无效,病故于会同馆。明成祖极为悲伤,为之"辍朝三日",追谥其为"恭顺王"。当时,年仅28岁的国王在临终前,留下了"体魄托葬中华"的遗嘱,于是明成祖就按中国礼仪将其葬在了安德门石子岗,并找了一些中国籍的西南夷人为国王守墓,每年春秋两季还

勃泥国王墓墓碑

派专人前去祭扫。

勃泥国王麻那惹加那乃死后，朱棣下诏书封麻那惹加那乃之子为新任国王，并派人护送他归国。临走前，明成祖朱棣皇帝设宴为他饯行，并赐赠大量黄金、白银，由此可见明成祖朱棣皇帝对勃泥国的重视。

1958年5月，南京市文物保管委员会在进行文物普查时，发现了佚名已久、一直被当地人称为"回回坟"的勃泥国王墓。当时墓前有石马、石羊、石虎等，墓碑上书有"勃泥国恭顺王墓碑"几个字，碑文依稀可辨"永乐六年八月乙未""勃泥国王去中国""葬于安德门石子岗"等字样。此后，国家多次拨款修葺，并在墓地增设了祭桌和石凳，铺筑了墓道。20世纪60年代初，在勃泥国王墓修缮后，文莱等国还专门派人前来敬谒。

明成祖朱棣

颜真卿为何死后葬在句容

颜真卿，唐代的书法大师，开创了"颜体书法"，为世人所推崇。但是，很少有人知道颜真卿还是一位大臣，曾担任过唐代高官，辅佐皇帝处理国家政事。唐德宗年间，节度使李希烈谋反，皇帝派时年76岁的颜真卿去劝降，不料李希烈不仅不降，而且不遵守不斩来使的规则，杀害了颜真卿，一颗巨星就此陨落。

颜真卿死后，被葬在江苏省句容市行香乡龙山村的龙山南端，这里山峦起伏，茂林修竹，涧泉流水，幽静开阔，环境十分优美。但是，颜真卿为什么会葬在这里而不是归葬家乡呢？

颜真卿的祖先是东晋光禄大夫颜含，在东晋元帝时从琅琊临沂（今山东临沂）迁到了今句容市北江乘一带，死后葬在了今南京新民门外老山南麓，因此句容也可以算得上是颜真卿的半个故里了。到了唐代，颜真卿被调到京城任职时，移居京兆万年（今西安市），但颜真卿对句容故里

颜真卿

老江苏的陵墓祠堂

有深厚的感情,茅山上有名的《李含光碑》就是他晚年的代表作,字体雄浑壮美,高古苍劲。

曾任南宋监察御史、工部尚书的王遂在《唐颜鲁公祠记》记载:"李希烈败丧斩首献于朝,有诏子君、硕护丧归葬后颜即虎耳山句容为邑。"以后明代、清代《句容县志》对颜真卿归葬句容一事均有记载。由此可见,南宋时期王遂关于颜真卿之子颜君、颜硕奉诏把颜真卿还葬于邻近南京祖茔句容的记载是真实可信的,也是符合中国人死后叶落归根、葬于故里的传统习俗的。近年来,考古工作者在当地龙山附近发现了纪念颜真卿的墓祠遗址和多块碑刻,也证实了这一说法。

连云港出土的女尸为何能完好至今

出土于江苏省连云港市海州区双龙村的汉代女尸,距今已有 2 000 多年的历史了,它是我国继湖南马王堆女尸、湖北荆州男尸之后发现的第三具保存完好的汉代湿型古尸,也是我国长江以北首次发现这类文物。与前两者不同的是,连云港双龙古尸不仅墓葬极其简陋,而且棺椁内蓄满棺液,古尸的整个尸身完全浸没在棺液中,在这样的条件下还能保存得如此完好,不得不说是一个奇迹。那么,这具女尸为什么能在 2 000 多年的时间里保持完好呢?

据医学专家介绍,尸体之所以会腐烂,是由于人的身体内外都有细菌,菌体有一种酶能消化蛋白质。人死后,细菌就利用人体繁殖,消化人体组织,但是低温和无氧环境能抑制细菌生长。还有就是使用福尔马林,其成分中有10%的甲醛,在医学上被称为固定剂,合理的配制可以使蛋白质失去活性,这样也能达到防腐的目的。

女尸被发现后,连云港市第一医院用大型全自动生化分析仪对棺液样本进行分析,发现其 PH 值为 7.55,呈弱碱性,棺液中还含有血红蛋白,与 PH 值为 5.18 的长沙马王堆墓棺里的酸性棺液截然不同,这具女尸能在适于细菌生存的碱性棺液内保持不腐,使人百思不得其解。有关专家认为,也许正是这神奇的棺液暗藏玄机,对古尸的保存起了决定性作用。医学家们甚至大胆设想:如果能有恒温恒湿的环境,利用原有棺液对古尸进行二次保护,效果也许会优于福尔马林,因为古尸已完

连云港出土的女尸

全适应了自身的棺液。但是,目前还无法测定棺液的成分,所以这一设想还不能实现。

在目前的技术水平下,连云港出土的这具女尸能够保持完好的原因还不得而知,但是随着技术的不断发展,在不久的将来,这个谜一定会被解开,让我们共同期待。

虞姬死后的头颅葬于何处

虞姬,项羽的宠姬,有美色,善剑舞。公元前209年,项羽助项梁杀会稽太守,在吴中起义。虞姬爱慕项羽的勇猛,嫁给项羽为妾,此后经常随项羽出征。项梁死后,项羽成为次将,升为上将军。楚汉之战时,项羽被困于垓下(安徽灵县),兵孤粮尽,夜闻四面楚歌,以为楚地尽失,于是就对着虞姬唱起悲壮的《垓下歌》。虞姬为楚霸王起舞,含泪唱道:"汉兵已略地,四方楚歌声。大王义气尽,贱妾何聊生。"歌罢,拔剑自刎,之后被葬在垓下,今安徽灵县东南还有虞姬坟。

但是,从古到今,人们对于虞姬墓到底在哪有很大的怀疑。有人认为虞姬并没有葬在安徽灵县东南的虞姬坟,而且因为虞姬是自刎而死,很多人都怀疑她的头颅和身体并没有葬在一起。那么,虞姬死后到底葬在了哪里呢?

关于这一问题,现在大体有3种影响力较大的说法:

第一种说法认为,安徽省定远县是虞姬的殒丧之地。但是,在今天的定远县内,已经无法找到虞姬墓了,所以这种说法无法确定。

第二种说法认为虞姬墓在今安徽省灵璧县。在清代康熙和乾隆年间,灵璧的地方志上记载着:"在灵璧城东十五千米,与泗县交界处有虞姬墓。"在今天的灵璧,人们仍能看到传说中虞姬的墓碑,上面还刻有"巾帼英雄"四个字。对这种说法,古人曾多次质疑,认为是后人附会的,所以其真假还不好判断。

第三种说法和霸王别姬的传说上下相连。清代道光年间,安徽省和县的《和州志》中记录了这个说法:美人虞姬当年自刎后,项羽将她的头系在马脖子上突围奔骑,在经过一座

虞姬

山时,原来插在虞姬头发上的兰花失落,于是后人就把这座山改称"插花山"了,山上建有"插花庙",也叫"鲁妃庙"或"虞姬庙"。在和县确实有一座插花山,山上也的确有虞姬庙,现在每年农历的三月三日,当地群众还要带着野花到插花山的虞姬庙里祈祷求子。但是这种说法目前也无法确定下来。

以上列举的三种说法,有的有民间传说作支撑,有的以地方志为依据,但是由于相关实物没有被发现,有关记载也不全面,所以虞姬头颅的埋葬地还无法确定,只能在有力证据出现后才能使这个谜团大白于天下。

天山汉墓的"黄肠题凑"知多少

天山汉墓,位于江苏省高邮市的天山镇境内,其面积比湖南马王堆汉墓大18倍,而且还有代表古代最高葬礼礼仪的"黄肠题凑",保存十分完好。目前,在天山汉墓中出土的四座西汉石坑木椁墓中,一、二号汉墓均采用"黄肠题凑",两座墓的主人分别是第一代广陵王刘胥及王后,距今已有2 000多年的历史了。下面就让我们一起走进天山汉墓,了解一下天山汉墓的"黄肠题凑"。

什么是"黄肠题凑"?"黄肠"指的是柏木去皮后呈黄颜色的木方;"题凑"指的是木头的一端都朝内里方向,在棺柩外严丝合缝地垒起一道木围墙,上面还要盖上顶,就像一间屋子一样。"黄肠题凑",指的是西汉帝王陵寝椁室四周用柏木枋堆垒成的框形结构,这是我国汉代的一种顶级葬制。"黄肠题凑"除了彰显帝王的身份与等级之外,还有一个更重要的作用,那就是保护棺椁不受破坏、不受潮。根据汉代礼制,"黄肠题凑"与玉衣、梓宫、便房、外藏椁同属于帝王陵墓中的重要组成部分,其他人都不能僭越使用,但是经过朝廷特赐的个别勋臣贵戚也可使用,天山汉墓就属于这种情况。

作为"黄肠题凑"墓穴的重要代表,天山汉墓是众多汉代王侯墓葬中规格最高、规模最大的一处,墓中的"黄肠题凑"也是目前国内保存最完整、最精致的一处。其题凑的四面都有企口板,坚固细密、制作精良、俨如方城,堪称盖世之作。正是在制作如此精良的"黄肠题凑"的保护之下,西汉广陵王及王后的棺椁才得以保存完好。

除了"黄肠题凑"外,天山汉墓还发掘出土了1 000余件玉、银、铜、铁、漆等各种精美器具,每

高邮天山汉墓黄肠题凑通往梓官之门

一件都凝聚着中国古代劳动人民的高超智慧。天山一号汉墓中还出土了大量的文物和丰富的文字,生动地反映了当地当时的经济、建筑、工艺和生活水平,这为研究汉代广陵国的丧葬礼仪、职官制度、木作工艺、书法艺术等提供了宝贵的实物资料。

徐州汉兵马俑是如何制作的

徐州是一个历史悠久的文化名城,这里的汉文化尤为发达。因为这里是汉代开国皇帝刘邦的故乡,因而徐州在汉代是仅次于都城长安的一个政治文化中心,汉兵马俑就是徐州汉文化繁荣的一个有力佐证。徐州汉兵马俑,是我国目前发现的3处大规模兵马俑之一,位于徐州市区东郊狮子山楚王陵西麓,分布在地下4米左右的6条俑坑中,是距今2 150多年前的西汉楚国的第三代楚王刘戊的陪葬品。那么,徐州汉兵马俑是如何制作的呢?

徐州汉兵马俑虽然没有秦兵马俑那样高大,但是制作工艺也很先进。秦兵马俑都和真人真马一样大小,工匠们可以比着实物做,但是徐州汉兵马俑就不同了,因其体形小,就必须计算比例,要把180厘米高的真人缩小到18厘米,可见其难度之大。徐州汉兵马俑一般是用模子制作出来后,再经过二次加工塑造而成的,人的头、手、腿等部位都必须经过相应的缩小。高大壮观、写实主义的秦兵马俑给人一种奔放雄浑的力量美,徐州汉兵马俑在继承了秦兵马俑风格的基础上加以发展,由写实转为写意。

如果仔细观察就会发现,徐州汉兵马俑的表情千姿百态、各不相同。它们当中有的昂着头、张着嘴、仰着身子,仿佛是一位性格粗犷,情不自禁地在号啕大哭,身边的两位一个探过头来、一个侧过脸来,像是在安慰、劝说正在号哭的人;有的则是低着头、皱着眉、嘴角向下撇,显出性格内向、默不作声的悲郁神情,这与整体庄严肃穆的军队主题是相吻合的。当然,他们当中也有轻松自若、活泼顽皮的青年士兵形象,或许他就是某位雕塑大师心灵的真实写照。总之,这些人的性格特征通过寥寥数笔便被刻画得细致入微、栩栩如生,被赋予了无限的生命力。站在这里看到的仿佛不是陶俑,而是一支活生生的队伍向你迎面走来,充分体现了汉代劳动人民

徐州汉兵马俑

高超杰出的制作工艺。

徐州汉兵马俑还侧重于人物的内心世界和精神风貌的刻画。以队伍前端的三个士兵为例,工匠师用不同的身材和面部塑造,表达出不同的年龄层次和心理活动。最右面的士兵虎背熊腰,稚气未脱,正是初出茅庐、血气方刚、急待建功立业的年轻士兵;中间这位弓着腰、眯着眼,看似一位经验丰富、久经沙场的老兵;左边是位老成持重的中年士兵形象。史书记载,汉代的兵役制度规定,年满18~55年的成年男子,必须服两年兵役,这样队伍就会有不同年龄的士兵,可谓老、中、青三者的有机结合。

汉代的雕塑师们以生活为蓝本制作出的这些陶俑,不仅为后人留下了许多宝贵资料,而且以其拙朴中富有含蓄的艺术手法,在中国雕塑艺术史上留下了浓墨重彩的一笔。

朱元璋的陵墓为何被称为"孝陵"

明孝陵,是明朝开国皇帝朱元璋和皇后马氏的合葬陵墓,坐落在南京市钟山南麓玩珠峰下,东毗中山陵,南临梅花山,是南京最大的帝王陵墓,也是中国古代最大的帝王陵寝之一。那么,朱元璋的陵墓为何被称为"孝陵"呢?

据史料记载,明洪武十三年(1380年),朱元璋选定玩珠峰下的一块风水宝地作为陵墓,次年动工修建陵墓。洪武十五年(1382年),皇后马氏病逝,先葬入墓穴。因其谥号为"孝慈",朱元璋就将陵墓命名为"孝陵"了。洪武三十一年(1398年),朱元璋去世,葬入孝陵与马皇后合寝,同时殉葬嫔妃、宫女数十人。当时,陵园内植松树万株,畜鹿千头,5 000余士卒日夜巡逻卫戍,极尽奢华。到1413年建成"大明孝陵神功圣德碑"时,明孝陵建设已历经32年之久。孝陵的营建动用了10万民工,陵墓及其附属工程范围占地极广。主要建筑物有下马坊、大金门、四方城、神道石刻、金水桥、文武方门、碑殿、孝陵殿、方城、明楼、宝顶等。

明孝陵经历了600多年的沧桑,许多建筑物的木结构已不存在,但陵寝的格局仍保留了原来恢宏的气派。地下墓宫完好如初,陵区内的主体建筑都是明代建筑遗存,保持了陵墓原有建筑的真实性和空间布局的完整性。明孝陵采用的是"前朝后寝"和前后三进院落的陵寝

南京明孝陵牌坊

制,突出了皇权和政治,这种制度既继承了唐宋及之前帝陵"依山为陵"的制度,又通过改方坟为圆丘,开创了陵寝建筑"前方后圆"的基本格局。明孝陵的帝陵建设规制,一直规范着明清两代500余年20多座帝陵的建筑格局,在中国帝陵发展史上有着特殊的地位。所以,明孝陵堪称明清皇家第一陵。

朱元璋是否真葬于明孝陵

明孝陵,坐落于江苏省南京市钟山南麓玩珠峰下,是明朝开国皇帝朱元璋和皇后马氏的合葬陵墓。在南京民间,一直流传着朱元璋死后从都城13个城门同时出棺材的说法,因此许多人都怀疑朱元璋是否真的葬在了明孝陵内。有人认定,明孝陵只是朱元璋的疑冢而已,由此就产生了朱元璋葬在南京城西朝天宫下的说法,甚至还有人说他葬在了北京的万岁山(煤山)下。那么,这些说法到底是真是假?朱元璋到底有没有葬在明孝陵中?

关于朱元璋埋葬在朝天宫下的说法,其实在20世纪就已经破解了。20世纪的六七十年代,为了响应国家号召、应对大规模战争的爆发,全国各地大量修建人防工程,而朝天宫就是当时南京人防工程的一处重要所在。在当年进行朝天宫地下人防工程施工

朱元璋和皇后马氏的合葬陵墓:南京明孝陵

的过程中,人们从未发现过什么墓葬,更不要说是规模庞大的朱元璋陵墓了,所以这个朱元璋葬在朝天宫的说法站不住脚。

关于葬于北京万岁山之说,有关专家认为更是不可能。因为朱元璋死时,南京地区已经进入了夏季,所以在停灵7天之后,就立即葬入了孝陵,不可能千里迢迢运到北京。更主要的是,朱元璋倾尽全力兴建孝陵工程已经有20多年,到他死时,陵墓的主体工程已经基本竣工了,并且有官兵日夜巡逻,其安全程度远比别处要高,所以朱元璋是不可能舍此而别葬他处的。

除了上文所述的原因之外,据大量史料的记载,明太祖确实葬在了明孝陵内。之所以近代流传太祖并非葬于孝陵,主要是因为至今还没有找到明孝陵确切的地宫位置,而且与地宫相关的文字记载均为空白,所以才会出现误传。但是,有一点可以肯定,那就是朱元璋确实葬在了明孝陵之中。

据史料记载,明洪武十四年(1381年),朱元璋下令建陵。次年8月,马皇后去世,9月葬入陵中,陵墓定名为"孝陵"。永乐三年(1405年),明孝陵建成,

马皇后

至此已经历时25年。期间,明皇室先后调用军工10万,耗费了大量的人力、物力。明孝陵规模宏大,南朝时所建的70所寺院有一半被围入禁苑之中。陵内建筑雄伟,形制参照了唐宋两代的陵墓而有所增益。建成时,围墙内享殿巍峨,楼阁壮丽,植松10万株,养鹿1 000多头。明孝陵建成后屡遭兵火,除陵寝地宫外,现仅存神道、下马牌坊、大金门、四方城等建筑。

明孝陵从起点下马坊至地宫所在地宝顶,纵深达2 600多米,沿途分布着30多处不同风格、用途各异的建筑物和石雕艺术品,整体布局宏大有序,单体建筑厚重雄伟,细部装饰工艺精湛,凝聚了当时艺术家和建筑师们的才智。明孝陵作为明陵之首,它还代表了明初建筑和石刻艺术的最高成就,直接影响了明清两代500多年帝王陵寝的形制,在其之后建造的明清帝王陵寝,基本上都是按照它的规制和模式营建的。

明孝陵前的神道为何要拐个大弯

明孝陵东毗中山陵,南临梅花山,是南京最大的帝王陵墓,也是我国古代最大的帝王陵寝之一。我国古代的帝陵神道一般都是南北笔直,但是明孝陵的神道偏偏撇开前面的梅花山,绕了个大弯子,这是为什么呢?

关于明孝陵神道弯曲的这个问题,学界也没有一个统一的意见,争论很多。总结起来,大致有四种说法。

说法一:孙权给孝陵看门。 以往帝王选定陵址后,会将建在此处的其他人的坟墓移走,以免破坏了自己陵墓的风水。朱元璋孝陵玄宫的南面是梅花山,据说山上葬着东吴的孙权。相传在建造孝陵时,工匠们确实有过将孙权墓平掉的想法,但是朱元璋却说了一句:"孙权也是一条好汉,

南京明孝陵神道

就留着他给我看门吧。"于是孙权墓就留了下来。不过,在翁仲路的北端的确有这样的一扇门,孙权守的大概就是这个门了。

说法二:"北斗七星阵"。明孝陵神道蜿蜒曲折,在规划设计上采用了象征手法,取法于天,取象于地,以求天地相融,天人合一,这其中包含了深刻的中国传统思想和鲜明的个性特征。在近年来的考古调查中,有专家认为明孝陵在平面规划上采用了北斗七星图式。用"北斗"作建筑布局来自于道教天人合一的思想,而朱元璋对道教相当重视。他在夺取天下的过程中,任用了不少有道术的名士,如刘伯温、张中、刘渊然、丘玄清、张三丰

孙权

等,朱元璋本人也很讲求天象、相信风水。由于朱元璋对道教的重视及对天象的研究,使得他在陵寝规划设计上采用了象征手法。所以,朱元璋吸纳中国古人死后"魂归北斗"的思想,以北斗七星阵为基础对陵墓进行总体规划是完全有可能的。

说法三:断孙权神道风水。有的学者认为,朱元璋大费周章地让自己的神道绕了一个弯子,其目的是想拦腰斩断孙权的神道,破坏其风水,而兴旺自己的子孙后代。我国古代的帝陵很多,而后世皇帝总喜欢破坏别人的神道,因为古人都比较迷信,以为破坏了别人神道后,自己的陵墓风水就好了,子孙自然会兴旺。如果勘测一下梅花山的位置可以发现,孝陵玄宫一直向南取直线,恰好从梅花山的东侧穿过。如果这样建造孝陵神道,就没有必要平掉梅花山了,孝陵的神道也完全可以不绕这么一个大弯子。但经过精密测算发现,孙权墓的墓门对着西北方向,孙权墓的神道与翁仲路的交叉点大概在棂星门南10多米处,这样一来孝陵的神道恰好可以斩断孙权墓的神道。所以,有人认为这是朱元璋有意而为之。

说法四:梅花山砾岩迫使转弯。有学者对梅花山下面的岩层做过探测,发现下面全是坚硬的砾岩,以朱元璋时代的施工水平,想要"摆平"它可不是一件容易的事。朱元璋在独龙阜修建玄宫时,就因为遇到坚硬砾岩而让墓道向东转了一个大弯,而梅花山上的砾岩与独龙阜上的砾岩一样坚硬无比。因此,有学者猜测朱元璋可能也意识到想把梅花山夷为平地不是一件容易的事,与其耗费大量的人力物力,不如绕个圈子。因此,非常务实的朱元璋干脆放弃了平掉梅花山的想法,向西转了一个圈子。结果,这个弯曲的神道就成了困惑后人数百

年的难解之谜了。

上述说法虽然都有自己的道理和依据,却都不能完全说明明孝陵神道之谜,所以目前关于这个问题还在争论,估计只有等到相关证明资料被发现,这个谜底才可能被揭开吧。

"治隆唐宋"碑的文字有何含义

"治隆唐宋"碑,在今南京钟山山麓明孝陵景区,它是清朝康熙皇帝南下金陵时,在耳闻目睹了南京城的盛况后,对明太祖朱元璋建立明朝的伟大功绩发出的由衷的赞叹之词。那么,"治隆唐宋"这四个字是什么意思呢?

从字面上看,"治隆唐宋"这四个字是说朱元璋对明朝的治理要比唐朝、宋朝还要好,明朝比唐朝、宋朝还要兴隆。这是康熙皇帝对朱元璋的称颂,也是他对明朝的称颂。有人说,康熙皇帝写这几个字是故意给别人看的。其实,如果是单纯写给别人看的话,完全不必写这样称颂的字。英雄惜英雄,作为一个有胸襟、有胆略的帝王,康熙皇帝的这几个字应该是由衷的赞叹之言。清代对于朱元璋的称颂不仅见于这座石碑,还见于一些史籍中,而且不仅出于康熙皇帝之口,其他清代皇帝也都曾表达过类似的意思。那么,朱元璋是否担当得起这四个字呢?

从历史的角度来看,朱元璋是当之无愧的。长期以来,因为各种原因,朱元璋的形象被大大丑化了,明朝也因此而被大大的误读了。所以,我们认识明朝要回到几百年前的原点,还朱元璋以本来面目,给明朝一个接近事实的评价。

了解明朝,要明白四个字:远迈汉唐。明代在我国历史上有着十分重要的地位,其国力也非常强盛。这一时期,我国修筑了南京城、北京城、紫禁城、天坛、长城,推动了郑和下西洋,编纂了《永乐大典》,如果没有一定的实力,这些都是很难做到的。朱元璋原是一个放牛娃,后来又领导农民起义军推翻了元朝的统治,建立了一代王朝,如果没有一定的能力和学识,这是根本不可能做到的。

康熙皇帝六次南巡,每一次都要亲自拜谒明孝陵,拜谒的时候行三跪九叩之礼,从山门磕头一直要到陵墓下,表现出了无比的虔诚和崇敬。康熙是一个有作为的皇帝、一个头脑清楚

南京明孝陵"治隆唐宋"碑

的皇帝,他很少题字,但是对于明孝陵却写了"治隆唐宋"这四个字,并且御旨当地官员修葺明孝陵。这到底是为什么?

根本上来说,是因为康熙对朱元璋的治国和作为真的是很佩服。因此,清朝才全盘继承了明朝的制度,就连科举制度、学校制度和律法制度也完全照搬了下来。正是这些制度,不仅伴随了明朝277年,而且被清朝所继承,维护了清朝260多年的统治。由此可见,继承和发扬有多么重要。"治隆唐宋"的题写,也昭示了一个道理:人不管处在什么地位,都要励志修身,都要以前人之绩励自己之为。这一点,康熙做到了。

康熙

明孝陵地宫之谜知多少

明孝陵是明朝开国皇帝朱元璋和其皇后马氏的合葬墓。因马皇后谥号"孝慈",故名孝陵。明孝陵规模宏大,代表了明初建筑和石刻艺术的最高成就。但如何进入明孝陵地宫多年来一直困扰着人们。

传说,明太祖朱元璋出殡之时,南京的13座城门同时出现送葬队伍,似有模仿曹操72疑冢的味道。至于朱元璋的遗体在哪一支送葬队伍中就不为外人所知了。关于朱元璋的死因有很多种说法。在古人眼里,帝王逝世的原因和时间很重要。史官一定会把帝王的死因和时间记录在史书中。然而朱元璋的去世日期却扑朔迷离。在朱元璋死后,帝位传给了朱允炆。朱允炆为尽快登基,就迅速把朱元璋下葬。燕王朱棣便以此为借口,发动八王之乱,夺取了皇位。因而,明朝的史书有可能已经被修改得面目全非了,朱元璋的死亡时间和下葬时间也成了未知之谜。

为了找到明孝陵的地宫,考古工作者做了很长时间的努力,组织过很多次大型勘探活动。直到1997年,才找出一丝端倪。通过仪器勘测,考古工作者发现了孝陵的地宫所在处。考古工作

南京明孝陵文武方门

南京明孝陵棂星门

者虽然发现了地宫,然而墓道的入口在哪里却是不知道的。找不到墓道入口就无法进入地宫。其实在朱元璋下葬的那一刻起,盗墓贼就一直在寻找墓道的入口。但多年来,考古工作者对此也是无可奈何。通过科学技术,利用先进的仪器,考古工作者才发现一条曲折的线状异常。后来才知道它就是苦苦寻找的墓道。为什么这条墓道却是弯曲的呢?一条比较合理的解释是,这条墓道原本设计的时候是直线的,由于特殊原因,在挖掘的时候遇到了困难,于是只有改变方向。那么这个特殊的原因是什么呢?经过探测发现,明楼西侧的墓道是用形成于侏罗纪中晚期的砾岩修建的,东侧用的却是侏罗纪中晚期之后形成的石英砂岩。这两种不同时期的岩石,硬度相差很大。在修建墓道之初,遇见的可能是硬度较小的石英岩。后来遇见了非常坚硬的石英砂岩,工程无法进行,之后改变墓道的走向。于是,便有了曲折蜿蜒的"异类"墓道。

明孝陵是明朝开国皇帝朱元璋的陵墓,里面的陪葬物肯定是数不胜数,应当是盗墓贼的重点"照顾"对象。明朝灭亡后,明孝陵再无军队把守,正是盗墓的好时机。然而事实是,考古工作者利用先进的探测技术得知,明孝陵还未被盗墓贼光顾。在明孝陵周围的墓葬都有被盗掘的痕迹,为什么明孝陵能完好无损呢?这要从明孝陵的建造方式上谈起。明孝陵是从山腰部横向掏洞,把山腹掏空,然后再修建地宫。这种方法工程量很大,费时费力,但是却异常坚固,能十分保证地宫的安全。这种独特的建造方法异于之前从山顶开洞的修建方式。不但迷惑了盗墓贼,而且连考古工作者也意想不到。还有一个特异之处是,孝陵地宫的墓道也不像以往的地宫那样位于明楼中轴线上,而是偏向于一侧。这种异于以往帝王的地宫墓道设计迷惑了很多人。此外,在地宫宝顶高高的封土堆下,还有很多鹅卵石。这些鹅卵石是人工安置的。这些鹅卵石不仅能把聚集在宝顶的水导入到设置的排水设施中,而且还有防盗作用。当盗墓贼在鹅卵石上挖开一个洞,企图向下深挖时,那些圆润的鹅卵石就会迅速地滑下来填补所挖的洞穴。盗墓贼再挖洞也是如此。要想挖到地宫的宝顶,必须经过鹅卵石这一关。

2003年,明孝陵被列入世界文化遗产。之后不久,明孝陵就对外开放了。地宫是陵墓的核心,也是最神秘、最令人向往的地方。但是这并不能说明朱元璋的尸身就埋葬在那里。要想完全揭开明孝陵的真面目，还需要进一步的发掘。

朱元璋陪葬妃子的残忍死法知多少

殉葬制度自古有之，然而到了汉朝之后，因殉葬制度太不人道，就渐渐地被统治者废弃了。令人意想不到的是，在明朝开国皇帝朱元璋的陵墓里却发现了大片森森白骨。很明显，这些白骨是属于殉葬之人的。换句话说，朱元璋死时，实行了殉葬制度。那么，这些陪葬者是如何死去的呢？

朱元璋死后，其孙子朱允炆继承皇位。朱云炆按照朱元璋的遗嘱，让宫中凡是没有生育过的妃嫔全部殉葬。这些为朱元璋陪葬的妃子在史书中称为"朝天女"。对于这些朝天女的死法，在史学界一直没有定论，主要流行两种说法。

朱允炆

第一种说法是上吊自杀。 如此众多的妃嫔同时上吊自杀似乎有点荒谬。持这种观点的学者解释：在朱云炆下达殉葬命令之后，执行命令的官员便把符合殉葬的人的姓名一一编辑造册。由于某些原因，可能已经生育过的也会殉葬，未生育的却不会殉葬。殉葬那天，执行命令的官员把名册上的人全部集中到一间大房间里，里面摆了和殉葬之人同等数目的凳子，梁上系着同样数目的七尺白绫。胆子较大点的，一咬牙就把头伸进七尺白绫里，蹬倒凳子，不久便一命呜呼。胆子小的，被吓呆了，在旁边的侍卫和宦官便会强行把她们的头放进七尺白绫里，拿走凳子。一会，她们也魂归西天。

第二种说法是灌注水银。 水银具有防腐的作用，能够使死者保持生前的面容。那些执行命令的官员便采取这种办法。先是把应该殉葬的人的名字一一编辑造册，到殉葬那天便把殉葬之人集中起来。然后，让她们喝下一杯放有迷药的茶水。等她们昏迷之后，便在她们头顶切开一道口子，在里面灌注水银。等水银灌好之后，她们也就死了。最后把切口缝合起来。这样，这些妃嫔就陪着朱元璋一起长睡不醒了。

在明代的文人笔记里可以看到明朝有被灌水银而死的人。这其实是一种残酷的刑罚。但在笔记里的记载中，并没有交代如何执行的详细步骤。

两种说法都有一定的可信度，执行起来也不是特别麻烦。相对第二种说法

来讲，第一种说法还是比较值得信服的。一是因为操作更加简单，二是因为在朱元璋的陵墓里发现了大量的白骨。如果真是灌注水银而死，那么在一个完全密封的环境里，灌注水银的尸体保持几百年应该没有什么大的问题。也许，为朱元璋陪葬的妃嫔还有其他的死亡方式，可能是在下葬那天被关在了陵墓里，窒息而死。至于到底是哪种方式，还有待专家学者们进一步的考察求证。

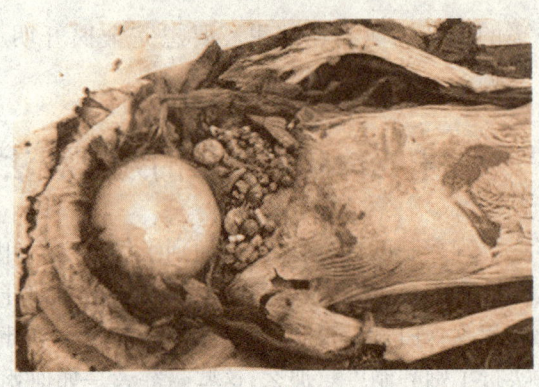
明后宫殉葬宫女

水下明祖陵之谜

明祖陵，位于江苏省盱眙县洪泽湖的西岸，是明太祖朱元璋的高祖、曾祖和祖父的衣冠冢及其祖父的实际埋葬地。朱元璋一统天下以后，于明洪武十九年（1386年）在这里兴建祖陵，追封和重葬其祖父朱初一、曾祖朱四九和高祖朱百六，后于次年在陵前修建享殿。永乐十一年（1413年），朱棣又增建棂星门及墓园围墙，前后历时近30年，从而使祖陵初成规模。

1962年5月，南京博物馆考古部的一个考古小组在洪泽湖周围进行考古调查。当这个小组经过洪泽湖边上的孙大庄时，发现了一处古代遗址。因为这个村庄在过去经常遭洪水淹没，所以村里的老百姓很早就都迁走了，不会存在现代人为因素对遗址产生影响。

考古人员发现，除了古代遗址之外，村里遍地都是黄色的琉璃瓦，虽然都是破的，但这种瓦在古代只能用在皇家的宫殿上，一般人是不能用的，由此可见，这里很可能会有十分重要的发现。于是，他们沿着洪泽湖岸边向东去找，大概走了五六百米，在湖边上发现了一排石刻，大概有250米长，前面还有两对石狮子在水里，泥土遮盖着它们。石狮子后面有两对华表，华表的后面是石马，往北面走去，还有石人，再往北去，是祭殿。虽然这个大殿的石柱

盱眙明祖陵

稍有移动，但是基本完整地留在了原地。

通过以上发现，考古人员认为，这个是帝陵的规制，而且绝对不存在问题。大家都知道，北京天安门也有两对华表，一对在故宫里面，一对在外面，一个是盼君出，一个叫望君归，表达的是劝诫皇帝的意思。在古代只有皇帝才能享有华表的规制，不可能有第二个人敢立它，所以这里应该是一处帝王陵寝。

那么，为什么考古人员认定这里就是明祖陵呢？在孙大庄的南面有一个村子叫明陵村，这个村里的人都姓朱，他们很有可能是以前守陵的陵户。这是一个判定的依据。根据《泗州志》记载，泗州城外就是盱眙县，那里有朱元璋祖父的陵墓。不仅如此，《明史》中记载："（洪武）六年……六月壬午，盱眙献瑞麦，荐宗庙……十九年……八月甲辰，命皇太子修泗州盱眙祖陵，葬德祖以下帝后冕服。"从《明史》的记载中可以看出，盱眙的皇陵是明祖陵应该是确凿无疑的。

对历史稍有了解的人都知道，明太祖朱元璋的祖籍是安徽省凤阳县，那为什么明祖陵会在盱眙修建呢？关于这个问题，史学界一直存在争论。

有人认为，朱元璋的祖籍其实并不是安徽凤阳。他的老家原来是江苏省句容县，他家原本是一个淘金户，因为受不了元朝官府的压榨，才举家迁徙，一直迁徙到淮河边上，也就是现在盱眙县。《明史·太祖本纪》里说："太祖……先世家沛，徙句容，再徙泗州。父世珍，始徙濠州之钟离。生四子，太祖其季也。"这里所说的濠州之钟离，就在今天的凤阳县城东数十里处。从《明史》的记载里可以看出，朱元璋的祖上应当是相当困顿，四处迁徙。他的祖父朱初一，在60多岁时流落到古泗州境内，带着全家搭了一个窝棚，住在洪泽湖边孙家岗，给双沟镇的一个财主家放猪、垦荒，以维持生计。

也有人认为是盱眙的风水好。从盱眙地方的历史发展轨迹来看，陈胜、吴广、刘邦、韩信、项羽、项良等英雄豪杰都是在这块土地上"揭竿而起"才成就一番事业的，因此，盱眙的"风水"非常之好，成为朱元璋"肇基帝运""钟祥毓秀"的圣地。明洪武十八年，朱元璋命懿文皇太子朱标率文武群臣到盱眙为祖陵选址，最后选定在杨家墩修建祖陵。之所以这样做，一方面是为了寄托对先祖的哀思，另一方面也可以达到朱元璋"承天命，治国家"，巩固大明王朝的目的。

既然明祖陵是皇陵，而且又选建在一处风水宝地上，为什么会被淹没在水下了呢？说到这个问题，就不能不提及历史上黄河夺淮的旧

盱眙明祖陵石像

盱眙明祖陵南红门

事了。

明弘治七年(1494年),都察院右副都御史刘大夏主持修筑太行堤,阻断了黄河北支,使黄河南支夺淮入海,从此使黄河河道开始紊乱,淮河中下游地区连年洪水泛滥,明祖陵也因此不断遭受水患。明万历年间,总理河道的工部尚书潘季驯提出了"蓄淮刷黄"的治水方略。他主张筑堤纳水归于一道,反对疏浚支流、另开新河,而应当"筑堤束水,以水攻沙""借水攻沙,以水治水",最终潘季驯取得了明神宗的支持。

工程实施后,清河口的泥沙很快高淤,靠近这里的淮河河床也因被黄水倒灌而增高许多,这使淮水的落差减小,河水的冲击力减弱,遇阻即回,沙随波停,淮水所带的泥沙也在清河口淤积起来。淮水无力冲刷黄河河道,又无法从清河口入海,以前的入湖水道又被高堰阻断,淮水回流上溢引发泛滥,"不久潴旁溢,汪汇浩荡,始犹淹漫两岸,会合诸湖,继而夏秋泛涨,一望无际,浩荡龙沙,震惊陵寝,而泗洲之祸岁烈一岁矣"。

潘季驯的治水方针在实践中被"检验"得头破血流,但他为了维护自己的权力与在水利界的权威,不仅极力革除反对意见的阻挠,而且不惜编造谎言,说祖陵"松柏之郁茂,护沙之如故"。即便是到了万历二十年时仍然上疏坚持自己的主张,把分流之议列为病议,痛加指陈,而这时的淮泗一带水患频仍,早已成为不争的事实,为后世埋下了隐患。

连年的天灾加上人祸,使淮泗一带的水患不断加剧。到了清康熙十九年(1680年)六月,由于淮河上下游地区连续70天阴雨不断,黄河决口,河水入淮,这就是水利史上的"黄河夺淮"。随着黄河夺淮的决定性一役,泗州城倾覆于滔天的洪水之中,明祖陵也因此沉入水下,可惜一代皇陵就此沉没。

据有关史料记载,当年明祖陵的建筑规模宏大,气势雄伟,十分壮观。陵墓呈长方形,南北走向,有皇城两道,外面土城周长4.5公里,里面砖城周长2公里,有城门四座各三间,正殿五间,具服殿六间,红门一座,燎炉一座,棂星门一座,神厨三间,东屋三间,西屋三间,直房十八间,斋房三间,库房三间,宰牲亭一所,水金桥一座。从陵西门进去,向北到积水亭有石桥三座,后面有神厨、宰牲亭、享殿、配殿。祖陵神道的两旁,从南向北,并行相对排行着麒麟两对,狮子6对,华表2对,马倌2对,拉马侍者1对,马1对,文臣3对,武将2对,太监2对,一共有21对大型石刻，周围植树7万余株，由此足见其规模之庞大。明祖陵建成以后，每年清明时节，朱元璋都要亲自带御林军从南京出发，浩浩荡荡，前往祖陵祭祖。黄河再次夺淮后，从嘉靖二十一年（1542年）开始，朝廷曾几度筑堤卫陵，在陵墓的东面不断增修堤防，但气势恢宏的明祖陵最终还是没能敌过特大洪水，最终被淹没在了洪泽湖底。

经过考古发现，除了气势恢宏之外，明祖陵还有与其他陵墓不同的特色。历朝历代的皇帝，大多都是在生前就为自己建造辉煌的陵墓，但是为自己从未谋面的先祖修建陵墓还是非常少见的，而且是将祖父、曾祖父、高祖父全部葬于一墓之中，这更是史无前例的。一般情况下，皇陵的地宫里只有一个墓葬室，只会葬有一对夫妇，而明祖陵的地下玄宫是朱元璋三代祖宗的衣冠冢，有三套墓葬室，像这样三套墓室共用一个地宫的情形不仅在中国陵墓史上少见，在世界陵墓史上也是非常少见的。这是明祖陵一大特色。

盱眙明祖陵出土的凤冠

明祖陵的另一个特色，就是水下皇陵。由于水，明祖陵被毁坏了，但也是由于水，明祖陵又被很好地保护了起来，因为如果不是水的话，明祖陵在"文革"时期就被毁于一旦了。明祖陵的地宫在水下，其地下玄宫也就是明祖陵的风水宝地——"龙穴"的所在地。1982年，考古人员在对明祖陵进行清理的时候，在享殿北面约90米的地方，发现了地下玄宫，它共有9个拱券，每个拱券下有一个两扇对开的大石门。据有关历史资料记载，明祖陵地下玄宫是一个大的漫土堆，那后来为什么会形成一个水塘呢？原来，是当地农民取用陵墓的砖头，把这儿弄成了一个水塘。这个水塘的水是抽不干的，因为在陵墓的外围就是淮河，水塘与淮河相连通，所以塘里的水被抽走以后，很短的时间就会再渗满。

经过一大批考古工作者非常艰辛而持续的劳动，沉睡在水底300多年的明祖陵，终于又一次呈现在了世人的面前，焕发出一种英姿、一种文化风采。虽然明祖陵的大致情形已经为人所知，但这只是明祖陵的一部分，它还有很多地方没有被人们所了解，比如其地下玄宫的构造和具体情况等。这些问题，只能等到进一步的考古发掘展开之后才能被揭开，让我们拭目以待。

孙中山为何选葬在南京钟山

雄伟秀丽的中山陵每天都吸引着来自世界各地的无数瞻仰者与游客。来这里参观的游客们常常要问:中山先生是广东人,一生为革命奔走,足迹遍于海内外,生前到南京仅有三个月左右,何以独爱南京,而且要将遗体安葬于钟下?下面我们就一起回顾一下这段历史,探寻一下孙中山先生选葬在南京钟山的原因。

在1925年3月上旬的一天,在北京城北铁狮子胡同的一所古老宽大的宅院里,中国国民党总理、广东革命政府陆海军大元帅孙中山先生生命垂危。先生的家人宋庆龄、孙科,以及汪精卫、张静江、何香凝等国民党领导人看到孙中山似乎又要昏睡过去,就转到房间一角议论起孙中山的后事来。当谈起孙中山逝世后的归葬之地时,宋庆龄泣不成声。汪精卫深信风水之说,他说:"人们都说孙总理是明朝崇祯皇帝的后身,一旦山陵崩,似宜葬北京景山为妙。"景山就是位于北京城中间、故宫北侧的皇家园林,是北京城中地势最高的地方,明末崇祯皇帝于国破时在这里上吊自尽。没想到这话被昏睡中的孙中山听到了,他从病榻上回过头来,连声说:"否!否!我欲葬紫金山(钟山)也。"在场的人十分愕然,尤其对紫金山位于何处都感到茫然,但为了安慰孙中山,都连连答应。

1925年3月12日上午9时30分,孙中山逝世。在北京的国民党上层人士聚会讨论孙中山的归葬之地。汪精卫就将孙中山的临终遗言告诉大家,说:"孙总理欲葬紫金山,但不稔山在何处耳。"于是大家纷纷议论起来,有的说在广西,有的说在广东等。当时在场的还有国民党元老陈去病,他是江苏吴江同里人,在清末曾与柳亚子等一道创办过著名的革命文学团体"南社",民国后曾在南京担任过江苏博物馆馆长和东南大学教授,是一位文史专家。他站起来说:"总理欲葬的紫金山,就是南京明孝陵所在的钟山是也!"他这么一说,大家顿时醒悟过来。汪精卫说:"对!对!你快写一篇文章考证一下。"于是陈去病写了一篇《紫金山考》,送到各家报刊发表,孙中山的葬地也就随之定了下来。

1925年4月4日,国民党中央执行委员会推定张人杰、汪精卫、林森、于右任、戴传贤、杨

南京中山陵

庶堪、邵力子、宋子文、孔祥熙、叶楚伧、林叶明、陈去病等12人组成"孙中山先生葬事筹备委员会"。4月18日,又于上海正式成立了"孙中山先生葬事筹备处",指定杨杏佛为主任干事,孙科为家属代表,办理孙中山遗体营葬的具体事宜。4月中旬,宋庆龄、孙科与"葬事筹备委员会"的陈去病等人亲到南京东郊紫金山下踏勘。他们看到有一山峰隆

孙中山先生灵柩奉安大典

然在紫霞洞左,气象雄伟,视景开阔,高兴地说:"是佳城也。"于是,墓穴就选定在了紫金山中部小茅山的南坡,也就是今天的南京中山陵所在地。

其实,孙中山生前很早就爱上了雄伟秀丽的南京山川胜景。1912年年初,孙中山在南京就任中华民国临时大总统,前后历时三个月。在这期间,他有一次曾和总统府秘书长胡汉民等人骑马出朝阳门(今中山门),去东郊狩猎。他们从明孝陵转至紫金山第二峰小茅山南坡的半山寺,中山先生打下一只野鸭后,就下马休息。当时他们就站在现在的中山陵墓穴所在的地方。先生四面环顾,指着对面远处的方山和回环如带的秦淮河说:"你们看,这里地势比明孝陵还要好,有山有水,气象雄伟。我真不懂当初明太祖为什么不葬在这里!"胡汉民说:"这里的确比明孝陵好。拿风水讲,前有照,背有靠,左右有沙环抱,加以秦淮河环绕着,真是一方大好墓地。"孙中山先生接着带笑说:"我将来死后,若能葬在这里,那就好了!"胡汉民立即阻止孙中山继续讲下去,说:"先生怎么想到这个上面?"众人听了也不觉凄然。想不到事隔13年之后,孙中山先生于弥留之际仍想到了南京紫金山。

孙中山于1925年3月12日在北京逝世后,其灵柩并没有立即送到南京营葬,而是先将遗体移往北京中央公园(今中山公园)让民众瞻仰遗容,后将灵柩暂放在北京西山碧云寺石塔中。与此同时,"葬事筹备处"在全国征求陵墓图案。在众多的应征者中,著名的建筑师吕彦直设计的自由钟式陵墓图案获首奖。筹备处即聘吕为陵墓设计建筑师,主持计划、建筑及监工事务。又登报征求陵墓工程建筑承包商,姚新记获选。

1926年1月,中山陵开始兴工建造,历时3年多,至1929年年初,陵墓主体工程次第落成。1929年6月1日,南京国民政府举行盛大的奉安大典,将孙中山的灵柩从北京碧云寺运到南京安葬。以后几年,南京国民政府又在陵墓四周

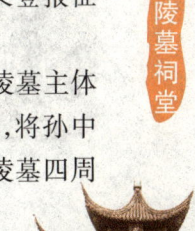

继续营造了一系列纪念建筑,直至1933年,各项工程才先后竣工,从而形成了今天雄伟壮丽的中山陵建筑群体。

中山陵是由谁设计的

南京中山陵自建成之后,就一直闻名海内外,这不仅是因为它安葬着伟大的孙中山先生,还因为它是一处优秀的建筑群落,体现出了领袖气魄、平民气质、中国气派和现代气息的完美统一。那么,如此优秀的建筑是谁设计的呢?

1925年5月2日,孙中山先生葬事筹备委员会在上海召开第4次会议,决定进行陵墓图案的征集,并设定奖项。5月13日,召开第5次会议,议定了由宋子文建筑顾问赫门起草的《陵墓悬奖征求图案条例》。5月15日,葬事筹备委员会在《申报》《民国日报》《广州民国日报》等报刊上刊登启事,向海内外公开征求陵墓设计图,并给每位应征者发给钟山墓地照片12幅,钟山高度地图两幅,以作设计参考。

在国民党人的心目中,孙中山的陵墓到底应该建造成什么模样呢?很多国民党人通过各种方式表达了自己的愿望,其中以国民党元老陈去病、唐昌治、戴季陶的意见为主要代表,即墓地功能必须体现鲜明的纪念性,"能永久之保存",全面彰显孙中山"国父"和"革命之父"的形象,使谒陵者能了解他的丰功伟绩;墓地不属于一个家族,而属于全体国民,因此在形式上是开放的,偏重于平民思想,兼具游览功能,既让人能了解孙中山的生平事迹,又可让人参观、休憩;墓地风格要表达时代新气象,如安置铜像,建设音乐亭、喷水池等,体现现代的元素。

南京中山陵孙中山雕像

葬事筹备委员会接受了上述原则,同时在《陵墓悬奖征求图案条例》中作了进一步阐述和硬性要求,如"祭堂图案须采用中国古式而含有特殊与纪念之性质,或根据中国建筑精神特创新格""容放石榔(椁)之大理石墓即在祭堂之内""祭堂约在水平线上175米突高坡上……四周要有充分之面积,遇焚火时不致危及堂屋……堂前有可立五万人之空地,备举行祭礼之用""一切建筑均用坚固石料与钢筋三合土,不可用砖木之类"等。

到1925年9月15日应征截止日,委员会共收到国内外应征图案40多种,全部陈列于上海四川北路大洲建筑公司三楼陈列室。9月16日至20日为评判日,葬事筹备委员会聘请了四位评判顾问,按照《陵墓悬奖征求图案条例》审阅应征图案,并写出书面评判报告。这四位评判顾问是:南洋大学校长、中国工程学会副会长凌鸿勋,在华执业的德国建筑师朴士,画家王一亭,雕刻家李金发。

在40多个应征图案里,有一个人的作品引起了四位评判顾问的高度关注,这个人就是吕彦直。吕彦直,山东东平人,1894年出生于天津,幼年喜爱绘画,1911年考入清华学堂(今清华大学)留美预备部读书,1913年赴美国康奈尔大学留学。在美国期间,他先攻读电气专业,后改学建筑,接受西方学院派教育。毕业前后,他曾作为美国建筑师亨利·墨菲的助手,参加了金陵女子大学(今南京师范大学)和燕京大学(今北京大学)的校舍规划、设计,同时描绘整理了北京故宫的大量建筑图案。1921年回国时,吕彦直途中转道欧洲考察西洋建筑,回国后在上海开设彦记建筑事务所。

1925年,吕彦直报名应征中山陵陵墓图案设计。在潜心研究了中国古代皇陵和欧洲帝王陵墓后,他根据《陵墓悬奖征求图案条例》的要求,参照钟山地形,经时两个多月绘制出了陵墓的平面图及建筑物立面图、剖面图、透视图等9张设计图和1张祭堂侧视油画,撰写了约1000字的《陵墓建筑图案设计说明》。

评判顾问们对吕彦直的作品大加赞赏,给它的评语是:"全体结构简朴浑厚,最适合于陵墓之性质及地势之情形,且全部平面作钟形,尤有木铎警世之想",寓含了孙中山先生"唤起民众"之意,"建筑朴实坚固",不取奢侈华贵,别创新格,"形势及气魄极似中山先生之气概及精神"。四位评委还认为其祭堂外观形式给人以庄严肃穆之感,在符合中国观念的同时,又糅合了西方建筑精神。

1925年9月20日,葬事筹备委员举行第11次会议,对应征图案进行评选。出席会议的还有家属宋庆龄、孙科、陈淑英(孙科夫人)。会议一致推举吕彦直设计的图案获首奖,二奖为范文照,三奖为杨锡宗。范、杨都是同时代从国外留学归来,都是具有"中国建筑文艺复兴"理念的建筑师。

1925年9月27日下午,葬事筹备委员会举行第12次会议,再次讨论陵墓图案。会上把第一奖吕彦直和第二奖范文照的设计图,连同各人的说明书、估价表以及各方关于图案的意见等物全部陈列在会场,供到会者进行研究和比较。林森、张静江、孔祥熙、叶楚

南京中山陵墓碑

伦、林业明、邹鲁、杨杏佛和家属代表孙科参加了最后的评审。经过详细审查和讨论,一致赞成采用吕彦直的设计图案,并且决定聘请他为中山陵墓的建筑师,主持设计建筑详图及监工事务。

1926年3月12日,葬事筹备委员会在钟山举行了孙中山陵墓奠基礼。从此,吕彦直担负起了浩大的中山陵工程的建设重任。三年后,1929年春天,中山陵主体工程完工。3月18日,吕彦直便积劳成疾,患肝癌去世,年仅36岁。

"博爱"和"天下为公"分别有何来历

南京中山陵,是伟大的民主革命先行者孙中山先生的墓地,是海内外华人竞相瞻仰的地方。在中山陵前广场上,屹立着一座四楹三阙门的冲天式石牌坊,这是中山陵的入口。这座牌坊是用澳门花岗石建造的,高12米、宽17.38米,中门横眉上刻有孙中山手书的"博爱"两个大字,因而这座坊也被称为博爱坊。那么,孙中山先生所写的"博爱"二字有什么来历呢?

南京中山陵博爱坊

"博爱"两字出自唐代韩愈的《原道》,在这篇文章中,韩愈写下了"博爱之谓仁"一句,指出"博爱"就是仁。那么,什么是"仁"?孙中山根据西方社会政治学说中的精粹——自由、平等、博爱思想,对中国传统政治思想中的"仁"加以糅合、陶铸,赋予其自己的解释,从而使其既带有中国的传统道德中"仁"的含义,又包含西方社会政治学说的民主、自由、平等的内涵,使其更具有时代和世界的意识,这就是孙中山的博爱思想。

孙中山说:"'博爱'这个名词的原义是'兄弟'的意思,和中国的'同胞'两个字是一样解法,普通译成博爱,当中的道理和我们的民生主义是相通的,因为我们的民生主义是图四万万人幸福的,所以为四万万人谋幸福就是博爱。"孙中山还认为,"博爱"是"人类宝筏,政治极则",因此对这两个字十分钟爱。故而在其去世后,其陵墓牌坊上刻有"博爱"二字。

在中山陵,很多人认为到了博爱坊就是陵区了,其实不然。当你穿过博爱坊,走完400多米长的墓道到达陵门的时候,才算是到了中山陵的陵区,也就是陵墓的主体部分。陵门是中山陵陵区真正的大门,在三个拱门当中,前面的三个门都有梅花空格紫铜双扉,北面的三个门则仅有门洞而无门。在南面中门的上方镶有一块方石额,上面刻有"天下为公"四个字,这也是孙中山先生的手迹,端庄朴实,雄迈俊逸。那么,"天下为公"又有什么来历呢?

"天下为公"本是一句古语,指皇位不是一家所私有。《礼记·礼运》记载:"大道之行也,

南京中山陵"天下为公"匾额

天下为公。"孙希旦《礼记集解》中说:"天下为公者,天子之位传贤而不传子也。"孙中山先生借用"天下为公"作为对"民权主义"的解释,说明政权应当为一般平民所共有。

孙中山先生平时很喜欢将这四个字书赠友人,最初是赠给早期的电影工作者。1923年5月14日,我国电影事业的拓荒者之一、著名导演黎民伟三兄弟在香港创办了一家民新影片公司,先后拍摄了《香港风景》等纪录片,并为广东革命政府拍摄了新闻影片《中国国民党第一次全国代表大会》等,这些影片现在都成了极其珍贵的历史资料。孙中山先生生前为了鼓励这位青年电影家,亲笔为他写下了"天下为公"四个字。

1929年5月,南京中山陵竣工时,孙中山先生的这一题词被镌刻在石坊上。半个多世纪以来,中山陵陵门的这方"天下为公"的石额曾使多少谒陵者和游人在这里注目、流连,它唤起人们对孙中山先生这位"平民总统""人民公仆"历历往事的回忆,从而启迪人们的思想,鼓舞人们的精神,净化人们的感情。

中山陵的石阶数目有何寓意

中山陵,位于南京市东郊紫金山南麓,是中华民国国父、中国民主革命先行者孙中山先生的陵墓。陵区内的各处建筑在形体组合、色彩运用、材料表现和细节处理上都取得了极好的效果。这些建筑色调和谐统一,增强了陵区的庄严气氛,既有深刻的含意,又有宏伟的气势,这些因素使得中山陵被誉为"中国近代建筑史上第一陵"。中山陵的每一处建筑都有其深意,就连陵区内的392级台阶也是如此,而且说法有很多。那么,中山陵的石阶数目有什么寓意呢?

关于这个问题,现在普遍认同的观点是392级台阶暗喻了当时中国有三亿

老江苏的趣闻传说

南京中山陵石阶

九千两百万同胞。除此之外,还有一种说法认为这是中山陵独特的建筑风格,从下往上看是只见台阶不见平台,它代表着革命的道路是艰难坎坷的;而从上往下看是只见平台不见台阶,这代表着伟人的视野开阔。从碑亭到祭堂,共有石阶339级,对应当时国民党参众二院议员为339人,寓意每人作为一个台阶,将中山先生的精神发扬光大,其中的"9"还寓意九州大同。

中山陵前临苍茫平川,后踞巍峨碧嶂,气象壮丽,音乐台、光化亭、流徽榭、仰止亭、藏经楼、行健亭、永丰社、中山书院等纪念性建筑,如众星捧月般环绕在陵墓周围,构成了中山陵景区的主要景观,而且每一座都是建筑名家的杰作,具有极高的艺术价值。

孙中山的遗体经历了怎样的磨难才最终葬于钟山的

1925年3月12日,孙中山在北京逝世,孙先生逝世后其灵柩暂厝于北京香山碧云寺内。在停灵西山到迁葬钟山这一过程中,他的遗体历经了怎样的磨难才得以安葬?

1927年,"四一二"政变后,蒋介石为扩充地盘、壮大势力,进行了二次北伐。其间,蒋介石联合阎锡山、李宗仁、冯玉祥,想利用国民党各派力量从奉系集团手中夺取北部中国。在新旧军阀的混战之中,奉系及直鲁军阀渐渐处于劣势,尤其是被称为"狗肉将军"的张宗昌,其部队更是不堪一击。1927年9月18日,张宗昌到北京开会,针对不利的战事局面,他说:"孙中山停灵柩的地方风水大好,所以南军屡次告捷,不如将遗体毁灭以绝后患。"东北绿林豪客出身、人称"红胡子""马贼"的奉系首领张作霖也相信迷信,崇尚风水,他曾有焚烧孙中山遗体的打算,并以此来发泄对北伐军的仇恨,但是他的军师杨宇廷竭力劝止,张作霖才一直没有动手,但这个念头始终未消。经过张宗昌这一提议,张作霖心动了。

张作霖

张作霖的儿子张学良深知焚毁孙中山遗体为国人所不容,但又不敢公开抵抗父亲。据当时的报纸记载,当他听说父亲张作霖已决定要对孙中山遗体采取行动时,就暗中致电南京政府派人将孙中山遗体运回南边,并声明他可以负责将孙中山遗体护送到天津,但是却没有得到南方的明确答复。

张作霖的部队军纪很坏,进入北京后,士兵常到西山恣意捣乱、骚扰,甚至有士兵想举枪击落孙中山遗像,后来经过守灵处职员好言相劝方才罢休。1927年,当孙中山逝世两周年之际,守灵处职员举行纪念大会。密探将此事报告给了警察厅,说西山高挂党旗,秘

北京香山孙中山先生衣冠冢

密集会,系为异常举动。警察厅得知后,立即派人前去调查,当调查人回报守灵处职员只是祭祀孙中山并非谋反时,却被革职查办了。此后,侦缉队不断围搜碧云寺,土匪也图谋火烧碧云寺。这时,又有人从张作霖的卫队长赵锡福处得知,张作霖、张宗昌焚毁孙中山遗体的计划即将付诸实施,情况危急。

听到这样的消息,西山守灵处主任李荣深感不安。他和守灵处全体职员商量,一定要竭尽全力保护好孙中山的遗体。李荣拟托商界朋友南下代为报告国民政府,然而此事已是迫在眉睫。于是李荣又亲自到协和医院请医生设法伪称孙中山遗体腐变,须运回医院治理,想借外国人势力暂避危险。不料,院方不敢收纳孙中山遗体,李荣哀求数次,终未奏效。在无路可走的情况下,李荣只好请求协和医院的一位大夫开了药水名目,自己到西药房配制药水,又到中法中学将孙中山原有美式棺具取回,于1927年11月25日深夜两点,约全体守灵人员秘密出动,将孙中山遗体用药棉裹好,移入美式棺内,转移到水泉山洞安放,这才使之免遭不测。

二次北伐胜利,张作霖败退,西山守灵处于1928年6月7日将孙中山遗体移回西山碧云寺灵堂。但经过这次磨难,孙中山遗体遭到了一定程度的损坏,以后其遗体没有能够再装入水晶棺为人瞻仰。1929年5月,南京中山陵第一期工程——灵寝竣工,定于6月1日举行奉安大典。5月下旬,南方政府派出8名卫士前去北平移灵。

先生的遗体是用火车运来的,抬棺材的是清朝抬过皇帝和皇亲国戚的后代,总共128人,棺材前后各64人。这些人抬棺水平很高,不论是平地还是上下坡,前进中棺材始终是水平的,一点也看不出颠动。从北平运到浦口后,就送

上一艘军舰横渡长江,到中山码头后,用一辆特制的灵车运到国民党中央党部(现湖南路江苏省军区)大礼堂。遗体在这里公祭了三天,于6月1日奉安中山陵。至此,孙中山先生的遗体入土为安了。

蒋介石大陆自选墓地之谜知多少

在南京东郊钟山南麓的中山陵与明开国皇帝朱元璋的明孝陵之间,有一座很特别的建筑——正气亭。亭为方亭,重檐飞角,亭顶覆盖着蓝色琉璃瓦;花岗石基础,大红立柱;彩绘顶梁,金碧辉煌。人们都说,这里是当年中华民国总统蒋介石给自己选中的墓地,因为是未来陵寝地宫所在,所以特地筑亭标志。那么,这里真是蒋介石给自己选中的墓地吗?

根据有关史料记载,蒋介石曾对幕僚表示,希望自己在百年之后也能安葬在中山陵附近,永远陪伴总理。于是,他就在中山陵附近寻找合适的地方,正气亭正是当年确定的墓址。这个地理位置其实很讲究,相传当年蒋介石自诩比明朝开国皇帝朱元璋高明一点,所以其墓地应高于明孝陵,但又不能和孙中山先生相比,因此要低于中山陵,"正气亭"所在地正好符合这个标准。

但有说法认为,蒋介石的归葬地并不是他亲自选中的,而是一位风水先生的"杰作"。这位风水先生名叫太虚,来自蒋介石的老家浙江奉化溪口,是当地雪窦寺的名僧。太虚是蒋家的座上宾,在民国政府迁回南京后,蒋介石刚好是60岁,他自觉年岁渐老,于是开始考虑选择一块墓地,以便死后归葬。于是,与蒋家缘分不浅的太虚就被请到了南京,秘密执行蒋介石交代的陵寝卜地事宜。一天,太虚行至现在的正气亭处眼前一亮,他看到这里前临清澈见底的紫霞湖,背倚巍峨的钟山,右邻紫霞洞,左毗观音洞,环境幽静,景色宜人,藏而不露,聚风纳气,是一块不可多得的风水宝地。于是太虚向蒋作了推荐,这才有了蒋介石登山选陵一事。

太虚认为正气亭所在地缺"水",于是蒋介石就在亭脚下重修紫霞湖,以弥补风水上的缺陷。那么,为什么要在此筑亭呢?当时蒋介石说这是"与国人共游赏之",其实不然,这也是出于风水的考虑。据说是太虚当时建议,为防止龙气外泄,先建亭镇之,以锁定风水。

正气亭正式破土动工的时间是1947年11月29日,当时并没有正式的名字,暂时称为"半

黄埔军校时的蒋介石

山亭"。直到亭子建好后,国父陵园管理委员会园林处处长沈鹏飞请蒋介石赐题亭额及楹联,"以资点缀,借壮观瞻"。蒋介石对这件事很重视,也很认真,他亲自命名并亲笔书写了"正气亭"三个字。"正"即"镇"也,从亭名就可以看出蒋介石的良苦用心。

从上面所述的两种说法来看,不论正气亭所在的位置是蒋介石自己选中的还是僧人太虚所选,其观点都是一样的,即蒋介石希望死后葬于钟山,这也是目前海内外最为主流的一种说法。但是,除此之外还有一种观点认为,蒋介石当年从重庆回到南京后,是打算在南京周围卜地建陵,但并不想葬于钟山,而是希望在百年之后,在与钟山遥遥相对的方山上建造陵寝。这又是怎么一回事呢?

南京旧称金陵,自古就是一块虎踞龙盘的帝王州,四周名山很多,方山就是其中的一座。这座山因外形四方很像天印,所以又被称为天印山。1946年秋天,蒋介石携风水先生一行人,带着罗盘等物来到方山,在方山东北麓坡地勘察地形,选择墓地,当时还作了标志。从一般的堪舆术上来说,风水宝地都选择在山阳,即山的南坡。在我国帝王陵寝中,只有赵匡胤开创的北宋王朝帝王陵特殊,陵址是"东高西下"势式,据说是当时的风水先生根据"五音利姓说"卜定的。赵姓属于角音,对应"五行"中的木,木生东方,阳气在东,赵姓皇帝宜在西方安葬,陵地需要东面高于西边才能富贵绵长、龙脉不断。那蒋介石的墓地为什么会选在方山北坡呢?

原来,蒋介石羡慕方山风水好的同时,还有政治上的考虑。钟山与方山一北一南,蒋介石首选方山,看中的就是方山与钟山的"亲密关系",也体现出蒋介石对孙中山的一种敬意。蒋介石称一生追随孙中山,曾多次公开表示"是中山先生的学生""死后也要做中山先生学生"。孙中山归葬于钟山后,蒋介石一直想着自己的风水宝地该选在哪里合宜。后经太虚指点,方山进入了蒋介石的选陵视线:如果在方山的北坡营建陵墓,正好与中山陵形成"对陵",呈学生面向老师鞠躬的"师生之礼"。另外还有传言,蒋介石的老家溪口在南方,蒋选方山也有靠近一步之说。

据说择好墓地后,有一次蒋介石站在方山北坡向北望,以前还能看得很清楚的中山陵却消失了,仅是若隐若现。蒋介石觉得不好,因为这样就

宋太祖赵匡胤

台湾慈湖蒋介石灵柩

不能与孙中山相依终古,于是决定将墓址改定在钟山。那么,事实果真如此吗?方山离钟山确实太远了,方山的"王气"经秦始皇一折腾,早就衰弱了,这也是为何金陵自古都是短命王朝的迷信说法。明代朱元璋把陵寝选在钟山后,钟山王气兴旺一时。后来,国民政府定都南京,"国父"葬在钟山,这样到钟山朝拜观光的人很多,使钟山王气再度兴盛了起来。如果蒋介石把陵寝选在方山,那生前一直沾孙中山光的他,在死后就得不到"国父"的庇护了,所以他想在死后葬在钟山。蒋介石的夫人宋美龄在美国时曾向外界证实:"蒋公生前有遗愿,回大陆,葬钟山。"

　　1975年4月5日,蒋介石病逝于台湾,但没能"葬钟山"。蒋介石逝世后不久,就传出了他临终前授儿子蒋经国的口嘱,他说自己死后棺木先不要下葬,暂时安放在台湾桃园县的慈湖,等将来国民党"统一大陆"后"回家"。但不论是钟山"王气",还是方山的"风水",蒋都不可能得到了。据说,当年李登辉当上台湾地区领导人之后,蒋家人曾希望将蒋的灵柩移回南京,以了却蒋的生前遗愿,但遭到了台湾方面的抵制。蒋介石以后会不会"回家"?恐怕只能让历史来回答了。

老江苏的旧居

西楚霸王项羽的真正故里在何处

项羽(前232—前202),名籍,字羽,通常被称作项羽,他身高八尺,力大威武,胆气过人,传说能举千斤大鼎,是秦末农民起义军领袖,为将门之后。二十四岁时随其叔项梁起兵反秦,破釜沉舟、鏖战巨鹿、败章邯、震诸侯。但与刘邦角逐中最终败北,自觉愧对江东父老,不愿苟且偷生,拔剑自刎于乌江,时年仅三十一岁。

项王故里又简称"项里",为西楚霸王项羽的出生地。古书上记载他是"秦下相人",下相,古县名,即今古黄河与大运河之间的宿迁城区梧桐巷。当地百姓在梧桐巷立碑、建坊,供一代代人凭吊项羽。

据考证,项王故里始建于唐宋。整个祠院是仿汉式建筑,整

宿迁项王故里项王鼎

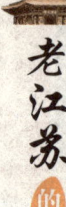

宿迁项王故里乌骓马

体布局前宫后院,古朴而肃穆。山门横匾"项王故居",为清末代皇帝溥仪之弟溥杰所书,他还另题了一副对联:"威震江东立一代兴亡自有光辉标史册,歌传垓下定千秋功罪莫将成败论英雄"。院落四周草坪中分植槐树、橡树各两棵,寓意怀念项羽。英风阁为项王故里主体建筑,门匾为原全国佛教协会主席赵朴初题书。英风阁整体为全木构架,青瓦泠泠,直棂方窗,紫柱白墙,甚为壮观。项羽石雕像置于阁内,楚霸王身披战袍,手握宝剑,头戴盔甲,威风凛凛,凝视前方。英风阁后有被外国一位植物学家喻为"天下第一槐"的项王手植槐,虽历经 2 000 多年的风风雨雨,如今仍然挺拔葱郁。

故里院内东西山墙百米长廊,镶嵌着反映项羽生平重大事件的 6 幅壁画。左有苏东坡、陆游等大诗人的诗词,以及宋代女词人李清照赞颂项羽并传诵千古的诗句:"生当作人杰,死亦为鬼雄,至今思项羽,不肯过江东。"右为《项羽本纪》,全文 9 000 多字,密密麻麻,娟秀工整,苍劲豪放。院中置巨鼎,高 2.6 米,直径 1.9 米,重 8 吨。鼎上 64 字铭文精辟地概括了项羽的一生。

那项羽的陵墓如今在哪呢?关于这个问题有两种说法。其一,项羽自刎后,身躯因众多汉将争功而被撕裂,当地百姓只能将其残骸血衣收葬于乌江镇东南约 1 000 米的凤凰山,后人在此建立项亭,又称"霸王祠"。其二,项羽的头后被刘邦用来逼降楚军余部,最后葬在山东东平县旧县三村东侧高台地上,当地人称"霸王坟",这大概可算是项羽的墓园了。

在推翻暴秦统治的斗争中,项羽统领各路诸侯,力敌万夫,功高业伟,三十万秦军投诚,所以说,是项羽真正摧毁了秦王朝。这也是项羽受历代人们敬仰的根本原因。虽然他最终未能登上帝位,但是他在中国的历史掀起了一场波澜壮阔的风云,写下了一段不朽的神话,是中国历史上虽败犹荣的典范。正如司马迁所说:"大政皆由羽出,号称西楚霸王,权同皇帝。位虽不终,近古以来未尝有也。"司马迁写出了项羽的人格魅力,对他作了正确而全面的评价。作为历史传奇人物的项羽,是宿迁人民的骄傲,他不畏强暴、拔山盖世、骁勇奋进的豪气,更值得代代宿迁人继承。

半山园历史上是谁的故居

"黄鸟数声残千梦,尚疑身在半山园。"南京城东中山门一侧军事禁区海军指挥学院里,隐藏着一代名相王安石的故居"半山园"。

南京半山园

王安石(1020—1086年),字介甫,号半山,江西临川(今抚州)人,北宋政治家、文学家。王安石与金陵颇有缘,三度在金陵生活。景祐三年(1036年)他随做官的父亲王益来到南京生活,闭门苦读5年。宋仁宗嘉祐八年(1063年)王安石因母丧回到江宁,一度辞官讲学。宋熙宁九年(1076),王安石罢政,退居于江宁府(今南京)。次年,王安石辞去所有职务,在府城南门外一个叫白塘的地方,种田植树,凿渠引水,把洼地浚为池塘,结园造庐,把这里作为自己的隐退之所。因此处距城7里,距钟山亦7里,恰为两地之半途,故安石名之为"半山园"。晚年,他隐居于此并最终病死于钟山,谥号"文",又称王文公。

整个半山园东西长25米,南北进深33米,原为宋式府第民居,现在被改建成展厅。宅院分东西两院,庭院之间有拱门相连,东院有三进,各进之间均有天井相连。西院分前后两进,前为门厅,后为正厅。展厅内悬挂着王安石生前的诗词与生平,在通往展厅的碑廊,刻有前来王安石故居游览的名家的诗作。在王安石宅院的东段山岩上,还有一座八柱歇山顶式凉亭,叫"半山亭",占地30多平方米,是远眺古城、近观钟山的绝佳之处。亭基侧面镶嵌有两块石碑,一块是同治九年两江总督魁玉修复半山亭时所立的《重修半山亭记》碑,另一块是道光十六年的无题记事小碑。

虽然半山园当时处于荒郊野外,但是半山园环境优美,人文景观丰富。"开门望钟山,松石皓相映。""涧水无声绕竹流,竹西花草弄春柔。茅檐相对坐终日,一鸟不鸣山更幽。"足以说明半山园环境的幽丽。在半山园以北不远的地方,有东晋

王安石

谢安的故宅遗址,还有孙权墓、宝公塔等。1084年,王安石身染重疾。病愈后,王安石上书宋神宗,将宅邸半山园捐赠给寺院,宋神宗赐名"报宁禅寺"并亲题匾额,又称"半山寺"。两年后,王安石病逝,享年68岁,相传就埋葬在半山园内。明太祖朱元璋修筑南京城墙时,将半山寺包入城内,但因其接近皇城而成为禁区被废弃。清朝,道光到同治年间又几经复建、修葺半山寺。民国时期,半山园一度为军队占用,后改为半山园小学,新中国成立后,半山园被划入海军指挥学院,因其为军事禁区,目前暂未对游人开放。

南京名人故居中,清代以前的文化名人遗留下来的故居建筑非常少,明清时期的李渔的芥子园、袁枚的随园,历史都有记载但是并无建筑实物遗存。因此半山园显得尤为珍贵。

薛福成故居为何又称"钦使第"

薛福成(1838—1894年),字叔耘,号庸庵,无锡北乡寺头人,中国近代历史上著名的思想家、外交家、政论家、文学家和资产阶级早期维新派代表人物。薛福成善于思考,勤于笔耕,勇于实践,在内政外交上取得了非凡的成就,为此清廷特赐"钦使第"一座以褒奖其历史功绩。光绪皇帝御笔亲题蓝底金字"钦使第"。

那为何要称薛福成故居为钦使第呢?其实,关于薛福成故居的名称并不统一,有"钦使第""钦赐第""钦差第"等多种说法。后经文物部门调查考证,认定故居确实名为"钦使第"。据查,现藏于市博物馆的光绪三十三年(1907年)夏月石印的《锡金两县境界全图》,其图的右下角竖刊边款有"无锡钦使第薛藏版"字样,并且图内还有"钦使薛第"的地点标志。该地图的负责制年月距薛福成府第落成之年仅晚13年,因而"钦使薛第"这个名称不会有误。另一方面,一般来说,官僚宅第都会以其官衔或封号、谥号、官衔的别称作为府第的名称,薛福成最高官衔为"出使英国兼法国义国比国钦差大臣",因而将薛福成在出使欧洲的同时所新建的府第称为"钦使第"合情合理。

钦使第位于无锡旧城区的西南部,南起学前街,北到前西溪,东靠健康路,西近护城河。故居始建于清光绪十六年(1890年),建成于光绪二十年(1894年),保存下来的

无锡薛福成故居

建筑有 160 余间,建筑面积达 6 000 平方米。整座建筑群规模宏大,布局合理,气势雄伟,体现了清末西风东渐的时代特征,填补了我国建筑史上的空白。

钦使第由薛福成自己亲自设计构画草图,交其长子薛南溟负责建造而成。宅院分中、东、西 3 条轴线,前窄后宽,中轴线上由门厅、轿厅、正厅、后堂、转盘楼、后花园组成;东轴线上由西式弹子房、薛仓厅、对照厅、吟风轩、枇杷园等建筑组成;西轴线由传经楼、西花园、佛堂、杂房组成。中轴线前四进面阔均为九开间,第五进、第六进的转盘楼面阔十一开间,是国内现存规模最大的转盘楼,有"中华第一回楼"的美誉。

薛福成

薛福成故居为中国近代社会转型期的江南大型钦赐府第,规模宏大,布局合理,雕刻精细、变化多端,时代特征和地域特色显著,在传统建筑基础上吸收了西方文化的建筑风格,将江南古建筑与西洋风格糅合在一起,中西合璧,无愧"江南第一豪宅"的称号。

甘熙故居为何又名"九十九间半"

甘熙故宅始建于清嘉庆年间,又名"友恭堂",俗称"九十九间半",与明孝陵、明城墙并称为南京市明清三大景观,甘熙故宅是南京现有面积最大、保留最完整的私人平易近宅,也是清代中国最大的平民住宅,距今已有 200 多年的历史。

甘熙是清代南京著名学者、藏书家,著有《白下琐言》《桐阴随笔》《白下杂识》等地方志书。甘熙是甘福的次子,为晚清著名文人,曾经中过进士,生平著作甚丰。相传甘氏为金陵望族,甘氏父子曾遍访吴越,收集书籍 10 万册,建藏书楼,名津逮楼,并因此留名青史。因甘熙在家族中颇有名望,故后人以"甘熙故居"命名其家族之宅。

甘熙故居始建于清朝嘉庆年间,非徽派建筑,也不是完全的苏式建筑,反映了南京清中、晚期及民国初年南京的民居特色。整个建筑反映了金陵士绅阶层的文化品位和伦理观念。建筑的布局严谨,严格按照封建社会的宗法观念及家族制度而布置,讲究子孙满堂、数代同堂,因而宅第规模庞大、等级森严,各

南京甘熙宅第

类用房的位置、装修、面积、造型都具有统一的等级规定。

故居的布局严谨对称、主次分明、中高边低、前低后高、循序渐进。边落位于主轴线上的明间比两侧的开间略大,正落沿纵深轴线布置的各种用房按顺序排列为:一进门厅,二进轿厅,三进正厅,四、五进为内厅等。正落是封建大家庭中长辈和统治整个家族的人物居住与生活的房间。正落中轴线四周贯通,左右边落不设正厅,没有直接对外的主要通道入口,因而,要进入大家庭,任何人都必须通过正落的入口,这种布局体现了封建家庭中不能另立门户的观念,保证了家庭中主要的礼仪接待活动都在正落中进行。一般情况下,边落中各进的平面与正落不完全相同。边落中轴线并不完全贯通并且边落中的建筑在开间的面宽、总间数等各方面都比正落小。大宅布局上强调中央轴线的突出地位,是封建社会生活方式和意识形态的反映。

那为何甘熙故居又叫"九十九间半"呢? 其一,在南京,其实地域规模较大的多进穿堂式平易近居,都可以俗称为"九十九间半"。九是最大的阳数、吉数,过九到十就到了头,而到头就意味着走下坡,所以中国自古就有"九五之尊"的说法。其二,中国最大的宫廷建筑是故宫,号称"九千九百九十九间半",最大的官府建筑为孔府,号称"九百九十九间半",所以民居不外乎为"九十九间半"了,这半间既暗示没达百间的谦逊,又有仅半步就到目标的得意。甘熙故宅实则在百间以上。其三,因皇家规定民间住宅不得超出百间,甘熙在朝为官,深知法规,故对外宣称"九十九间半"。

钱钟书故居有何特色

钱钟书(1910—1998年),原名仰先,字哲良,字默存,号槐聚,曾用笔名中书君,中国现代著名作家、文学研究家。曾为《毛泽东选集》英文版翻译小组成员。晚年就职于中国社会科学院,任副院长。钱钟书在文学、国学、比较文学、文化批评等领域的成就甚高,推崇者甚至冠以"钱学"。

钱钟书故居位于无锡市健康路新街巷30号、32号。钱钟书故居系钱钟书祖父钱福炯筹建于1923年,其叔父钱孙卿续建于1926年,占地面积1 600平方米,为七开间三进,明清风格又吸取西式建筑之特点。祖父钱福炯题名为"绳武堂",匾为当时江苏省省长韩国钧所书。钱福炯集经史语撰联悬于厅堂之上,勉励钱氏子孙勤奋读书,安分守业,和睦相处,继承家风。因钱钟书的父亲钱基博、叔父钱基厚及子女长期居住于此,故统称为钱氏住宅。

无锡钱钟书故居

钱钟书故居是无锡为数不多的书香宅第。六扇竹丝板门两侧挂着一副"文采传希白,雄风经射潮"对联,传达出钱家"诗书传家"的心志。故居内所陈列的家具均为清末民国初的物品,故居占地面积708平方米,建筑面积538平方米,共二进十四间。这所宅第前后共两进,面阔均为七间,是一组江南典型的具有传统风格的民居建筑,晚清风格中带有西式建筑的特点。1926年钱钟书的叔父钱基厚先生因子女较多,在征得其父同意后,于后园西北角添建楼房三楹,之后又接建楼房一楹,因园内有一树盛开的梅花,故名"梅花书屋"。故居大门东侧的三间房,除最东一间是家祠外,其余两间为先生的父亲钱基博教授寒暑假回家期间课子讲学之所,名为"后东塾"。先生少年时期常和几位堂兄弟在此读书、听讲、习字、作文。钱教授曾以此塾为书名著散文集《后东塾读书记》。

整个新街巷30号属传统的江南庭院式民居,但与一般的民居有所不同的是,前后二进平面布局并不是呈传统矩形,而是呈平面四边形,两个对角分别是84度和96度,加之梁架,包括椽树等均随此角度构成,形成一种极其独特的空间结构。其中一进和二进的横向为正南偏东15度,所有的横向结构均按此朝向筑之,而铺地的方砖、山墙等纵向则是按偏东9度,从而形成一个约6度的夹角,给人以一种既神秘又耐人寻味的感觉,这种特殊的做法实属罕见。建造者到底是出于何种原因和寓意,目前尚不清楚,有待进一步研究。

钱钟书

老江苏的旧居

钱氏旧居有着深厚的历史文化积淀,极具历史人文价值。20世纪以来,在"爱国、爱民、爱学习"的家风熏陶下,江南钱氏家庭中人才辈出。仅"钱绳武堂"一脉,就有钱基博、钱钟书父子这样的文化学术泰斗,钱钟韩、钱钟教、钱钟鲁、钱钟泰这样的科学院院士、学者教授,还有著名工商人士钱基厚、钱钟汉父子。

钱钟书先生留学英、法,谙熟西方文化,1938年,他留学英、法结束时,怀着赤诚的爱国之心,毅然地回到了正处在日寇侵略的水深火热之中的祖国。1949年北京解放前夕,有的人流亡国外,可是钱钟书坚决留在大陆。"文革"中,钱钟书受到冲击,并被下放到"五七"干校劳动,但是钱钟书对新中国、对中华这块热土以及中华传统文化仍然无限热爱。几十年来,他笔耕不辍,为我们的国家和人民积累着精神财富,贡献出自己全部的力量,这也是他最宝贵的人格魅力。

周庄为何被誉为"中国第一水乡"

周庄在苏州管辖的昆山之西南,清康熙初年,正式定名为周庄镇。周庄是江南一个在国内具有代表性的水乡古镇,是江南六大古镇之一,有"中国第一水乡"的美誉。具有九百多年历史以及浓郁吴地文化的周庄,以其灵秀的水乡风貌,独特的人文景观,质朴的民俗风情,成为中国优秀传统文化的杰出代表,成为东方文化的瑰宝。

周庄被称为"中国第一水乡",有诸多原因。

其一,周庄是一片古老的土地,因水而生。五千年前,先民就在此繁衍生息。能工巧匠在黑皮陶罐上绘出飞鸟和游鱼的纹理,仿佛预示着这里未来将是一片水鸟翩飞、鱼米丰足的富饶之乡。五千年后,这里叫作周庄,它被群湖拥抱,澄湖、白蚬湖、淀山湖和南湖环伺在四周。"镇为泽国,四面环水""咫尺往来,皆须舟楫",地理环境得天独厚。周庄地处太湖流域,其四周湖荡围拥,有60%左右的民居建于明清时期,住户临水而居。南湖以近千亩的宽阔水面濒临古镇,为周庄带来丰沛的水源。古镇区河道如蛛网密布,浇灌着数万亩粮田桑园。因而,周庄又被称为"东方威尼斯"。

水乡周庄

其二，周庄历史悠久。周庄古称贞丰里，春秋时期至汉代有"摇城"之说，相传吴王少子摇和汉越摇君均封于此。北宋元祐元年（1086年），周迪公建了全福寺，并捐200亩良田为庙田，以此来祈求老天保佑这里风调雨顺，老百姓感念他的功德，便将这里改名为周庄，这也是周庄得名的由来。西晋，文学家张翰曾有"莼鲈之思"，觉得当官再好，也不如家乡南湖好，于是辞官回乡，终老于南湖。1127年，金二十相公跟随宋高宗南渡迁居于此，人口逐渐增多。元末明初的巨富沈万三也是在这里发家致富的，发达的水运交通、肥沃的千亩良田给了他创业的资本，使他最终成为了富可敌国的江南巨贾。清代，这居民更加稠密，西栅一带渐成列肆，商业中心又从后港街迁至中市街。康熙初年，周庄正式更名为周庄镇。清雍正三年（1725年），周庄镇因元和县一分为二，约五分之四属元和县（今吴县市），五分之一属吴江县（今吴江市）。乾隆二十六年（1761年），江苏巡抚陈文恭将原驻吴县甪直镇的巡检司署移驻周庄，管辖澄湖、黄天荡、独墅湖、尹山湖和白蚬湖地区，管辖范围扩大。1949年5月8日，周庄解放，归属吴江甪直区。1950年把镇西原属吴县部分划归吴江，结束了两县分治的状况。1952年以后，周庄镇归昆山市管辖。

其三，周庄文化底蕴厚重。沈厅、张厅、迷楼、叶楚伧故居、澄虚道院、全福寺等名胜古迹，具有一定的历史、文化和观赏价值，著名建筑学家罗哲文称颂"周庄是中国的一个宝"。

西晋文学家张翰（字季鹰），唐代诗人刘禹锡、陆龟蒙等曾寓居周庄；近代柳亚子等南社发起人，曾在周庄聚会，饮酒吟诗；当代名人到周庄采风者更是不胜枚举，台湾作家三毛钟情周庄，说"到了周庄感觉像回到了家乡"；旅美华人画家陈逸飞为周庄著油画《双桥》；著名画家吴冠中称赞周庄："黄山集中国山川之美，周庄集中国水乡之美"。

其四，周庄的历史建筑、景点、特色民俗、美食众多，令人流连。周庄镇依河成街，桥街相连，深宅大院，重脊高檐，河埠廊坊，过街骑楼，穿竹石栏，临河水阁，一派幽静古雅。双桥、富安桥、贞丰桥等14座元、明、清的拱桥、石梁桥，造型优美。张厅、沈厅、章厅等大户人家的宅院，幽静古雅。著名的景点有：沈万三故居、富安桥、双桥、沈厅、迷楼、周庄八景等。富有

水乡周庄南湖

特色的富安桥是江南仅存的立体形桥楼合璧建筑,双桥则由两桥相连为一体,造型独特,别出心裁。沈厅为清式宅院,整体结构严整,局部风格各异,此外还有澄虚道观、全福讲寺等宗教场所。打田财、摇快船、吃阿婆茶、打莲湘、水乡婚俗等特色民俗,让人感受到水乡的万种风情。河鲜、万三蹄、三味圆、阿婆菜、十月白等特产,更是脍炙人口。

其五,周庄是一个适宜人居的地方。20世纪90年代初,一位台湾作家游览后,写了一篇题为《中国第一水乡》的文章,在台湾《经纬》杂志发表。周庄人以此作为古镇宣传推广的切入点,从此,"中国第一水乡"扬名天下。周庄曾获得迪拜国际改善人居环境最佳范例奖,被联合国教科文组织列入世界文化遗产预备清单,荣获迪拜国际改善居住环境最佳范例奖、联合国亚太地区世界文化遗产保护杰出成就奖、美国政府奖、世界最具魅力水乡和中国首批十大历史文化名镇、中华环境奖、国家卫生镇、全国环境优美乡镇等殊荣。

因而,周庄为"中国第一水乡",当之无愧。

镇江传统民居五柳堂有何来历及特色

五柳堂位于镇江市区演军巷,属于明清民居建筑群。该建筑群延续明、清及民国三个历史时期,是镇江古民居的典型代表,具有极其重要的历史、艺术、科学价值。

五柳堂宅主为陶氏,祖居江西浔阳,后迁居镇江,凭"络丝"手艺逐步发展成绸业巨擘。陶氏为五柳先生陶潜之后人,故题"五柳堂"堂名,以表达对先人的尊崇敬佩之情。另外,五柳堂院中栽有五棵柽柳,与五柳堂寓意相互呼应。

镇江五柳堂

五柳堂建筑构造极有特色。其一,其前后共七进平房及一座藏书楼。第一进为楠木厅,第二进为斜厅,第三进为阁楼厅,均为面阔三间的硬山式平房。楠木厅为明代建筑,梁架、立柱均为楠木,梁架用材硕大,立柱呈棱柱状,顶部有卷刹做抬梁,次间山面无脊柱。这种宋元遗制实例非常可贵,为建筑学家研究宋元建筑提供了宝贵的资料。其二,斜厅建于清代前期,整个屋身与楠木厅并不在一条中轴线上,而是斜形而立,建造别出心裁、风格独特。其三,阁楼厅与斜厅依回廊相连,东西间附建阁楼,也非常独特。藏书楼取陶潜诗"游好在六经"之意,亦名游经楼,建于民国,为陶潜藏书、写作之处,他的《润州唐人集》等书即在此编撰,具有一定的文化价值。

1995年4月,江苏省政府把五柳堂列为江苏省文物保护单位,1999年12月至2000年11月,以"修旧如故,以存其真"为原则,镇江市文物管理委员会对该建筑群进行了大修。因而,五柳堂至今保护良好。

扬州小巷有何特色

人们都说老扬州是一座"巷城",扬州的老街小巷是历史的得意之作,更是扬州人自我选择、自我设计、自我建造的结晶,有属于它自己的特色和诱人之处。

其一,扬州老城的街巷历史悠久。扬州街巷形成于明清之际。宋元战乱,明王朝建立后,扬州商业经济迅速发展,重新成为两淮盐业和南北货物的中转交易中心。明嘉靖三十四年(1555年),知府吴桂芳提议建筑城区城墙。建成后的新城城墙"自旧城东南角起,折而南,循运河而东,折而北,复折而西,极于旧城东北角止。东与南、北三面,约八里有奇,计一千五百四十二丈。"至此,扬州旧城和新城庇连的格局形成,这种格局一直保持至20世纪50年代初,而后城墙拆去,在旧城垣的基础上建成了环城路。

其二,扬州小巷多而奇,东西南北,横竖曲折,密如蜘蛛网。十几平方千米的老城区,就有500多条小巷,也就是说几乎每隔10来米就有一条小巷。它们或长或短,或大或小,弯弯曲曲,首尾相连,内外相通。正如扬州人所说:巷连巷,巷通巷,大巷里面套小巷,纵横交错、四通八达。重门叠院的古宅旧馆隐蔽于幽深的古城街巷之中,悠长的古巷串起了名人名居、名胜名园,也串起了扬州城的辉煌历史。

其三,扬州的小巷大都比较窄,有的窄处仅能容一人通过;有的巷口虽宽,却会越走越窄,但是拐过一个直角弯,便"豁然开朗",正是所谓的"山重水复疑无路,柳暗花明又一村。"有的巷子巷巷相套,曲折迂回,若不熟悉,便会如入迷宫。

其四,扬州的小巷,古朴、清幽,所蕴含的知识、典故具有趣味

扬州小巷

性。小巷大多由青砖铺成，路面沟纹细密，逶迤伸展。扬州小巷，大都有其来历，但也有的小巷却是名不见经传，默默无闻，如铁货巷、漆货巷。从现今的巷名也可以寻觅到当年的战争在"旧城"留下的痕迹。明嘉靖年间，江南行省都督、马步水军大元帅常遇春驻扎扬州多年。据传，扬州"旧城"里的常府巷就是常遇春的居所，"张甲桥""卸甲桥""兵马司巷"等巷名均与他有关。

扬州的街巷古老幽邃而深沉，小巧而静谧，既是一幅淡雅清秀的城市风俗画，也是古城扬州厚重文化底蕴的一种静态流露。

扬州的名人故居有哪些

朱自清故居：朱自清，字佩弦，祖籍浙江绍兴，1898 年 11 月 22 日诞生于江苏海州（今东海），童年随家迁来扬州。现代著名散文家、诗人、学者和民主战士。曾在扬州江苏省立八中（扬州中学前身）、杭州浙江一师等学校执教。

朱自清故居在安乐巷 27 号，为晚清所建，至今保存完好，是扬州传统的三合院式民间住宅。三间两厢一对照，客座两间，大门过道一间，天井一方。悬挂在故居门洞上方"朱自清故居"的牌匾，由江泽民所题。

李斗故居：李斗，因研究清代扬州生活的实录《扬州画舫录》而著名。李斗在《扬州画舫录·卷九》中记载："纟宁秋阁在翠花街，余旧居也。"为何其故居叫纟宁秋阁呢？据传，乾隆四十六年（1781 年），清代学者金兆燕曾于此见到歌者居纟宁山，小史李秋枝也寓居于此，遂为此处取名"纟宁秋阁"。

据传，李斗的纟宁秋阁在新胜街的北侧。李斗在这里完成了《扬州画舫录》，从而为今人留下了非常宝贵的研究史料。在纟宁秋阁，他和好友一起饮酒吟诗唱和，留下了数百首诗歌，所写的诗歌均收录在《永报堂诗集》与《防风馆诗》。

汪鲁门故居：汪泳泊，字鲁门，祖籍为安徽歙县，先后任县令、知州、二品官员，最后弃官经商，成为两淮盐业总商。清末民初，汪鲁门曾带头开辟优质食盐产地，促使济南盐场 6 家盐商建盐圩，每年产盐达 20 万吨，这些盐商，为扬州盐业经济的稳定、繁荣提供了重要保障。因而，汪鲁门在盐商中享有崇高威望。

汪鲁门故居总建筑面积 1 500 平方米，是一组排列整齐的建筑群，建筑为典型的徽派风格，

扬州朱自清故居

雕刻精美。大部分建筑的结构为上楼下厅式样，楼上每个房间之间均相通相连，形成著名的"串楼"，现存九进房屋，绵延百米，原有房屋100余间。是扬州现存规模最大的盐商旧居。

史可法纪念馆： 史可法纪念馆位于江苏省扬州市广储门外街24号，南临古城河，梅花岭畔，内有明代史可法的衣冠墓，是纪念明朝末年抗清英雄史可法的著名历史遗迹。

扬州史可法纪念馆

史可法纪念馆由原来的纪念祠修建而来。清顺治二年（1645）四月，南明兵部尚书兼东阁大学士史可法在扬州就义，嗣子副将史德威葬其衣冠于梅花岭下。清初曾建祠于大东门外，后毁圮。乾隆年间于墓西侧建祠，并谥"忠正"。咸丰间毁于兵燹，同治九年（1870年）重建。1935年和1948年两度维修。1949年后曾多次修缮，现为"史可法纪念馆"。史可法纪念馆占地6 000多平方米，现为省级文物保护单位、省级爱国主义教育基地。史可法纪念馆馆内陈列有史可法2米高的塑像和多幅史可法手迹，以及其他一些珍贵的文物资料供游人瞻仰。

熊成基故居： 辛亥革命先驱熊成基，字味根，是中国近代史上杰出的革命家，曾组织过安庆起义，1910年2月27日，熊成基临刑前遗言"今生已矣。我死，愿中国之富强日进一日，庶几瞑目矣。"可见其爱国之心。1912年，熊成基灵柩被运回故乡扬州安葬。

熊成基故居位于市区东关街附近韦家井6号，为市级文物保护单位。故居正厅中间梁上悬挂着"熊氏府第"的牌匾，前后共三进建筑，是"连体"的四合院，青砖灰瓦，体现了典型的扬派建筑风格。

平山堂： 平山堂位于扬州市西北郊蜀冈中峰大明寺内，始建于宋仁宗庆历八年（1048年），欧阳修时任扬州太守，欣赏这里的清幽古朴，于此筑堂。因为坐此堂上，江南诸山，历历在目，似与堂平，因而得名平山堂。

户部山的民居有何特色

户部山位于徐州古城之南，因而又称南山，是控制徐州城的要地。因公元前206年，西楚霸王项羽定都彭城，曾在山顶建戏马台，而成为徐州的第一胜迹。宋代水患众多，户部山因地势较高，免遭覆顶之灾。1624年，徐州户部分司署主事张璇为避水患迁往户部山上，官宦之家和富贾豪门纷至沓来，此地成为富户们争相趋居之地，久而久之，户部山便成了富贵和身份地位的象征，所以民间常有"穷北关，富南关，有钱人住户部山"之说。

徐州户部山民居

户部山民居依山而建，参差错落，构思别出心裁，建筑风格独特，是苏北乃至苏鲁豫皖接壤地区少有的一处古民居建筑群，也是珍贵的历史文化遗产。2002年10月，户部山民居群被列为省级文物保护单位。

户部山民居富有特色，分为以下几个方面。

其一，户部山建筑以灰色基调为主，色彩统一，黑白相间。因深受儒家的中庸之道思想影响，户部山古民居整体呈现出的是一种灰色基调，外部大多为清水砖墙加以白灰抹墙、灰瓦砌筑，宅院内外铺砌青石板路。一方面，这种灰色基调符合中国的审美意识；另一方面，这种灰色基调也符合统治阶层对色彩的严格规定，在皇权的严格控制下，建筑色彩只能以低调为宜。

其二，户部山古民居建筑石雕的材质以青石为主，且多为青色茶回石，质地坚硬而细腻，经历几百年风雨侵蚀仍坚韧如初。小型的建筑石雕一般采用整石雕刻而成，大型的则是分件雕刻后再拼接组合而成。石雕题材种类较少，以动植物形象、博古纹样为主，山水、人物故事较少，主要雕刻部位是石狮子和门墩，石柱础和石窗也会有所涉及。这些不但体现了对祖先传统文化的继承，也是对当时徐州乃至苏北人民生活原貌的记载。

其三，户部山古民居既有北方建筑的沉稳大气，又有南方建筑的温馨淡雅。老宅旧屋的色彩变化很丰富，统一和谐中又富有个性，体现了对南北方建筑风格的融合。

户部山民居是中国古民居中一个重要的组成部分，也是明清时期苏北地区相对繁荣时期多种文化孕育的产物，有着深厚的传统文化积淀，应该得到良好的继承和保护。

关盼盼与燕子楼有何传奇

关盼盼生于唐德宗贞元三年,为徐州名妓,被张建封娶回为妾(也有学者考证应是张建封的儿子张愔。此处仍依张建封说)。张建封,字本立,南阳人,少喜文章,尚气节,曾任御史大夫。他虽妻妾成群,却对关盼盼情有独钟,宠爱有加,婚后专筑了一座小楼供其居住,因楼成后年年有燕子飞临栖息,筑巢嬉戏,便取名燕子楼。

关盼盼极富音乐天赋,十分精通乐器,常与文人雅士学习诗词歌赋,渐渐通晓韵律,有诗300首,名《燕子楼》集,但是未能传世。

徐州燕子楼

关盼盼姿色倾国,品貌出众。大诗人白居易曾赠诗赞誉她"善歌舞,雅多风态"。她对爱情忠贞不二,视张建封为知己、知音。张建封死后,她矢志不嫁。白居易赠她绝句:"黄金不惜买蛾眉,拣得如花三四枝;歌舞教成心力尽,一朝身去不相随。"或许白居易讲的只是张建封宠爱盼盼的旧事,别无他意,但是没想到盼盼读了却心生感慨,认为白居易误会她了。她之所以没殉死陪葬,是怕别人误会张建封爱慕女色,因此自己才孤独地留在燕子楼,度过自己凄凉的后半生。

最后,盼盼以诗明志:"自守空楼敛恨眉,形同春后牡丹枝;舍人不会人深意,讶道泉台不去随。"诗成之后郁郁寡欢,终日绝食,数日后死去。

唐宋吟咏赞颂燕子楼的诗词很多,据说苏东坡夜宿燕子楼也梦到盼盼,醒来后作诗怀念。可见虽处封建社会,这段凄美的爱情故事仍然打动了许多文人的心,最终流传千古。

周恩来总理故居位于何处

周恩来故居坐落在江苏省淮安市境内镇淮楼西北隅300米外的驸马巷7号门内,这里是举世敬仰的周恩来总理的诞生地,现为全国重点文物保护单位和"百个全国中小学爱国主义教育基地"之一。

淮安周恩来故居

周恩来故居青砖灰瓦、古朴、典雅、庄重,体现了典型的苏北民居建筑风格。故居占地1 960平方米,两个普通的老式宅院东西相连,东宅院临驸马巷。故居现有青砖小瓦木结构平房32间,为曲折的三进院结构。1898年3月5号,周恩来诞生在东院面朝南一幢房屋的东厢房里。故居西宅院有"周恩来家世、童年与故乡图片画展""周恩来外祖父万家字画展"和"开国总理大型图片展"。其中,"周恩来书画苑"里展出了党和国家领导人邓小平、江泽民等为故居留下的珍贵题词以及赵朴初、刘海粟、关山月等一大批著名书画家为缅怀周总理捐献的字画墨宝。

故居院内有两株百年老榆树,高达20米,据说,这两株榆树是周恩来童年时期亲手所种。

老江苏的饮食

"金陵八绝"知多少

所谓"金陵八绝",又叫"秦淮八绝",是中国四大小吃群之一——"夫子庙小吃"的雅称,具体指的是南京7家小吃馆制作的八套吃食。南京夫子庙的秦淮风味小吃拥有长达1 000多年的历史,包含80多个品种,其中以"金陵八绝"最具代表性。1987年9月,经过专家鉴定,南京秦淮区风味小吃研究会将这八套风味小吃命名为"秦淮八绝"。

第一绝:永和园的开洋干丝和黄桥烧饼。"永和园"是夫子庙规模最大的一家点心与酒菜兼营的老店,其开洋干丝切得细如棉线,经过滚沸的开水浸烫数次,没有一点豆腥味,口感绵软柔韧。其烧饼品种共有二十多个,由于色泽金黄,被誉为"蟹壳黄"。

第二绝:蒋有记的牛肉汤和

南京永和园的开洋干丝

牛肉锅贴。蒋有记包饺店的传统套点牛肉汤与牛肉锅贴,已有百年历史。其汤鲜香可口,牛肉酥烂,肥而不腻。其锅贴有"十佳"之说:第一是牛肉新鲜;第二是馅子切得好;第三是小佐料配得好;第四是馅子拌得好;第五是包得好;第六是煎得好;第七是火工好;第八是油放得好;第九是带卤好;第十是不敢说,怕人家说"吹牛"。

第三绝:六凤居的豆腐涝和葱油饼。六凤居是金陵城里颇具规模和实力的中餐馆,这里既汇聚了江南的名吃,也有自己独特的食品。其豆腐脑选用上等黄豆制成,色白如玉、鲜嫩味美、润滑爽口;葱油饼选用上等面粉,色泽金黄、入口酥脆、油而不腻、余香持久。

第四绝:奇芳阁的鸭油酥烧饼和什锦菜包。奇芳阁始创于1917年,现位于夫子庙贡院街街口,名为清真茶社,实际上以经营面点为主。其鸭油酥烧饼的特点是:造型美观、色泽金黄、层次多、芝麻密、香酥脆。什锦菜包雅名"翡翠",其特点是:油水足而不腻,口味甜而喷香,外表色白光亮。

第五绝:奇芳阁的麻油素干丝和鸡丝浇面。麻油素干丝的特点是:不苦不涩、咸中带甜、甜中透鲜、入口柔而耐嚼、香醇可口。鸡丝浇面的特点是:汤清丝细、口感纯正、味鲜形美、香味诱人。

第六绝:莲湖糕团店的桂花夹心小元宵和五色小糕。莲湖糕团店是经营传统糕团小吃的百年老店。其特色小吃桂花夹心小元宵是由南京传统甜食"小元宵"发展而来,色泽洁白如玉,甜而不腻,糯而不黏。五色小糕的特点是:五种造型、五种口味、五种色彩、小巧玲珑、松软香甜、各具特色。

南京奇芳阁菜馆

第七绝:瞻园面馆熏鱼银丝面和薄皮包饺。瞻园面馆原名包顺兴,是一家具有80多年历史的老字号饭店,以经营面、饺闻名遐迩。熏鱼银丝面是该店引进昆山奥灶面的做法,并结合本店传统特色创制的,其特点是:色泽红润、面如龙须、鱼香扑鼻、味鲜汤醇。薄皮包饺的特点是:皮薄馅大、肉嫩味鲜、咸中带甜、油而不腻。

第八绝:魁光阁的五香豆和五香蛋。这两道美食有"小吃中的'绝代双娇'"的美誉。五香豆又被称为"状元豆",因为明清时江南贡院的考生喜欢携带五香豆赶考而得名,用蚕豆制作。魁光阁另一招牌小吃五香蛋的特点是:极富弹性、香浓味醇、酥嫩鲜美。

淮扬菜有何独特风味

淮扬菜主要由扬州风味、淮安风味和镇江风味等三大地方风味组成，是江苏菜系的代表性风味，在国内外享有盛誉。

淮扬菜追求本味鲜、本土化和民俗性，具有鲜明的地域风格，总体风味追求口味至和适中，兼顾南北东西；烹制原则追求使食用者得到丰富的口味体验，达到健身益体的目的。在淮扬名菜中，存在着不少以乡村地名命名的奇特现象，如"平桥豆腐""高沟捆蹄""朱桥甲鱼"等，在中华美食领域形成与宫廷大宴迥然相异的另类风景线，因而有着广泛的社会消费基础，同时也使得美食家对其情有独钟。淮扬菜之所以享誉四海，是因为它具有如下五个特点：

淮扬菜：蟹黄干丝

第一，制作菜肴选料严格，以鲜活水产为主。淮扬地区位于长江南北，紧挨京杭大运河，自古以来就是富庶的鱼米之乡，一年四季水产禽蔬野味不断。所以，淮扬菜的原料以鲜活水产为主，这也决定了其在烹法上擅长炖焖、调味上注重本味的特点。淮扬菜几乎对每道菜的原料都有严格的选料要求，同时也让原料的特点在制作菜肴时得到充分的发挥，使其菜品细致精美、格调高雅，清鲜而略带甜味。

第二，刀工精细，菜肴形态美观。中国四大菜系中，淮扬菜刀工最精细，切丝如发，尤以瓜雕享誉四方。冷菜制作、拼摆手法要求极高，难度极大，加上精当的色彩搭配，使得淮扬菜造型美观、生动逼真，如同精雕细凿的工艺品，同时兼具色、香、味。

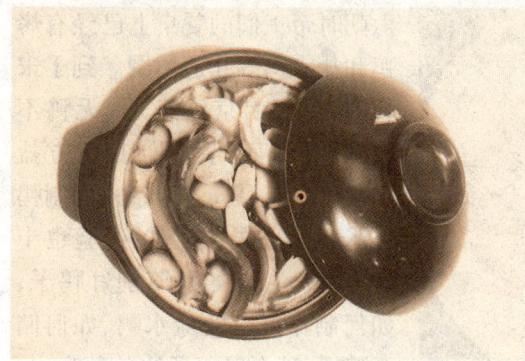

淮扬菜：大烧长鱼

第三，注重本味，清淡适口。由于淮扬菜以鲜活产品为原料，所以在调味时追求清淡，突出原料的本味,使得淮扬菜既有南方菜的鲜、脆、嫩的特色又融合了北方菜的咸、色、浓特点,形成了甜咸适中,咸中微甜的风味。

第四,讲究火工,擅长炖焖烧煮。淮扬菜肴根据古人提出的"以火为纪"的烹饪纲领,擅长运用炖、焖、煨、焐、蒸、烧、炒等烹饪手法,完美地突出原料本味,并通过调节火工来体现菜肴的鲜、香、酥、脆、嫩、糯、细、烂等不同特色。

第五,菜肴制作工艺多样,富于变化。淮扬菜菜式繁多,体系庞大,制作过程就像写诗作画,饱含丰富的想象力,有着浓厚的中国传统文化底蕴。在制作淮扬菜肴时,烹饪师很少使用名贵的山珍海味,而多采用当地产的普通原料,无论从选料、刀工还是调味等方面来看,都是精工细作、讲求韵味。

南京人为何爱吃鸭

南京素以喜鸭而闻名,其品种之多、数量之大、传播之广、食鸭人之众,为全国之最,故南京有"金陵鸭肴甲天下"之赞和"鸭都"的美称。南京人食鸭花样很多,有咸板鸭、盐水桂花鸭、金陵叉烤鸭、黄焖鸭等多个品种,甚至连鸭子的某些部分也被制成特殊的美食,如鸭头、鸭脖子、鸭翅、鸭掌下卤锅,鸭血、鸭肝、鸭肠、鸭胗下汤锅等。目前,南京已拥有大小制鸭企业及个体大户1 500多家,日产卤鸭15万只以上,南京市面上居民每天吃鸭数量在8万只左右。那么,南京人为什么这么喜欢吃鸭呢?

第一,南京养鸭吃鸭历史悠久。南京作为"六朝圣地,十代建都",是一座拥有深厚文化底蕴的历史古城。2 400多年的南京建城史,也是南京鸭业发展的历史。据《吴地记》记载:"吴王筑城,城以养鸭,周数百里。"可见,早在春秋战国时期,南京就有了"筑地养鸭"的传统。据《陈书》记载,陈军与北齐军在金陵北郊外覆舟山一带交锋,陈军"人人裹饭,媲以鸭肉""炊米煮鸭",使得士气大振,终于以少击众,大胜而归。此为金陵鸭馔最早见于正史的记载。另据记载,六朝时帝王们的餐桌上已经有了烤鸭和盐水鸭等几道鸭馔。到了宋朝的时候,南京已经是"无鸭不成席"了。而到了明初,南方盐水鸭已享有厚誉。南京人的制鸭技术由来已久,吃鸭的经验也十分丰富。对于如何鉴别好鸭子、如何制作好吃的盐水鸭、如何储藏鸭子,甚至是鸭子的各种吃法,

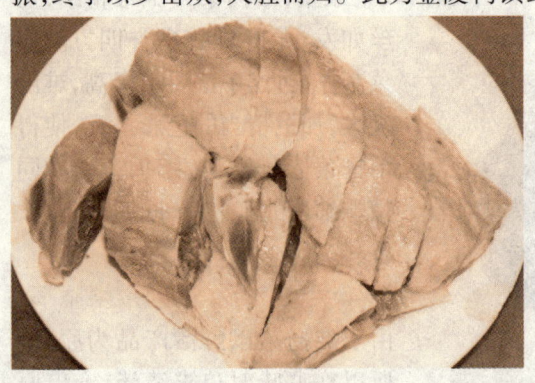

南京盐水鸭

南京人都了若指掌。

第二，南京地区的地理环境适合养鸭。南京地处江南，水暖鸭肥，享有制作鸭馔的天然优势。南京周边多水网地带，沟汊纵横，旧时自由自在的鸭子夏天在水中捕食鱼虾螺贝，秋季饱餐稻谷，长得羽毛丰满，肉质细嫩。苏北、安徽、江西一带也会往南京运来精选的好鸭子，所以南京人一年四季都可吃到质优的鸭子。

第三，鸭肉具有丰富的营养价值。鸭肉中的脂肪酸熔点低，易于消化。其所含B族维生素和维生素E较其他肉类多，能有效抵抗脚气病、神经炎和多种炎症，还能抗衰老。鸭肉中含有较为丰富的烟酸，是构成人体内两种重要辅酶的成分之一，对心肌梗死等心脏疾病患者有保护作用。再者，鸭子生长于水边，其性微寒，南京地区夏季炎热，吃后有益健康。

悠久的养鸭、吃鸭历史，优越的育鸭环境，丰富的营养价值，造就了南京人酷爱吃鸭的习惯。

扬州人为何爱吃鹅

到扬州品尝美食，人们往往首先想到的是"三头宴""富春包子"之类的名菜名宴。其实，扬州是名副其实的鹅消费城市。据统计，扬州人一年消费的盐水鹅达到2 000万只，足见其对鹅馔的喜爱。那么，扬州人为什么对鹅如此地偏爱呢？

第一，鹅本身具有很高的营养价值。从生物学价值上来看，鹅肉是理想的高蛋白、低脂肪、低胆固醇的营养健康食品，含钙、磷、钾、钠等十多种微量元素。其食疗和药疗作用巨大，具有益气补虚、和胃止渴、止咳化痰，解铅毒等作用。鹅肉含有人体生长发育所必需的各种氨基酸，其组成接近人体所需氨基酸的比例。鹅肉中的脂肪含量较低，仅比鸡肉高一点，比其他肉要低得多，而且品质好，不饱和脂肪酸的含量高，特别是亚麻酸含量均超过其他肉类，对人体健康有利。另外，鹅肉脂肪质地柔软，容易被人体消化吸收。

第二，扬州人对吃鹅很有研究，其食鹅文化可谓源远流长。扬州有一道名菜，叫"盐水鹅"，俗称"老鹅"，是在有着2 000多年历史的淮扬菜里

扬州盐水鹅

不可或缺的一道名菜,其肉质紧密,鲜美可口,风味独特。扬州大量养鹅、吃鹅的历史可以追溯到唐宋前。唐代诗人姚合在《扬州春词》中描述当时的扬州是"有地惟栽竹,无家不养鹅";明代时,鹅肉是最为家常的一道菜,在一些笔记小说中可以察见端倪,《红楼梦》中的胭脂鹅便是一道人们喜爱的扬州菜。到了清代,地方官员用盐水鹅招待到达扬州的康熙和乾隆皇帝,受到赞誉,盐水鹅也因此而作为地方特色菜名扬天下。如今在扬州正式的酒席上,都缺不了盐水鹅这道菜。

第三,扬州地区善养鹅,并出产大量的优质鹅。扬州地处江淮平原南端,地势平坦,气候温和,自然条件优越,有着天然的养鹅环境。扬州鹅是我国首次利用国内鹅种资源育成的新品种,是理想的中型鹅种。经国家家禽生产性能测定站测定:扬州鹅体型适中,整齐度好,遗传性能稳定;肉用仔鹅早期生长快、耐粗饲、适应性强、肉质鲜美、肌肉蛋白含量高、含水量低、加工成品率高、适口性好;种鹅繁殖性能好,产蛋期平均产蛋71.39枚,受精率、孵化率均在90%以上。测定的结论是:"扬州鹅、仔鹅生长速度达到国内外先进水平,种鹅达世界先进水平。"

徐州人为何喜欢吃羊肉

"伏天吃伏羊"是徐州人夏季的一大习俗。每年入伏第一天,"彭城伏羊美食文化节"都会如期举行,在这一个星期的活动中,会出现万人共吃伏羊的宏伟场面。一般来说,羊肉、羊肉汤本为冬季御寒之佳品,而苏北的徐州人不但爱吃羊肉,且喜在一年中最热的伏天吃加了很多辣椒的红油羊肉,这是为什么呢?

首先,"伏天吃伏羊"在徐州有悠久历史。徐州人在伏天吃伏羊最早可追溯到尧舜时期,当时就有"彭城伏羊一碗汤,不用神医开药方"的说法。汉代扬晖在《报孙会宗书》中说:"田家作苦,岁时伏腊,烹羊炰羔,斗酒自劳。"这说明到了汉代,吃伏羊已经成为一个习俗。加上徐州地处丘陵地带,青草茂盛,所养山羊历来肥壮,鲜嫩可口,肥瘦相间,膻味极小,用徐州特有的精制辣椒油烹制,佐以青蒜、香菜及各种香料,使其味香汁醇、汤色美白,令人胃口大开。

其次,羊肉具有很高的营养价值。羊肉的肉质比猪肉更细嫩,而

羊肉汤

且比猪肉和牛肉的脂肪、胆固醇含量都要少,容易消化吸收,并且多吃羊肉有助于提高身体免疫力。羊肉性温热,具有补气滋阴、暖中补虚、开胃健力、补肾壮阳的功效。《食疗本草》中对羊肉、羊肚、羊肝、羊心、羊骨等的食疗作用分别进行了简述,元朝的贾铭在《饮食须知》中对羊肉的药用价值及饮食方式作了介绍。明代的李时珍在《本草纲目》中称"羊肉甘热无毒。食之肥软益人……疗筋骨急强,虚劳益气,利产妇"。

最后,这是由伏羊特殊的功用决定的。所谓伏羊,即入伏以后的羊肉。伏天吃羊的习俗,既暗合"天人合一"质朴的养生观念,也包含相当的科学成分:其一,山羊经春夏两季饲养,膘肥肉嫩,宰杀后肉味醇厚,膻味小,汤汁鲜美,宜食用;其二,三伏天人体内有积热,食用了加有辣椒油、葱、酱、蒜、花椒等热性作料的羊肉汤后,能刺激人体大量排汗,有助于排出体热和体内毒素。

除了上述原因,伏天吃热辣的羊肉也是徐州古代先民流传下来的一种精神。徐州人民通过这种方式,体现自己艰苦不屈、迎难而上的态度。

南京的"水八鲜""旱八仙"知多少

南京民谚说:"南京一大怪,不爱荤菜爱野菜。"反映了当地人喜爱蔬食野菜的饮食习惯。南京食野菜人数之众、历史之久,以及所食野菜品种之多,为全国之最。在其所食的野菜中,以"水八鲜"和"旱八仙"最为有名。

"水八鲜"是指南京地产的八种水生植物,分别是:

莲藕。包括莲蓬和藕。莲蓬又叫莲房,是荷结的果实,下为莲子,莲皮青,里肉白;藕,称"花香藕",质地白嫩,鲜脆多汁,甘美藕香,它能以蔬代果,生吃非常可口。

红菱。又称"苏州红",含多种维生素和矿物质。食用部分为种子的肥厚子叶,生熟可吃,形味俱佳。

茭瓜。俗称茭白,特点是娇嫩香糯,脆鲜爽口,可凉拌、火炒,还可以制作一些细巧的菜肴。

鸡头果。又名芡实,为滋补品,茎去皮松脆爽口,炒食味美。鸡头果制成的粉就是芡粉,与藕粉、荸荠粉、菱粉并称"四大名粉"。

荸荠。俗称马蹄,又称地栗,以球茎作水果或蔬菜食用,性味、

南京水八仙之莲藕

南京旱八仙之马兰头

成分、功用与栗子相似，肉质洁白，味甜多汁，清脆可口。

水芹。明代时南京人把它作为土特产进贡。用酱油、醋、麻油搅拌后就可生食，脆嫩可口，色泽碧绿。

茭儿菜。形似茭白，又称"娇儿菜"，味道鲜美爽脆。散生于河湖边缘低洼地和沼泽地，是南京人最喜爱的蔬菜之一。

慈姑。营养价值较高，主要成分为淀粉、蛋白质和多种维生素，具有较好的药用价值。吃起来细腻香滑，粉嫩可口。

南京人喜食"水八鲜"，并且对其充满了浓厚的感情，赋予其很多故事和传说。食用"水八鲜"已经成了南京人的习俗，每逢传统佳节，"水八鲜"都会成为百姓家中不可或缺的佳肴，这又使其具有了浓郁的文化价值。2007年，"水八鲜"饮食习俗被南京市人民政府列入首批南京市非物质文化遗产名录。

除"水八鲜"外，南京人还喜爱另外八样春季当令野蔬菜，称"旱八仙"，分别是：

马齿苋。又称长寿菜、马齿菜，既是蔬菜，又是良药，含有蛋白质、膳食纤维、钙、磷、铁、维生素C等多种营养成分。

苜蓿头。南京人食用的苜蓿早春返青时的幼芽，营养成分高，含有丰富的膳食纤维，是一种上佳的高纤维低热量食物。

马兰头。每年春、秋两季萌发嫩芽，南京人春天摘其嫩茎叶作蔬菜，称马兰头。马兰头含钙、磷、铁、胡萝卜素、钾、维生素B等多种营养成分。

豌豆叶。又叫龙须菜，营养价值高且绿色无公害，吃起来清香滑嫩，味道鲜美独特，用来热炒、做汤、涮锅都是上品。

菊花脑。营养丰富，且有清热解毒、调中开胃、降血压之功效，是一种很有开发前景的野生蔬菜。食之凉爽清口，可以炒食、凉拌或煮汤。

枸杞头。枸杞初春的嫩茎叶，味苦性寒，具有补虚益精、清热止渴、祛风明目的功效。可凉拌、煲汤、做馅、炒肉。

荠菜。具有很高的药用价值和营养价值，食用方法多种多样，有和脾、利水、止血、明目的功效。

芦蒿。又名蒌蒿、水艾，营养丰富。以鲜嫩茎秆供食用，可凉拌、炒食。吃起来清香、鲜美、脆嫩爽口。

 "鲜"字是谁发明的

古人认为,鱼和羊是天下最"鲜"的食物。据传,"鲜"字源于江苏名菜"羊方藏鱼"。而"羊方藏鱼"这道菜又与我国烹饪鼻祖彭祖有关。

彭祖,大彭氏国(今江苏徐州)人,传说是黄帝的六世孙,其父亲是吴回的长子陆终,母亲是鬼方首领之妹女嬇,因擅长调羹,受尧帝的赏识,后受封于大彭,是彭姓的祖先。自尧帝后,彭祖再经历了夏、商两朝。相传他活了880岁,娶了49任妻子,生了54个子嗣。先秦时期,彭祖在人们心中是一位仙人。到了西汉,刘向《列仙传》把彭祖列入仙界,并称为列仙,彭祖逐渐成为神话中的人物。彭祖一生辉煌,被认为是中国的烹饪鼻祖(第一位职业厨师)、气功祖师(中华武术文化的鼻祖)、房中始祖(中国最早的性学大师)、长寿始祖(中国第一位养生学家)。

彭祖

相传,彭祖的小儿子夕丁喜欢捕鱼,但彭祖恐其溺水,坚决不允许。有一天,夕丁捕鱼回家,正巧彭祖不在,便让母亲剖开正在炖煮的羊肉,把鱼藏在其中。彭祖回来吃羊肉,感觉异常鲜美,弄清原因后如法炮制,便产生了"羊方藏鱼"这道菜。据传汉字中的"鲜"字即源于此。

"羊方藏鱼"流传至今,已有4 300多年的历史,现为徐州特色菜,被认为是"天下第一名菜"。它以徐州庆安水库无公害鲜鱼和本地产白山羊为原料,佐以数十种天然植物香料,用独特工艺精心烹制,味道鲜美,既无羊肉的膻味,又无鱼的腥味,更具助阳补精血之功效。

因此,"鲜"字可以被视作为彭祖所创。

徐州地锅是谁发明的

地锅是苏北徐州、鲁南地区流传甚广的一种民间名吃,距今已有1 000多年的历史。早在汉代画像石中就有描绘烹饪和享用这种美食的场景,经过千年的演变与创新,地锅形成了现在别具一格的风味。其色泽光润红亮,香味浓郁滑

爽,味道醇厚,其形纯正自然,其器古朴,实为汉民族民间美食文化的代表之一。

老式地锅

地锅起源于苏北和鲁南交界处的微山湖地区。因旧时农村条件有限,在微山湖上作息的村民往往取一小泥炉,炉上坐一口铁锅,下面支几块干柴生火,然后按家常的做法煮上一锅菜,锅边还要贴满面饼,围炉而坐,席地而吃,称为地锅。久而久之便产生了这种饭菜合一的烹调方法。地锅菜的汤汁较少,口味鲜醇,饼借菜味,菜借饼香,具有软滑与干香并存的特点。地锅所使用的锅一般为铁制品,是我国的传统厨具,一般不含其他化学物质,不会氧化,使用起来比较安全。

如今,江苏地区的厨师将传统地锅菜的制法加以改良,在铁锅底焖上浓汁淋漓的菜头,锅边上再贴上香香的菜饼。地锅菜饼采用各种杂面、多种野菜等材料,经多道工序精制而成。地锅菜品以沂蒙山小公鸡和微山湖鲜鱼及新鲜青菜等为主要原料,营养丰富。

可以说,徐州地锅是1 000多年前微山湖地区村民共同智慧的结晶。

为何苏州人称碧螺春"吓煞人香"

碧螺春产于江苏省苏州市太湖洞庭山,是我国的珍贵名茶之一,在"中国十大名茶"中排名第二,以其美观的外形和"清香醇甜"的品质驰名中外。据记载,碧螺春茶叶早在隋唐时期即负盛名,有千余年的历史。苏州人对碧螺春有一个特别的叫法,称"吓煞人香"。其实,关于碧螺春名字的由来,在民间有许多传说,分为两个主流版本。

一种版本是说,传说很久以前,一个名叫碧螺的渔家姑娘上山砍柴,走到半山腰时,闻到一股出奇的香味。她寻香而去,只见悬崖石缝里长着几棵野茶树,奇异的香味扑鼻而来。她采了一些茶叶揣在怀里,嫩茶叶得了人身上的热气,香得更加厉害了。碧螺姑娘连声惊道:"吓煞人哉!吓煞人哉!"于是,她拔了一棵茶树苗带下山,并把它栽在一只破缸里,每天给它浇水。一天,一阵风把茶树叶吹落在没盖的水壶里,碧螺嘴里正干得要命,便拿起水壶喝了个底朝天,顿觉喉咙清凉、满口芳香,疲劳也消除了。她满心欢喜,便把茶树移栽到了洞庭山上的一个破庵里。几年后,庵里长满了茶树,香味吸引了周围的邻居。碧螺姑娘把叶子采下来送给大家,邻居们喝了这泡茶叶的水个个称赞,问及茶名,碧螺姑娘随口说道:"吓煞人香!"一天,她采茶回来,适逢下雨,便把鲜嫩的叶子放在锅里炒,茶叶变得更加清香怡人。从此,炒茶在当地风行了起来。不久,山里人都栽种起这种茶树,"吓煞人香"也渐渐被改称作"碧螺春"。

另一种版本是目前比较认可的一种。相传在清康熙年间,有一年洞庭东山碧螺峰上的茶树长得特别繁茂,采茶姑娘们采下来的茶用竹筐装不下了,就把多余的茶放在怀中。茶得热气后透出一阵异香,采茶姑娘们争呼"吓煞人香"(吴中方言),此茶由此得名。

碧螺春

后适逢康熙皇帝南巡,江苏巡抚宋荦用此茶进献,甚得皇帝嘉许,但圣上以为其名不雅,便据其采撷于碧螺峰,茶色碧绿,形曲似螺,又值于早春采撷,因此钦定茶名"碧螺春"。从此以后,碧螺春茶就成为了历年进贡的茶中珍品。这类说法中也有把采茶姑娘替换成茶农的版本,但内容大同小异。

在不同版本的传说中,碧螺春在被发现之初都称为"吓煞人香",加上洞庭山地区的茶树与果树相间种植,导致碧螺春茶叶具有特殊的花朵香味,因此苏州人直呼此名也就合情合理了。

无锡酱排骨和清水油面筋是如何制作的

无锡酱排骨是一道老少皆宜的江苏名菜,其色泽酱红,肉质酥烂,骨香浓郁,汁浓味鲜,咸中带甜,充分体现了无锡菜肴的基本风味。

无锡排骨的烹制十分讲究。一是选料要精,二是作料要好,三是操作要严。原料和辅料虽有不同版本的差异,但制作者可根据自身喜好随机应变。一般来说,先准备2 000克猪肋条排骨,500克精肥方肉,300克酱油,175克白糖,100克绍酒,15茴香克,5克硝末,另外,姜、葱、桂皮各25克,食盐适量,红米少许。制作步骤为:①将排骨斩成小块,用硝末、红米、食盐拌匀,入缸腌10小时左右后取出放入锅内,加清水煮沸,捞出洗净。②将锅洗净,用

无锡酱排骨

无锡清水油面筋

竹蒜垫底,放入排骨和方肉,加绍酒、葱、姜、茴香、桂皮,加清水1 750克,盖上锅盖,用旺火烧沸,加酱油、白糖,再盖好锅盖,用小火焖烧1小时,至排骨酥烂、汤汁浓香即可。至此步骤完成,食用时取出,浇上卤汁。制作无锡酱排骨的关键在于烹制前必须将排骨腌透,使其吸入咸味。烹制时用小火焖烧、窝酥,使汁浓入味。

清水油面筋有近200年的历史。该品以小麦蛋白质粉(谷芫粉)为原料,用素油炸制,成品大小均匀、金黄溜圆、油光闪亮、皮薄松脆。

清水油面筋吃法多样,既可加在各种素食中,也能与各种肉类配伍,炒、烧、煮汤均可。尤其是在油面筋中塞进肉糜制成的肉酿面筋,经得起久煮,不破不碎,口味极佳。其制作步骤为:①取面粉加水搅拌,同时掺入少量食盐反复揉捏,经过沉淀浮去杂质,即成水面筋。刚洗成的水面筋含水量较高,因而需要在操作过程中脱去水分,这样才能在油炸时节省原料和时间。②水面筋在进入油炸前,先用温水焐一段时间,进行熟化,使残存淀粉进一步被洗去,淀粉含量降到最低限度。③将熟化过的水面筋摘成长2厘米、宽1厘米的小块,随摘随投入沸油锅中;为防止互相粘连,可将坯子分批预炸,出现嫩黄色薄衣即捞出,几批并成一锅重新油炸至熟。④油炸过程中,掌握油温是关键,油温达到180摄氏度左右时,应把浮在面上的坯子压入油中,使其均匀受热;炸一段时间,油面筋外皮炸硬、内部筋线炸老即起锅;若成品呈金黄色,香气正常,皮薄松脆,大小均匀,内有蜂窝,则是合格成品。

松鹤楼有何独特传说

松鹤楼于清乾隆二年(1737年)由徐氏在苏州玄观庙创建,是目前苏州地区历史最为悠久的正宗苏帮菜馆。它主营面点,兼营饭菜,在某种意义上代表了苏州美食。由于始建于乾隆年代,所以关于乾隆皇帝下江南时在松鹤楼发生的逸事很多,当地民间流传的主要有三个版本。

流传最多的一个版本是乾隆大闹松鹤楼的故事。乾隆下江南时微服私访来到苏州,踱步走进观前街上的松鹤楼。恰逢松鹤楼老板给母亲做寿,里里外外忙个不停。乾隆坐下许久,方见一个伙计过来,便要点最好的饭菜。这位伙计见他衣着朴素,以为是乡里的农民,便拣最便宜的破菜送上去。乾隆见清汤

苏州松鹤楼

寡水，少盐无味，便质问起来，伙计却不耐烦地敷衍他。这时，乾隆见一伙计手拿大盘喷香的松鼠鳜鱼从厨房出来，便要那伙计端过来。那伙计傲慢地说："松鼠鳜鱼，你吃得起吗？"乾隆听后龙颜大怒，随手将那碗菜汤朝伙计脸上扔过去。响声惊动了店主，他急忙来到桌边赔礼，看出乾隆虽衣着平常，但气度不凡。于是，店主便将其为母亲作寿烹制的松鼠鳜鱼等上等菜肴端来，不断给乾隆赔礼道歉。乾隆吃后觉得宫廷菜也比不上，于是连声夸好。此时苏州知府带着一队人马恭候在松鹤楼门口迎驾，店里人这才知道那位客人是皇帝，又惊又怕。好在乾隆吃得龙颜大悦，赐了银两，临走时还向店主人打听松鼠鳜鱼的做法。店主高兴异常，从此便打出了"乾隆首创，苏菜独步"的牌子。后来乾隆第二次、第三次下江南时，总是光顾松鹤楼点名要吃松鼠鳜鱼。松鹤楼的松鼠鳜鱼从此就作为传统名菜流传至今。

另一个版本也是关于松鹤楼名菜"松鼠鳜鱼"的。相传乾隆皇帝第四次下江南时，曾化名"高天赐"，走进松鹤楼见神台上欢蹦乱跳的"元宝鱼"（祭品鲤鱼），煞是好看，便要捉来食用。可是在当时此鱼属敬神"祭品"，不能用于食用。但堂官慑于"圣命"，便与厨师商量，想出一个办法，取松鹤楼首字"松"和鱼头似鼠，将鱼烹制成松鼠形，以避宰杀"神鱼"之罪。乾隆食用后，夸赞不已。从此，松鹤楼的"松鼠鱼"就闻名于世了，后来渐渐变成了当今名菜"松鼠鳜鱼"。

还有一个版本是关于乾隆在松鹤楼吃"全家福"的故事。话说乾隆有一次下江南时路过观前街，见松鹤楼生意很兴隆，顿觉腹中饥饿，侍卫就领着乾隆上了松鹤楼中专门供有钱人吃饭的阁楼。乾隆点了一道"全家福"。菜上来之后，乾隆夹起一块鱼片问跑堂："这是什么？"跑堂回答："是乌龙肉。"乾隆又夹起一块鸡脚爪，问："这是什么？"跑堂回答："这是凤脚爪。"乾隆听了，暗自吃惊，心想：龙代表皇帝，凤代表皇后，吃乌龙肉、凤脚爪，那不是反了吗？想到这里不禁怒火中烧，可碍于乔装打扮，只能发倔脾

苏州松鹤楼松鼠鳜鱼

气，一定要退这道名菜。后来不知谁走漏了消息，说这个北方食客是微服私访的当今皇帝，于是苏州城内外一下传遍了乾隆在松鹤楼退"全家福"的事。大家听明其中底细，都说："皇帝退，我们去吃。"于是便扶老携幼到松鹤楼，把饭馆挤得水泄不通。从此，松鹤楼生意更加兴隆。

太湖船菜有何来历

太湖船菜亦称无锡船菜或"水上筵席"。它起源于民间，伴随着太湖和运河水上旅游的迅猛发展而形成，有近百年历史，具有浓郁的江南水乡特色。太湖船菜以太湖中盛产的白鱼、白虾、银鱼、蟹、鳖等为主料，配以相应的副食、佐料，用炒、煎、焖、蒸、汆、炸等烹饪方式，精细加工制作而成，具有酥嫩鲜甜、色香味俱全的特点。

太湖船菜

无锡自古以来经济富足、人文荟萃。客人游览太湖风光大多乘帆船、画舫，船家都备有精美的湖肴供应，由于它与饭馆里的菜做法截然不同，品尝起来个中乐趣在城市餐馆酒楼也是难以享受得到，于是渐渐形成著名的太湖船菜。

清晚期至民国百余年间，能为游客提供船菜的画舫、灯船达数十条之多，船菜以太湖水鲜为主料，其中尤以酒醉炝虾最富风味。太湖船菜以其味真而浓郁、肥美而不腻、汤清而不薄的特色，赢得盛誉。目前，无锡外事旅游游船公司拥有10多艘豪华游船，其经营的太湖船菜秉承历史，风味独佳，极具特色。船宴尤以"别味湖鲜""宫灯虾球""干炸银鱼"等为最，赢得了文人雅士及无数民众游客的赞赏。而太湖船菜真正走向市场则是近几年的事情。1994年，太湖东岸苏州光福镇的渔民，率先推出了具有渔家风味的太湖船菜。如今，苏州东山、西山沿太湖一带，也出现了太湖船菜的招牌。一些城市里的餐饮场所，还将太湖船菜引进店堂，也吸引了不少食客。

何谓"太湖三白"

"太湖三白"指中国太湖的三种河鲜类特产——银鱼、白鱼和白虾，是江苏省苏州市吴中区和无锡市著名系列菜"太湖船菜"的招牌食材,由于其色泽均呈白色,因而称为"太湖三白"。

太湖银鱼。俗称"冰鱼"或者"玻璃鱼",古代人又把它叫作"玉箸鱼",长二寸多,形如玉簪,似无骨无肠,细嫩透明,色泽似银,故得名。银鱼历史悠久,春秋时期,太湖就盛产银鱼;宋代把银鱼与鲈鱼并列为鱼中珍品;清康熙年间,银鱼被列为"贡品"。它原为海鱼,后开始在太湖繁衍,是太湖名贵特产。其肉质细

太湖银鱼

嫩,营养丰富,无鳞、无骨、无刺、无肠、无鳔、无腥味,可烹制各种佳肴。银鱼是江苏传统外贸产品,太湖牌冷冻银鱼在国际上久负盛名,深受国内外消费者的喜爱。

太湖白鱼。又称"太湖银刀",此别称源自明末渔民张三手持白鱼吓退清兵的传说。白鱼身体狭长侧扁,细骨细鳞,银光闪烁,肉质细嫩,鳞下脂肪多,酷似鲥鱼,大多在太湖宽敞水域中生长,以小鱼虾为食,是太湖名贵鱼类。目前尚未养殖,主要依靠天然捕捞,一年四季均可捕获,在六七月生殖产卵期捕捞产量最高。1 300多年前,太湖白鱼就被老百姓称赞为"无锡第一鱼"。隋朝时,白鱼已作为贡品上贡皇庭。新中国成立后,国家对白鱼资源进行保护,繁殖期禁止捕捉,使之长盛不衰。

太湖白虾。又名"太湖秀丽长臂虾",俗称"水晶虾"或"白泥虾",肉质细嫩鲜美,营养价值甚高。我国民间久有"死虾泛红"之说,太湖白虾却不然,烧熟也不变红,浑身依然白色。清《太湖备考》上有"太湖白虾甲天下,熟时色仍洁白"的记载。白虾壳薄、肉嫩、味鲜美,是人们喜爱的水产品。用白虾做的"醉虾"放在桌上,虾还在"蹦跳",口感鲜美无比。白虾剥虾仁出肉率高,还可加工成虾干。白虾还可入药,内服有醒酒解毒之功效,酒后喝一碗虾米汤,顿觉肠胃舒适,美味不尽。白虾的吃法很多,名目繁杂,各有特色。

 ## 阳澄湖大闸蟹为何被称为"蟹中之王"

阳澄湖盛产淡水产品,其大闸蟹驰名中外,被称为"中华金丝绒毛蟹"。其美味历来为人称道,章太炎的夫人汤国梨就曾留下名句:"不是阳澄湖蟹好,人

生何必住苏州。"足见其对食客的吸引力之大。

阳澄湖大闸蟹

阳澄湖大闸蟹又名"金爪蟹",个大体肥,十肢矫健,一般一只重150克以上,最大者可达500克。其蟹肉丰满,营养丰富,形态和肉质在螃蟹家族中别具一格。阳澄湖大闸蟹不同于其他湖区螃蟹色暗、泥土色重、红中带灰的特点,而是呈现出四个特征:一是青背,蟹壳是青泥色,平滑而有光泽;二是白肚,贴泥的脐腹甲壳晶莹洁白,无墨色斑点;三是黄毛,蟹腿的毛长且呈黄色,根根挺拔;四是金爪,蟹爪呈金黄色,坚实有力,威风凛凛。

阳澄湖大闸蟹历来被称为"蟹中之王",这与其生长的特殊生态环境是分不开的。阳澄湖水域方圆百里,是海水与淡水在长江交汇而形成的第一个湖泊,水位常年稳定在2米左右,水质清纯,水草丰茂,螺蛳繁多,气候适宜,光照充足,独特的自然条件为大闸蟹的生长提供了良好的环境。得天独厚的区域资源,悠久的养蟹文化,让阳澄湖大闸蟹在蟹类品牌中处于无法超越的高度。

阳澄湖大闸蟹肉质肥嫩鲜美,吃过后再吃任何的佳肴名菜,都会觉得索然无味。威武的体态特征、丰富的营养价值和药用价值造就了其"蟹中之王"的美名。

周庄"万三蹄"有何来历

周庄"万三蹄"是远近闻名的江苏特色小吃,其肉质鲜美,肥而不腻,是周庄美食的代表。"万三蹄"用料十分讲究,熬制时间可长达一天一夜。其吃法也是别具一格:上桌的蹄髈有两根贯穿整只猪蹄的长骨,吃时取其一细骨,蹄形纹丝不动,以骨为刀,轻轻一划,蹄髈便一分为二。

关于"万三蹄"的来历及吃法,有一段非常有趣的故事。据传,"万三蹄"起源于明初江南巨富沈万三家,是当时沈家用来招待贵宾的必备菜肴。朱元璋当了皇帝后,全国上下都避讳说"猪"(与朱谐音)字。当时的江南巨贾沈万三富可敌国,朱元璋很是嫉妒。朱元璋到沈万三家作客时,沈万三用猪蹄髈招待,朱元璋看到后故意为难,问:"这个怎么吃啊?"因为猪蹄髈是一整只的,没有切开,如果沈万三用刀,那朱元璋便可降罪于他(古时不可在皇上面前动凶器)。沈万三灵机一动,从蹄髈中抽出一根细的骨头来,以骨切肉,保住了自己的性命。从此便有了万三蹄髈的特殊吃法。朱元璋吃了觉得很好吃,就问沈万三:"这道菜叫什么名字啊?"沈万三一想,总不能说是叫猪蹄髈呀,便说:"这是'万三蹄'。"于是,"万三蹄"由此而得名。

经过几百年的演变,"万三蹄"渐渐成为富裕和吉庆的象征,它作为周庄逢年过节、喜庆婚嫁的主菜,是招待宾客的上乘菜肴。如今,"万

周庄万三蹄

三蹄"屡获殊荣,成为享誉中外的中华美食,吸引了不少食客慕名前去品尝。

丹阳封缸酒是如何得名的

江苏丹阳封缸酒素以"味轻花上露,色似洞中春"驰名海内外。它酒色棕红明亮、香气浓郁,为黄酒中的上品。丹阳产封缸酒在南北朝时就已出名。据记载,北魏孝文帝南征前与刘藻将军辞别,相约胜利会师时以"曲阿之酒"款待百姓。曲阿即今丹阳,故丹阳封缸酒古有"曲阿酒"之称。

关于"封缸酒"这个名字的来历,有两个比较流行的说法。

其一:传说过去丹阳城里有一家小作坊,一家三口以酿酒为生。有一年他们采用新的酿造法做了一批酒,由于是新酒,入口生涩,酒味太冲,几家酒贩试完后都摇头而去了。这家人很无奈,又不舍得将其扔掉,只能把酒放入缸内,用泥封上,继续用老方法做酒。过了几年后,城内缺酒应市,酒贩上门取酒。这家的老父怕再次出丑,不肯将酒拿出来。但这家的媳妇聪明机灵,她说坊内还有一些陈年的酒留在缸内,于是带着大家一起来到酒坊,将封好的酒坛去泥揭盖,坊内顿时酒香四起,大家试完后都说好,赶紧问是什么酒,媳妇随口说"封缸的酒"。丹阳封缸酒也由此而得名。

其二:传说很久以前,江苏镇江一条街上有一口井,冒出的不是水,而是酒,而且酒水又醇又香,十里以外都能闻到它的香味。所以这条街上酒店特别多,来喝酒的不要花酒钱,只要买些小菜就行了。三国时张飞路过镇江,一下码头就闻

丹阳封缸酒

到酒香,馋得嗓子直发痒。他打听后才知道这儿有口酒井,顾不得军令,来了就大口喝起来,一边喝一边喊:"好酒!好酒!"一口气喝了不知多少碗,人也瘫到地上不省人事了。这事被关公知道了,气呼呼地跑来责问酒家,为什么要给他兄弟喝这么多酒。酒家说:"我们的酒是井里出的,不要钱,随便哪一位上门,都是想喝多少就喝多少的。"关公不信世上会有冒酒的井和不要钱的酒,要店家带他去看看。他趴在井边往下一看,这井里的酒气直往上冲,他猛吸一口,浓烈的酒味冲得他直咳嗽,脸憋得通红通红。关公的大红脸也就因此而成。关公想:这酒不花钱,人就会贪杯,不知会误了多少大事。于是,他挥起青龙偃月刀,一下把井劈成两半,井里的酒满街横流,成了一片酒的海洋。酒顺着运河流到丹阳,家家户户用缸把酒封存起来,逢年过节、婚嫁吉日或生孩子喝"三朝酒"时,才倒出来招待亲友,就成了后来丹阳有名的封缸酒。

高邮的咸鸭蛋为何双黄多

江苏高邮地区盛产优质鸭蛋,尤以善产双黄蛋而驰名中外,故其所制咸鸭蛋也以双黄居多。双黄咸鸭蛋赏心悦目,别具风味,蛋白如凝脂白玉,可用"鲜、细、嫩"概括;蛋黄似红橘流丹,可用"红、沙、油"概括。

双黄蛋是指一个蛋壳中含有两个蛋黄的蛋,通常比正常蛋要大得多。它是由于两个卵细胞同时成熟并一起脱离滤泡被纳入输卵管,在输卵管各部依次被蛋白、壳膜和蛋壳等物质包裹而形成的。甚至有时还会有多个卵细胞同时成熟并一起纳入输卵管,而成为多黄蛋。家禽产双黄蛋往往与食物的丰盛充足及禽体的健壮有关。高邮的鸭生双黄,是因为这里食料好,鸭体壮,连续排卵,所以形成双黄,甚至三黄。

扬州高邮一带多河沟港汊、湖泊沙滩,是养鸭的天然场所。无处不在的优质水资源,包含水面浮游的和水下栖身的各种小动物,为高邮鸭提供了最可口的"活食"。这也为近年来扬州发展生态养鸭、开发绿色产品提供了得天独厚的自然条件。扬州高邮的鸭子个头大、毛皮紧、潜水深、觅食力强,所生的蛋蛋质细、黄油多,平均每只重 105 克左右,比普通鸭蛋多约 30 克。

高邮咸鸭蛋

天目湖"三绝"为哪三绝

天目湖位于苏、浙、皖三省交界处的江南历史名城溧阳市境内,被誉为"江南明珠"。湖区群山环抱、湖水清冽、风光旖旎,是一处集森林度假、农业观光、环境保护和湖上娱乐于一身的国家4A级景区。天目湖有"三绝",分别是茶香、水甜、鱼头鲜。

一绝"茶香"。天目湖区周围茶园茗香越岫,精制"沙河桂茗""南山寿眉""水西翠柏"已成为国家和省、市名茶。但当地最好的茶当数"天目湖白茶"。这种茶的生长对周边生态环境要求特别高,而天目湖周围群山叠嶂、湖岸蜿蜒曲折的环境极大地满足了"天目湖白茶"对环境的需求。天目湖茶园常常被或浓或淡的雾罩

天目湖砂锅鱼头

着,长出来的白茶"吸天地之灵气,集花草之精华",喝起来芳香沁人,回味无穷,先后被评为"人民大会堂特供茶""世博会十大名茶"。

二绝"水甜"。天目湖湖水来源于苏、浙、皖三省交界的南山地区,由250平方公里的河涧水汇集成湖,总库容量为3亿立方米,总长度为13公里,水库最深处为28米,平均深度为10米左右。天目湖的水是江南小家碧玉的典型代表,温柔恬静,文静优雅。四周山体的绿色植被过滤了湖水,沙质湖底造就了天目湖水的清澈甘甜,使它保持着天然山泉的纯度和矿物成分。经江苏省环保部门测定,天目湖水达到国家二级饮用水水源标准。天目湖作为4A级景区,同时还承担着溧阳78万人的饮用水供给。

三绝"鱼头鲜"。天目湖区湖水清冽、饵料繁多,得天独厚的环境孕育出集天地灵气的美食原料。湖中鱼类丰富,盛产极具风味的大灰鲢。这里的大灰鲢没有一点儿的土腥味,通过独特的烹调技艺,以之为原料制作的"沙河鱼头"是天目湖独特饮食文化的重要名菜,其特点是"鲜而不腥,肥而不腻"。许多国家领导人和其他国家的外交使节及夫人都品尝过此菜,并且赞不绝口,被誉为"国宴鱼头"。

黄桥烧饼有何由来及特色

黄桥烧饼是江苏名镇黄桥的名小吃,以其色正味香、酥脆可口且作为开国

大典的四大名点而享誉全国。黄桥烧饼口味多、老少皆宜,是现代人喜爱的点心。黄桥烧饼制作技艺已有几百年的历史,它是历代烧饼师傅辛勤劳动的结晶,也凝聚着文化人的心血。

黄桥烧饼

黄桥烧饼源于何时虽无确切的文字记载,但民间流传的两个关于黄桥烧饼的故事具有一定的参考价值。第一个说的是清朝道光年间(1821—1851年),如皋县知县路过黄桥,吃了当地的烧饼后唇齿留香,念念不忘。这位县太爷回到如皋后竟隔三差五地派快马到黄桥购买烧饼,以饱口福。另一个故事与清朝道光年间的贡生何萱有关,他是一位学识渊博的老夫子,与烧饼师傅们的往来颇多,好与他们切磋烧饼制作工艺。据说,按季节不同生产的应时品种,如韭菜烧饼、萝卜丝烧饼、蟹黄烧饼等,就出于这位老夫子出的点子。

这两个故事中的烧饼都可视作是黄桥烧饼的雏形。

而黄桥烧饼之所以出名,与著名的黄桥战役紧密相连。1940年,为了将大江南北的抗日根据地连成一片,陈毅将军率新四军北上。蒋介石得知后,极力围剿,企图在苏北境内全歼陈毅、粟裕的部队。我新四军将士以寡敌众,取得了黄桥决战全面胜利。这边战斗如火如荼,那边黄桥镇的12个农磨坊的60个烧饼炉也炉火通红,日夜赶做烧饼,并由当地群众冒着炮火把烧饼送到前线阵地,谱写了一曲军爱民、民拥军的壮丽凯歌。随着战斗的结束,黄桥烧饼也从此名扬天下。

现在的黄桥烧饼吸取了古代烧饼制作方法,成为一种半干式面点,保持了"香甜两面黄""外撒芝麻内擦酥"这一传统特色,并在花色品种上不断改进,已从一般的"擦酥饼""麻饼""脆烧饼"等大路品种发展到葱油、肉松、鸡丁、香肠、白糖、橘饼、桂花、细沙等十多个不同馅的精美品种。烧饼出炉后色呈蟹壳红,不焦不糊、不油不腻,形、色、味俱佳。

南京永和园的黄桥烧饼

黄桥烧饼经过多年的演变，具有以下基本特征：其一，属于纯天然绿色食品，无任何添加剂，已通过国家 ISO 9002 认证。其二，用料考究，所用面粉必须是中筋，所用芝麻必须去皮。其三，制作工艺独特，从揣酵（和面）开始就很讲究，馅和酥分别用猪油和花生油拌面粉擦酥。其四，风味独特，其色、香、味均不同于其他面点，外形饱满美观，色泽金黄如蟹壳，入口酥松。其五，就外形而言，黄桥烧饼有圆形、长形、方形、椭圆形、斜角形 5 种，目前黄桥烧饼店出售的一般是圆形的和椭圆形的两种，咸甜皆备。

叶家烧饼为何又被称作"乾隆贡酥"

叶家烧饼产于江苏宿迁，是家喻户晓的"乾隆贡酥"。它外形美观、玲珑剔透、酥香可口，是宿迁最具传统特色的手工工艺，也是中式面点制作中"小包酥"工艺的"活化石"。

"乾隆贡酥"有香、脆、酥、透四绝。所谓香，即饼香、油香、芝麻香三者合一，叶家选用上等芝麻仁，所以芝麻香尤为突出；所谓脆，即沾唇即碎，需轻拿轻放，夏天放置 3 至 5 天香脆依旧，若是用塑料袋包装，脆皮可保持 2～3 个月以上；所谓酥，就是松软，不但皮酥，而且内外如一；所谓透，就是玲珑剔透、外形美观，如精美的艺术珍品，让人胃口大开。

"乾隆贡酥"得名于乾隆二下江南之时。1757 年春天，乾隆皇帝第二次巡幸江南途经宿迁皂河，由于旅途劳累，不思饮食。侍从敬上叶家烧饼时，他仍然没有胃口。忽然一阵微风吹进窗来，他闻到有缕缕香味扑鼻而来，立刻食欲大开。饭后，乾隆皇帝连声称赞烧饼好吃。他命手下人将制作烧饼的叶师傅召来一见，当即封其为御厨，并决定带往京城。从此，叶家烧饼便被改称为"乾隆贡酥"，那位御厨便被尊为"乾隆贡酥"第一代传人。

其实，叶家烧饼早在唐代就很有名气，那时叶家炉内功夫已达顶级，可以制作出 60 多个品种的名点小吃，如"一指饼""水磨镜"等，享誉一时，叶家烧饼传人曾被选入盛唐御膳房。后因战乱迭起，朝代更替，叶家烧饼又重返民间，但有许多炉内绝活已相继失传，唯有"乾隆贡酥"流传至今。

时至今日，"乾隆贡酥"历经了 10 代传人，已被列入市级非物质文化遗产保护项目。

叶家烧饼

常州的芝麻糖和大麻糕有何来历

常州芝麻糖是常州地区历史悠久且负有盛名的传统土特产品,选用纯白芝麻、绵白糖、麦芽糖、面粉、桂花、橘皮等原料精制而成。其制作讲究,要求芝麻沾满不露皮,两端封口不漏馅,糖层起孔不僵硬,味香甜酥不黏齿,色泽白亮很均匀,粗细长短一般齐。

常州芝麻糖属南式麻糖系列,始于唐朝,盛于宋朝。据常州市志记载:"早在汉代,常州已经有用饴糖熬制成固体糖祭灶的习俗。唐代,根据需要,在饴糖中加入植物果仁来制作麻团糖等品种,以后逐步形成具有常州特色的南式麻糖系列。及至北宋末年,狼烟四起,金兵大举南侵,康王赵构从京师汴梁南逃,一味妥协求和,完全不想收复北方失地,老百姓对此十分愤恨。常武地区的百姓则采用另一种形式来表达抗金收复失地的愿望。他们将圆球形麻团糖改制成火铳样的圆柱形,送给康王,以激励其抗金复国的勇气。康王赵构吃了随从送来的芝麻糖,大加赞赏。将士们吃了芝麻糖,士气大振,屡打胜仗。从此,常州芝麻糖名声远扬,并开始做成圆柱形,延续至今。

常州大麻糕是江苏地区风味名点,由长乐茶社王长生师傅创制,距今已有150余年的历史。其皮薄酥重,色呈金黄,香脆松软,甜馅醇厚,葱香扑鼻,肥而不腻,制作考究,为一般麻糕所不及。

关于常州大麻糕的历史起源,还流传着一则有趣的故事。说的是清咸丰年间(1851—1861年),常州城内浮桥头(一说仁育桥畔)有个长乐茶社(一说万华楼茶楼),老板针对小老百姓顾客群走薄利多销的实惠型路线。为了多招揽顾客,茶楼不仅供应茶水,还兼卖自制的麻糕。当时的麻糕三个铜钱一块,许多挑夫、脚夫买了可以一边走一边吃,不影响赶路或者干活。由于麻糕呈椭圆形,有点像鞋底,吃的人又大多是穿草鞋的体力劳动者,所以大家就将麻糕叫作"草鞋底"。一天,一位独轮车夫对长乐茶社的麻糕师傅王长生说:"我是做力气生活的,麻糕起码要吃三块。干脆这样吧,我给你一个铜板,你替我用一块麻糕的皮子,包三块麻糕的馅心好否?"王长生欣然同意,并因此受了启发。于是,最早的常州大麻糕便诞生了。经过不断改良,大麻糕越做越好,最终成为常州地方名点。

常州芝麻糖

镇江"三大怪"为哪三怪

镇江是全国闻名的江南鱼米之乡和商埠重镇,其"三怪"传说具有古老的魅力。镇江流传着《三怪谣》:"香醋摆不坏,肴肉不当菜,面锅里面煮锅盖。"还有"不到长城非好汉,不尝'三怪'太遗憾"之说。究竟这"三大怪"有什么魅力呢?

第一怪:香醋摆不坏。醋是我国传统酸性调味品,古人给醋冠以"食总管"的美称。《中国医学大典》载:醋,以江苏镇江为最佳。镇江香醋在我国诸多醋品中别具一格,它色、香、酸、醇、浓俱全,香而微甜,酸而不涩,存放越久,味道越醇,而且不会变质。这和它的酿造工艺是分不开的。镇江的醋和中国其他地方的名醋不同,是用糯米酿制的,当地人称为"仙糯"。香醋的酿造分制酒、制醋醅、淋醋三大阶段,有大小四十几道工序,历时两个月。其存放的时间越长,味道越醇厚。

镇江香醋

第二怪:肴肉不当菜。镇江的肴肉皮白肉红,晶莹发亮。该菜品选用猪蹄髈为原料,经硝、盐腌制后,配以葱、姜、黄酒等多种佐料,以宽汤文火焖煮到酥烂,再经冷冻凝结而成。具有形态美观、清醇鲜香、油润滑爽、肥而不腻等特点,是镇江地区传统的风味名肴。镇江人吃肴肉有个习惯:清早上馆子,泡壶茶,放碟姜丝,将肴肉蘸着香醋姜丝吃。据丹徒县志记载,镇江水晶肴蹄有三百多年的历史。相传数百年前,镇江酒海街有一家小酒店的店主,一天买回四只猪蹄髈,准备过几天再食用,因天热怕变质,便用盐腌制,但他当时误把家人为做鞭炮买的一包硝当作盐腌了猪蹄髈,直到三天后家人找硝时才发觉,揭开腌罐一看,不但肉质未变,且腌得蹄肉硬结而香,色泽红润。为了去除硝的味道,一连用清水浸泡了多次,再经开水锅中焯水后捞出。接着加葱、姜、花椒、茴香、桂皮,用高温焖煮,本欲以此解除毒性和异

镇江肴肉

味,不料半个时辰后却出现了一股异常的香味,入口一尝,滋味鲜美,毫无异味。从此以后,该店主就用此方法制作"硝肉",前来品尝的顾客也越来越多,不久就闻名全市。后因硝、肴读音相近,遂改称"肴肉"。又因成菜肉色鲜红,皮色晶莹,故又称"水晶肴蹄"。

第三怪:面锅里面煮锅盖。据说,过去镇江人下面不用锅盖,一次一家小面店的张嫂为了让面熟得快,无意中盖了锅盖,但却把汤罐盖放入面锅中,没想到却产生了意想不到的效果:下的面条卤汁易入味,吃在嘴里耐嚼有劲,味道独具。后来,这种方法就被沿用了下来。当面条下入沸水锅后,再用一只小锅盖盖在面汤上,可达到以下好处:一是生面条逐份投入,熟后不黏结,不散乱,规格准确;二是面汤滚沸时,易于清除浮沫,保持汤面不浑浊;三是面条易熟透,不生不烂。按照当地传统习惯,顾客来店吃面条时,多自带各种荤素菜品,如猪里脊肉、猪肝、牛肉、鸡蛋、鲜笋、青椒、川芎、小青菜等,放入面锅烫熟后,拌面而食。有的店家为方便顾客,特意准备了"青头"(用各种蔬菜制成的面卤)供客选用。

沛县人卖狗肉为何不能用刀切

沛县是古今闻名的"狗肉之乡",其狗肉亦称鼋汁狗肉,是江苏省徐州市沛县最有名的传统特色美食,至今已有2 100多年的制作历史。沛县狗肉呈淡茶色,肉质软烂,香气极浓,入口韧而不挺、烂而不腻,既有很高的营养价值,又有助消化的药用功能。关于沛县狗肉,素来有"闻到狗肉香,神仙也跳墙"的说法。其独特之处除了美味之外,还在于它不吃皮,不用刀切,而是用手撕。

沛县狗肉独特的食用方法有一段有趣的来历。据《史记》记载:刘邦手下名将樊哙少时以屠狗为生。他用乌龙潭的水冲洗狗肉,再用潭边的井水去煮,狗肉味道异常鲜美,当时就颇负盛名。不久,刘邦从丰乡中阳里村流落到沛邑城,结识了樊哙。刘邦初来乍到,没有正业,除结交邑令衙门的吏役喝酒闲聊外,也常帮樊哙屠狗、晒狗皮、烧火煮肉。但他天天来吃狗肉,从来不付分文,时间长了樊哙心里很不舒服。为了躲避刘邦,樊哙提前把狗肉煮好,四更天捞出,用担子挑着,乘船过泗水到河东夏阳去卖。

刘邦闻讯赶去,到了泗水河边,见河宽水深,一时又无船渡

沛县鼋汁狗肉

河,心里很是着急,这时一只比簸箕还大的老鼋向岸边游来,驮着他游过河去。刘邦找到樊哙,看见他正愁狗肉无人问津,抓起狗肉就吃,这么一吃,人们遂竞相购食。此后刘邦就经常乘着鼋过河吃肉。樊哙得知后便杀了鼋和狗肉一起煮,不料狗肉更加鲜美。以后,樊哙就用鼋汁汤煮狗肉,味道鲜美异常,他的鼋汁狗肉也因此名闻全邑。刘邦知道樊哙杀了鼋,认为他太不够朋友,做了泗水亭长后,借故把樊哙的屠刀没收了。樊哙卖肉无刀,只好用手撕,说也奇怪,用手撕的狗肉反而更具一番风味。所以直到现在,沛县狗肉还是采用当初樊哙老鼋汤煮肉的做法,卖肉也还保留着不用刀切用手撕的老习惯。

何谓"霸王别姬"

"霸王别姬"是江苏徐州地区的传统名菜,"霸王"指老鳖(俗称"王八"),"虞姬"指鸡肉。其肉质鲜嫩,汤浓味醇,造型别致,鲜香味美,是极富营养又寓意深长的美馔佳肴。

据《徐州文史》载,"霸王别姬"原名"龙凤烩"。项羽称霸王都彭城(徐州)举行开国大典时,为盛典备有"龙凤宴"。相传是虞姬娘娘亲自设计的。"龙凤烩"即"龙凤宴"中的主要大件。其料用乌龟(龟属水族,龙系水族之长)与雉(雉属羽族,凤系羽族之长),故引申为龙凤相会得名。后来,徐州人民为纪念这位推翻暴秦、"拔山盖世"的英雄项羽,并怀念那位心系国运、大义凛然的佳人,创制了霸王别姬这道名菜。

抗战前夕,京剧大师梅兰芳到徐州去演出《霸王别姬》,全城为之轰动。等到演出结束,行将离开徐州之际,东道主设宴饯行。席上有一道菜:一只白瓷盆内几只鳖漂浮在汤上,四爪张开,盆底是块块鸡肉,用筷一拨,鳖的甲壳肉即行分离,食之其味似鸡似蛙;鸡块也酥软如豆腐,入口即化。梅兰芳大加赞赏,连食两鳖,问侍者菜名,侍者微笑回答:"霸王别姬。"座上诸客一听,拍案叫绝。原来,鳖与别、鸡与姬都是谐音,取义甚妙。

新中国成立后,毛泽东、刘少奇、陈毅等党和国家领导同志来徐州视察工作,都品尝过这道名菜,并给予高度赞扬。这道名菜经由已故名厨裴继洪改进,借鸡、鳖的形象,烘托霸王别姬这一历史题材,含义委婉,意境甚妙。

霸王别姬名菜

这道菜经世代相传至今,被食客们极力称赞,已经成为喜庆宴会上不可缺少的大菜。

"十三香"龙虾有何由来

"十三香"龙虾是华东地区盛行的美食名馔,以江苏淮安盱眙县的做法最为出名,也最为地道鲜美。盱眙"十三香"龙虾味道独特,具有麻、辣、鲜、香的特点,是一种大众化、平民化的食品,吃过后余香不绝,回味无穷,屡食不厌,因而有相当强的市场占有率,深受广大食客的青睐。

盱眙十三香龙虾

盱眙可以说是最早吃龙虾的地方之一。盱眙县位于美丽的洪泽湖畔、淮河之滨,其水美草肥的好环境,形成了龙虾色青体大、壳软、肌肉紧、弹性强的鲜明特色,造就了享誉海内外的"十三香"龙虾。

"十三香"龙虾之所以有名,和它的配料有很大的关系。它的主要调料即十三香,是指13种各具特色香味的中草药物,包括紫蔻、砂仁、肉蔻、肉桂、丁香、花椒、大料、小茴香、木香、白芷、三奈、良姜、干姜等,将之加工成特有的盱眙龙虾调料,烹制成的"十三香"龙虾,具有麻、辣、鲜、香、酥、甜、肥、嫩、亮的特点。经水产、食品、烹饪、保健等多路专家教授近半年时间的现场考察和实验室的检测,证实了盱眙"十三香"龙虾营养丰富,含有30多种氨基酸,而且还具有保健、美容的功效。

洪泽湖的小鱼锅贴有何美丽传说

"小鱼锅贴",渔家称"小鱼锅塌",是洪泽湖渔民在长期的湖上生活实践中创造出来的一种独特的名肴。正宗的湖上渔家制作的"小鱼锅贴",鱼是"小鱼",通常体长一两寸(3寸=0.1米),锅是铁锅,急火烧之容易快熟,面和得较稀,贴在锅边总要往下坠,就"塌"下来了,熟后上薄下厚,故叫"锅塌"。

"小鱼锅塌"起源很早,久负盛名。据传,幼年时期的明太祖朱元璋在灾荒年月逃难来到淮水边,与逮鱼的、放牛的、砍草的、讨饭的穷孩子聚到一起,将各人所获的东西凑在一起,在锅里煮起来的小鱼,锅边贴上用讨来的杂面做成的饼,用这种快而省事的办法做饭充饥。虽然做法简单原始,但吃起来却也脆香鲜嫩，后逐渐成为湖上渔民、沿湖农民的家常饭菜，称之为"小鱼锅塌"。朱元璋当上皇帝后，吃腻了宫廷的宴席，特叫人把渔妇请进宫里，专为他做这种"小鱼锅塌"。从此以后，官府就称这道菜为"三鲜（湖水甘甜、湖鱼鲜嫩、湖草种子清香）小鱼饼"，民间则叫"皇帝饼"或"朱家饭"。朱元璋逝世后，"三鲜小鱼饼"在宫内逐渐失传，而在民间却一直沿传下来。

被民间丑化的朱元璋

现在，"小鱼锅塌"已被发源地的人们叫作"活鱼锅贴"了。叫"活鱼"，是为了迎合现代人的饮食习惯，"活"则"鲜"，"鲜"则吸引食客；鱼也不再是"小鱼"，而是常用个体较大的鱼；锅也不是铁锅；面和好后，也不是贴在锅上"塌"，而是摊于锅边，通体变薄而成"贴"。"小鱼锅塌"已演变成了"活鱼锅贴"。

泰州梅兰宴有何特色

江苏泰州是中国京剧一代宗师梅兰芳先生的故乡。论其美食，当属"梅兰宴"居首。"梅兰宴"是泰州的创新宴，共有21道菜，包括9道面点和小吃。它以淮扬风味为主，用料考究、因材施艺、制作精细、追求本味、清鲜平和、形质兼美。

1956年春，梅兰芳偕夫人福芝芳、子梅葆玖率梅兰芳京剧团回乡省亲祭祖，并作巡回演出，泰州烹饪界特创制"双凤还巢"佳肴以示谢忱，梅先生深表嘉许。为纪念梅兰芳先生，泰州宾馆经过多年的探讨研制，于1994年纪念梅兰芳百年诞辰之际，隆重向社会推出"梅兰宴"，以表达家乡人民对大师的深切怀念之情。

"梅兰宴"将戏曲与烹饪文化相结合，以梅兰芳先生的18个代表剧目为背景，以戏成菜，喻形或喻义，同时吸收梅先生日常饮食习惯，兼收巡演时期所品泰州名馔，构成该宴清丽多姿、典雅华贵的风格，大大提升了其文化品位。其主要菜品包括冷菜"天女散花"、主拼"梅兰争艳"、汤菜"游园惊梦"、甜品"碑亭避雨"、主食"鱼汤刀面"、点心"荠菜春卷"和"海陵麻团"；热菜有"龙凤呈祥""玉堂春色""双凤还巢""桂英挂帅""断桥相会""黛玉葬花"

梅兰芳

"霸王别姬""锦凤取参""奇缘巧会""嫦娥奔月";还有一个颇具特色的系列,叫"十围花碟",包括"红茄睡莲""生鱼芙蓉""葵白兰花""目鱼秋菊""鸭脯理菊""炝腰山茶""酥蜇牡丹""玉色绣球""卤舌月季""向日葵花"等;除此之外,另外还有一个"养颜果盘"。

自"梅兰宴"推出以来,泰州宾馆根据现代人对饮食和营养的要求,结合新原料和新烹饪技艺的运用,对"梅兰宴"进行不断地改进和完善,使之受到各界人士的欢迎。

宿迁老汤猪头肉有何来历

宿迁老汤猪头肉又叫"乾隆老汤"或"黄狗猪头肉",与扬州扒烧整猪头齐名,是北方猪头肉的代表。宿迁的猪头肉是切成块烧的,外形上与红烧肉无异,其肉色红润、酥烂香浓、鲜嫩无比。

宿迁老汤猪头肉发源于清乾隆十二年(1747年),迄今已有250多年的历史。其创始人是安徽滁州人黄德,当时因水患逃难到宿迁,善于烹饪猪头肉,在朝阳站(原东城市)外通岱街(今东大街)南首设摊点谋生。他制作的猪头肉肥而不腻、货真价实,因此生意兴隆。黄德小名"小狗",乡里乡亲都谑称他"黄狗",他烹制的猪头肉则被称为"黄狗猪头肉"。某一年乾隆南巡至宿迁,地方官员在接驾的宴会中上了当地名厨黄德烹制的猪头肉,他吃了后连连称赞。黄德听说皇帝对他制作的猪头肉大加赞赏,深感荣耀,将乾隆吃剩的猪头肉卤汤留下一碗,次日倒入新制的猪头肉锅里,说那锅里有乾隆喝过的汤,加上乾隆光临小菜馆品尝黄家猪头肉的事情传开,人们纷纷都来品尝,从此黄家的猪头肉更加畅销了。

后人觉得"黄狗猪头肉"名称太俗,便更名为"乾隆老汤"。一是借乾隆皇上的名分进一步抬高美食的身价;二是乾隆品尝过后的卤煮陈年老汤,年代越久越味美了,这也是黄家猪头肉出味的主要因素之一;三是取名文雅,好招徕高阶层的吃客,不仅有利于雅俗共赏,更有助于提高食客兴趣。

受黄氏猪头肉的影响,宿迁很多人也参与了猪头肉的制作,虽然不是最正宗的黄氏风味,但对于改进猪头肉的制作工艺也都做出了贡献。如今,宿迁经营猪头肉的饭店很多,而黄德后人黄金亭主持经营的猪头肉馆仍独占鳌头,名扬海内外。

宿迁老汤猪头肉

老江苏的娱乐

 民歌《茉莉花》的故乡到底在哪里

　　它是传向海外的第一首中国民歌;它是歌剧大师、意大利作曲家普契尼的著名歌剧《图兰朵》中贯穿全剧的主题音乐;它是被很多著名音乐家,如法国钢琴王子理查德·克莱德曼、美国萨克斯之王肯尼基倾情演绎过的歌曲;它是雅典奥运会闭幕式上张艺谋钦点的曲目。它就是国际上最为西方人熟知的中国民歌——《茉莉花》。在世界上,《茉莉花》的故乡是中国,那么,在中国,《茉莉花》的故乡到底在哪里呢?

　　关于这首民歌的起源,历来有不少说法,甚至有人说源自古印度佛教音乐。目前,比较肯定和准确的说法是,《茉莉花》的前身是流传在南京六合、扬州仪征等地的小曲"鲜花调"。这种曲调广泛流传于明、清时期。

　　不过,南京的民俗学者则认

南京莫愁湖公园大门

为,《茉莉花》其实源自南京,而且是一首地地道道的南京小调。其前身"鲜花调"在南京白局曲调中原名"闻鲜花",其意指闻了茉莉闻玫瑰,闻了玫瑰闻水仙,闻了水仙再闻金银花。"鲜花调"就是艺人们在闻了这4种不同的花后而创作的,至于这个"闻"字,是在代代相传中,艺人们渐渐将其给省掉了,直呼"鲜花调"。据说明初远徙青海、甘肃等西北边区的军士都会在思念家乡的时候哼唱这首曲调,至今当地还在流传。

甚至还有人明确指出,《茉莉花》的作者就是明朝开国功臣徐达。相传徐达担心自己功高震主,即使朱元璋赐给他莫愁湖,他还是难以安心。一日他在湖畔赏花时即兴用花鼓戏的调子唱起了歌谣:"好一朵茉莉花,好一朵茉莉花,满园花草也香不过它,奴有心采一朵戴,又怕来年不发芽;好一朵金银花,好一朵金银花,金银花开好比钩儿芽,奴有心采一朵戴,看花的人儿要将奴骂;好一朵玫瑰花,好一朵玫瑰花,玫瑰花开碗呀碗口大,奴有心采一朵戴,又怕刺儿把手扎。"歌词中所提到的三种花分别代表了名、利、权:茉莉谐音"没利",是说要看轻名利;金银花指金银财宝,但在开花时花上却带着一个钩儿,指要取金银财宝就要付出代价;而玫瑰象征富贵,想要拥有则要受到惩罚。有人说这里的"我"就是指徐达,而"看花人"就是皇帝朱元璋。据说这个歌词与后来《茉莉花》改编者采集到的一模一样。1942年,当时年仅14岁的新四军淮南大众剧团小战士何仿在南京六合金牛山演出,从当地一位老艺人那里得到了这首歌:"好一朵茉莉花,好一朵茉莉花……"何仿一下子就被这首优美动听的曲调吸引住了。艺人告诉他,这首曲子叫"鲜花调",早在道光年间就开始传唱了。于是,何仿用简谱记下来,并将歌中的3种花改为一种花。

1957年何仿率合唱队到北京参加全军文艺会演时,凭借着修改后的《茉莉花》一炮而红。《茉莉花》也很快在全国流传开来,成为了家喻户晓的民歌。所以,《茉莉花》的故乡是江苏是确凿无疑的了。

昆曲是如何兴盛及发展的

昆曲,原名"昆山腔"或简称"昆腔",清朝以来被称为"昆曲",现又被称为

"昆剧"。昆曲是我国传统戏曲中最古老的剧种之一，也是我国传统文化艺术，特别是戏曲艺术中的珍品，被称为戏曲百花园中的一朵"兰花"。昆曲发源于江苏昆山，至今已有600多年历史，被称为"百戏之祖，百戏之师"。

昆曲唐明皇剧照

昆曲是元末明初南戏发展到江苏昆山一带，与当地的音乐、歌舞、语言结合而生成的一个新的声腔剧种——昆山腔。昆山腔与起源于浙江的海盐腔、余姚腔和起源于江西的弋阳腔，被称为明代四大唱腔，同属南戏系统。

昆山腔开始只是民间的清曲、小唱。其传播区域，开始只限于苏州一带。嘉靖年间经过魏良辅等人的革新，昆山腔吸收北曲及海盐腔、弋阳腔的长处，形成委婉细腻、流丽悠长的"水磨调"风格，昆曲至此基本成型。梁辰鱼将传奇故事《浣纱记》以昆曲形式搬上舞台，使原来主要用于清唱的昆曲正式进入戏剧表演领域，进一步扩大了影响。

到了万历年间，戏剧大师汤显祖及其《牡丹亭》等杰作的出现和以沈璟为代表的吴江派这样颇具实力的剧作家群体的形成，标志着昆曲创作开始进入全盛时期。昆山腔以苏州为中心扩展到长江以南和钱塘江以北各地，并逐渐传播到福建、江西、广东、湖北、湖南、四川、河南、河北各地。万历末年，昆山腔还流入北京。这样昆山腔便成为明代中叶至清代中叶影响最大的声腔剧种。

山塘昆曲馆

进入清代以后，昆曲仍然保持着持续兴盛的势头。明末清初，继吴江派之后，苏州地区又出现了一个昆曲作家群，后人称之为苏州派。在艺术上，他们超越了昆曲过分重视优美的美学传统，显示出宏大的叙事风格。苏州派剧作家中以李玉的成就为最大，写出《清忠谱》《千忠戮》《一捧雪》《占花魁》等三十多部优秀的昆曲作品，赢得了当时及后世大批观众的喜爱，在明末清初的昆曲舞台上产生过不小的影响。

康熙年间，洪升的《长生殿》和孔尚任的《桃花扇》两部集大成式的重要昆曲作品相继问世，

老江苏的娱乐

标志着新一轮昆曲创作高潮的到来。从清代初年到清代中叶,昆曲演出继续保持了较为旺盛的势头,各种家庭剧团和职业剧团也仍是演出的主要力量。宫廷昆曲演出也有所发展。乾隆时期,一些文化官员奉命创作了部分篇幅较长的大戏,将昆曲演出完全纳入了宫廷文化的范畴。18世纪后期,地方戏开始兴起,昆曲至此开始走下坡路。到19世纪中叶,昆曲败落之势更显,许多昆曲艺人转行演出流行的京剧。

1949年新中国成立,为昆曲事业的发展提供了一个重要转机,国家大力扶持和振兴我国传统的戏曲事业,昆曲才有幸得以重获新生。1956年,浙江昆剧团改编演出的《十五贯》在全国产生了广泛的影响,周总理曾感慨地说:"一出戏救活了一个剧种!"之后,全国许多地方相继恢复了昆曲剧团,一大批表演艺术家重又回到昆曲表演舞台。

昆曲具有的独特文化价值使它在2001年入选联合国教科文组织首批"人类口头和非物质遗产代表作"。

何谓"南京白局",有何特色

起源于明代、兴盛于清代的白局是南京地区民间的方言说唱,是南京唯一的古老曲种,至今已有600多年的历史。

白局曲种起源于六合农村吹打班子,成长于织锦机房,是南京地区土生土长的一种曲艺形式。六合一些殷实人家逢婚丧喜庆,总要邀请吹打艺人来增添气氛,有的艺人边打节拍边唱民间小调和明清时的俚曲,还有二胡伴奏。其所唱曲子皆以苏南苏北小调为基础,又糅进了秦淮歌妓弹唱的曲调,因其曲种收调众多,唱腔丰富多彩,故便有了"百曲"之称。

百曲从乡村流入市区时,南京拥有20万之众的织锦工人首先接纳了百曲。南京白局是由南京丝织业(云锦、绒、缎)的机房工人所创造的。在漫长而枯燥的机房生产中,他们手不停梭,口唱小曲,自娱自乐,"机房里唱戏",逐渐从明清俗曲、江南小调而发展成曲目日渐丰富的民间说唱艺术。

在这庞大的丝织云锦工人队伍中,出现了许许多多爱唱小曲的积极分子——"家生玩友"。"家生"为本家子弟,"玩友"是兴趣相同者聚而闲玩,就跟戏曲界的票房、票友一样。"家生玩友"

老南京的白局表演

们,忙里偷闲,苦中作乐,习唱小曲,切磋琢磨。就是在这种不断的琢磨中,曲调丰富了,曲目成形了,把"三言两语"琢磨成了"曲牌蝉联"的说唱艺术,完成了民间小调向地方曲种的过渡。同时,"家生玩友"的队伍也在不断扩大,逐渐地从丝织业发展到了厨、浴、发、茶等服务行业。正是这些"家生玩友"们,催生了白局艺术的诞生与成长。

"家生玩友"们的演唱都在业余时间,演出场合大多在中元节(阴历七月十五)的盂兰盆会或民间遇有婚嫁寿诞喜庆之事时的义务演唱。"受请不受拘",白唱不要钱,又因为每演一场称为"摆一局",所以人们就叫它为"白局",以区别于收酬金的职业班"红局";又因"百曲"与"白局"谐音,故称百曲为"白局"。

随着时间的推移,白局走出了织锦房,在民间流传开来,并逐渐形成了固定的演唱程式:表演一般一至二人,多至三五人;内容以叙事为主,说的是南京方言,唱的是俚曲,常有丝竹乐器伴奏。

白局曲目丰富,仅传统曲目就有近百个;演出场地不限,室内室外皆可,而且大都在室外;过去的演唱者均为男性。1960年成立白局专业剧团后,实现了男女同台演唱,令人耳目一新。

新白局虽有诸多革新改进,但队伍精干、道具简单、场地不限的优良传统没有改变。

苏州评弹有何来历及特色

在祖国曲艺的百花园里,评弹是独具特色的一个品种。评弹是苏州弹词和苏州评话的合称,流行于江苏、浙江、上海一带,用苏州方言演唱,是弹词类曲艺中影响最大的曲种。

评弹的历史较久。苏州评话源于宋代说话,至明末清初已很盛行。苏州弹词早在明末也已在民间广泛流传。元末文学家杨维桢所作的《四游记弹词》,是现知最早的以"弹词"命名的唱本。清乾隆时期评弹已颇流行,最著名的艺人有王周士,他曾为乾隆皇帝演唱过。嘉庆、道光年间有陈遇乾、毛菖佩、俞秀山、陆瑞廷四大名家。咸丰、同治年间又有马如飞、赵湘舟、王石泉等,之后名家流派纷呈,使苏州评弹艺术历经200余年至今不衰。

苏州评弹表演一

评话，又称大书。通常一人登台开讲，有说无唱，注重说表，所说内容多以演义、公案、武侠等为主。其传统书目著名的有《三国》《英烈》《隋唐》《岳传》等。

弹词，又称小书。一般两人说唱，上手持三弦，下手抱琵琶，说表之外，兼重弹唱，由说唱者自弹自唱，所说内容大多以爱情故事及一般社会生活为主。其传统书目著名的有《珍珠塔》《玉蜻蜓》《描金凤》《白蛇传》《三笑》等。

现在二者常穿插结合，不严格区分，统称"苏州评弹"。

苏州评弹有说有唱，大体可分三种演出方式，即一人的单档，两人的双档，三人的三个档。演员均自弹自唱，伴奏乐器为小三弦和琵琶。唱腔音乐为板式变化体，主要曲调为能演唱不同风格内容的"书调"，同时也吸收许多曲牌及民歌小调，如"费伽调""乱鸡啼"等。

"书调"是各种流派唱腔发展的基础，它通过不同艺人演唱，形成了丰富多彩的流派唱腔。大致可分三大流派，即陈(遇乾)调、马(如飞)调、俞(秀山)调。经百余年的发展，又不断出现继承这三位名家风格，且又有创造发展自成一家的新流派。如"陈调"的继承人刘天韵、杨振雄；"俞调"的继承者夏荷生、朱慧珍，他们均自成一家。其中"马调"对后世影响最大，多有继承并自成一派者。如此发展繁衍形成了苏州评弹流派唱腔千姿百态的兴旺景象。

评弹艺人的演出，须兼有说、噱、弹、唱四种特长。说，就是讲故事，分表和白。表，是叙述事件经过、描写风景、刻画人物等，用的是第三人称，即用说书人的身份来叙述；白，即剧中人物的对白，或是一个人的独白或是人物的对话。噱，就是故事中的笑料穿插，包括讽刺、滑稽、幽默，这样使听众听来不感到沉闷、枯燥。弹，是乐器伴奏，以三弦和琵琶为主。唱，是书中歌词部分。评弹艺人也有表演，书台虽不是舞台，但评弹艺人不仅要有面部表情，还要有一定程度的形体动作，并按生、旦、净、丑区分角色。所以说，演戏是现身中的说法，而评弹是说法中的现身。

苏州评弹表演二

评弹书目的演出，一般每说唱一段，约一小时左右。一部长篇传统书目，约需三四个月说完，书长的要说半年以上。新中国成立后，除长篇书目外，又增加了可说三刻钟左右的短篇书目，两小时半左右的中篇书目，形式灵活，深受广大听众欢迎。

吴歌究竟是一种什么样的民间歌曲

吴歌,是文学史上对吴地民歌民谣的总称,是吴文化的重要组成部分。吴歌是吴语方言地区广大民众的口头文学创作,发源于江苏省东南部,苏州地区是吴歌产生发展的中心地区。吴歌口口相传、代代相袭,具有浓厚的地方特色,以表现男女爱情为主。

《吴歌小史》

吴歌历史源远流长。传说殷商末年,周太王之子泰伯从黄土高原来到江南水乡,建了勾吴国并"以歌为教",从那时算起,吴歌已有3 200多年的历史。

顾颉刚先生在他写的《吴歌小史》中说道:"所谓吴歌,便是流传于这一带小儿女口中的民间歌曲。""这一带",大致是指长江三角洲的吴语地区。由于历史上历代区域划分不同,早期"吴"是吴国领域的概念,甚至包括现在的南京和扬州等地。现在所说的"吴",是指吴语地区,包括江苏南部、浙江北部和上海市,即江、浙、沪等地的同一个语言文化圈,同属传统吴文化范畴,苏州恰在它的中心地位。苏州是一座以"天堂"美名享誉古今中外的历史文化名城,历史上采集吴歌,也以它为中心。

吴歌,包括"歌"和"谣"两部分。"歌"一般来说就是"唱山歌",也包括一些俗曲之类;"谣"就是通常说的"顺口溜"。吴歌和历代文人编著的诗、词、歌、赋不同,是下层人民创造的口头文学,是具有浓厚民族特色和地方色彩的民间文学韵文。吴歌生动地记录了江南农民和下层人民的生活史,从内容来看,吴歌既包括情歌,又包括劳动歌、时政歌、仪式歌、儿歌等。

吴歌里又有"命啸""吴声""游曲""半折""六变""八解"六类音乐,其中

吴歌表演

后三类是汉代以来就有的。此外还有"神弦曲",这是当地的民间祭祀乐歌。"吴声"中有一种依据旧曲而创新的编曲手法,称之为"变"。

吴歌以民间口头演唱方式表演,口语化的演唱是其艺术表现的基本方式。吴歌是徒歌,在没有任何乐器伴奏的情况下吟唱。其类型大致有引歌(俗称"歌头",长篇叙事歌称"闹头")、劳动歌、情歌、生活风俗仪式歌、儿歌和长篇叙事歌等几种。刘半农为顾颉刚的《吴歌甲集》作序说:吴歌的意趣不外乎"语言、风土、艺术三项",而"这三件事,干脆说来,就是民族的灵魂"。

江南水乡吴文化地区孕育的吴歌,有其鲜明的特色,自古以来,通常是用委婉清丽、温柔敦厚、含蓄缠绵、隐喻曲折来概括它的特点,区别于北方民歌的热烈奔放、率直坦荡、豪情粗犷、高亢雄壮。吴歌具有浓厚的水文化特点,和耸立的高山、宽阔的草原不同,它如涓涓流水一般,清新亮丽,一波三折,柔韧而含情脉脉,和吴侬软语有相同的格调,有其独特的民间艺术魅力。2006年5月20日,吴歌经国务院批准列入第一批国家级非物质文化遗产名录。

江苏梆子有何特色

江苏梆子,系山东梆子流入徐州地区与当地方言土语结合,吸收当地曲艺、民歌等音调发展而成。俗称大戏,亦名梆子戏、徐州梆子,而后来由于清朝时期在沛县与其他剧种的交融汇合,又称沛县梆子。江苏梆子是江苏省地方戏曲剧种之一,流行于江苏省境内的徐州一带。

明末清初山陕(山西、陕西)梆子传入山东,形成山东梆子。山东梆子艺人主要活动在鲁西南、鲁南和苏北地区。清咸丰五年(1855年),曹州梆子(山东梆子前身)艺人殷凤哲为避水灾流落到沛县,后被庙道口寨主马克端请去办戏班,戏班逐年扩大,并且其他邦子戏班也不断出现,有如雨后春笋遍布沛县。后来又受到河南梆子的影响,吸收了河南梆子的艺术营养,逐渐发展、演变成为江苏的本地梆子(于清代中、后期在徐州形成)。

江苏梆子的演唱风格,既硬重又轻柔,男腔尤多花腔,袭用山东梆子唱腔演唱,悦耳动听。其代表剧目为"四大征"(《薛礼征东》《樊梨花征西》《姚刚征南》《燕王征北》)"四大铡"(《铡赵

江苏梆子表演

王》《铡美案》《铡郭嵩》《铡郭槐》)及"老十八本""新十八本"等,这些剧目多采用"武戏文唱"的形式,以大段唱腔来塑造人物,推进剧情。角色行当分三大类十五行,表演除"四功五法"外,还吸收了相当数量的杂耍特技,如"漱牙""爬杆""活腮""滚棚""吊辫子""鸡蛋簸米"等。20世纪30年代,江苏梆子逐步进入徐州等城市,有时与京剧同台演出,服装、化妆、道具、文武场面及唱腔都受到京剧不同程度的影响。

江苏梆子戏的表演继承了中国古代戏曲载歌载舞的传统,有自己的艺术规律和整套文学、音乐、舞蹈与技艺融为一体的表演程式。表演以虚拟为主,虚实结合,强调感情真实,节奏强烈,程式上规范严谨,技巧性高,具有淳厚、朴素、明朗的地域特色。

梆子戏所用器具:鼓

江苏梆子戏的音乐属板式变化体,以慢板、流水、二八、非板四大板为主,音乐曲牌丰富,约三百余种。声腔主要由陕西、山西梆子衍化而来,在调式、旋律节奏以及语言音韵和演唱风格上,都体现了徐州方言,介于中州语系与吴越语系之间,既有中原音韵的厚重,又有吴越音韵的轻柔,具有明显的地方特色。

江苏梆子贴近生活、贴近群众,与当地的历史文化、社会生活、民风习俗关系紧密,因此,既具有鲜明的大众化特色,也具有强烈的时代性,深为广大人民群众所喜闻乐见。群众中普遍流传着"放下锄,喝过汤,哼唱几句梆子腔"等民谚,充分反映了徐州梆子是当地人民群众文化娱乐生活中不可缺少的艺术种类,在丰富群众文化生活方面起着重要作用。

何谓花鼓舞

花鼓是我国各民族共有的一种传统乐器,利用它来作为舞蹈的道具是许多民族人民的习俗。以花鼓为主角形成的花鼓舞也在许多地方盛行。

花鼓又称花鼓子、打花鼓、地花鼓、花鼓小锣等。主要流行于安徽、浙江、江苏、湖南、湖北、山东、山西、陕西等省。一般在喜庆、节日期间表演。

花鼓的表演形式通常是一男一女,男执锣,女背鼓,以锣鼓伴奏,边歌边舞。花鼓的曲调是在当地小调和山歌的基础上发展而成,曲调流畅,节奏鲜明,富有

老江苏的趣闻传说

花鼓

歌唱性和舞蹈性。不同的地区有不同的花鼓调,各有不同的风格。

江苏花鼓——或冠以地名,或根据道具与形式特点,或与其他民间艺术形式一同表演。江苏花鼓的表演形式以歌舞为主,基本上是两小、三小模式,各种节目都充满生活情趣,"对子花鼓""邗江花鼓"就是这种类型。"浒浦花鼓""海安花鼓"演员为三小。"泰兴花鼓"的演员人数多至8人,可以看到江苏花鼓由双人到多人,由一种形式向几种形式融合演出的过渡。江苏花鼓在苏北、苏南各地广泛流行,各地区花鼓虽各有自己的地方色彩,但都具有共同的江南风韵。在众多的民间花鼓舞中,泰兴花鼓是比较著名的。

泰兴花鼓的曲调共三个,一为"花鼓调",二为"跨金索",三为"倒花篮",整个曲调具有浓郁的苏北民间小调风味。泰兴花鼓的唱词,用泰兴方言演唱,语言朴实,通俗易懂。开场时先向观众打个招呼,如"花鼓调"。接下来,就演唱一些祝愿风调雨顺、国泰民安、五谷丰登、六畜兴旺或夸赞古人的内容。男欢女笑,边唱边跳,祝愿人寿年丰。歌词并不固定,艺人们在演出中为避免单调重复,可信口编出一些歌词填进曲中,或者唱一些幽默俏皮的歌谣,活跃气氛,愉悦观众。

泰兴花鼓热烈、欢快,喜庆色彩浓厚,可单独表演舞蹈,也可边跳边唱。无论是舞蹈本身,还是曲调、唱词,均有完整、圆熟的结构,风格独特,自成一体,极具地方特色。泰兴花鼓通常由6人表演,俗称"六人花鼓",在艺人不足数或人数偏多的情况下,亦可由2人、4人、8人、12人表演,但"六人花鼓"最为完美。无论由几人表演,均为男女各半。

泰兴花鼓舞蹈以红灯、莲湘、竹板、镗锣等为道具,舞步和舞姿动作幅度大,灵活风趣。其动作特征是:晃头、挺脖、扭腰、摆胯、膝屈、脚颤、腕活、手灵。基本舞步有"颠三步""喜鹊登梅步""玉兔拜月步""四方步"

玉雕花鼓艺人

"小跑步"等。其中"颠三步"和"喜鹊登梅步"极为独特,是其他民族民间舞蹈中所没有的。

随着社会经济的发展,人民文化生活水平的提高,花鼓舞从内容到形式都在不断地发生着变化,各地还陆续出现了众人参加的广场花鼓舞。

大风歌是如何创作的

大风歌(西汉.刘邦)

大风起兮云飞扬,威加海内兮归故乡,安得猛士兮守四方。

意思是:大风刮起来了,云随着风翻腾奔涌啊!我威武平天下,荣归故乡。怎样得到勇士去守卫国家的边疆?

刘邦在战胜项羽后,成了汉朝的开国皇帝。这当然使他兴奋、欢乐、踌躇满志,但在内心深处却隐藏着深刻的恐惧和悲哀。这首《大风歌》就生动地显示出他矛盾的心情。

刘邦得以战胜项羽,是依靠许多支军队的协同作战。这些军队,有的是他的盟军,本无统属关系;有的虽然原是他的部属,但由于在战争中实力迅速增强,已成尾大不掉之势。项羽失败后,如果这些军队联合起来反对他,他是无法应付的。因此,在登上帝位的同时,他不得不把几支主要军队的首领封为王,让他们各自统治一片相当大的地区,然后再以各个击破的策略,把他们陆续消灭。在此过程中,不免遇到顽强的抵抗。公元前196年,淮南王英布起兵反汉。由于其英勇善战,军势甚盛,刘邦不得不亲自出征。他很快击败了英布。在得胜还军途中,刘邦顺路回了一次自己的故乡——沛县(今属江苏省),把昔日的朋友、尊长、晚辈都召来,共同欢饮十数日。一天酒酣,刘邦一面击筑,一面唱着这一首自己即兴创作的《大风歌》,而且还慷慨起舞,伤怀泣下(见《汉书·高帝纪》)。

假如说项羽的《垓下歌》表现了失败者的悲哀,那么《大风歌》就显示了胜利者的悲哀。作为皇帝,要保住天下,必须有猛士为他守卫四方,但世上有没有这样的猛士?如果有,他能否找到他们并使之为自己服务?可以说,他对于是否找得到捍卫四方的猛士,亦即自己的天下是否守得住,不但毫无把握,而且深

刘邦

感忧虑和不安。也正因如此,这首歌的前两句虽显得踌躇满志,第三句却突然透露出前途未卜的焦灼和恐惧。假如说,作为失败者的项羽曾经悲慨于人定无法胜天,那么,在胜利者刘邦的这首歌中也响彻着类似的悲音,这就难怪他在配合着歌唱而舞蹈时,要"慷慨伤怀,泣数行下"(《汉书·高帝纪》)了。

锡剧是何艺术形式,有何代表作

锡剧别名"滩簧",其雅号为"太湖红梅",在民国时期称"新戏",抗战时期称"文戏",新中国成立前后叫"常锡文戏",20世纪50年代初称为"常锡剧",简称"锡剧"。锡剧流行于苏南、上海、浙北、苏中、安徽东南部,迄今已有一百多年的历史,是江苏省主要地方剧种之一。

锡剧发源于太湖之滨的无锡、常州农村。大约清乾隆、嘉庆至道光年间,锡常乡民用当地的民歌小曲说唱故事以自娱,称为"东乡调"。太平天国前后,"东乡调"逐渐发展成曲艺形式的"滩簧",演唱生活中的小故事。由于语音唱腔略异,又分"无锡滩簧"和"常州滩簧"。滩簧吸收了江南民间舞蹈"采茶灯"的身段动作,并曾用采茶灯、花鼓戏的方式演出,故又被称作"花鼓滩簧"。

之后,滩簧戏多为二人一档,在农村中活动,所演节目只有一旦、一生(或一丑)两个角色,称为"对子戏"。如《双落发》《磨豆腐》《拔兰花》《庵堂相会》等。

"对子戏"形式活泼,演出方便,但在演唱内容上颇多局限,于是就出现了两档同场合演,有4个人演出的"双对子戏"和几档同场有五六个人以上演出的"小同场戏"。进入城市后,又发展为多至几十人同场演出的"大同场戏"。辛亥革命前后,无锡、常州的滩簧戏,正式走上舞台,并先后进入上海,不久逐渐合班演出,改称"常锡文戏"。20世纪30年代,"常锡文戏"又吸收了杭州武林班的大陆板,苏州文书调的"玲玲调",苏州滩簧和申曲的"迷魂调"与"三角板",京剧的"高拔子"以及《春调》《紫竹调》《九连环》《绣荷包》等江南民间小调,使唱腔更加丰富多彩。

锡剧唱腔属于曲牌板腔综合体,有男、

锡剧《珍珠塔》

女分腔的显著特点。曲调基本上是上下句的版式变化体结构,常在上下句之间插入一段或长或短的清板。主要曲调为簧调,曲调柔和、流畅、轻快。

伴奏乐器以正、副二胡为主,琵琶、三弦、扬琴为辅,箫、笛等管乐器,中胡、小提琴、大提琴等乐器也有参与。

锡剧传统剧目约计有 277 个,如:《吕布与貂蝉》《宝莲灯》《红鬃烈马》《武松杀嫂》《昭君出塞》《梁祝》等。较有影响的剧目有经过整理改编的传统戏《双推磨》《庵堂相会》《珍珠塔》《双珠凤》。

此外,尚有《拔兰花》《红楼梦》和现代戏《走上新路》《红色的种子》等。

象棋上的"楚河汉界"有何来历

在中国象棋的棋盘中间,有一区空隙,上写有"楚河""汉界"字样,作为红方和黑方的分界线。那么象棋棋盘上的楚河-汉界有何含义?

原来,这是以下棋比拟历史上的"楚汉战争"。从棋盘的格式上看,楚河汉界两边分别是九条竖线、五条横线。九,在数字上为最大,五,在数字中处于中间,竖九横五组合成了"九五"至尊,代表了皇位。两边摆上了棋子之后,形成的黑红相峙、相争,正好艺术地再现了楚、汉争夺天下的历史面貌。

据史料记载,"楚河汉界"在古代的荥(xíng)阳(属郑州)成皋一带。该地北临黄河,西依邙山,东连平原,南接嵩山,是历代兵家必争之地。公元前203年,刘邦出兵攻打楚军,项羽粮缺兵乏,于次年被迫提出了"中分天下,割鸿沟以西为汉,以东为楚"的要求,从此就有了楚河汉界的说法。至今,在荥阳广武山上还保留有两座遥遥相对的古城遗址,西边那座叫汉王城,东边的叫霸王城,传说就是当年刘邦、项羽所筑。两城中间,有一条宽约300米的大沟,这就是人们平常所说的鸿沟。

鸿沟,是古运河名,大约在战国魏惠王十年(公元前361年)开通。故道自今河南荥阳北引黄河水,至淮阳东南入颍水。有了楚河汉界的鸿沟,就有了比喻界限分明的成语"判若鸿沟"。而对弈的象棋,两方布局壁垒分明,酷似楚汉以鸿沟为界,加之楚汉之争很著名,所以中国象棋的中界就被当作鸿沟。因此,也就有

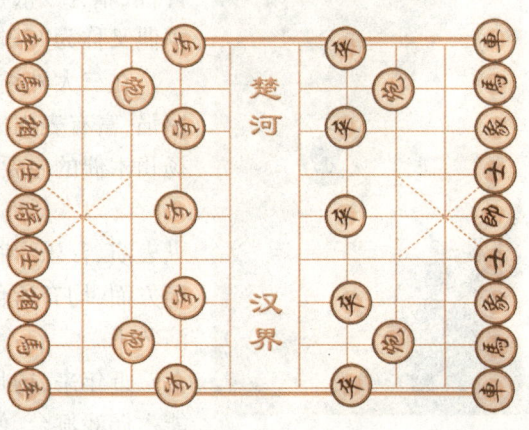

"楚河汉界"图

了"楚河""汉界"之称谓。

楚河汉界被永远定格在中国象棋的棋盘上,昭示着荥阳在中国象棋发展史上的特殊地位,荥阳也因此被誉为中国象棋之都。

扬州木偶知多少

扬州有木偶之乡的称誉,其杖头木偶与泉州的提线木偶、漳州的布袋木偶齐名,是木偶三大流派之一。木偶又称傀儡,木偶戏亦称傀儡戏。春秋战国时代称木偶为俑,从俑发展到傀儡戏经历了漫长的阶段,到了明清时代,才出现了提线木偶、杖头木偶、布袋木偶等相对完整的表演形式。

扬州木偶的三大种类。 早在唐代,扬州就已有木偶戏的表演,在唐代韦绚著的《刘宾客佳话录》、明代王衡著的《真傀儡》杂剧中,就记载了唐代淮南节度使杜佑在扬州街市上看"盘铃傀儡"的故事。到了清代,扬州的木偶戏伴随着扬州戏曲的繁荣,盛极一时。当时的扬州城乡,同时有三大种类的木偶戏演出,这就是:提线木偶、布袋木偶和杖头木偶。

提线木偶又叫"悬丝木偶",在木偶的各个关节连缀细线,操纵者在上方,通过提线来控制木偶的动作。

布袋木偶是用布扎成围子,演员蹲在布围里,不露头脸,双足又能同时操纵锣鼓钹钗,犹如一班鼓锣乐队,演员的口中还要含个叫子,或唱或吹,能模仿各色人等的声音。演员仅靠自己一个人的四肢和嘴,就能操纵演出一台戏,常常令观者叫绝。

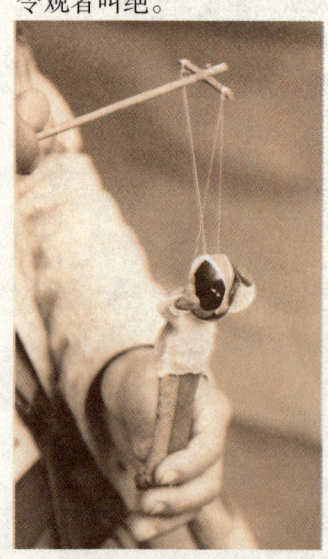

提线木偶

杖头木偶,又叫"托偶"。这种木偶是用一根面棍(又叫"命棍")托撑偶头,用两根挑子控制手臂,依靠这三根棍子操纵木偶的各种动作,故这种木偶又称为"三棍棒"。

在三大种类的木偶演出中,杖头木偶由于仿真感强,富有表现力,演出效果生动,后来就逐渐成为扬州木偶的主要种类。

扬州木偶的艺术特色。 现在扬州木偶戏在操纵表演、音乐唱腔、雕塑造型、特技运用和舞台美术等方面,均有所创新,逐渐形成新型的综合性的表演艺术。

近年来,扬州木偶剧团设计了框式结构的多功能木偶戏舞台,使之既有木偶表演的独特性又有戏曲表演的综合性。新的木偶戏舞台,广泛采用了新材料、新技术,使声、光、电一体化,并且加设了幕位和景别,强调舞台布局的全方位效果,把木偶戏的特征、特型、特技等表演的淋漓尽致。

扬州木偶戏的代表作品。扬州市木偶剧团拥有独具匠心的保留节目35个,主要演出剧目有传统戏《徐策跑城》《火焰山》《猪八戒出世》等,创作和改编的剧目有《孙悟空三打白骨精》《嫦娥奔月》《武松打虎》《皇帝的新装》《三个糊涂虫》《司马光砸缸》等。为适应国际交流的需要,剧团专门创排了《小小银球传友谊》《鹤与龟》《胖子与蚊子》《龙舞》《扇子舞》《长绸舞》《狮子舞》等。

扬州木偶剧

扬州木偶以"不是真人,胜似真人"的艺术特色而享誉海内外。扬州木偶剧团先后出访亚、非、拉、美、欧的许多国家和地区,参加了一系列重大的国际及地区艺术活动。1990年至1995年,剧团和日本影法师剧团合作演出大型木偶剧《三国志》达6年之久,演出940余场,在日本引起轰动。

 ## 四面楚歌知多少

"四面楚歌"这一成语源于西汉史学家司马迁的《史记·项羽本纪》:"项王军壁垓下,兵少食尽,汉军及诸侯兵围之数重。夜闻汉军四面皆楚歌,项王乃大惊,曰:'汉皆已得楚乎?是何楚人之多也。'"

该成语故事讲的是:项羽和刘邦原来约定以鸿沟(在今河南荥县境贾鲁河)东西边作为界限,互不侵犯。后来刘邦听从张良和陈平的规劝,觉得应该趁项羽衰弱的时候消灭他,就又和韩信、彭越、刘贾会合兵力追击正在向东开往彭城(即今江苏徐州)的项羽部队。终于布置了几层兵力,把项羽紧紧围在垓下(在今安徽灵璧县东南)。

韩信为了能够更快地瓦解楚

霸王别姬蜡像

项羽

军的士气,使出了"四面楚歌"的方法,让士兵们在包围圈外吟唱楚地的歌谣。

这时,项羽手下的兵士已经很少,粮食也没有了。兵士们夜里听见四面围住他们的军队都唱起楚地的民歌后,都更加思念自己的家乡,加上连年作战,本来已经是身心俱疲,士气低落,现在听到四周的楚歌声后,便开始了大量的逃亡。

项羽听到楚歌声后,也大惊失色,心想:难道楚地已尽失?他半夜里起来饮酒,对着自己心爱的女人虞姬,对着自己心爱的坐骑乌骓马,唱出了被后世人传诵千古的《垓下歌》:"力拔山兮气盖世,时不利兮骓不逝。骓不逝兮可奈何,虞兮虞兮奈若何!"

虞姬听了,满眼泪水,也唱道:"汉兵已略地,四方楚歌声。大王意气尽,贱妾何聊生!"

旁边的人无一不是潸然泪下,为了不拖累项羽,虞姬当场横剑自杀。

当虞姬了结了自己的性命后,悲愤的项羽率领骑兵连夜突围,却不幸误入沼泽地。当他到达东城山头时,被灌婴的5 000骑兵团团围住。此时,项王身边只剩28名随从。他把28人分成四队,分别向四个方向突围,最后退到了乌江边上。乌江的亭长已经给他准备好了渡船,建议项羽立即渡江。他说:"江东虽小,也足够大王称王了,况且现在江上只有这一只船,谁也没办法追上你。"项羽大笑说:"我项籍带领八千子弟渡江,今天没有一人能够回来,还有何脸面去见江东父老?"他把战马送给了亭长,和随从一起与汉军短兵相接,斩杀了汉兵数百人。项羽突然看见汉兵中有一个旧相识,就对他说:"汉王为购买我的人头出资千金,悬赏万户侯,我把这个好处给你吧。"说完拔剑自刎。

后人用"四面楚歌"这个成语,形容人们遭受各方面攻击或逼迫,陷于孤立窘迫的境地。

《二泉映月》是由谁创作的,有何特色

《二泉映月》是无锡民间音乐家华彦钧("瞎子阿炳")创作的二胡独奏曲,被誉为"东方命运交响曲",也是国际公认的世界十大名曲之一。阿炳是用怎样的人生经历来谱写了这首"东方命运交响曲"的呢?

阿炳是无锡东亭人,父亲华清和是雷尊殿的住持道士。阿炳8岁时,做了小道士,跟随父亲学习演奏各种乐器。他天资聪颖,再加上后天的勤奋和努力,在十七八岁时,已被同行誉为演奏能手。但阿炳的一生又是坎坷不平的,父亲去世后,因交友不慎开始吸食鸦片和嫖妓,后来因患眼疾导致双目失明,使得他只能靠流浪卖艺为生。就是在这样的悲惨生活中,阿炳创作了《二泉映月》。

《二泉映月》从最初不定型的片段到构成完整的作品,经过了很长的时间,是阿炳在旧社会流浪卖艺的过程中,通过长年累月的反复演奏、加工创造而成的。据与他同时代的、熟悉他的生活的乡邻们回忆,早在无锡被日寇侵占期间,就经常听到他在街头巷尾拉这首曲子,特别是在夜深人静时拉得最为动人。那时还没有曲名,直到1950年夏天,杨荫浏先生等人为他录音时,经过商榷才定名为《二泉映月》。

阿炳

《二泉映月》是阿炳心声的流露及其生活的写照。乐曲含蓄、深情的旋律如泣如诉、如悲似怒,时而委婉低回、时而激越高亢,抒发了作者淤积在内心的幽愤、哀痛和对美好生活的向往。

淮剧有何特色及来历

淮剧,中国汉族戏曲剧种,原称江淮戏、盐城戏或江北小戏。起源于江苏盐城、淮安、淮阴一带,流行于上海、江苏及安徽部分地区。清代中叶,江苏盐城、阜宁、淮安、清江市一带的民间,流行着一种由农民号子和田歌"儴儴腔""栽秧调"发展而成的说唱形式"门叹词",形式为一人单唱或二人对唱(称之为二可子),仅以竹板击节。后与苏北民间酬神的"香火戏"结合演出。之后,又受徽戏和京剧的影响,在唱腔、表演和剧目等方面逐渐丰富,形成了淮剧。

淮剧表演

南京夫子庙秦淮剧场

淮剧在语言、音乐、乐器伴奏、表演等方面都独具特色。

第一，语言。淮剧语言是以今建湖县的方言为基调，并兼顾附近的淮安、盐阜等地的方言而戏曲化的一种舞台语言。该地的语言与周围地区相比，具有语调工稳、四声分明、五音齐全、富于韵味、发音纯正、悦耳动听等优点，为不同时期的淮剧艺人所采用。

第二，音乐。淮剧的唱腔音乐属板腔体，以"淮调""拉调""自由调"为三大主调。淮调高亢激越，诉说性强，大多用于叙事；拉调委婉细腻，线条清新，适用于抒情性的场景；自由调旋律流畅，可塑性大，具有综合性的表现性能。围绕三大主调而派生出来的一些曲调，如一字腔、叶字调、穿十字、南昌调、下河调、淮悲调、大悲调等，以及从民间小调演化的蓝桥调、八段锦、打菜苔、柳叶子调、拜年调等，都有各自表现性能的辅助曲调。各种曲调共一百多个，其主调的调式、调性相近，基本为徵调式、商调式、羽调式三种类型，并均有完整的起、落板与丢、接板的结构形式，它们又和淮剧特有的伴唱锣鼓相连。

第三，伴奏乐器。为淮剧伴奏的管弦乐器有二胡、三弦、扬琴、笛、唢呐等，打击乐器有扁鼓、苏锣、铙钹、堂鼓等。打击乐在香火戏锣鼓基础上吸收麒麟锣、盐阜花鼓锣等民间锣鼓演变而成。

第四，表演。淮剧的表演比较质朴，富有生活气息，适应性强，能文能武，既能演古装戏，又能演现代戏。由于曾与徽剧、京剧同台演出，所以它较多地吸收了两个剧种的表演程式，同时又保持了民间小戏和说唱艺术的某些特色，如以唱功见长等。武打戏受徽剧影响较深。

第五，角色。淮剧的角色行当有生、旦、净、丑，各行又有分支。如生行分老生、小生、红生、武生，旦行分青衣、花衫、老旦、彩旦、闺门旦等。很多演员都是一专多能，文武双全。少数全能的演员，能担任淮剧所有行当的角色。

第六，技艺。淮剧吸收徽剧、京剧、昆曲舞台程式，并融入到舞台实践中，形成了自身的特技、武技和绝技。如趟马、抢背、吊毛、挺僵尸、耍手绢、耍扇子、耍翎子、耍髯口、耍水发、耍旗、喷火、变脸、耍牙、水袖功、叠桥、打击手、把子功和毯子功等。

关汉卿的《窦娥冤》是根据什么故事创作的

《窦娥冤》全称《感天动地窦娥冤》,是元朝关汉卿的杂剧代表作,悲剧剧情取材于"东海孝妇"的民间故事。

《东海孝妇》是《列女传》中的一篇。据《汉书·于定国传》记载:汉朝时,东海有一个孝妇,很早就死了丈夫,又没有儿子,但赡养婆婆非常周到,婆婆想让她再嫁,但她坚决不肯。婆婆对邻人说:"媳妇侍候我实在辛苦,我老了,拖累年轻人太久了,怎么办呢?"后来,婆婆就上吊自杀了。她的女儿就到官府告状说:"那妇人杀了我母亲。"官府就拘捕了孝妇,用刑具拷打惩处她,孝妇实在受不了那种痛苦,违心地被迫承认自己有罪。当时于公担任狱吏,认为这个妇人赡养婆婆十多年,以孝顺而出名,一定不会杀人。太守不接受他的意见,于公争辩而不被理会,就抱着那案件的供词在太守住所痛哭后离去。太守最后杀了那妇人。孝妇被杀后,郡中大旱,三年没有下过雨。后任太守到任后,于公说:"孝妇不应当被判死刑,前任太守冤杀了她,过失就在这里。"于是太守亲自去祭奠孝妇的墓,在墓前刻石,表彰她的德行,天立即下起雨来,当年获得丰收。从此人们非常敬重于公。

干宝的《搜神记》则使得"东海孝妇"的故事更为完善,它补充了孝妇名叫周青,同时还叙述了周青将死的一个情节:周青将被处死时,请求用车载着十丈长的竹竿,用来悬挂五色长幡,并当众立誓说:"我若有罪,甘愿被处死,血会顺着竹竿流下;我若是冤枉而死,血会向上倒流。"处死了她后,血是青黄色的,沿着长竹竿往上流,到了竿顶,才又沿着幡而流下。

东海孝妇的故事在《海州志》《云台山志》等地方文献中的记载数不胜数。元代大杂剧家关汉卿据此创作了戏剧《窦娥冤》这一千古名著,使东海孝妇的形象广为流传。由于关汉卿戏剧的影响,东海孝妇由周青改成了窦氏。最早把孝妇写为窦氏的,是明成化十五年(1479年)朐山县令刘昭所著的《汉东海孝妇窦氏祠记》中:"孝妇东海人姓窦氏"。《海州直隶州志》、清末诗人张学瀚《云台导游诗钞》关于孝妇的考证记载尤为详尽。"孝妇,郯人,17岁嫁到东海郡新县巨平村窦家,因其仁孝、贤惠、貌美,邻里皆呼其窦娥。新婚两年夫亡子丧,与婆婆相依为命,种地织布勤俭持家,孝敬婆婆关怀

关汉卿

备至,其节孝美名有口皆碑。婆婆不忍媳妇长期守寡,劝其再嫁,窦娥至死不从。于是,婆婆上吊自杀。婆女告窦娥逼死母亲。昏聩县宰不分青红皂白,严刑逼供,致屈打成招。孝妇被斩时,许下三宗愿,如系冤杀,血将倒流、六月飞雪、大旱三年。"此说与《汉书》的记载大同小异,具有可信性。

《窦娥冤》的故事框架,与汉代以来一直流传民间的"东海孝妇"故事颇为相似,但剧本反映的时代生活与人物遭遇,却以元代冤狱繁多的社会现实为依据,表达了剧作家对当代现实与人生的痛切感受,具有批判社会的价值和震撼人心的力度。

《窦娥冤》木雕

何谓"拉魂腔"

拉魂腔是地方戏曲的声腔、剧种名称,又称"拉后腔""拉喉腔"或"拉洪腔",是泗洲戏的旧称,又称柳琴戏。流行于鲁南、苏北与皖北一带。据徐州方志载,早年人们把这种地方戏称为"肘古子",后来又改名为"拉魂腔"。

拉魂腔起源于清代乾隆年间,距今约有200多年历史。据传与江苏、山东的柳戏同出一源,从声腔、流派传承及其艺术形成与发展上看,是近现代流传于淮北一带的知名剧种"泗洲戏"(因古时候淮海地区是有名的泗洲城地界),在徐州以东的苏鲁一带又叫作"柳琴戏"(该戏由于主要伴奏乐器为"柳琴"而得名)。拉魂腔在泗州(治今泗县)一带十分流行,新中国成立后为体现剧种的地方特色,故改名泗州戏。如今主要流行于淮河以北以徐州为中心的苏、鲁、豫、皖接壤地区。具体说,就是临沂、枣庄、郯城、苍山、滕州、徐州、邳州、新沂、东海、赣榆、连云港、泗洪、宿州、蒙城、寿县、灵璧、凤阳、阜南、霍邱、桐城、安庆一带。

其唱腔南、北方风格交融,婉约与豪放并蓄。尤其是女声唱腔,婉转柔情、优美动人。被群众称誉为"有拉魂的魅力"。戏剧

柳琴戏《走娘家》

的艺术表演以"压花场"为基础,分"单压"和"双压"两种,具有明快爽朗、粗犷有力的鲜明特色。该戏剧目丰富,如传统剧目《大出观》《三跪寒桥》《樊梨花点兵》《走娘家》《拾棉花》《喝面叶》等长期盛演不衰。

拉魂腔以其丰富的花腔和独有的拖腔翻高,有别于其他剧种,感染力极强。至今当地还流传着"拉魂腔一来,跑掉了绣鞋;拉魂腔一走,睡倒了十九"的民谚;鲁南枣庄至今流传着一段名为"四大香"的顺口溜:"绿豆米饭、羊肉汤,旱烟锅子、拉魂腔。"足见这个剧种在民间受欢迎的程度。这种戏曲从音乐伴奏、锣鼓点子到唱腔表演都十分让人"着迷",令听者不思寝食,每每赶场听戏,只要小锣子一响,琴声一起真的就能够把人们的"魂"给勾拉了过去。因此,称这种戏为"拉魂腔"。

盐城杂技为何出名

中国杂技以其悠久的历史、浓郁的民族风格,在世界杂技艺术舞台上有着经久不衰的魅力。江苏省盐城市建湖县庆丰镇所属八十三华里方圆内的十八个村庄,统称"十八团"。这里的杂技艺术源远流长。它跟河北吴桥、山东聊城齐名,是我国杂技艺术的三个发祥地之一,以具有独特的民族风格和精湛的艺术技巧而享誉中外。今天的江苏省杂技团、盐城市杂技团均源于"建湖十八团"。

早在汉唐时期,"十八团"一带百戏艺人的角抵、冲狭、跳丸、寻橦、走索以及吞刀、吐火等技艺,就常在京城乐棚表演,有时还为宫廷演出,声誉颇佳。

明初,朱元璋实行移民垦殖,苏州有一部分杂技艺人被迁至"十八团",还有一些在京受戏曲排挤的本地杂技艺人,陆续回故乡安居。从此,"十八团"即成为杂技家族聚居之地,计有二百多户,其中高、吴、周、徐、陆、万、夏、董、廖、张十大姓,人丁兴盛,身手不凡,当时被称为"杂技十大家"。"十八团"附近,牧草茂盛,设有两淮马政牧马场。明永乐年间,"杂技十大家"纷纷买马,增添马术、驯兽等新的表演项目,人们始称有马的杂技班为"马戏班"或"马戏团",没有马的则称"把戏班"。

清代,苏北庙会盛行,"十八团"马戏班经常应邀表演,项目日益丰富。气功、顶技、蹬技、飞

杂技表演

叉、杆子、爬杆、走索、舞狮、马术、戏法（幻术）等技艺,不仅形象优美,而且难度较高。康熙年间,"十八团"举办马戏会,每年重阳节前后为会期,为时半月,会址设在古基寺（今庆丰镇、近湖镇交界处）,届时凡流散在外地的"十八团"艺人都回原籍参加,群英相会,各显其能,观者逾万,盛况空前。在此期间,全国各地有不少杂技艺人和杂技爱好者,前来观光或者拜师学艺。清代中叶,"十八团"马戏班已发展到二十个左右,足迹遍布沿海各省,享誉大半个中国。

新中国成立前后,"建湖十八团"的杂技艺术在海内外享有盛誉。由于普及性广,建湖杂技形成了灵活多变、刚柔相济的南派杂技艺术风格。"建湖十八团"随着艺人们走遍天下,在杂技界也成了一个著名的标识。1954年,建湖县杂技团成立,1957年,江苏省杂技团前身盐城市杂技团正式问世。

剪纸：杂技

盐城市杂技团建团半个多世纪来,先后创作节目三百多个,其中《对手顶碗》《双人钢丝》《滚杯》《高车踢碗》《双人花坛》《敦煌造型》《变脸》《春江花月》等是建湖杂技的传统节目。《对手顶碗》《滚环》《软钢丝》《春花秋月》等传统节目先后在华东和全国获奖。《对手顶碗》被列入影片《杂技精英》,在海内外放映。盐城市杂技团三十多次走出国门,在国际舞台上展示了盐城杂技的美好形象,在国内外赢得广泛的声誉,连续两年登上央视"我要上春晚"舞台。盐城杂技已被列为国家级非物质文化遗产保护名录。

老江苏的购物

雨花石因何得名,是如何形成的

南京又称石头城,对这以石头命名的城市,大自然格外垂青,以最美的石头相赠。雨花石独产于南京周边地区,正是上天赐给南京的瑰宝。

雨花石至真至美,被誉为天赐国宝、中华一绝、石中皇后。光听"雨花石"的名字就充满了诗意,这么美丽的名字是如何而来的呢?

雨花石的得名传说

传说距今1 500年以前,有一个和尚,法号云光。他自幼出家,虔心礼佛,立志要劝世人向善,解救百姓劫难。于是,他四处云游,讲解佛旨。当时,佛教传进中国的时间还不长,信众还不多,云光每到一处开讲佛法时,听众都寥寥无几。在这种状况下,云光开始有点泄气了。有一天傍

雨花石一

晚，云光正坐在路边叹息时，突然面前出现了一个老太太，她送给云光一双麻鞋，并叫他穿着去四处传法，鞋在哪里磨破，就可以在那里安顿下来时常开讲佛经。

老太太说完话就突然不见了，云光突然明白这一定是菩萨在指示他要四处传法，不辞辛苦。云光重新振作起来，又不知走了多少地方，脚上的麻鞋总穿不烂。一天，当他来到南京城的一座石岗上时，麻鞋突然烂了。他便在石岗上停下来，广结善缘，开讲佛经。开始听的人还不太多，但讲了一段时间后，信众就越来越多了。

有一天，他宣讲佛经的时候，讲得非常好，甚至一时感动了天神。此时，天空竟然下起了五颜六色的花雨。这些花雨一落到地上，就变成了一颗颗晶莹圆润的小石子。人们就把这些从天上落下的小石子称为"雨花石"，而把云光讲经的石岗称作"雨花台"。

雨花石是如何形成的

虽然传说充满浪漫，但雨花石自然有其科学的成因。雨花石的形成有三个阶段，经历了亿万年，每一阶段都要经历熔炼、离乱、磨砺，在漫长而艰难的旅程中才形成了神奇瑰丽的雨花石。

第一，原生形成阶段。在距今6.5亿年至6 500万年前，火山活动中岩浆凝固形成原生玛瑙，此时它们还藏在岩层中。

第二，次生搬运阶段。在距今1 000万年前，地壳运动使得石体与母岩分离，暴露在地表，经风化破碎，流水搬运，有棱有角的石头被磨砺成砾石，沿江河长途跋涉，来到南京。

第三，沉积砾石层阶段。距今200万~300万年前，来到南京的石头沉积成河床，共同组成雨花石砾石层，这也是雨花石真正的形成时期。

在地质学上，把所有雨花台砾石层的砾石都称为雨花石。而我们平常所说的雨花石也是美学意义上的雨花石，产于雨花台砾石层，它们色彩斑斓、晶莹圆滑，具有收藏和观赏价值。

雨花石的色彩秘密

知道了雨花石的基本成因，还不算真正理解了雨花石的形成。雨花石除了圆润的外表，还有斑斓的色彩，这些色彩又是如何形成的呢？

雨花石之所以有不同的色彩，是因为在原生过程中融入了

雨花石二

不同的矿物质。原生雨花石的主要化学成分是二氧化硅,其次是少量的氧化铁和微量的锰、铜、铝、镁等元素及化合物。这些不同的化合物呈现出不同的色素,如赤红者为铁,蓝者为铜,紫者为锰,黄色半透明为二氧化硅胶体石髓,翡翠色含绿色矿物等,这些色素离子溶入二氧化硅中的种类和含量不同,因而呈现出浓淡、深浅变化万千的色彩,使雨花石极其明艳、美丽。所以,我们看到的红色的雨花石就是含铁的,紫色是含锰的,绿色是含铜的。

苏州刺绣为何蜚声中外

刺绣作为一种分布广泛的手工艺品,各个国家、各个民族通过长期的积累和发展,都有其自身的特长和优势。苏绣就是我国四大名绣之一。

苏绣的发源地在苏州吴县一带,具有图案秀丽、构思巧妙、绣工细致、针法活泼、色彩清雅的独特风格,地方特色浓郁。绣技具有"平、齐、细、密、和、光、顺、匀"的特点。"平"指绣面平展;"齐"指图案边缘齐整;"细"指用针细巧,绣线精细;"密"指线条排列紧凑,不露针迹;"和"指设色适宜;"光"指光彩夺目,色泽鲜明;"顺"指丝理圆转自如;"匀"指线条精细均匀,疏密一致。

苏绣的历史悠久,五代北宋时期修建的苏州瑞光塔和虎丘塔都曾出土过苏绣经袱,在针法上已能运用平抢铺针和施针,这是目前发现最早的苏绣实物。

据有关史料记载,自宋代以后,苏州刺绣之技十分兴盛,工艺也日臻成熟。农村"家家养蚕,户户刺绣",城内还出现了绣线巷、滚绣坊、锦绣坊、绣花弄等坊巷,可见苏州刺绣之兴盛。当时不仅有以刺绣为生的,而且富家闺秀也往往以此消遣时日,陶冶性情,所谓"民间绣""闺阁绣""宫廷绣"的名称也由此而来。

清代,苏绣更是盛况空前,苏州因被称为"绣市"而扬名四海。当时针法之多,应用之广,莫不超过前朝,山水、亭台、花鸟、人物,无所不能,无所不工。加上宫廷的大量需要,豪华富丽的绣品层出不穷。苏绣后来吸收上海顾绣以及西洋画的特点,创造出光线明暗强烈、富有立体感的风格。

如今,经长期发展,苏绣在艺术上形成了图案秀丽、色彩和谐、线条明快、针法活泼、绣工精细的地方风格,被誉为"东方明珠"。苏绣作品的主要艺术特点为:山水能分远近之趣;楼阁具现深邃之体;人物能有瞻眺生动之情;花鸟能报绰约亲昵

苏绣

之态。就算不提苏绣背后丰富的历史文化,光这些特点也足以让苏绣闻名中外了。

四大名锦之一的南京云锦有何来历及特色

云锦是南京传统提花丝织物的总称,其历史可追溯到宋朝在南京设立的官营织造——锦署。云锦以其华贵、多彩灿烂、变幻如云霞而得名。云锦在明清时代非常流行,专为宫廷织造,主要用作"御用供品",供宫廷服饰和赏赐用,直至晚清以后才流传至民间。在现代,因其只有南京一地生产,故通常称为"南京云锦"。

南京云锦龙袍

云锦的传统工艺主要有"妆花""织金"和"金宝地"等。妆花锦用色变化丰富,一种织物上的花纹配色多达十余种,最多可达20~30种,图案的布局严谨庄重、简练概括。织金锦的花纹图案全部用金线或银线,或金银线并用织成。金宝地锦的花纹图案全部用金丝织满地,再在金地上织出五彩缤纷、金彩辉映的花纹。

云锦图案的题材广泛,既有大朵缠枝花卉,又有各种动物(如龙凤、仙鹤、狮子等)和植物(如宝相花、莲花、佛手、石榴、梅、兰、竹、菊等),还有表示吉祥的"八宝""暗八仙""吉祥""寿"字等。在配色方面,则运用了色晕与调和的技法,使纹样色彩美丽动人。

云锦在现代主要用于制作蒙、藏、满等少数民族的服装、服饰和高级服装,在古代则主要用于缝制龙袍,装饰宫殿和庙宇以及制作神袍、祭垫、帷幕等。

惠山泥人"大阿福"有何传说

蜚声中外的惠山泥人,始于南朝,盛于明代,距今已有千余年的历史。惠山泥人题材丰富,技艺精湛,惟妙惟肖,雅俗共赏。

在惠山泥人中,人们最熟悉、也最受老百姓喜爱的就是惠山"大阿福"。几百年来,阿福那天真可爱、充满童趣的形象,一直深受中国老百姓的喜爱。随着时代的变迁,阿福的形象也不尽相同。但基本造型都是一个或一对胖娃娃,身穿五福袄，怀抱大青狮，显得文静中有威武，端庄中又带憨厚，从内容到形式都紧扣"福"字的主题。关于大阿福的来历，在惠山还流传着一个神奇的民间传说。

相传在远古时候，无锡惠山周围一带丛林密布，古木参天，惠山脚下的老百姓都过着无忧无虑、自给自足的农耕生活。可有一天，山林中出现了怪兽，无锡人称之为"青饕"。怪兽经常出没山林，伤害惠山附近的百姓，尤其专爱吞食小孩。百姓从此不得安宁，小孩更是啼哭不止，惠山脚下一片凄悲景象。

长期生活在太湖边上的无锡居民，世代以农耕渔桑为业，对狩猎、围捕缺乏经验，不知如何降服青饕，惶恐之余，只有聚集在一起求神灵

惠山泥人大阿福

保佑。在居民的祈求下，上天终于派了一对金童玉女，下凡除害。这对金童玉女，男的头戴紫金冠，女的梳两个环洞式横髻，是神特意把自己变成一对胖乎乎的小孩，以此来引诱怪兽。金童玉女神通广大，力大无比，只随手一招就降伏了怪兽，并将它收入怀中，驯为神兽，从此不再害人。于是，惠山人民又拥有了太平无事、安居乐业的生活。

为了感谢金童玉女的恩德，老百姓都尊称他们为"大阿福"，意思是给百姓带来了安乐和福气。为了怀念他们，百姓便用惠山的乌泥塑造了抱着怪兽"青饕"在怀里戏耍的两尊男女大阿福供奉，终日香火不断。

千百年至今，买对大阿福回家"避避邪，讨点福"已成为太湖流域的民间风俗。大阿福不仅是泥人，更是风调雨顺、国泰民安的象征。

留青竹刻因何得名

留青竹刻，俗称"皮雕"，就是在竹刻时只留竹子青筠的一种雕刻技法，通常为浅浮雕，所用之材为成长数年的腊月毛竹，施艺时，将纹饰以外的竹青剔去，仅露出纤维状竹肌。由于竹青与竹肌在质地、色泽上的明显差异，故作品能取得笔墨神韵般的艺术效果。这种竹刻，不仅精巧，而且外表润泽，随着年代的逐日推移，青筠处泛黄，其图案显示的独特韵味也会越发神奇、古朴。

留青竹刻最早起源于唐代的金银器镂錾及石刻浅雕工艺，至明末清初才盛行，据实物考证，我们迄今所见最早的留青竹刻实物，是一支唐代的管乐器"尺

留青竹刻山水人物笔搁

八"（古代的竹笛，因长一尺八寸而得名），现藏于日本正仓院。它长43.6厘米，吹口口径2.32厘米，由三节竹子做成，正面有五个压孔，背面一个。整支"尺八"布满留青雕花纹饰，有仕女、花卉、树木、禽蝶等，正面的两仕女，一俯首摘花，另一作张袖之状，背后亦有两仕女，一执扇，另一坐弹琵琶，整幅图案，形神兼备，刻画细腻，极具唐代风格。

据史书记载，在我国历史上，把留青竹刻工艺带入到一个崭新层次的当属明代的竹刻家张希黄。张希黄，号宗略，浙江嘉兴人，后人称之"留青圣手"。张希黄的剔地阳纹的留青竹刻法与唐代的"尺八"不同，他是在极薄的竹筠上，用全留或多留、少留或不留等多种技法，来表现画面的丰富层次，刻画出深浅浓淡之变化，刀法娴熟，形象生动，极具中国画的墨韵。同时，他借鉴绘画艺术雕刻的青山楼阁，工精绝伦，上海博物馆所藏的一件"山窗竹影"竹笔搁，长19.1厘米，宽5.8厘米，整幅画面展现了江南乡野庭院的美景：远山峰石秀峭，庭园翠竹掩映，大门敞开，门前一人，躬腰在清扫，窗明几净，空旷恬静，给人一种远避尘嚣的宁静之美。笔搁上端空白处还镌刻了一行诗句："试笔山窗竹影凉，闲临小字模鹅章，空巢燕子时飞过，带得新花落纸看。"下有"张宗略"与"希黄"阴阳文印各一方。

张希黄的传世之作不少，皆细致工妙，精美绝伦，其中尤以"山水楼阁"笔筒最为典型，笔筒所呈色泽浓淡有致，所刻画面由近处的楼阁与远处的山峦组成，楼阁檐牙高啄，廊腰缦回，山峰层峦叠嶂，危岩嵯峨，一近一远，相互映衬，充满了诗情画意，让人有种身临其境之感，洋溢着浓厚的文人情怀。

继张希黄后，学习留青技法的人甚多，尤以清代中期的尚勋造诣最高，其次还有民国时期浙江吴兴的金西崖、江苏武进的徐素白、苏州的支慈庵和无锡的张韧之等。

留青竹刻一般有笔搁、屏芯、笔筒、香筒、诗筒、扇骨、虫具、文具等，其中尤以笔搁居多，它融雕

留青竹刻笔筒

刻、书画、诗文、印章、造型于一体，是中国传统工艺中的一朵奇葩，在当今的艺术品市场上占有重要的一席之地。

宜兴紫砂壶为何有名

宜兴紫砂壶使用一种独特的紫砂泥，辅以洗练别致的造型、精湛的手工制作和装饰艺术烧制而成的器皿。紫砂茶具耐冷热，变性好，能保持茶的色、香、味，使之不易变质发馊；紫砂花盆栽花不易烂根，有利于植物生长，因此，紫砂器具具有较高的艺术价值和实用价值，也因此闻名天下。

宜兴紫砂陶是我国具有独特民族风格的陶瓷工艺品。它经历了一千多年，代代相传，不断发展，形成了独特的风格。

紫砂陶器所用的主要原料紫泥，与一般的红色黏土不同。行家形容紫泥是泥中有"骨"。这个"骨"就是紫泥中的石英颗粒，也就是紫泥中的"砂"。它与黏土、云母、赤铁砂共生一体。紫泥

宜兴紫砂壶

不能用水直接膨润，粉碎至一定细度后，不必与其他原料调配，单一原料即可成形，烧成品种繁多的紫砂陶器。紫砂陶器中最有艺术情趣的，当数造型别致，线条刚劲流畅，比例确切恰当，色泽深醇古雅，制作严谨规矩的各式紫砂茶壶。组成合理和工艺性能良好的原料，经艺人精湛的手工制作，集文学、金石、书法、绘画、篆刻艺术于一身，运用刻刀在产品上刻出诗词绘画，具有高度的艺术价值，成为紫砂工艺的特色。

除了独特的艺术工艺，紫砂壶还具有很高的实用价值。

实践证明，紫砂茶壶具有保持茶香清醇、不易变质发馊等良好性能。紫砂壶是一种双重气孔结构的多孔性材质，气孔微细密度高，具有较强的吸附力，它能吸收茶之香味，并保持较长的时间；而施釉的陶瓷茶壶这种功能比较欠缺。紫砂壶与瓷壶相比，茶汁不易变馊，这是由茶壶本身精密、合理的造型所决定的。紫砂壶嘴小，壶口壶盖配合紧密，口盖形式多呈压盖结构。而瓷壶壶嘴大多口朝上，口盖形式多是嵌盖结构。紫砂壶制作精度高，比瓷壶减少了混有黄曲霉等真菌的空气流向壶内的渠道，因此，相对地推迟了茶汁变质发馊的时间。

无锡阳山水蜜桃有何传说

无锡阳山的水蜜桃,个大,皮薄,香甜扑鼻,驰名中外。对于如此美味的水蜜桃,当然会有一个特别的传说。

据说,孙悟空大闹天宫时,偷吃了王母娘娘的长生不老仙桃,在返回花果山的路上,他还是一边走一边吃,两只桃核掉落在太湖边的阳山上。慢慢地,这两颗桃核就在阳山生根发芽了。

阳山脚下住着一位老人,两鬓苍苍,白须垂胸,老眼昏花,腰背驼曲。老人叫阿毛,是个孤老头子,无依无靠的,每天上山打柴,然后挑去集市卖,换点粮食回来。一天,他上阳山打柴,不小心脚下一滑,一咕噜地滚下了山坡,幸好途中被一棵树枝挂住,才保住了性命,但却被山石擦得遍体鳞伤,昏了过去。当他醒来时,已是明月当空。老人舒展了一下身子骨,觉得并无大碍,于是爬起来,忍着伤痛,一瘸一拐地朝山路走去。突然,只见山中香雾弥漫,彩云缭绕,两位姑娘从天而降,一个骑着白花鸟,一个坐着白凤凰。她们左手提竹篮,右手拿帚把,降落在两棵结满果子的树上。老人被眼前的一幕惊呆了,他只见两位仙女用仙帚掸果子往竹篮里放。

看到这样的场景,老人不顾伤痛,径直朝仙女走去。到了树旁,老人开口问道:"两位姑娘,你们是从哪里来啊,摘的是什么果子?"骑白花鸟的姑娘回答说:"老人家,我们是从天宫来的,王母娘娘要宴请百仙,让我们下来摘水蜜桃。"老人听了说:"原来这就是王母娘娘要的仙桃啊。"坐白凤凰的姑娘接过话说:"原本这仙桃长在天上,是那孙猴子偷吃后,才传到了人间,这桃吃了可以延年益寿,返老还童。"不知不觉间,两位仙女已经摘满了一篮水蜜桃,临走时,还送了两只仙桃给老人。老人接过仙桃,千恩万谢,目送着仙女慢慢飞向天空。

夜晚凉风吹过,老人觉得又冷又饿,于是就把仙桃送入口中,这仙桃肉嫩汁多,清香可口。吃完仙桃,老人觉得神清气爽,不但浑身的伤痛没了,而且腰板也直了,背也不驼了,昏花的老眼也变得清晰起来。他不舍得把桃核扔了,小心地放入口袋里,一路轻松地走到了家。

第二天,老人依旧挑了柴去小镇,认识他的人都很奇怪地看着他,原来是阿毛的白须变成了黑色,脸色也很红润有光,年轻了好多。人们纷纷问他怎么会变成这样,阿毛便说是因为昨天晚上在阳山吃

无锡阳山水蜜桃

下了两只桃子,并向人们说起了昨晚的事。

阿毛返老还童的消息就这样传开了。财主听见了,马上命奴才把阿毛叫来,问明了其中的原委后,就对阿毛说:"阿毛,阳山是我家的,凡是山上长的东西也都是我家的,谁叫你偷吃我家的桃子,快带我去那两棵树下。"于是,财主在阿毛的带领下,来到了桃树下,一看,一只桃子也没了。财主心念一转,马上让家奴把两棵桃树挖出,移到了自己的果园里,不久,那两棵树就枯萎了。财主一看桃树死了,心里不由得恨起阿毛,把阿毛赶出了阳山。

阿毛孤苦伶仃地来到了太湖边的一个山脚边,把之前留下的两颗桃核种进了土壤。不久,桃树发芽长大。阿毛精心地护理着桃树,桃树越

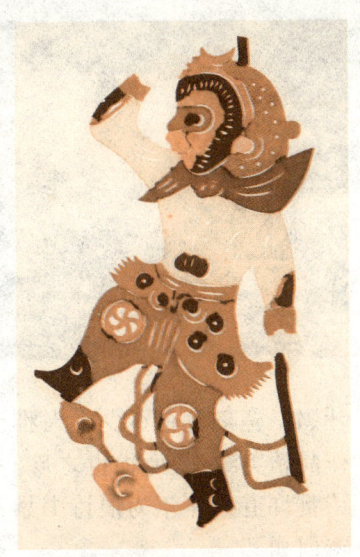

剪纸:孙悟空

长越茂盛,很快就开花结果了。阿毛很勤快,每天辛苦地劳作,终于有了收获,不到几年工夫,这里长成了一片桃林。阳春三月,山间一片桃红,阵阵花香,蝴蝶飞舞,一片美景。

一天早晨,阿毛走进桃园,忽见眼前红光一闪,是之前的两位仙女来了。她们对着阿毛行了个礼,说:"老人家,天宫仙桃连年歉收,王母娘娘要我们问你老人家借两篮仙桃。"

随后,两位仙女摘满两篮水蜜桃,谢过阿毛,飞往天庭。

在阿毛的悉心照料下,桃园连年丰收,这阳山的水蜜桃不仅为阿毛带来了丰厚的收益,也慢慢成为了闻名中国的一大桃品。

何谓"扬州八刻"

扬州八刻是久负盛名的扬州民间雕刻工艺的总称。通常是指木刻、竹刻、石刻、砖刻、瓷刻、牙刻和刻纸、刻漆等八种工艺。

扬州八刻之中,尤以牙刻、竹刻闻名遐迩。牙刻、竹刻有深刻和浅刻之分。扬州民间艺人以微刻、浅刻见长。浅刻的特点是技艺精细,虽在牙、竹上作书绘画,仿若用纸、绢一般,横竖撇捺,刀过如笔,纯熟流畅,一刻而就。微刻则字如蚊足,画似指甲,小中见大,神韵自然。

扬州八刻历史悠久。早在宋代,扬州的雕版印刷已很精致,竹刻也已流行。明代,扬州的雕刻艺术已经较为发达,小品雕刻颇为盛行。民间艺人巧妙

扬州雕刻：玉麒麟

地利用竹、木、牙、核、骨等材料的纹理、色泽，运用刀、弓、铲、凿等工具，雕刻成精致而富于天然情趣的工艺品，或用以陈设观赏，或佩带以点缀生活。

清代，扬州八刻继承传统，在制作技术或艺术创造上均有发展，精微雕刻尤其突出。作品大都出自民间无名技师之手，其中牙、竹、瓷刻也有不少文人雅士为之。金石巨匠吴让之的竹、牙刻堪称一绝，作品精美绝伦，为稀世之珍。画家潘西凤则精于皮雕，声名极盛。郑板桥有诗赞许道："年年为恨诗书累，处处逢人劝读书。试看潘郎精刻竹，胸无万卷待何如。"

近代扬州牙、竹刻名家有黄汉侯、吴南愚、周无方、何其愚、吴纫之等人。吴南愚能在一粒米大的象牙上刻百余字。1927年他刻的《红楼十二金钗》等两件浅刻作品，参加了巴拿马赛会，并且获奖。黄汉侯开创的扬州浅刻缩临技艺，在每方寸牙板上，能刻4 000余字，所临作品，犹如原作，神韵极佳。如今，扬州八刻这

扬州雕刻：飞马

一民间工艺得到了较好的保留和发展。近年来，扬州市启动民族民间文化保护工程，对扬州八刻等民族民间文化，进行重点保护。成立于20世纪90年代初期的扬州八刻研究会，多年来更是致力于开展理论研讨、技艺交流和人才培养工作，为扬州八刻再现生机作出了积极的贡献。

扬州漆器和玉雕为何闻名海内外

扬州漆器

扬州漆器起源于战国，兴旺于汉唐，鼎盛于明清。其工艺齐全、技艺精湛、风格独特、驰名中外，是中国传统的工艺品种。

扬州漆器生产历史悠久，早在两千多年前的汉代，就享誉海内。隋唐时期，扬州漆器工艺格外精致，金属镶嵌产品日益增多。明清两代，扬州漆器走向兴

盛。除了彩绘和雕漆外,平磨螺钿、骨石镶嵌、百宝镶嵌等新工艺亦有发展。如今,扬州漆器装饰工艺有雕漆、雕漆嵌玉、点螺、刻漆、骨石镶嵌、平磨螺钿、彩绘、雕填、磨漆画、木雕镶嵌等十大类。

扬州漆器品种丰富、技艺精湛、色彩绚丽典雅、造型古朴庄重,同时将欣赏性和实用性紧密结合,具有鲜明的地方风格。扬州漆器按照造型和用途可划分为屏风、家具、杂件三大类,以屏风、家具为主。

扬州漆器:龙

扬州漆器精品迭出,曾多次在国内外荣获大奖,并被选为国家领导人出访时的礼品。这也是扬州漆器名扬海内外的重要原因。20世纪60年代初制作的雕漆嵌玉《和平颂》《喜鹊登梅》大挂屏,陈设在首都人民大会堂内。70年代初期创作平磨螺钿《南京长江大桥》大地屏,反映社会主义建设成就,受到过毛主席的赞扬。1979年春,邓颖超副委员长访问朝鲜,将点螺《锦绣成年春》台屏作为国家礼品,赠送给金日成主席。1987年9月,点螺木雕《泰山览胜》漆砂砚在东京、大阪专柜展出,受到各界人士赞美,后以400万元人民币售出。1988年2月,研制成功我国第一件柔性可卷漆器《烟花三月》,其质地刚柔相济、可舒可卷、体积轻巧,便于携带和收藏,是现代科技与传统艺术的巧妙结合,1989年4月在香港展出,各界人士视为奇观。

扬州玉雕

除了漆器,扬州的玉雕也同样蜚声海内外。

扬州自明清以来,就是中国三大玉雕重地之一。扬州琢玉工艺源远流长,几千年来,玉器艺师先辈呕心沥血,勤奋实践,继承发展中国玉器制作的优良传统,创制了数量众多,形式各异,工精艺巧的玉器珍宝。

历代扬州玉雕分别保留了不同时期的艺术特征,如西汉的"白玉蝉"以和田玉雕成,采用"汉八雕"的手法,线条凝练挺拔,推磨极见功夫;清代的《大禹治水》多种手法并用,属于稀世珍品,它以新疆青白玉为材料,高224厘米,前后雕琢6年,用工15万个,耗费白银15000余两。

扬州玉雕创造性地将阴线刻、深浅浮雕、立体圆雕、镂空雕等多种技法融于一体,形成了"浑厚、圆润、儒雅、

扬州玉雕:大禹治水玉山

"灵秀、精巧"的基本特征,以其独有的艺术魅力著称于世。

现代的扬州玉器,全面继承和发展了传统优良技艺。艺师们设计制作了大批造型优美、琢工精致的玉器,艺术水平仍居前列,产品在国际市场上享有盛誉。扬州玉雕作品多次参加国内外展览会、博览会,受到高度评价和赞许。外国朋友们用"人间奇迹"的创造、"东方艺术之最"、"巧夺天工"等美好的语言来形容他们的感受,见证了扬州玉器为增进我国同各国人民的友谊和文化交流作出的贡献。在近几年的全国、全省工艺美术百花奖评比中,扬州玉器在同行业中一直处于前列地位,也曾在多次国际展会中获奖。

扬州酱菜有何特色

扬州酱菜是宴席上的调味佳品,也是日常生活中佐餐的美味,具有鲜、甜、脆、嫩四大特点,名扬四海,畅销国内外。

扬州酱菜的主要品种有乳黄瓜、宝塔菜、萝卜头、嫩生姜、甜酱瓜、香心菜、什锦菜、宫廷龙须等数十个规格品种。

扬州酱菜酱香浓郁,甜咸适中,色泽明亮,块型美观,鲜甜脆嫩。乳黄瓜,主要以每斤30条以上的鲜乳黄瓜为材,皮薄、肉嫩、爽脆无籽,无渣如乳;酱牙姜,选取浙江或安徽嫩姜为材,最肥、最嫩、纤维少、入口脆;螺丝菜,取甘露子为材,形如螺丝又像宝塔,脆而清,细而嫩;什锦菜,选用红、黄、翠、绿、黛等多种色彩的酱菜,切成丁、条、块、丝、片等形状,组配成什锦菜,外形既美,色彩又多。

扬州酱菜

扬州酱菜距今已有千年以上历史。三和、四美、五福是老牌酱坊,历史早逾百年。扬州酱菜相传源于汉代,唐代时即闻名遐迩。鉴真曾将其制作方法传入日本,日本人依法制作,果觉齿颊生香,至今能循旧法制作,并奉鉴真为始祖。有诗曰:"豆腐酱菜数奈良,来自贵国盲人乡。民俗风习千年久,此地无人不称唐。"清代时,扬州酱菜被列为宫廷御膳小菜,曾获国际博览会奖章、西湖博览会金奖。新中国成立前,扬州有酱坊70余家,尤以四美、三和、五福为名。

牛皮糖为何号称"扬州一绝"

牛皮糖号称"扬州一绝",是扬州特产,在海内外享有盛誉。

牛皮糖是扬州休闲文化的缩影,是清康乾年间扬州经济发展的一个写照。那时,扬州已成为中国盐运和漕运的中心,达官贵人、风流才子云聚扬州。其中牛皮糖在众多小吃中因越嚼越有劲而备受人们喜欢,被称之为"扬州一绝"。后因战争频繁而失传于世。据较早生产牛皮糖的"绿叶"公司负责人杜大顺说,自20世纪70年代起,经过科技人员和制糖技师对前人的制糖工艺进行挖掘整理,终于使传统产品得以重新问世,使口感达到了弹性、韧性、柔软性三性为一体的最佳状态。

扬州牛皮糖

如今生产的扬州牛皮糖不仅口味多样,而且甜度低、色泽美、味道香、老少皆宜。

"泰州三麻"知多少

泰州有"三麻",分别是三种与芝麻有关的食品,即小磨麻油、嵌桃麻糕和芝麻薄脆饼。

泰州小磨麻油

据有关资料称,泰州生产小磨麻油已有三百多年历史。泰州小磨麻油,不仅质纯、香浓、味醇,而且对延缓皮肤衰老和烫(烧)伤后的皮肤再生有特效。

嵌桃麻糕则是"将芝麻碾细嵌桃香,切片微烘色淡黄",其又酥又甜,还有非常浓郁的芝麻香味,十分可口。

芝麻薄脆饼则有甜、咸两味,原为单面芝麻,后精选黑白芝麻,分别蘸满两面,故名又面双色麻饼。双色麻饼始创于清同治年间,兼甜、咸两味,色泽金黄,质地酥脆,回味无穷。

1951年,当时的苏北行政公署曾在扬州举办"苏北地区土特产物资交流大会",泰州的"三麻",全都被大会评为省级和地区级的名优土特产。

洋河酒有何美丽传说

江苏最闻名于世的酒要数洋河酒。此酒取清凉甘甜的"洋河水""美人泉"酿造而成。关于美人泉有着种种传说,广为人们传颂。其中尤以"泉水变酒"的故事最为动人。

洋河蓝色经典酒

传说明朝末年,白洋关(今洋河镇)有位善良美丽的梅香姑娘,因家境贫寒,只好在当地王员外家做婢女。王员外既奸猾刁钻,又非常爱饮酒,他常常让梅香到镇上为他买酒。一天,在数九寒冬的傍晚,梅香上街到桥西酒店买酒,刚过桥就遇见一位衣衫褴褛、冻得瑟瑟发抖的老大娘,心地善良的她就把酒钱全部送给了老人。

王员外见梅香空着瓶子而回,就问怎么回事。梅香把实情说出来后,王员外大发雷霆,并逼着她把酒钱要回。梅香被逼无奈,只好再往回走,当她走到桥头时,早已不见那个老人了,等她再走到小酒店,小酒店已关门收市。

梅香左右为难,心中暗想:与其回去再受折磨,还不如自寻一死,倒也干脆。梅香心一横,跑到一口土井边,正当她要纵身跳下时,却被人一把拉住。梅香回头一看,在朦胧的月光下,是一位长相美丽的大姐把自己拉住了。梅香看着这位救命的大姐,好像是遇到亲人一样,委屈地哭诉了一番。

大姐听后,安慰梅香说:"梅香妹好心肠,何必轻生跳井堂,姐姐送你一瓶酒,快快拿去莫悲伤!"于是,只见这位大姐抬手拔下别在头发上的凤头碧玉簪,在井口上方轻轻一照,顿时井水翻花,酒香扑鼻。大姐当即灌满一瓶送给梅香,并还嘱咐她以后有困难时,只要在这口井边喊三声"九香姐姐",就会有人来帮她解难。说完,一阵香风吹过,这位姐姐便不知去向。

梅香半信半疑提着酒回去,王员外接过梅香打来的酒喝了一口,顿觉一股浓香沁入肺腑,清洌甘爽,妙不可言,也就没有再为难梅香。

洋河青花瓷酒

从此以后,梅香每次拿到酒钱,都接济了洋河镇上的贫苦乡邻,然后再悄悄提着酒瓶,找九香姐姐灌酒交差。时间一长,员外心里就起疑了。有一天,他叫梅香去买酒,自己悄悄尾随其后。他看到梅香到井边喊人,而为梅香往瓶里灌酒的竟是一位倾城倾国的美女。王员外顿时神魂颠倒,就嬉皮笑脸地扑上去。谁知,九香仙女袖口轻轻一拂,带着梅香姑娘化作一缕清风飘逸而去。从此,人们就把这口井叫作"美人井"。井下有泉,常年不干,水质清澈,人们又称它为"美人泉"。

用这口井的井水酿的酒格外醇美,于是,"美人泉"声名远扬。到了现代,全国著名诗人严辰在《甘泉酿旨酒》中也曾写道:

甘泉酿旨酒,泉以美人名。酒比美人秀,睛伴作长吟。

千盅不辞醉,百篇丽自新。海霞春潮涌,扬帆万里行。

连云港东海县为何被称为"中国水晶之都"

连云港是位于江苏北部的一个美丽的海滨城市,是新亚欧大陆桥陇海线的东桥头堡,是改革开放后国家首批14个沿海开放城市之一。

东海是连云港市的四县之一,为连云港近几年的跨越式发展贡献着巨大的力量,这里是国家级硅(石英)工业基地。东海位于市区以西,在这里,有深达5 000多米的世界第三、亚洲第一深的中国地质科研钻探井,是世界水晶集散中心、中国水晶第一城。

东海水晶质量、储量和产量都位居全国首位。东海全境总面积

连云港东海水晶

2 250平方公里,其中1/2面积的地下蕴藏着约3亿吨石英和水晶原石,占全国总储量的75%以上。年开采量1 000万吨,占全国的2/3。现存于中国地质博物馆重约3.5吨的水晶大王就出土于东海,现存放伟人毛泽东遗体的水晶棺也是精选东海水晶熔炼而成的。

2003年8月5日,国家授予东海县"中国水晶之都"、授予东海水晶城"中国水晶工艺礼品城"的荣誉称号。

南通蓝印花布是如何制作的

蓝印花布,是传统的镂空版白浆防染印花,又称靛蓝花布,俗称"药斑布"、"浇花布",距今已有1 300年的历史。

最初以蓝草为染料印染而成。现多用石灰、豆粉合成灰浆烤蓝,采用全棉、全手工纺织、刻版、刮浆等多道印染工艺制成。南通为中国蓝印花布的主要产地,土布与天然兰草为农家平常之物,故前庄后坊的蓝印花布染作坊曾遍布农村集镇。

蓝印花布

制作蓝印花布具体操作:首先,从蓼蓝草中提取蓝作染料(靛蓝),把镂空花版铺在白布上,用刮浆板把防染浆剂刮入花纹空隙漏印在布面上,干后放入染缸,布下缸20分钟后取出氧化、透风30分钟,一般经过6至8次反复染色,使其达到所需颜色。

其次,再将染好的布面拿出来,使其在空气中氧化,晾干后刮去防染浆粉,即显现出蓝白花纹。

因为是全手工印染,干后的浆不免会有裂纹,形成了手工蓝印花布特有的魅力——冰裂纹。而现在的机印花布或没有采用传统的技艺的蓝印花布则蓝白分明,毫无手工的质感。因此,用传统技艺制作的蓝印花布就更为珍贵。

如今,蓝印花布的主要产地就在江苏的南通地区。明清以来,江苏南通是中国棉纺织基地,所印制的蓝印花布"衣被天下",南通蓝印花布印染技艺延续至今,以手纺、手织、手染的方法制作生活用品,印染图案以植物花卉和动物纹样为主,也有简洁的几何图形。它以耐脏耐磨、结实经用、图案吉祥等特点深受广大群众喜爱,以和谐的蓝白之美闻名于世,充满浓郁的乡土气息,自然、清新。南通是全国研究开发和生产民间蓝印花布的重点地区,被誉为"中国蓝印花布之乡"。

老江苏的交通

 为何南京夫子庙的文德桥会出现"半边月"的奇观

文德桥,位于南京夫子庙泮池之西,南接大石坝街,北连贡院街。取"文以载德"和"文章道德第一"之意,称文德桥。据传,当年建文德桥是为了蓄住泮池西泄的"文气"。

夫子庙文德桥上可观"半边月",历史多有记载。文德桥由于特定的位置和结构,正值日晷子午线上,每年农历十一月十五日午夜前后,在该桥东、西侧的秦淮河上,可见水中左右各半边月亮,此即"文德桥上半边月"的出处,此典故代代相传,据说,已有千年历史。这一自然奇观,曾吸引无数文人墨客前来观赏。

唐代大诗人李白酷爱明月。有一年农历十一月十五的夜晚,他来文德桥附近酒楼饮酒赋诗,只见皓月当空,银辉泻地,便趁着酒兴上文德桥观景。突然,他发现月亮倒映在水里,便醉意

李白

朦胧地跳下去,欣然张开双臂捞月,水中月亮顿时被剖成了两半。从此,李白投水捞月的故事,被广为流传,很多文人墨客和学士名流也因文德桥畔的"半边月"慕名而来,并写下了脍炙人口的篇章。清代杰出的文学家吴敬梓当年寓居南京时,也曾于这天夜里漫步文德桥,见此奇观,激情如喷,写下诗一首:"天涯羁旅客,此夜共婵娟。底事秦淮水,不为人月圆。"

千百年来,秦淮河的水始终不停地流淌着。直至今日,人们还会在农历十一月十五的夜晚,争相来到文德桥,观看这"半边月"的历史奇观,叙述着秦淮夜谈中的千古佳话。

南京长江大桥有何独特建筑特点

南京长江大桥建成于1968年,它位于南京市鼓楼区下关和浦口区之间,是长江上第一座由中国自行设计和建造的双层式铁路、公路两用桥梁,在中国桥梁史上具有重要意义。

南京长江大桥上层为公路桥,下层为双线铁路桥,连接津浦线与沪宁线两条铁路干线,是国家南北交通要津,也是南京的著名景点之一,以"天堑飞虹"列为新金陵四十八景之一。上层公路桥长4 589米,车行道宽15米,可容4辆大型汽车并行,两侧还各有2米多宽的人行道;下层铁路桥长6 772米,宽14米,铺有双轨,两列火车可同时对开。1960年代以"世界最长的公铁两用桥"被载入《吉尼斯世界纪录大全》。

南京长江大桥江中正桥为钢桁梁结构,主桁采用带下加劲弦杆的平行弦菱形桁架,采用悬臂拼装法架设。南京长江大桥江中正桥共有9墩10孔,每个桥墩高80米,每墩底部面积400多平方米,比一个篮球场还大,最高的桥墩从基础到顶部高85米。墩与墩之间的距离除北岸第一孔是128米外,其余9孔均为160米,桥下可行万吨巨轮。正桥两端有4座70多米高的桥头堡。整座大桥如彩虹凌空江上,岩床埋在正桥河床33~47米以下,9个桥墩基础分别采用重型混凝土沉井、钢沉井加管柱、浮式钢筋混凝土沉井、钢板桩围堰管柱等基础。尤其是晚上,桥栏杆上的1 048盏泛光灯齐放,桥墩上的540盏金属卤素灯把江面照得如同白昼,

南京长江大桥

加上公路桥上的150对玉兰花灯齐明,桥头堡和大型雕塑上的228盏钠灯使大桥像一串夜明珠横跨江上。每当夜幕降临,华灯齐放,南京长江大桥绵延十余里,"疑是银河落九天"。

桥的南北各有一对桥头堡,高为70米,桥头堡上各有三面红旗,象征着20世纪50年代的人民公社、大跃进和总路线。桥头堡前还各有一座高10余米的工农兵等五人雕塑,为当时中国社会的5大组成部分,即工、农、兵、学、商,具有典型的"文革"文艺风格。在桥头堡堡身周围刻有"全世界人民大团结万岁"等浮雕。三面红旗的桥头堡在建成后,风靡全国,被多次模仿,在20世纪60~80年代成为南京的城市标志之一,而且南京长江代大桥桥头堡一直到今天仍然是著名旅游景点。

南京的第一条柏油马路建于何时

南京的第一条柏油马路建于20世纪20年代末,是为迎接孙中山先生的灵柩而建,因此被称为"中山路"。

1928年,国民政府统一全国后不久,就开始筹备将孙中山先生遗体由北平移至南京,首都建设委员会计划修筑一条迎陵大道,并将朝阳门改名为中山门。中山门东至中山陵,称为陵园路,西往长江边的中山码头,称为中山路,也就是我们现在常说的"中山大道"。中山大道工程从1928年8月动工,至1929年5月建成,前后不到1年的时间。中山大道从中山码头进挹江门,经鼓楼、新街口向东出中山门,到钟山南麓,全长15公里,40米宽的路幅在民国初年的中国城市中显得极为气派。沿途所经码头、道路、桥梁乃至学校、商城、饭店等皆以"中山"命名,从而形成了一条举世闻名的纪念性大道。

中山大道促进了南京的繁荣发展,其长度比当时号称世界第一长街的美国纽约第五街还长3公里。直到今天,中山大道仍是南京城的主轴线之一。如今,中山大道两侧种植了10万株行道树,夏天浓荫蔽日,深秋落叶满街,是南京独一无二的绿色走廊。近年来,中山大道两旁高楼林立,更显示了现代南京的都市繁华。一到晚上,中山大道灯火辉煌,如同一条用灯光泼墨绘出的通畅大道,这是一条散发着浓郁古都特色、现代气息的"金陵第

老南京中山路

一街",成为南京有别于其他城市的独特风景线。

法国梧桐是否来自法国

在南京,随处可见法国梧桐。它树大荫浓,陪伴着南京人度过了一个又一个炎热的夏日。即使在冬日,那高大粗壮的枝丫,也很容易使人想起它们夏日的繁荣与壮观。那南京的法国梧桐是否真的来自法国呢?

其实法国梧桐的学名叫"悬铃木",据《辞海》得知:"悬铃木,一名'三球悬铃木'。悬铃木科,落叶乔木。树干灰褐色。叶5～7裂,裂深达叶面中部或中部以下,有粗齿或全缘。春季开花,头状花序。果序通常3个生于一总柄上。小坚果顶端圆锥状,有不脱落花柱。原产欧洲东南部与亚洲西部以至印度。另种二球悬铃木,通称'法国梧桐',叶通常3～5裂。果序通常2～3个生于一总柄上。为英国育成的杂交种。因树冠开展,生长迅速,耐修剪,世界各地广泛栽培。我国长江流域作行道树或庭院树。扦插或种子繁殖。木材坚韧,纹理稍粗,可供一般建筑、家具等用。"而且文献记载,悬铃木在晋代就从陆路传入我国,当时被称为祛汗树、净土树。悬铃木虽然传入我国的时间较早,但并未能继续传播。

悬铃木被大量种植是在20世纪初,主要由法国人种植于上海的法租界内,所以被称为"法国梧桐"。其实悬铃木既非法国原产也非梧桐。法桐生长快、寿命长、冠大荫浓,又耐修剪,所以是最理想的行道树种。当年中山陵落成时,为了绿化陵前大道,从中山门到陵园的大路两侧引种了1 034棵悬铃木。后来,又在下关到中山门的整条中山路两侧集中栽种了大批悬铃木,使这里绿树密布,蔚为壮观。新中国成立后,南京大规模绿化,将悬铃木种满了城内各大干道。通过一次次绿化,经历几十年风风雨雨,如今遍布南京城区的几十万棵悬铃木早已葱茏苍翠、绿冠连云。

南京法国梧桐

在南京,道路两旁栽种悬铃木,完全是为了遮蔽夏日的炎热。因此,南京的悬铃木主干一般在2米半到3米左右就被截断,为的是让它长出旁支,把树冠修剪成巨大的伞状,遮挡酷热的阳光。尽管每年四五月间,这些法桐都会飘飞毛絮,引起很多人过敏,但南京市民还是对它情有独钟。南京人还编了顺口溜:"前看是桐,侧看是墙,上可防空,下可乘凉",可见他们对法国梧桐的评价之高。如今一些路段栽种的法国梧桐俨然形成了一条条"绿色长廊",非常具有地方特色,也吸引了众多的游客来观赏。

无锡的"骂蠡桥"因何得名

在无锡市区进入蠡湖风景区处有一座桥名为"马蠡港桥"。其实,马蠡港桥原名叫"骂蠡桥"。这个"蠡",就是战国时期越国的范蠡,范蠡是越国大臣,他利用美人计害得吴国灭亡。当年越国大败吴国后,范蠡便带着美人西施乘坐小船驶入了五里湖,准备归隐太湖,而五里湖的附近有个港口,并且有一座桥。这件事被吴国的老百姓知道后,他们便站在桥上、沿港口两岸痛骂范蠡不该用美人计,从此这座桥便被称为"骂蠡桥"。

范蠡

这种说法有点牵强,毕竟范蠡是越国的忠臣,他携带西施逃走这件事可谓机密,怎么会让普通老百姓得知?由此可见,这其中另有原因。还有一种说法,陶朱公范蠡被尊为"商圣",说白了就是生意人的老祖宗。他深谙"兔死狗烹"后,弃政从商的首践之地便是无锡。苏子瞻之"夫子功成何处去?相偕浣女隐人间",说的就是范蠡携西施泛舟无锡的事情。其实,范蠡选择无锡是颇为冒险的,因为他策应勾践卧薪尝胆之时,曾对这里的百姓做过一件极其恶劣的事情。他出谋将越国偿还吴国的一万石上等稻谷全部蒸熟,吴王不知是计,见这批稻谷颗粒饱满还欣欣然作为稻种遍发百姓播植,结果自然可想而知了。所以,无锡百姓见范蠡携西施水中泛舟,便纷纷聚集岸边指而痛骂,至今还留有"骂蠡港""骂蠡桥"的遗存。

但还有一种说法,说这"骂蠡桥"是为了纪念一段充满哲理、富有教育意义的历史。当时的越国大臣文种,跟范蠡是知己好友。他们都是越王勾践的心腹大臣,为了复国雪耻,他们尽心尽力,献计献策,共同帮助勾践打败了吴王夫差。等到胜利的那天,范蠡决定全身而退,因为

文种

他看清了勾践凶险的嘴脸,决定带着西施出逃,并给文种留信:"高鸟散,良弓藏,狡兔尽,走狗烹。"文种是个忠君思想极其浓厚的人,他没有追上范蠡的船,便站在桥头骂范蠡是个背叛君王、不忠不孝的叛逆。文种回去后没多久,就被越王勾践赐死,害怕他居功自傲。文种死前仰天长叹,说道:"吾不听范蠡之言,乃为越王所戮,岂非愚哉!"但悔时已晚。后人为了纪念这段故事,便把港口的那座桥命名为"骂蠡桥"。

郑和下西洋出发于何处

郑和,原名马三保,是明朝伟大的航海家。他13岁时,被送入宫中成为宦官,后来又被派分到燕王朱棣的府邸。因为其聪明伶俐,受到燕王赏识,并且在"靖难之变"中为朱棣立下赫赫战功。明永乐二年(1404年)明成祖朱棣认为马姓不能登三宝殿,因此在南京御书"郑"字赐马三保郑姓,改名为和,任为内官监太监,官至四品。

明永乐三年(1405年)七月十一日,明成祖为了加深中国同东南亚、东非的友好关系,也借此炫耀大明帝国的国威,命郑和率领庞大的280多艘海船、28 000名船员组成的船队远航,访问了30多个在西太平洋和印度洋的国家和地区。郑和从1405—1433年,七次下西洋,完成了人类历史上伟大的壮举。明成祖之所以选择郑和作为使者,这与郑和卓越的军事才能是分不开的。首先,郑和懂兵法,有谋略,英勇善战,具有军事指挥才能。第二,郑和知识丰富,熟悉西洋各国的历史、地理、文化、宗教,具有卓越的外交才能。第三,郑和具有一定的航海、造船知识。郑和从小就从其父亲那里学到有关的航海知识,熟悉海洋,向往航海。在郑和担任内宫监太监时,营造宫殿,监造船舶,有造船经验。正是由于郑和自身条件和所具备的才能、素质,才被朱棣皇帝所赏识,并委以重任,成为下西洋船队的统帅。

永乐三年(1405年)六月十五日,郑和首次奉明成祖之命下西洋。他统帅将士28 000人,船只280艘,从南京龙江宝船厂的长江上出发,在太仓刘家港由江入海,经过福建长乐,首站到达爪哇苏鲁马、苏门答腊南部旧港、马来半岛西岸的麻剌加等地。而后继续西行,到达锡兰山,绕过印度

南京宝船厂遗址

半岛向北到达葛兰、柯枝,终点站是故里。此后他在明永乐五年(1407年)、六年(1408年)、十年(1412年)、十九年(1421年)、二十二年(1424年)先后进行了六次下西洋的活动。永乐二十二年,明成祖去世,仁宗朱高炽即位,因经济空虚,下令停止下西洋的行动。仁宗病逝后,宣宗朱瞻基即位,再次派郑和下西洋,从南

南京宝船厂遗址郑和宝船

京起航出发,这次出海人员有 27 000 余人,共 61 艘船。郑和在返航途中,因劳累过度于宣德八年(1433年)四月初在印度西海岸古里去世,船队由太监王景弘率领返航。

南京在郑和下西洋的历史上占据了相当重要的位置,这里是郑和下西洋的决策地和出发地,江苏太仓和福建长则是郑和航海过程中由江入海及由海入洋的起锚地和停泊港。郑和下西洋的船队是一支规模庞大的船队,完全是按照海上航行和军事组织进行编制的,在当时世界上堪称一支实力雄厚的海上机动编队。郑和下西洋后,大量海外邻国人士来到明朝都城南京,进行经济和文化交流。郑和七下西洋不仅稳定了东南亚国际秩序,震慑了倭寇,牵制了蒙元势力,维护了国家安全,而且还对发展海外贸易,传播中华文明,把中国古代的航海事业推向发展高峰作出了重要贡献。

苏州古桥知多少

"古宫闲地少,水巷小桥多。"太湖之畔,河湖密布,水多桥多,唐朝诗人杜荀鹤的诗句赞美了苏州众多的桥梁。根据记载,到目前为止,苏州桥梁总数已达到 3 万余座,其中清代以前的古桥 557 座,素有"水都桥城"之美誉。

苏州桥梁的建造,上溯春秋,下及明清。如春秋时的临顿桥、乌鹊桥、斟酌桥;汉代的顾家桥;三国时的渡僧桥;南朝的悬桥和天后宫桥。唐代苏州的桥梁鳞次栉比,遍布大街小巷,白居易有:"绿浪东西南北水,红栏三百九十桥"之句。现在,随着城市建设的不断发展,苏城内外共有桥梁近千座,其中古城内现存古桥 168 座,保存到现在的著名古桥中,最典型的要数宝带桥和枫桥。

宝带桥建成于唐代元和年间(806—820年),由当时的苏州刺史王仲舒主持建造。为筹措建桥资金,王仲舒带头将自己身上的宝带捐出来,宝带桥之名

由此而来。宝带桥用坚硬素朴的金山石筑成,桥长316.8米,桥孔53孔,是我国现存的古代桥梁中,最长的一座多孔石桥。我们现在所见的宝带桥是明代正统年间重新修建的。清咸丰年间和抗日战争时期,由于英帝国主义和日本侵略者的破坏,宝带桥毁损已相当严重。新中国成立后,人民政府根据明代的规模和形制,修缮了这座古桥。

苏州宝带桥

枫桥地处苏州西南端,南北舟车在此交会,自古就是水陆交通要道。唐代时在此设卡,每当皇粮北运时,便封锁河道,因此枫桥又作封桥。枫桥是江南随处可见的一座单孔石拱桥,只是因唐朝诗人张继《枫桥夜泊》的诗作后便名扬天下。枫桥地带由于舟车云集、商旅际会而异常繁华,是旧时苏州物资的集散交流中心。

除了以上两座古桥外,还有许多有着动人传说的古桥。比如乘渔桥,传说古代有两个贤者,一是法海,二是琴高。一天,两人路过桥头,见绿水河中有鲤鱼一丈之长,琴高感到很奇怪,就跳入河中跃到了鲤鱼的背上,谁知道大鲤竟然腾空飞去,琴高由此羽化成仙。而落瓜桥的得名与宋朝初年的吕蒙有关,据说吕蒙落难时,在苏州以乞讨为生,一日在醋桥坊看见一位农夫担着西瓜急急地向东走去。突然,一个西瓜掉在地上,吕蒙忙捡起瓜呼喊农夫,农夫看见他穷苦,就把瓜送给了他。吕蒙很是感激,准备捧着西瓜上桥,谁知道西瓜一下子掉在了地上,摔成几瓣,落瓜桥就因此而得名。虽说这只是传说,但苏州的古桥却被人们赋予了灵性。

千百年来,苏州古桥如同一幅幅文化内涵厚重的画,也仿佛一首首凝固的诗,记录了古老苏州的沧桑。如今,虽然许多古桥受自然和人为的破坏,已在时光的流逝中黯然消失,留下了诸多遗憾,但保存下来的古桥,却似一颗颗璀璨的明珠,受到人们的钟爱和赞美。苏州的古桥不仅供人行走,更成为了让人欣赏的艺术品。

苏州枫桥

篦箕巷与乾隆有何渊源

篦箕巷原名花市街,它位于常州城西,是古毗陵驿所在地。整条小巷只有百米长,却充满了古迹、典故和传说。以前的篦箕巷一到晚上家家门前挂着宫灯,个个工场悬着照灯,常常彻夜不灭,晶莹闪烁的灯火映在运河水里,与岸边、船上的灯火相映生辉,站在文亨桥上远远看去,宛如金色游龙,一片锦绣迷人的景象,所以"篦梁灯火"还被称为常州西郊八景之一。

花市街之所以改名为篦箕巷,与乾隆皇帝下江南的一段故事有关。据说,乾隆皇帝南巡时,一路微服私访,在常州邀请了博学鸿词的刘纶一起逛花街市。只见小街店铺一家接一家,差不多家家都是梳篦店。许多挑夫挑着一筐筐的木梳往梳篦店里送,乾隆有些不解,刘纶急忙解释道:"挑夫的木梳是从常州木梳街上批来的,花市街上的梳篦店实则是篦箕

常州篦箕巷

店。"乾隆皇帝听了很是纳闷,说道:"南门木梳街上专做木梳,西门花市街专做篦箕。那么这里就不应该叫花市街,应该改为篦箕巷。"刘纶听了连忙附和应道:"万岁圣明!"谁知被旁边的捕快听到,连忙通知阳湖县令。等县令带着众人,敲锣打鼓直奔码头迎驾,乾隆皇帝早就登舟离去。县令为了讨皇上欢喜,随即命令人贴出告示:"奉圣谕,即日起,花街市更名为篦箕巷。"篦箕巷的名称从此沿用至今。

20世纪初,常州梳篦又屡屡在国际博览会上获得金银质奖。小小梳篦,为常州赢得了盛誉,而篦箕巷也成了中外游客游览观赏的地方。

千年古渡西津渡知多少

西津渡位于江苏镇江城西的云台山麓,是云台山麓下的一处历史遗迹。它是镇江文物古迹保存最多、最集中、最完好的地区,是镇江历史文化名城的"文脉"所在。

西津渡,三国时叫"蒜山渡",唐代曾名"金陵渡"。唐代润州刺史齐翰在瓜州上开凿伊娄河以后,这里成了连接京杭大运河最方便、最便捷的渡口,过往旅

客人数剧增。宋代以后,"金陵渡"改称为"西津渡"。宋熙宁元年(1068年)春,王安石应召赴京,从西津渡扬舟北去,舟至瓜洲时,即景抒情,写下了著名的《泊船瓜洲》诗:"京口瓜洲一水间,钟山只隔数重山。"这里紧临长江,滚滚江水就从脚下流过。到了清代以后,由于江滩淤涨,江岸逐渐北移,渡口遂下移到玉山脚下的超岸寺旁,并被命名为大码头。

镇江西津渡

随着铁路运输的兴起,西津渡的喧嚣渐渐远去,只留下被车轮磨砺出深深印辙的青石板路,那深深的车辙足以证明这千年古渡、千年老街当年的繁华。古街上的建筑多为明清时期的遗迹。砖木结构,飞檐雕花的窗栏一律油漆成朱红色,给人以"飞阁流丹"的感觉。那错落有致的两层小楼,那翘阁飞檐,那窗上的雕花,那斑驳的柜台,那杉木的十板门,无不向我们娓娓诉说着"千年古渡,千年老街"的沧桑。由于西津古渡街保存得比较完整,所以我们还能在这里找到六朝、唐、宋、元、明、清各个朝代的历史遗迹。就连见多识广的英籍华人女作家韩素音置身西津渡古街时,也不由发自内心地连声赞叹说:"漫步在这条古朴典雅的古街道上,仿佛是在一座天然历史博物馆内散步。这里才是镇江旅游的真正金矿。"中国文物学会会长罗哲文先生更是把这里誉为"中国古渡博物馆"。

为何说徐州是"五省通衢"

五省通衢是清代对徐州的称谓,"五省"指直隶、山东、河南、江南、浙江五省。徐州处于江南(江苏、安徽二布政使司)、山东、河南(徐州府砀山县与河南永城交界)三省交界处,另外徐州因为处于京杭大运河的中段,连接了当时的直隶、山东、江南、浙江四省,这样正好是五省。

在隋朝还没有开凿大运河之前,徐州就是"汴泗交流"。汴是指汴水,东西向,经徐州;泗指泗水,南北向,经徐州。当时徐州商旅往来众多。到了隋朝,隋炀帝开通了通济渠、永济渠、江南运河,使中部和东部的主要水系串通起来。唐朝开元年间,黄河重新归入汴水故道经徐州南下入淮,使泗水、汴水继续保持通航,重新沟通了京杭大运河的南北交通,促进了徐州地区的经济发展。到了明朝,统治者就在徐州建闸,每年经徐州北上的粮船多达12 043艘。在这个时期,就出现了"五省通衢"的说法。而"五省"是指苏、鲁、豫、皖、冀。元代时,先后完成了通惠河、济州河和会通河的开凿工程,从而打通了南北运河航道,完成了京杭大运河的整个工程,初步形成了北起北京,南抵杭州,全长1 700多公里的京杭大运河,徐州地当大运河要冲,成为南北漕运枢纽,苏、鲁、豫、皖、冀的物资集散地。这时的"五省通衢"是指苏、鲁、豫、皖、浙,因为大运河不经河南,而逐步

徐州夜景

开到了杭州。也有学者认为,"五省通衢"不仅包括水路,也包括陆路;"五省"不精确,徐州可通全国各地。不管是哪种说法,都不能否认徐州作为交通枢纽的重要作用。

古往今来,徐州见证着数千年的沧海桑田,南来北往、东进西去的历史风云,正因其"陆路多驿站,水运扼要冲"而独具风流,享有"五省通衢"的美誉。如今,作为一座中国历史文化名城,徐州悠久的历史散发着迷人的魅力,吸引你去走近它。

明代驿站盂城驿有何功能

盂城驿开设于明洪武八年(1375年),位于江苏省高邮市南门大街东,是明代遗留下来的一处驿站建筑,也是目前全国规模最大、保存最完好的古代驿站。驿站是古代官办飞报军情、递送仪宾、运输军需的机构,古代君王都十分重视邮驿。

盂城是高邮的别称,古代的高邮地势独高,四面皆低,状如覆盂,故名盂城。宋代词人秦少游曾有描写家乡"吾乡如覆盂,地处扬楚脊"的诗句。据史料记载,盂城驿原规模宏大,有正厅五间、后厅五间、送礼房五间、库房三间、厨房十间、马神庙一间、马房十二间、前鼓楼三间、照壁牌楼一座。驿北为驿丞宅,驿旁为邮公馆,堤上有迎宾房的皇华厅,东南有马饮塘等

高邮古盂城驿站

建筑。

明代驿站功能有二：一是供过往使臣投宿，凡持有"驿关"的官员，可按官阶高低及仆从多寡免费享受驿站提供的住宿、膳食、舟车、夫马；二是邮送过境公文。明朝有制度，在主要邮路上一般是每隔10里设一邮铺，次要邮路则隔20~30里不等。集邮驿、接待、交通等主要功能于一身的盂城驿发挥了不可替代的作用，是我国古代南北大动脉——古大运河上水陆兼备的交通要驿。

盂城驿虽历经沧桑，但古风犹存，许多专家学者称之为"稀世遗珍"。在国家和社会各界的大力支持下，1993—1995年高邮市人民政府修复盂城驿，并在此基础上设立了中国唯一的邮驿博物馆，使古驿重现绽放光彩。如今它已成为全国重点文物保护单位。

扬州二十四桥之谜

提到扬州二十四桥，人们都会想到唐代诗人杜牧的诗："青山隐隐水迢迢，秋尽江南草未凋。二十四桥明月夜，玉人何处教吹箫？"另外还有南宋词人姜夔的《扬州慢》："二十四桥仍在，波心荡，冷月无声。念桥边红药，年年知为谁生？"而当我们说到二十四桥，就无法回避一个千古之谜：它究竟是一座桥，还是二十四座桥？

二十四桥的芳名，流传千载，得益于杜牧的名诗。其实，关于二十四桥的得名，来自于一个美丽的传说。据传唐代有人在一个月光如水、清风徐徐的夜晚，见到二十四个风姿绰约、风华绝代的仙女，身披薄纱，玉手托箫，轻启红唇，飘上一座小石桥，舒缓柔美的乐曲从二十四支箫管中缓缓地流淌出来。明代齐东野人编撰的《隋炀帝艳史》，比传说稍微真实些。书中记载隋炀帝与萧后一同去一新桥赏月，炀帝见同游去的有二十四位宫女，于是就将新桥命名为二十四桥。还有一种说法是：20世纪50年代末，在扬州出西门向北行3~5里处，分别有一石桥和一木桥，两桥头的距离约二十四步，村里的长者都认为这儿就是二十四桥。在他们幼年的时候，都有被长辈牵着小手"数数过桥"的经历：跨过一座桥，从一个桥头走向另一个桥头，步步走来，一般都数到24步。根据这种说法，二十四桥那就是两座桥的统称。

杜牧

还有人认为大名鼎鼎的二十四桥实际上从来都不存在,关于二十四桥的说法,都是子虚乌有的,它只是唐代扬州桥梁的总称而已。宋朝大科学家沈括最早对此作出解释,"扬州唐时最为富盛。旧城南北十五里一百五十步,东西七里三十步,可纪者有二十四桥,"并在卷中从城区的汶河茶园桥起,一直到东面的山光桥为止一一列出了桥名,但无论怎么算都仅有二十一座桥的名称。

古往今来,多少风雅人士试图探个究竟,但至今未有令人信服的结论。综合起来,大致有如下说法:

第一,"二十四桥"就是一座桥,因二十四位美人吹箫的传说而得名"二十四美人桥",也称"二十四桥"或"廿四桥"。到了清代,人们逐渐倾向于"二十四桥"原是一座桥的名称。清代扬州人李斗在《扬州画舫录》中写道:"二十四桥即吴家砖桥,一名红药桥""跨西门街东西两岸"。

第二,根据《汉语音韵学导论》一书拟唐音"二""十""四""桥"分别与"阿师桥"音同。并且,如果从扬州方言看,"二十四桥"与"阿师桥"的古音也很相近。因"阿"古音为"a"(见王力的《汉语语音学》),"二"古代的北方方言也为"a"。所以从这方面来说,扬州"二十四桥"为"阿师桥"的谐音,并考证沈括记载的阿师桥,为今城北的螺丝湾桥。

第三,"二十四桥"是指分布在扬州地区的二十四座桥梁。认为"二十四桥"乃实实在在二十四座桥梁的有沈括,不过,这位北宋科学家在《梦溪笔谈》中详细记载的二十四桥的桥名和地理位置,实则仅二十三个,且其中下马桥出现两次。而唐代扬州城里极负盛名的禅智寺桥、月明桥、红板桥、朱雀桥、扬子桥等,沈括均没有将之列入其中,这引起后人无尽猜测。南宋王象之则明确指出二十四桥是二十四个桥的总称,他在《舆地记胜》中称"二十四桥,隋置,并以城门坊市为名。后韩令坤省筑州城,分布阡陌,别立桥梁,所谓二十四桥者,或存或亡,不可得而考"——虽然言之凿凿,但对桥名也没有提及。

第四,"二十四桥"是古代扬州桥梁的编号。在古诗中以序号称桥的不乏其例,就唐代扬州而言,对桥的编码也是有案可稽的。唐朝施肩吾《戏赠李主簿》诗有"不知暗数春游处,偏忆扬州第几桥"之句。唐人张齐《寄扬州故人》诗中有"月明记得相寻处,城锁东风十五桥"。

扬州二十四桥

扬州二十四桥远景

第五,"二十四桥"在诗文中是虚指而非实指。"泛指、代指说"则认为,中国文人向来对数字的概念持含糊、朦胧的关注方式,只求能用在诗文中恰当地表达出自己的意思即可,并不会去强求准确的数字。譬如"山路十八弯""七十二变化""三百六十行"等,并非确数,而杜牧很可能用二十四桥泛指遍布扬州的多处桥梁。即"二十四桥"既非二十四座亦不是一座,只是泛指扬州小桥多罢了。因为杜牧常常喜欢用数字入诗。如《江南春》:"南朝四百八十寺,多少楼台烟雨中";《赠别》:"娉娉袅袅十三余,豆蔻梢头二月初";《遣怀》"十年一觉扬州梦,赢得青楼薄幸名";《村舍燕》:"汉宫一百四十五,多下珠帘闭琐窗。何处营巢夏将半? 茅檐烟里语双双。"等。由此可见,杜牧喜欢用数字,尤其喜欢用约数。因为它为约数,不是实数,更谈不上是专名。另外,也有人认为杜牧诗中的"何处"二字,也在清楚地传递着这样一个信念:二十四桥绝不是一座桥。而另一种可能即二十四桥是某座桥的代称,比如姜白石就写过"曲终过尽松陵路,回首烟波十四桥"的诗句,这十四桥应当是代指垂虹桥了。

当然,也有人指出"二十四桥"借指扬州,泛指扬州的繁华或是专指扬州美人,这些似乎也有一定的道理。总之,众说纷纭,莫衷一是,凡此种种,不一而足。

江南温婉秀色、古城扬州的魅力被唐代著名诗人杜牧名扬千古的诗篇勾画得夺人魂魄,令人神往。或许,我们永远也无法解开"二十四桥"之谜,但是恰恰就是这种无解的谜团,就是这朦胧面纱,才更让人对盛世扬州充满着眷恋,而唐诗意境中的绰约古城,更是曼妙无比。

五亭桥有何建筑特色

五亭桥位于我国江苏省扬州市,是乾隆二十二年(1757 年)巡盐御史高恒及扬州盐商为迎奉乾隆帝,仿照北京北海的五龙亭和十七孔桥而建的。由于它建于莲花堤上,所以又叫莲花桥。

五亭桥建筑风格的最大特点就是阴柔阳刚的完美结合。"上建五亭,下列四翼,桥洞正侧凡十有五。"建筑风格既有南方之秀,也有北方之雄。五亭桥上建有极富南方特色的五座风亭,挺拔秀丽的风亭就像五朵冉冉出水的莲花。它同时又受北海五龙亭的影响很深。北海五龙亭五亭临水而建,中日龙泽,重檐下方上圆,象征天圆地方;西为涌瑞、浮翠,涌瑞为方形重檐,浮翠为方形单檐;东为澄祥、滋香,澄祥为方形重檐,滋香方形单檐。五亭皆绿琉璃瓦顶,亭与亭之间有石梁相连,婉转若游龙。另龙泽、滋香、浮翠三亭有单孔石桥与石岸相接,珠栏画

扬州瘦西湖五亭桥风光

栋,照耀涟漪。扬州五亭桥无北海开阔水面,于是工匠们独辟蹊径,将亭、桥结合,形成亭桥,分之为五亭,群聚于一桥,亭与亭之间以短廊相接,形成完整的屋面。造桥者把桥身建成拱券形,由三种不同的券洞联系,桥孔共有十五个,中心桥孔最大,跨度为7.13米,呈大的半圆形,直贯东西,旁边十二桥孔布置在桥础三面,可通南北,亦呈小的半圆形,桥阶洞则为扇形,可通东西。正面望去,连同倒影,形成五孔,大小不一,形状各殊,这样就在厚重的桥基上,安排了空灵的拱券。空灵的拱顶券洞配上敦实的桥基,桥基的直线配上桥洞的曲线,加上自然流畅的比例,就取得了和谐统一的视觉效果。中国著名桥梁专家茅以升曾这样评价:中国最古老的桥是赵州桥,最壮美的桥是卢沟桥,最具艺术美的桥就是扬州的五亭桥。

五亭桥是扬州风景的标志,它建造在瘦西湖上,好像湖的一根腰带。十五月圆之夜,每洞各衔一月,十五个圆月倒悬水中,争相辉映,泛舟穿插洞间,别具情趣。

为何说连云港是新亚欧大陆桥的"东方桥头堡"

新亚欧大陆桥东起中国连云港,西至荷兰鹿特丹,全长10 900公里(其中中国境内4 131公里),以中国、中亚、欧洲铁路为陆上桥梁,横贯亚洲、欧洲大陆,辐射30多个国家和地区,其中在中国境内连接了11个省区,有4 131公里。之所以把"桥头堡"定在连云港,是因为连云港是新亚欧大陆桥东段最便捷的出海港。由连云港上桥,直线运费最短、费用最省,北比在青岛港上陆桥运距短587公里,南比在上海港上陆桥运距短427公里。而且与经俄罗斯西伯利亚亚欧大陆桥相比,距离可缩短2 000公里。

据专家计算,太平洋沿岸各国的货物由新亚欧大陆桥运往欧洲的时间比绕道苏伊士运河海运可以节省一半,运费也可以节省很多。目前有日本、韩国、俄

连云港大沙湾海滨

罗斯、德国、美国等十四个国家和地区参与了新亚欧大陆桥的国际运输。连云港已经成为我国华东地区集装箱运输外贸基本港和内贸中转港。连云港开辟的国际集装箱运输航线达到20条,月航班超过200个航次。近年来,连云港在不断开通新航线、增开新班轮、优化海上运输线的同时,还设法优化陆地运输线。一方面,开通了江苏省境内公路集装箱运输"绿色通道";另一方面,倾力与铁路部门合作,开通多条集装箱运输"五定"班列,力求把新亚欧大陆桥打造成内陆通向东部沿海最经济、最便捷的黄金通道,为西部大开发和区域经济振兴提供有力的支撑。

常州文亨桥有何特色

文亨桥是常州老西门(即朝京门)外京杭大运河上的第二座大型三孔桥,造型与西仓桥(广济桥)相同,始建于明代嘉靖二十七年(1548年),距今已有450余年历史。

文亨桥属对置排列式石拱桥,全部用青石构筑。桥面正中嵌置浮雕莲纹正方巨石一方,桥面东西两侧嵌砌石栏板和顶端浮雕云纹装饰的望柱,两侧桥额均刻有"武进县文亨桥"6字楷书,两侧拱券处各有桥斗4个。桥高9.92米,全长49.2米,两边小孔跨径各为6.1米,中孔跨径11.6米,南北各有石阶49级,它是常州石拱古桥中最高和最长的一座桥梁。

文亨桥在清乾隆三十三年(1768年)时重新修建,因此俗称新桥,旧时这里舟船穿越,轮蹄交错,为交通要道。每当皓月当空,清风徐来的夜晚,宝镜高悬,清辉四溢,俯视桥下,微波荡漾,河水湍行,像要把倒映在水中的月亮冲涤穿桥而去,因此"文亨穿月"就成了常州西郊八景之一。

1987年因古运河拓宽,文亨桥因"空窄束水,中墩碍航"而被拆除。为了保存文物古迹,文亨桥按原桥风貌被移建到护城河口,并添建了龙头喷泉和彩云石栏。

常州文亨桥

老江苏的乡俗

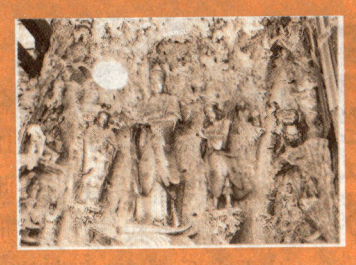

为何说"苏湖熟,天下足"

所谓"苏湖熟,天下足",意思是"苏州湖州的粮食成熟了,天下就国泰民安了"。此谚语自南宋便开始流传,最早见于陆游《渭南文集》。其中,苏指苏州,今太湖以东,江苏吴县一带。湖指湖州,今太湖以南、浙江吴兴一带。那么,这种说法有何依据呢?

其一,苏湖地区素来粮食产量巨大。该区域内河港交错,湖荡密布,地势平坦,土地肥沃,为江南水网的中心和全国河流最密集的区域。周围是全国著名的水稻高产区,农业发达,耕地面积广阔,种植历史悠久。素有"水乡泽国""天下粮仓""鱼米之乡"之称。隋朝大运河的开凿和太湖水利的治理,大大促进了吴地经济的发展。唐末五代,全国经济重心南移的过程基本完成,以吴地为核心的太湖地区成为全

太湖渔港风光

国的经济重心所在。宋金并立时期,南方的水利事业大大超过北方。自宋高宗至宋孝宗时期(1127—1189年),太湖地区兴修水利,排除了严重水灾,使低田与高田尽得灌溉。加上此地农业生产技术先进,农民深耕细作,且使用最新农具"连枷"脱粒,遂使苏湖一带成为南宋农业高产区,农作物一年两熟,上田亩产达五六石,故有"苏湖熟,天下足"之称。

其二,苏湖地区其他物产也相当丰饶。 除了水稻产量丰富,苏湖地区河湖众多、降水充沛、水资源丰富的特点为淡水鱼养殖提供了优越条件,水产品产量也很高。不仅如此,当地的山丘地形宜于种植茶、桑、竹和亚热带果木,同时盛产毛竹、柑橘、湖羊、生猪、毛兔、油菜等多种农产品,金属矿藏和非金属矿产储量也十分丰富。凭借种种优越的条件,苏湖地区成为全国富饶之地,"苏湖熟,天下足"的说法当之无愧。

为何说"北有杨柳青,南有桃花坞"

"杨柳青"和"桃花坞"是我国民间工艺木版年画的名称。所谓"北有杨柳青,南有桃花坞"分别指的是北方天津的杨柳青年画和南方苏州的桃花坞年画,两者因做工细腻、形制精美而代表了南北两方的木版年画特色,与四川绵竹年画、山东潍坊的木版年画并称为"中国年画四大家"。

天津杨柳青木版年画产生于元末明初,有着600年历史,以其细腻的笔法、秀丽的人物造型、明艳的色彩、丰富的形式内容而著名。它继承了宋、元绘画的传统,吸收了明代木刻版画、工艺美术、戏剧舞台的形式,采用木版套印和手工彩绘相结合的方法,创立了鲜明活泼、喜气吉祥、富有感人题材的独特风格。

桃花坞年画是中国江南主要的民间工艺木版年画,因产地在苏州城北桃花坞而得名。它始于明代,盛于清雍正、乾隆年间。桃花坞年画的印刷兼用着色和彩套版,构图对称、丰满,色彩绚丽,常以紫红色为主调表现欢乐气氛,基本全用套色制作,刻工、色彩和造型具有精细秀雅的江南民间艺术风格,主要表现吉祥喜庆、民俗生活、戏文故事、花鸟蔬果和驱鬼避邪等民间传统审美内容,强调了江南水乡百姓欢度佳节的喜庆气氛和祈求幸福生活的美好愿望。桃花坞木刻年画采用夸张的造型、丰富

桃花坞年画

的构图、流畅的线条、鲜明的色彩,极具艺术美感。其独特的一版一色的木版印刷法更体现了画、刻、印的完美统一,形成了浓郁的地域特色和和鲜明的艺术个性,使得桃花坞年画在世界美术史、民俗史上都占有一席之地。

因此,在中国版画史上,天津杨柳青年画与苏州的桃花坞年画并称"南桃北柳"。

南京为何以六朝的"辟邪"为城市标志

在南京中山门广场,屹立着一尊高大威猛的巨型青铜辟邪,是南京的标志和象征。南京对辟邪有着一种特殊的喜好,大到巨幅云锦、玉石雕刻,小到烟盒、电视台台标,甚至公交卡上,处处可见辟邪的身影,俨然形成了一种独特的"辟邪文化"。

辟邪是古代镇墓的神兽,似麒麟而无角,似狮而带翼,肌丰骨劲,威猛雄壮。辟邪之本义原是偏邪不正,但被引申为避除邪祟、逢凶化吉。其出现大约始于汉代,被用作陵墓神道也是在汉代,而辉煌于世则是在六朝。

南京的辟邪很多都是南朝的遗存,极其完美地体现了南京作为六朝古都的神韵。据统计,南京地区现存王侯墓前的大小 22 只辟邪,以桂阳简王萧融墓的时代最早,以临川靖惠王萧宏墓的最为完好和威武雄壮。南京辟邪都是用整块巨大的石头雕刻而成,有的重达十五吨以上,以力量体现出一种顶天立地的精神。这样硕大的雕刻和气势,在今天也可称是赫赫巨制。其神态各不相同,但造型特征一般都是瞠目昂首、阔口大开、风采飞扬,不仅使人领略到六朝石刻艺术的力量和魅力,更使人从中感悟到当时思想的解放、文化的交融和人性的飞扬,以及人类的智慧、想象力和创造力空前的发挥。

过去人们认为辟邪有镇宅辟邪、趋财旺财的作用,因此对辟邪敬重有加。如今的辟邪也非常受南京市民喜爱,尤其是玉雕无尾辟邪,被南京人视作守财的象征。南京市徽就是以辟邪为主的图案,辟邪站在明城墙之上,左右有龙虎环抱,寓意南京是"龙盘虎踞"的中国著名古都。辟邪是南京悠久历史和灿烂文化的代表,因此作为南京的标志再合适不过。

辟邪(南朝石刻)

江南水乡的妇女服饰有何特色

生活在苏州以东吴县甪直、胜浦、唯亭、陈墓一带的农村妇女，依然保留着传统的民俗服饰。她们历来很重视梳妆和穿着，故有"苏州少数民族"之称。其妇女服饰是江南水乡地区特有的一种民俗服饰，有着洁净素雅、色彩明丽的特点，是中华民族服饰文化中的一朵奇葩。

江南地区是典型的"水乡泽国"。据记载，早在五千多年前，这里就开始种植水稻，并且有捕捉和采集水生动、植物等劳作行为。在这种长期的生产劳动过程中，出于农耕活动所需，其独特服饰就逐渐被创造出来。水乡妇女很重视头发的梳理和装饰，她们以乌黑的头发、硕大的发髻、众多的饰品，辅以精美的包头巾和服饰，显示出自己的心灵手巧和端庄秀美。其服饰的地方特色非常浓郁，以春秋季节服饰的特点尤为突出，主要包括以下几种：

包头巾。江南水乡妇女大多在水田里劳动，弯腰屈背时头发容易被风吹散，沾上灰尘，于是包头巾就产生了。包头巾呈三角形状，又名"三角头包"，用一色的黑布、白布或蓝布为原料，剪成三角形，在角上拼三角异色布，边缘用异色布滚边，或用彩色绒锁边，再在角上绣花，并配以两个五彩流苏。包在头上，人走流苏飘动，犹如彩蝶飞舞，惹人喜爱。

拼接衫。江南水乡妇女肩上常挑着东西，衣服容易磨损；旧时物产不丰，经济不宽裕，衣服破了缝补一下继续穿着。经过巧手妇女的缝补，旧衣成了新衣，布料颜色更加丰富，形成了一种特殊的美感。经过几代人的努力实践，便产生了拼接衫。拼接衫包括上衣和裤子，剪裁得体，呈随性美，缝工精细，装饰性很强。面料多以花布、土布、深浅士林布为主，色彩对比鲜明，鲜而不艳、艳而不俗，常用几种色彩的面料拼接而成，有拼接、滚边、纽攀、带饰、绣花等。而且，这种衣服的特点是大襟、腰宽、袖小、整体较长，非常适合劳动生产的要求。裤子式样为裤裆较大，但裤脚管短而小，适应妇女下水田劳作。

作裙。作裙穿在拼接衫之外，也用蓝、青、白、黑或灰色的布料拼做。长度齐膝，裙裥极细，裥面和裙带上均有不同工艺的花饰，裙外面系上一条小穿腰，穿腰是与蹋裙相连的辅件。穿腰上缝着一个大口袋，穿腰四周及带上绣着

江南水乡妇女

各种图案的花纹,是服饰中的重要装饰物。作裙的设计是很实用的,劳动时系了作裙,腰背不易受风寒,站立时又能增加腰部的力量。作裙下摆较大,不影响行动,既利于水田操作,又方便于野外小解遮盖,既实用又美观。

水乡地区的鞋也具有很浓的特色。鞋的形式颇似小船,不分左右,故又称船形绣花鞋,鞋面以绣花为主,色彩鲜艳,花样丰富多彩。船鞋的做工精细,坚固实惠,是水乡妇女传统的礼鞋。

水乡妇女的服饰随着年岁的大小,有着不同的要求。青年妇女以花哨为主,精巧地利用服饰上的有限空间,巧妙地运用色彩对比、衬托、交错的手法,以达到显眼、花哨的艺术效果,恰到好处地突出水乡妇女的形体美和装饰美,给人轻盈洒脱之感。而中老年妇女则以深色调为主,服饰庄重、稳定、舒展宽大,给人古朴持重之感。

江南水乡少女画

南京夫子庙的金陵灯会知多少

金陵灯会,亦称秦淮灯会或夫子庙灯会,是广泛流传于中国南京地区的一种特色民俗文化活动。现在指每年春节至元宵节期间南京夫子庙举办的大型灯彩展览会,是中国最著名的灯会活动之一。

春节观灯是南京的传统习俗之一,南京人有句俗话:"过年不到夫子庙观灯,等于没有过年;到夫子庙不买张灯,等于没过好年。"金陵灯会享有"秦淮灯彩甲天下"之美誉,著名的秦淮河"灯船"也同样闻名于世。每逢农历新年,元宵前后,秦淮河畔处处张灯结彩、歌舞狂欢,一派欢乐祥和、繁荣热闹的节日景象。

金陵灯会源远流长,其历史最早可以追溯到魏晋南北朝时期,唐代时得到迅速发展。明代朱元璋建都南京后,为了招徕天下富商建设南京,营造盛世氛围,他竭力提倡灯节这一盛事,并索性将每年元宵节张灯时间延长至十夜,使之成为了我国历史上时间最长的灯节。金陵灯会也进入鼎盛时期。清末,灯会渐衰。1937年抗日战争爆发后,日本军队占领南京,使夫子庙古建筑群遭到破坏,灯会风俗一度中断。解放战争期间通货膨胀严重,元宵节张灯、观灯习俗几近消失。新中国成立后,灯会逐渐恢复。1988年,夫子庙尊经阁建立了灯彩艺术

南京夫子庙灯会

馆,一些大型灯组开始陆续在金陵灯会上出现。2000年,秦淮区凭借金陵灯会,被命名为"中国民间灯彩艺术之乡"。2006年举办的第二十届灯会,接待游客量超过300万人次。据当地媒体报道,元宵节当天观灯人流量达45万人次,可见节日之盛。同年,该民俗经国务院批准列入中国首批国家非物质文化遗产名录。

金陵灯会作为南京地区重要的民间文化内容,是历代南京民众延续和传承民俗文化的重要空间,也是一种民间社火形式。灯会还展示剪纸、空竹、绳结、雕刻、皮影等南京民间艺术以及歌舞、曲艺、杂耍等娱乐活动,促进了这些民间文化艺术的迅速发展。南京本土和外来的文化艺术贯穿于灯会中,构成其丰富的艺术内涵。每年的金陵灯会吸引了众多海内外游人,他们在领略金陵灯会、感受金陵民间文化的同时,也促进了该地区经济的发展。

苏州为何多出状元

古代科举考试基本上都分为乡试、会试(省试)、殿试三级,殿试获得第一名的人就被称为"状元"。一介书生,考取状元实在不易,全国无数读书人经过乡试、会试(省试),最后到殿试夺魁,竞争之激烈可想而知。自古有"海潮过昆山,苏州出状元"一说,意思是每当海潮过昆山时,苏州就必然会出状元。自唐代有"状元"之称始,到清末最后一位状元止,中国历史上总计有据可考的文武状元为777人,苏州共出状元60位,其中文状元55位,武状元5位。

苏州状元之多,冠绝中土。钱泳在《履园丛话》中说,清代"鼎甲之盛,莫盛于苏州一府,而状元尤多于榜、探"。区区一府之地,竟然出了如此多的状元,实为奇迹。有趣的是,所谓"三鼎甲"的状元、榜眼、探花,有相当数量出自一门,父子、祖孙、叔侄、兄弟鼎甲的现象在当时其他各州府实属罕见。苏州科举发达,功名显赫,可谓天下第一。处在科举文化塔尖的状元,居然被人戏称为苏州土产,这是为什么呢?

<u>第一,苏州经济发达,社会稳定,学习环境优越</u>。苏州地处长江三角洲,历来物产丰富,经济发达,所谓"仓廪实则知礼节,衣食足则知荣辱";加上社会安定,历来没有大的兵祸,为苏州人创造了安心读书的良好环境;而社会的安定又吸引了大量外地的士大夫、文人墨客居住于此,其中不乏满腹经纶之士,他们能

够带来先进的文化,使得苏州最终成为状元的培养基地。

第二,苏州具有地缘文化优势,文化底蕴深厚。以苏州为中心的江南地区,自明、清以来形成了发达的文化,不但素有崇尚文化的传统,且文化积淀深厚,文学风气浓郁,教育较为普及,读书蔚成民风。良好的读书氛围,促成了苏州学子良好的学习习惯。

第三,苏州地区多名门望族,对科举入仕的渴望强烈。在"万般皆下品,唯有读书高"的科举时代,名门望族都把考取功名、踏入仕途视作家族可持续发展的正途。在相对安定的权力社会中,世家大族子弟都企图以科举进入国家权力圈,从中获得政治和经济利益的双重回报;士、农、工、商四大阶层唯有参加科举考试、走入仕途,才能出人头地、长保富贵。科举与政治、经济利益的一体化,是刺激苏州读书人发愤苦读、一举成名的最大驱动力。苏州的名门望族、文化世家遍于域中,且多为科举世家、官宦世家,为其子弟参与科考创造了天然优势。

苏州首位状元陆器

第四,苏州往届状元多为主考官,与考生形成良性互动。由于江南进士量多质佳,迈入仕途后升迁迅速,渐渐位高权重,结成地缘关系网。苏州状元出身的高官常主持科举考试,对苏州举子带来不少好处,提掖乡党后进自不在话下。《郎潜纪闻初笔·卷三》就曾记载:"一时奔走声气者,遂先期辐辏于其门,场屋中多幸进者。"拥有这种地缘人脉的苏州,考生与考官间形成良性互动,也是苏州多出状元的一个重要因素。

苏州盛产状元的奥妙自然非止上述几端,但仅此四点,即可促成苏州盛产状元的事实。

为何江南养蚕人家多供奉"马明王"

江南好栽桑养蚕,已有四千多年的历史。几乎在每一个江南养蚕人家里,都供奉着"蚕神"马明王。马明王是影响最大、流传最广的蚕神。传说中其形象是一位身披马皮的仙女,在民间也被叫作马鸣王菩萨、马明菩萨、蚕花娘娘、马头娘、蚕姑、蚕皇老太等。她作为"蚕神",影响着人们在蚕桑习俗中的生活和生

马明王

产，堪称"世界丝绸之神"。

蚕神的来历，有着不同的版本。相传，黄帝打败九黎之后，蚕神在庆功会上前来献丝。这位蚕神是个仙女，披着马皮飘然而降，手里捧着两束蚕丝，一束金色、一束黄色，献给了黄帝。从此，细软的丝绢就代替了粗硬的麻布。这位身披马皮的仙女，就是马明王。

马明王的传说在《山海经》《搜神记》、《太平广记》等书中均有记载。是说一个姑娘的父亲被强人掳走，女儿寝食不安，哭得十分伤心。母亲既为丈夫担忧，又心疼女儿，于是对邻里许愿：要是谁能救出她的丈夫，就把女儿嫁给他。正当众乡亲无计可施之时，家中的马挣断缰绳飞奔而去，千里迢迢将那位老父驮了回来，母女俩自然欣喜无比，但母亲却无法兑现之前的诺言。见到家中骏马悲鸣不已，不肯饮食，父亲很惊讶，母亲就告诉了他实话。父亲很生气，说："哪有让女儿嫁畜类的道理！"于是偷偷将马射死，并把马皮晾在院中。女儿知道后十分悲伤，在祭奠马的亡灵时，马皮突然飞起，将那姑娘紧紧裹住，并随风而去。几天后，人们在树林里找到了姑娘，只见着她的头已变成马的模样，爬在桑树上扭动身子，嘴里不停地吐出亮晶晶的细丝，把自己缠起来。由于"缠""蚕"谐音，人们即谓之为蚕；桑者，丧也，是说姑娘是在桑树下献身的。女儿亡故，父母悲痛欲绝。一天，忽见蚕女乘流云驾骏马，随着数十位随从自天而降，对父母说："天帝因我孝能致身，心不忘义，封我为女仙，位在九宫仙嫔之列，在天界过得很自在，请二老放心。"说罢升天而去。于是，人们在蚕神庙中塑一身披马皮的女子像，尊奉其为蚕神，也就是马明王。

千百年来，江南蚕农对马明王敬若神明，每当进行孵蚕蚁、蚕眠、出火、上山、回山、缫丝等重要生产程序时，都要对其顶礼膜拜。时至近代，祭蚕频率虽日渐减少，但在蚕蚁孵出之日，或是腊月十二的"蚕花生日"，还是要隆重祭拜。据传，为马明王做过生日后，来年春天育蚕时蚕宝宝就能身强体壮，不会发病，结出的蚕茧也会又大又结实。

何谓"扬州三把刀"

所谓"扬州三把刀"，指的是天下闻名的扬州厨刀、修脚刀、理发刀。这三把刀在扬州人手中不仅是一门技术，还是一门艺术，成为扬州文化独具地方特色的一部分。扬州拥有悠久的历史，汉、唐、清时几度繁华，催生并刺激了三把刀行业的发展与兴盛。随着社会文明的进步，扬州的三把刀已发展成为一大产业。扬州三把刀不仅有着精湛的理论，规范的技艺，而且有文化做支撑，使得三把刀产业的品位不断得到改善和提升。"扬州三把刀"由于所属行当不同，又各具不同的民俗特点。

厨刀。扬州菜刀作为"三把刀"里最突出的一把，是美味淮扬菜的代名词。淮扬菜烹饪技艺以精工细作著称，案上功夫主要体现在严谨、规范的刀功上。扬州厨师的刀功有其独到之处。

扬州三把刀之修脚雕塑

他们运用近百种刀法变化，讲究象形、谐调、洁净、色彩丰富、图案精美。扬州厨刀工艺讲究，用起来得心应手，切丝薄如纸、细如线、匀如发。用扬州菜刀做的食雕更是"纤锋剖出玲珑雪，薄质雕成宛转丝"，精雕细刻得逼真生动，情趣盎然。不足盈尺的食盘中，个个都是凝固的画，咀嚼的诗。

修脚刀。扬州修脚刀的招牌像一张名片，无论出现在全国哪个城市的浴都门口，都会成为一块金字招牌。扬州修脚刀有五种：口窄轻便的平刀（修刀、轻刀），厚而坚的锛刀（枪刀），嵌趾刀（条刀），刀薄柄扁的铲刀（片刀）和刮刀。全套刀又分为大、小两套，大套12把，小套6把。刀型不同，用途各异。修脚师操刀上阵，或撕胼胝，或挖鸡眼，或修嵌甲残甲，由技而医，由技而艺，代代相传，极具功力。扬州的修脚刀加上修脚师的精湛技艺，成为各种脚病的克星，是趾甲的保护神。

理发刀。扬州理发刀曾被乾隆皇帝御赐为"一品刀"。乾隆皇帝六下江南、六游扬州时，剃头理辫用的都是扬州理发刀。每次剃头、修面、刮胡子，扬州理发师独到、细腻的刀功如春风拂面，似鹅毛撩心，使他受用得"此身不知何处去，已随剃刀游九霄"。扬州剃头刀刀身约长三寸，脊厚刃薄，刀柄为木质，中间有枢纽相连，便于理发师的手指在运刀的方向、角度、劲力、速度上的准确把握。

 扬州喜话知多少

扬州人在建房时，有一个很有趣的民俗现象：瓦木匠在工作时，会一边劳

老江苏的趣闻传说

上梁挂红图吉利的民俗

作,一边说出一连串增添喜庆气氛的吉祥话,以示向主家道喜贺吉,这些吉祥话在当地被称为"喜话"。扬州人把这种现象称之为"说喜话",又叫"说好""说鸽子"。这种习俗由来已久,已成为扬州地区的传统。

在扬州农村的集市上,有一种油印的小册子出售,书名就叫《说鸽子》。但这本小册子上登载的"喜话"只是"脚本",而现场所说的"喜话",多是在"脚本"基础上现编现说,是一种随情即兴的发挥和表演。旧时,瓦木匠的社会地位都不高,他们借助说喜话向主家祝吉,同时也含着某种炫耀,希望借此来赢得主家的敬重。当然,"喜话"说得精彩动人的,主人家通常都会慷慨解囊。善于言说的瓦木匠能够做到看到什么说什么,想到什么说什么,只要语意祥和吉利,就能脱口而出。因吉祥的话语多得像天上的鸽子,不断地飞翔降落,阵阵不息,故而也叫"说鸽子"。

扬州"喜话"一般为七字句,也有十字句,句中偶有衬词,大体押韵。伴随着工程的进展,可分成若干节,每一节的句数有长有短,短者四句,长者上百。建房的整个过程,从开工备料到完工进宅的每一环节,都有"喜话",如砌山墙时可说:"新平墒,四角宽,两条金龙朝里钻,金龙盘在玉柱上,主家请我砌华堂。太平钱,太平钱,你在世上几千年,今朝请你登宝位,富贵荣华万万年。"竖柱时可说:"脚踏楼梯步步高,八洞神仙往上摇,人间神仙摇什呢? 上梁竖柱做蟠桃。"诸如此类,若全部采录,总长可达四五百句。从民间文学的角度看,"说喜话"是一种民间歌谣中的仪式歌,从中既可以看出扬州人建房时的种种习俗,也可以看出人们在建房过程中所表现出来的祈祥禳灾的种种心态。

除建房活动外,扬州民间的迎亲、娶亲、生子、建房等婚庆喜事也都有说"喜话"的习俗,形式为伴随着有关动作,由喜话婆、喜话公、喜话郎说出成串的"喜话"。这些喜话代代相传,随着时代的变比,内容或词句也有所变更。"喜话"作为人民群众的口头创作,为日常生活增添了喜庆色彩,在扬州民间广为流传。

为何常州"木行"多

清末民初,常州的银楼业、典当业、豆市、木业四大行业兴起,成为其经济发展的支柱性行业。其木业更是繁荣兴盛,独步江南。

据碑刻记载,早在嘉庆年间,常州木业就已初具规模。常州最早的木行是屠姓家族开办的"源丰木行"。屠家上代原是徽婺帮山客,早年为清廷采办木材有功,受到朝廷的赏赐,遂在本市北门外开办源丰木行。木行靠官托势,排外垄断,可谓生意兴隆,财源不绝,据传日进斗金,致使木行所在地的沟巷改称"斗巷",屠家遂成为巨富。

清嘉庆五年(1800年),两县奉命取缔无帖私牙户112户,剩下司帖官牙木行56户,大多数姓屠,可见屠家势力之大。太平天国军兴起后,清廷派兵镇压,长江中下游商业运输受到阻碍,徽帮山客绝迹,木业呈现萧条景象。直至清光绪初年,江西木客代之而起,木业复兴。光绪二十八年(1902年),运河疏浚后,木业更加繁荣。宣统末年,常州20多家木行中最具实力的"三丰一泰"(指永丰盛、祥丰、乾丰、开泰4家木行)竞争激烈,业务量突飞猛进,单是永丰盛一家年营业额就有100万银元,创历史纪录。那时赣州、龙南、临清、洪都等帮的木号有120多家,全年运常木码在十四五万两,畅销苏南城乡地区。民国五年(1916年),常州木材营业额为300万银元,成为西木、广木在苏南的集散中心。

常州木业之所以如此兴旺,第一是得益于其优越的地理条件。京杭运河常州段水源来自长江,这种含沙的水有利于木材的养护,木材停泊其中,能保持皮色黄亮。第二是金融业的支持。常州的金融业看到木材贩运利润丰厚,就对木业产生极大的兴趣,不仅给予信贷之便,而且还直接投

京杭运河常州段

资。木业有金融业的支持,资本雄厚,就可以大胆购进木材,转销给各地。第三是木材批发商改善经营。常州木材商竭诚为客户服务,使买卖双方都能得到实惠。第四是航道畅通。清光绪年间,孟河、德胜、澡江三河疏浚后,增加了木材进口渠道。常州木业又捐垫巨资,把重点河道拓宽浚深,故使常州木业得以发展迅速。

"慈禧赏三岛"知多少

"慈禧赏三岛"指的是慈禧太后将钓鱼岛、黄尾屿、赤屿三个岛屿赏赐给大官僚盛宣怀的逸事。清光绪年间,常州出了个有名的大买办、大官僚盛宣怀。在洋务运动中,他追随李鸿章等人创办招商局、电报局、开平煤矿、汉冶萍煤矿

老江苏的趣闻传说

盛宣怀

等,官至邮传部尚书,赏太子少保衔,显赫一时。但很少有人知道他还曾获得过一份意外的产业,即得到慈禧太后赏赐的沿海三个岛屿——钓鱼岛、黄尾屿、赤屿。这是怎么回事呢?相传事情原委是这样的:

当年常州有个名叫张成昭的穷书生,中秀才后不久科举便废除了。他既不会做工,又不能务农,家境本来不宽裕,只好投靠父辈世交刘坤。这刘坤原先在京城里做过官,告老还乡后经营典当生意,收益颇丰。但张成昭不谙经营之道,刘坤只好把他推荐给宫保大人盛宣怀。盛宣怀未发迹时曾和张成昭的堂兄结拜为兄弟,年轻时曾和张成昭在一起玩耍,算是有些交情。盛宣怀见他一介书生,敷衍着将他推荐去跟善堂管家的舍诊老医学习切脉开方之法,每月到盛府领取一些津贴。

有一次,盛宣怀从京城回上海,张成昭听说他身体有些小恙,便前去探望。原来盛宣怀得的是心病,这次进京,慈禧太后特地单独召见了他,谈及近来凤体欠安,遍寻名医都不得医治。盛宣怀谈及此事便问张成昭是否能配制些成药进贡,书生气十足的张成昭很爽快地应允了下来。他参照一些成方配制了一料"回春万寿丸",配上腊丸、锦盒,由盛宣怀上京进贡。慈禧太后一听药名,就已有了三分欢喜。也许是药性还不差,更可能是加上了一点心理作用,慈禧服药后觉得精神比过去好了不少。她高兴得很,便宣召盛宣怀,准备亲自召见这位名医。盛宣怀怕事情败露,只得胡诌开方的是一个年迈的老医生,已经没有福分见得太后了,只能取得灵药的配方。

于是,盛宣怀便匆匆回上海找张成昭商量。张成昭听到消息后又喜又惊。他想,如老老实实将原方送去,上面不过是几味滋补调理的常药,在宫廷医师看来极为平常,可能会露馅,看来还得弄些玄虚才好。于是他遍翻典籍,找出几味陆上罕见、产于偏荒海岛的药材,作为药丸配制中的主药。同时再加上一些奇怪的药引和特殊的配制过程,如必须每天在子时生炉、午时熄火、使用

慈禧太后

文武火夹攻、阴阳木焚烧、无根水煎熬等,以显示出和一般药的配制不同。

慈禧太后看到药方后很高兴,极口称赞这位医生博学广闻。在得知药材原料采自台湾海外钓鱼台小岛后,便颁发"圣谕",将钓鱼岛、黄尾屿、赤屿三小岛赏给盛宣怀为产业,供采药之用。盛宣怀靠了这位"三脚猫"郎中,获得了这份意外的产业。这就是"慈禧赏三岛"的故事。

为何常州人过年时要去天宁寺"点罗汉"

常州天宁寺始建于唐朝,是全国重点佛教寺院之一。它有"东南第一丛林"之称,与镇江金山寺、扬州高旻寺、宁波天童寺并称为"中国禅宗四大丛林"。常州人有个习俗,每年春节要到天宁寺"点罗汉",这到底有什么意义呢?

常州人到天宁寺"点罗汉"是这样的:人们按照自己的年龄,任选一个罗汉为起点,数到和自己岁数相同的罗汉,从他的喜怒哀乐中,便可预卜当年的"前途命运"。其实这五百罗汉都是僧侣装束,与凡夫俗子比较接近,形象传神。虽然点罗汉卜前程并没有任何的科学依据,但是通过罗汉们各种不同的神态,做一番精

常州天宁寺佛像

神上的交流也不失为一种艺术享受和佛学的熏陶。天宁寺早期的罗汉始塑于清代乾隆年间,起初按照浙江雁荡山的三百罗汉塑了彩像,俗称"花罗汉"。到嘉庆年间,又博采五台山罗汉的造型特点,增塑成五百罗汉,全身装金。后毁于太平天国战火。现在的罗汉是由民间塑佛艺人徐永伟率徒历经两年,仿照嵌在大雄宝殿两侧壁上的砖刻像拓本精心塑造的,砖刻线条流畅,刀法织细,构图优美,表情丰富,成为天宁寺在十年浩劫中幸存的具有较高艺术水平的古典珍品。

天宁寺东西罗汉堂的五百罗汉各分四排,均为坐姿,每尊高1米左右,全身贴金,蔚为壮观。他们或俯或倚,嬉笑怒嗔,各具一态,有的慈眉善目,有的怪诞狰狞,有的伸足屈膝,有的参禅入定,有的闭目凝神,真是千姿百态,各呈其趣。

杜牧为何偏爱扬州月

扬州之月自古独秀天下,古诗云:"天下三分明月夜,二分无赖是扬州。"扬州是历代文人咏月之地,素有"中国的月亮城"之美称。与李商隐有着"小李杜"之称的晚唐诗人杜牧对扬州月有一种特殊的情感,曾多次在其诗中提及,这是为何?

杜牧是少年天才,23岁便写出了震惊世人的《阿房宫赋》,26岁进士及第。其祖父、父亲相继去世后,家道中落,日益贫困。杜牧有才,却未遇伯乐,又生在风雨飘摇的晚唐,诸帝才庸,边事不断,宦官专权,党争延续,杜牧的才能被湮没于乱世之中。他熟读史书,看透时局,但却无法力挽狂澜,只得无奈地将一腔悲愤交于酒肆。

杜牧

杜牧在31岁时,受淮南节度使牛僧孺之聘来到扬州,在《遣怀》中自称"十年一觉扬州梦,赢得青楼薄幸名",足见其风流倜傥、放浪形骸的性格及其在扬州时的颓靡生活。据《杜牧别传》记载,在扬州时,他由于高远抱负未能如愿,便纵情于声色之好,所谓"每夕为狭斜游,所至成欢,无不会意",即是对他这段生活的真切记录。杜牧的足迹踏遍扬州青楼,常常宿醉不归。在古人眼中,月亮一直都是温婉清丽、多愁善感的形象。怀才不遇的悲凉,使杜牧对扬州的月产生了深厚的感情,常常对月伤怀,不能自拔。于是,就有了"谁家唱水调,明月满扬州""二十四桥明月夜,玉人何处教吹箫""烟笼寒水月笼沙"等唯美凄凉的诗句流传于世。

杜牧虽然大半生都活在声色之中,其救世的抱负也并未得以实现,可他本质上仍是一位极具正义感的诗人,他在诗歌上的成就也足以让他留名于世,特别是对扬州月的吟咏深受后人喜爱。扬州城也丝毫不负他的偏爱之心,在这幽美的古城中建有许多月韵四溢的建筑,如月观、月明桥、问月楼、待月亭、月明轩等。

水乡同里的"走三桥"习俗知多少

江苏省苏州市的同里镇作为江南六大名镇之一,是名副其实的水乡古镇,素有"东方小威尼斯"的美称。古镇内横贯15条小河,把整个镇区分割成十余个小岛,通过49座不同年代不同建筑风格的小桥,把全镇精妙地连在一起。

正因为同里桥多,又积淀了丰富深厚的文化,所以衍生了绚丽多彩的民风民俗,其中要数"走三桥"最有意思。"三桥"指的是分跨两条河道、紧靠在一起形似一鼎三足的太平桥、古利桥和长庆桥。三座石板桥均为单孔桥。既小巧玲珑,又古朴典雅。太平桥、长庆桥,分别为梁式和拱式,而形为半月的吉利桥则处于太平、长庆两桥之间,三桥都有花岗石凿刻的楹联,其中吉利桥南侧楹联为"浅渚波光云影,小桥流水江村",北侧楹联为"吉利桥横形半月,太平梁峙映双虹",简洁地道尽了此地的魅力所在。

"走三桥"又称"走平安路""走百病",寄托了人们对健康、平安的祈盼。旧时不少地方都有此风俗,但不同地区,内容也各有差异。在苏南地区,这是妇女的一种避灾求福的活动,每逢正月十五夜,妇女要走过三座桥,如此可免百病。明代人周用曾作诗曰:"诸姨新妇及小姑,相约梳妆走百病。"然而,同里的"走三桥"

同里三桥

更富有文化情趣和地方特色。同里走三桥习俗在清乾隆中期比较兴盛,但形成的精确年代已难以查考。旧时,镇上人家有了婚娶大喜,都要喜气洋洋地抬着花轿,鼓乐齐鸣,绕着太平、吉利、长庆三桥走上一圈,民谚称:"新郎新娘走三桥,心心相印,白首同偕老。"老人逢到66岁生日那天,要在午餐之后串走此三桥,算是走通了人生的一个关口,保平安,求长寿,讨个"老年人走三桥,鹤发童颜,寿比南山高"的吉利。现在,就连婴儿满月之日,也要由母亲抱在怀里走此三桥,以图平平安安、健康成长。三桥也被当地老百姓视为吉祥之物。

作为地方婚俗和庆祝的一种仪式,"走三桥"习俗在文化人类学、民俗学、心理学及社会学研究上具有重要价值,在传承区域文化、凝聚文化认同、促进社会和谐等方面发挥着至关重要的作用。2011年,吴江市人民政府公布同里走三桥习俗为第四批吴江市级非物质文化遗产名录项目。

为何有"春牛首,秋栖霞"一说

"牛首"是指南京的牛首山,"栖霞"是指南京的栖霞山。"春牛首,秋栖霞"的意思就是说:春天可到牛首山踏青,秋季要去栖霞山赏叶。这是两件很惬意的事情。牛首山盛产松、竹、茶、兰,其桃李烂若云霞,山茶、杜鹃漫坡,风景宜人,每年春天吸引金陵百姓倾城出游;栖霞山是"金陵第一明秀山",尤其是深秋的满山红叶,好像一幅美丽的图画作品,吸引众多游客登山欣赏。所以,南京民间有"春牛首,秋栖霞"的说法。

南京牛首山佛像

牛首山位于南京市中华门外13公里处。"春牛首踏青"习俗始于东晋,盛于清代,传承至今,历史久远。每年春季慕名而来踏青的游人如织,人们流连于青山绿水之间,或登山观景,或烧香拜佛,使牛首山成为南京地区著名的旅游胜地。"春牛首踏青"这一民俗内容丰富,已涵盖了宗教、庙会、历史、旅游、园林文化等诸多方面。牛首山自古为佛教圣地,是牛头禅宗的发祥地。其创立者法融禅师,被誉为"华夏之达摩"。金陵四十八景中的三景"牛首烟岚""献花清兴""祖堂振锡"都集中于此。牛首山上自然和人文旅游资源十分丰富,名胜古迹比比皆是,尚存的唐、宋、明代景点二十多处,充分利用山、林、湖、佛、陵、塔六大优势,构成了一幅精美的旅游画卷。牛首山遍种桃树,阳春三月满山桃花争艳,又有大量洁白的绣球花点缀其间,美不胜收。春天时南京人倾城观赏桃花,盛况堪比重要节庆。

栖霞山位于南京城东北22公里处,又名摄山,南朝时山中建有"栖霞精舍",因此得名。栖霞山的第一景点是明镜湖,有碑立于湖边。明镜湖位于栖霞寺大门西面,面积约3 000平方米,湖中有湖心亭,是清乾隆年间兴建的,并有

南京栖霞山栖霞寺毗卢宝殿

九曲桥与岸相连,向东有月牙池。栖霞山有三峰,分别是三茅峰、龙山和虎山。栖霞山上有一座栖霞寺,更有南朝石刻千佛岩和隋朝名构舍利塔。山的西侧称枫岭,有成片的枫树。深秋的栖霞,红叶如火,登高远望,甚为壮观,景色十分迷人。栖霞山的植被以落叶栎、槭、枫香和常绿松柏为主,次为毛竹、刚竹。春夏季栖霞山满山满谷树木苍翠,郁郁葱葱。秋后,栎、槭、枫香树叶渐由绿变红,层林尽染,山梁幽谷一片绚丽的红色,尽显"停车坐爱枫林晚,霜叶红于二月花"的诗情画意。

如皋为何被称为"长寿之乡"

如皋被国际自然医学会评为世界六大长寿乡之一,是我国沿海地带唯一的长寿之乡。一般来说,世界上著名的长寿之乡不是在高寒地带,就是在偏僻的山区,而地处江海平原的如皋却是个特例,这是为什么呢?

第一,如皋自然环境优越。如皋属北亚热带湿润气候区,常年气候温和,有利于人体生理机能的正常运行。如皋雨水充沛、湿度舒适宜人,可使人们心情开朗、精力充沛。如皋是"中国花木之乡""中国优秀旅游城市""国家园林城市",境内林木茂盛、环境优美、空气清新、负离子含量高,对人的身体、心理都有益处。如皋境内河汊纵横、水质优良,居民喝茶喜欢饮用"天水",其中含有的微量元素对人体健康是有益的。他们还爱用藿香、薄荷、牛舌头草代茶叶,冲泡消夏,这些中药有去暑、健胃等保健功能。

第二,如皋社会条件突出。如皋民风淳厚,敬老爱老的风尚在此代代相传。"家有一老,如有一宝"是如皋的乡规民约。家有高寿长者,子女在社会上就受到人们的尊重,这为老人们的健康长寿提供了最佳的社会环境。加上如皋市政府对老人实行的惠民政策,使得老年人生活得无忧无虑。另外,如皋地处江南经济发达圈,是我国沿海最早对外开放的城市之一,也是全国综合实力50强县(市),其经济社会的全面发展是市民健康长寿的保障条件;其不断提高的医疗卫生服务水平、不断完善的医疗及养老保障制度,也是保证市民长寿的重要因素。

第三,如皋老人科学合理的生活方式。如皋曾于2002年对全市百岁寿星做过一次问卷调查,发现如皋百岁寿星基本上都有良好的生

如皋百岁老人雕塑

如皋长寿龟雕塑

活习惯,为长寿打下了基础。百岁老人出生于20世纪初前后,近百年来曾经历过饥荒、战争,饱受灾难的折磨,虽并不刻意去追求长寿,但却保持着一种平和的心态,对生活、对周围的人与事、对自己的评价,总是体现一种与人为善的豁达胸怀。另外,如皋长寿老人的饮食习惯也很好,以素为主,拒绝大鱼大肉、大吃大喝,粗细搭配的食物结构为如皋人获得了多种易于吸收的营养物质。

第四,如皋长寿现象源远流长。评选长寿之乡,光有现实条件可不行,还要有历史依据。江苏省历史文化名城如皋历史悠久,其长寿现象亦源远流长。据史料记载,如皋历史上长寿的名人有:三国时期军事家吕岱,92岁出任吴国大司马,享年97岁;明末清初文学家冒辟疆,被毛主席誉为"清兵入关后最有民族气节的人",享年83岁;清代袁枚《随园诗话》中记载的李嵩从80岁起,每年在紫牡丹花下连续祝寿30年,活到109岁。如皋长寿现象不仅见诸历史上的文字记载,其街巷、桥梁等建筑物的命名也记录了百岁老人的踪迹。以当今的眼光来看,这些长寿名人的年龄都不算十分之高,但在医学不甚发达、连年战乱的中国古代,他们能活过花甲之年就已属罕见了。今天的中国长寿之乡如皋,是其长寿现象的延续。

为何有"狮子回头望虎丘"一说

虎丘山位于苏州城西北郊,形如蹲伏的猛虎,在其西南方,有一山酷似狮子,终年回头怒视着虎丘。这就是苏州著名的景观:狮子回头望虎丘。作为苏州著名的典故传说,"狮子回头望虎丘"有四个流传较广的版本:

版本一:相传上古时期女娲补天时,有一只老虎和一只狮子都看中了姑苏之地天堂般的美景,因此经常为争夺土地相互争

苏州虎丘山牌坊

斗。在它们之间有一条河,河里停了一只船,满载了女娲济世救人的药草。有一天,老虎与狮子在争斗时把这草药船掀翻了。女娲一生气就把它们变成了两座山,一座狮子山;一座虎丘山。狮子不服气,但是变成了山已无法争斗,只能时不时地回头怒视老虎。由此便形成了"狮子回头望虎丘"的景观。

版本二: 相传春秋时期,吴国的公子光(阖闾)为了争夺王位,和大臣伍子胥密谋,派职业杀手专门刺杀吴王僚。吴王僚喜欢吃鱼,杀手特地拜烹饪高手为师,用了一个月的时间学会了做鱼。他事先将行刺的匕首藏在鱼肠中,趁献菜之机,拔出利刃,刺死了吴王

苏州虎丘塔

僚,自己也被乱刃所杀。吴王僚死后就葬于狮子山上。而虎丘山原名为海涌山,吴王阖闾率兵攻打越国时,不幸在战斗中重伤而死,葬于海涌山。传说三天后有一白色猛虎蹲踞在坟丘之上,故阖闾之子夫差将海涌山改为虎丘山。因吴王僚是含恨而死,冤魂不散,总是回头怒视葬于虎丘山的阖闾,便有了狮子回头望虎丘之说。

版本三: 相传秦始皇东巡到虎丘,听说阖闾墓里埋了三千把宝剑(其中就有杀死吴王僚的鱼肠剑,还有著名的干将和莫邪剑),于是便准备挖墓。挖墓时,秦始皇看见一只白虎蹲在墓边,拔剑刺虎时却刺在石头上,石裂成池,成为剑池。后来白虎占山为王,危害人间。文殊菩萨的坐骑青狮恼恨白虎作恶,趁文殊菩萨闭目养神的时候,偷偷溜出山门,直扑虎丘,将白虎拍死,但因来不及赶回灵山,触犯佛门戒律,跌落人间化作石山(另一说是文殊菩萨知道青狮犯了杀戒,就把它点化成了石山)。在变化为石的一瞬间,青狮还担心白虎会继续为害,于是回头怒望虎丘。

版本四: 相传明朝嘉庆年间,姑苏城外有一只长着翅膀的狮子经常在夜里偷吃百姓的家畜,有时还伤及人命。当时的平民和州官都拿这只怪兽没办法,只好在天黑之前就关门闭户,时间长了大家觉得这不是办法。有个姓李的小伙子想出了一个点子,组织了全村的百姓在一个月黑风高之夜登上虎丘,人手一个火把,把整个虎丘照得通亮,一边还敲锣打鼓,把那飞狮怪兽吸引了过来。正当它朝着灯光飞扑下来时,只见李小伙一个手势,大家的火把、锣鼓全部熄了,飞狮怪兽眼前一黑找到不了目标,一时收不住翅膀便一头栽在离虎丘不远的地方,咽气之前用尽了最后的力气把头扭过去看了一眼虎丘,因此便有了"狮子回

头望虎丘"的奇特景观。

苏州的"吴侬软语"是如何形成的

苏州话属吴方言语系,历来被称为"吴侬软语",其最大的特点就是温婉绵软,尤其女子说来更为动听。吴语与老湘语是汉语七大方言语系中形成最早的方言,至今保留了相当多的古音。苏州话语调平和而不失抑扬,语速适中而不失顿挫,有些低吟浅唱的感觉。那么,这种"吴侬软语"是怎么形成的呢?

吴语的最早源头可以追溯到泰伯入吴和越国的成立。早在3 200年前,周太王之子泰伯、仲雍南奔,到达今常熟、无锡一带,他们的语言和当地土著的语言结合,构成吴语的基础。当时吴越虽为两国,但是语言风俗相通,影响力较大。春秋吴国的语言,在古汉语的不断冲击、覆盖下逐渐形成古吴语。吴语的雏形由此诞生并迅速发展。上古南方汉语有楚语,吴越江南相当一段时间曾属于楚国,原始吴语也应由楚语分化而来。

秦汉时期吴语稳步发展。汉代吴语流传到东南地区,形成闽语。晋代永嘉南渡,吴语在受到北方话影响的同时,也包围了当时的政治中心南京,成为士大夫必学的方言,六朝民歌及笔记小说里可以见到其踪迹。六朝初,吴语这一名称已经产生,指吴地的方言。

隋代扬州经济文化崛起,隋炀帝也曾经在扬州学习吴语。唐朝韵书也有关于吴语的零星记

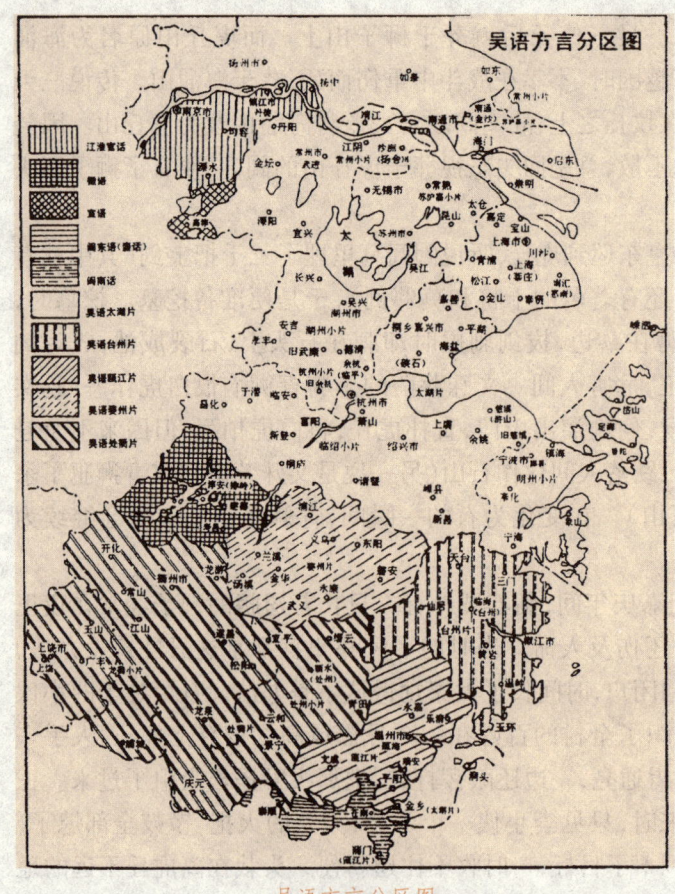

吴语方言分区图

载。唐时国家安定兴盛，使得吴语得到巩固和分化。宋代吴语不但已经巩固，并且形成今天南北各片的基本状况。

明代时，随着苏州经济文化水平的提高，吴语对全国的影响达到最大。吴语口语大量出现在文献记载当中，以冯梦龙编的《山歌》10卷为代表。《山歌》大量搜集当时吴地民歌，其中前9卷成篇使用吴语。在其他文献里也能见到吴语的成分，如冯梦龙编的短篇小说集《三言》、梁辰鱼的《浣纱记》、冯梦龙编的《墨憨斋定本传奇》和李玉的《清忠谱》等。当时的吴语词汇、语法已经基本奠定了今天的轮廓。明朝末年，吴语人口占全中国的20%，当时白话小说《豆棚闲话》真实记录了当时的吴语口语。

清初的扬州十日、嘉定三屠，使扬州遭到毁灭性打击。清末太平天国运动爆发，亦对江南造成严重影响，导致十室九空，吴地经济基础、劳动资源遭受前所未有的打击，吴语人口锐减。流民问题也导致西吴淮化。民国成立时，虽用北方白话文取代文言文正式书写的地位，但吴语的实际使用未受到任何限制。

吴语的代表曾经是苏州话，后上海脱离江苏并凭借多种优势崛起，渐渐也有一些人把上海话当作吴语的代表。但无论如何，江南地区的语言都普遍具有"吴侬软语"的特征。

为何苏州人常说"金阊门，银胥门"

苏州素有"金阊门，银胥门"的说法，意思是说过去苏州最繁华的地段不是在如今的市中心，而是在阊门、胥门一带。阊门不仅距当年漕运的枢纽很近，还有山塘、南濠两大商肆云集的街道作为支撑，因此是古代苏州数一数二的热闹地带；胥门也不差，一条直通横塘驿站的枣市街、一条沟通京杭大运河的胥江，紧紧地将胥门与繁华联系在了一起。

关于"金阊门，银胥门"这种说法的依据，有三个有力的佐证：一是《红楼梦》里说阊门山塘一带是"红尘中一二等富贵风流地"；二是明人郑若曾在《枫桥险要说》中说："天下财货莫盛于苏州，苏州财货莫盛于阊门。"三是清代乾隆年间的名画《姑苏繁华图》和《盛世滋生图》都表现了当时阊门至枫桥十里长街、万商云集的盛

苏州阊门

苏州胥门

况，重点突出了阊门、胥门一带，阊门城门和胥门万年桥在图上地位显著。由此可见阊门胥门的繁华之盛。

阊门始建于春秋时期，是阖闾大城的八门之一。明清时期这一带曾经是全中国最繁荣的商业街区，包括城外呈放射状的南濠街（今南浩街）、上塘街和山塘街，以及城内的阊门大街（今西中市）。与这些街道平行，又有外城河、内城河、上塘河（京杭大运河古河道）、山塘河汇聚于此，各种店铺多达数万家，各行各业应有尽有，各省会馆纷列期间，呈现一派繁荣景象。阊门也因此成为当时苏州的代名词。

胥门位于苏州城西万年桥南，为春秋吴国建造都城时所辟古门之一。古代胥门是苏州城"对外开放"的重要门户。苏州是闻名遐迩的水城，胥江则是姑苏全城各项用水的输送总干渠和通往太湖的唯一捷径。胥门城外，正当外城河与胥江交汇之点，沟通城乡，联系京杭，工商鼎盛。

隋唐以来，阊门外的枫桥就是江南漕运的枢纽站。江南数省的漕米在枫桥汇集，船队编组，然后再浩浩荡荡地结队北运。可以说是古运河孕育了繁华的枫桥古镇。再由枫桥古镇辐射，形成了"枫桥－阊门－胥门－横塘－枫桥"这样一个商圈，向北还有山塘街商业街。这就是"金阊门，银胥门"的真实含义了。今天在这个圈子里，还可以找到许多当年繁华的影子。

但这个商圈从明代中后叶以来遭受了两次毁灭性的破坏，首先是倭寇入侵，枫桥到阊门的商业街被烧抢殆尽，商圈元气大损。后来是太平军进攻苏州，与清军在枫桥铁岭关血战，太平军损名将数员，尽烧枫桥到阊门十里长街泄愤。从此，这个商圈再没有恢复过往日的兴盛。战后，苏州的经济中心地位已经被上海所取代，所以阊门商业区只有小规模的恢复，其地位甚至不及城内的观前街。

为何日本人新年时要到寒山寺撞钟

苏州有一个古老的民间风俗，每年除夕守岁时，人们都要等着听从枫桥寒山寺中传出来的洪亮钟声。而奇怪的是，一些日本人新年时也爱到寒山寺撞钟，这是为什么呢？这要从寒山寺与日本佛教的渊源说起。

寒山寺始建于距今一千四百多年前的梁代天监年间。唐代时，因诗僧寒山子来此主持，才改名叫"寒山寺"，而半夜敲钟的习俗也起源于唐朝。据说寒山寺名字的由来还有另一个美好的传说。相传唐太宗贞观年间，有两个年轻人，一名寒山，一名拾得，他们从小就是一对非常要好的朋友。长大后寒山与拾得爱上了同

苏州寒山寺

一位姑娘，寒山为成全好友而出家，拾得知道真相后也随之做了和尚，寒山寺由此而来。传说拾得后来远渡重洋，来到东邻日本传道，在日本建立了"拾得寺"。这个故事还被编成连环画，登载在日本的《中国医报》上，题为《寒山寺钟声》，成为中日佛教文化交流的见证。

寒山寺与日本的渊源不止于此。在寺内弘法堂，除了供奉有为中日佛教文化交流作出突出贡献的鉴真和尚像外，还供奉着日本友好团体赠送的空海大师铜像。空海大师曾在隋朝时作为遣唐使来华研究佛学，并在长安青龙寺拜惠果和尚为师，回国便成为日本真言宗密教始祖，圆寂后被日本天皇追封为弘法大师。空海大师铜像成为中日佛教交流的又一象征。

现寒山寺的"天下第一佛钟"为仿唐式的古铜钟，整个钟体造型浩大、厚重、秀美，是一件反映当代中华梵钟文化的艺术珍品。明嘉靖年间，寺内铸巨钟，历经沧桑，明末流入日本。清末，日本友好人士山田寒山欲将此钟还给原主，但遍寻不得，后集资铸造一对仿唐青铜钟，一个留在日本馆山寺，一个送给苏州寒山寺，在中日民间友好往来史册中留下感人的一页。

如今每逢新年来临之际，人们不远千里，专程前来聆听那108下钟声，一些远道而来的日本朋友，也会在新年时到寒山寺撞钟，祈求来年的幸福。

苏州人中秋时为何要去石湖赏月

中秋之夜，人们一般都会吃月饼、赏月，苏州人却还有一个十分有趣的"石湖看串月"的民间习俗。这石湖的月亮到底有什么不一样呢？

石湖是苏州著名的风景区，它是太湖的支流，居上方山东麓，离苏州城西南十八里。石湖景区以吴越遗迹和江南水乡田园风光见胜，拥有众多的古寺、古塔、古墓以及宋代著名田园诗人范成大等人的别墅。此外还有渔庄、天镜阁、行

苏州石湖行春桥

春桥、越城桥、顾野王墓、越城桥石器时代文化遗址等。相传春秋时,范蠡带了西施就是从这里泛舟入太湖的。石湖东面有越来溪,溪上有座越城桥,是因当年越王勾践为率兵攻吴从太湖挖通水道屯兵士城而得名。就在越城桥的右首,有座九环洞桥,叫行春桥。这里是石湖看"串月"的最佳处。

何为"串月"?每当农历八月十七半夜子时,月亮偏西时,月光穿过九个环洞,直照北面的水面上。这时,微波粼粼,在石湖水面上可以看到一串月亮的影子在波心荡漾,这就是"石湖串月"奇景。所以在中秋前后这两三天中,石湖里灯船、游船往来如梭,丝竹诗人蔡云曾有诗说:"行春桥畔画桡停,十里秋光红蓼汀。夜半潮生看串月,几人醉倚望河亭。"诗人把行春桥畔秀丽的秋色同串月紧密联结,融为一体,烘托出石湖串月的盛景。清代沈朝初也有《忆江南》词说:"苏州好,串月有长桥。桥面重重湖面阔,月亮片片桂轮高,此夜爱吹箫。"抒发了作者身临其境的诗情画意的意境,美在不言之中。难怪田园诗人范成大辞官回乡要隐居在这里,以"石湖居士"自称。

为了看到这一年仅此一次的胜景以及石湖本身所具有的魅力,每到中秋,不仅苏州人,很多周边省市的游客也纷纷来此,租船、占位置,等待"串月"的出现,届时"夜半潮声看串月,几人醉倚望河亭"这诗画般的意境将变成真实的写照。

为何句容春城的朱巷村有元宵玩马灯的习俗

在镇江句容市春城乡朱巷村,千百年来流传着元宵玩马灯的习俗。这里的"玩马灯",其实是指当地的一种马灯舞。

春城马灯舞自唐朝流传至今,已有一千多年的历史。相传初唐开国功臣尉迟敬德听说句容南面的茅山风景秀丽,就单人匹马往茅山而来。到了句容城南义成桥(现名二圣桥)旁一座小庙前,下马后打算撒泡尿。谁知一只脚刚落地就碰到一块石碑,一看石碑上有字:"尉迟敬德走此下马"。这位将军大吃一惊:何人如此精明,知我在此下马?于是,他尿也不撒了,重新翻身上马,直上茅山。走了十里,尿急了,只得下马。刚撒了尿,抬头又见到一块石碑,碑上刻了四个字:"夹尿十里"。这位将军十分纳闷:这碑难道是神仙所赐?连我夹尿十里都晓得!低头一看,旁有四个小字:"诸葛孔明。"尉迟敬德仰天叹道:"诸葛亮真神人也!"这时天色渐晚,尉迟敬德就在附近的一个小村庄——也就是今天的春城乡朱巷村借宿了一夜。茅山百姓羡慕他的高头大马,但又买不起,就依葫芦画瓢,用木、竹加纸扎起一匹匹马来,扎好后就骑到胯下,到谷场上去玩耍,时间一长,就形成了玩马灯,后来渐渐演变成大型的民间舞蹈,在每年元宵节时演出。

尉迟敬德

马灯舞是春城群众喜闻乐见的民间艺术,其表演形式奇特新颖,具有一定的观赏性和娱乐性,民族特色浓郁。马灯阵舞属于马灯阵,共有十字阵、八字阵、八卦阵、七星阵、五星阵、四门阵、双龙吐珠阵、一字长蛇阵、梅花阵等众多阵形。表演时由十八名男性表演者扮成武士,骑着木竹加纸做成的"白马",在一名骑"黑骡"的"将军"率领下,随一指挥踏着小碎步兜圈子,在锣鼓等打击乐器的配合下,灯马卒不断变化队形,跑出各种变幻莫测的阵势。各家各户自扎手提彩灯,整个灯彩游行队伍可达数百人,基本上全村老少都会参加。马灯每到一村,马铃叮当,锣鼓擂响。马灯舞作为一种民间娱乐活动,在祈求风调雨顺、五谷丰登,表达人们善良愿望的同时,也给文娱生活枯燥乏味的乡村,带来了节日的喜庆。

马灯舞已被列入句容市非物质文化遗产保护项目。

徐州有哪"十八怪"

彭祖活了 800 岁。彭祖为大彭氏国(今江苏徐州)人,传以长寿见称。原系先秦传说中的仙人、养生家,后道教奉为仙真。相传他一生娶妻 49 人,生子 54 人,活了 880 岁(按照现在纪年法折算是活了 140 多岁)。

张陵修道成了仙。东汉时沛国丰(今徐州丰县)人。道教徒称张陵为张道陵、张天师、正一真人、祖天师等。五斗米道创始人。传说中他在鹤鸣山得道成仙。

刘邦生来是龙种。刘邦出身寒微,在那个人们普遍迷信的上古时代,要想

成就帝业,必须先进行造神运动。刘邦造神的第一计策,是龙种降生。说是刘邦的母亲有一天躺在湖边坡地上休息时,梦里跟神人交媾,播下龙种,后生下刘邦。

关盼盼十年不下楼。关盼盼是唐代徐州名妓,徐州守帅张建封妾。其夫死后,她只身移居到徐州城郊云龙山麓的燕子楼,过着几乎与世隔绝的生活,度过了十年,后来绝食而死。关盼盼的这种忠于旧情、守节不移的精神,赢得了许多人的怜惜和赞叹。

苏小妹跳河救徐州。宋神宗熙宁十年秋,黄河决口,山洪暴涨,大雨如注,徐州城下水深达二丈八尺,眼看洪水将要漫进城来。有传说称,除非有美貌少女甘愿投河,祭祀水神,大水方可退去。于是,苏小妹义无反顾地纵身跃入惊涛骇浪之中,徐州天空也随之放晴。

张道陵天师

楚王埋在山洞里。汉高祖刘邦分封其异母弟刘交于楚国,建都彭城,死后凿山为洞,葬于今徐州楚王山之北。根据史料记载,这是徐州地区保存最早的汉代诸侯王的陵墓,也就是第一代楚王陵。

汉画刻在石头上。汉画像石是汉代人雕刻在墓石、祠堂四壁上的装饰画像,是"中国汉代文物三绝"之一。徐州是两汉文化发祥地,已经发掘出2 000多块石刻汉画,形制各异,实为一大怪状。

地下挖出地下城。徐州市古彭广场北侧地下,发现了一座400多年前洪水冲刷后残留下来的地下城遗址,总面积约4 800平方米,专家推测,这座"地下城"与明代"徐州左卫"的位置相符,徐州因此有"城下有城"的说法。

山名都用动物代。徐州的山,大多以动物命名。据说当年朱元璋路过徐州登云龙山,山顶有泉水冒出,上空蜿蜒若龙,有天子之气,周山以云龙为首,凤、象、龟、狮、虎、驼、马、牛等恭围其间。有人说这是龙脉,于是徐州之山多以动物命名,

关盼盼

如云龙山、凤凰山等。

微山湖鲤四鼻孔。"四鼻孔鲤鱼"是微山湖特产之一,它跟别的鲤鱼的最大不同,就是生有四个鼻孔。其中两个鼻孔是真的,另两个实际上是两根凹进去的短须,酷似两个鼻孔,于是便被过去人们以为这鱼长着四个鼻孔。

徐州云龙山北门牌坊

铁轨焊成大棋盘。20 世纪初,管理徐州火车站的外国人喜欢下象棋,于是命令中国工人将铁轨焊接成象棋棋盘,用 14 公斤的石头做棋子。

砍了大树种小树。20 世纪末,徐州以更换树种为名,把生长了数十年的梧桐树砍掉,据统计,全城一共砍去大树 5 000 多棵,然后种上了小树。

造个"饣它"字做汤名。饣它汤是徐州的一种早餐,原来叫雉羹,是彭祖做给尧帝喝的,后来改名"饣它汤"。但是这个"饣它"字在一般字典上查不到,是徐州人创造的,收录在《徐州方言字典》中。

茶杯用来喝白酒。喝酒一般用酒杯,但徐州沛县喝白酒时大多用茶杯,而且当地人必须在喝完一茶杯白酒之后,才有权利劝客人喝酒。

霸王别姬成了菜。"霸王别姬"是江苏徐州地区的传统名菜。徐州人民为纪念英雄项羽,并怀念绝代佳人虞姬,创制了霸王别姬这道名菜。这道名菜经已故名厨裴继洪改进,借鸡、鳖形象地烘托,意境甚妙,鸡、鳖肉质鲜嫩,汤浓味醇。

五毒用作下酒菜。徐州辛辣类五毒菜的内容为:葱、蒜苗、椒(花椒)、姜、芥。五毒菜由这"五毒"和合而成,是春节所食的佐品,均以辛辣为主。辛,意味着新的一年开始,食辛五味祛五脏陈积"瘴"气,以求新的一年身体健康。

狗肉不能用刀切。沛县的鼋汁狗肉是沛县最有名的传统特色食品。沛县狗肉以凉食为主,味美醇香,肉质韧而不挺、烂而不腻,但食时用手撕肉不用刀切,成为狗肉食用的一大怪法。

伏羊吃成文化节。"伏天吃伏羊"是徐州人夏季的一大习俗。每年入伏第一天,"彭城伏羊美食文化节"都会如期举行,一般来说,羊肉、羊肉汤本为冬季御寒之佳品,而苏北的徐州人不但爱吃羊肉,且喜在一年中最热的伏天吃加了很多辣椒的红油羊肉,这不仅因为羊肉味美,还在于夏吃伏羊具有独特而显著的食疗效果。

南通三怪知多少

江苏南通有三怪：狼山无狼、长桥不长、南通南不通。这是怎么回事呢？

第一怪：狼山无狼。狼山位于南通市南郊，是狼山自然风景区五山之首。相传狼山曾有白狼居其上，又传因山形似狼而得名。北宋淳化年间（990—994年）州牧杨钧觉得狼山之名不雅，便改狼山为"琅山"，后又因山上的岩石多呈紫色，故后人又称之为紫琅山，南通市因而也得了"紫琅"这个雅致的别称。狼山原在长江之中，唐代高僧鉴真第三次东渡日本时曾在狼山停留避风，北宋时狼山才与陆地接壤。佛教中狼山为大势至菩萨道场，被列为全国佛教八小名山之首。清末民初，天主教在狼山北麓建造教堂，名"狼山露德圣母堂"。19世纪30年代，罗马教廷几下诏书颁赐"全大赦"，使狼山列入中国天主教十二大朝圣地之一，在远东地区都有着崇高的宗教地位和影响力。狼山虽传说有狼，但长久以来，狼山上并没有出现狼的踪迹，因此"狼山无狼"便成为南通三怪之一。

南通狼山山门

第二怪：长桥不长。南通长桥位于市中心南大街，已有三百多年历史，原为通州城南门的木吊桥，后由明代著名外科医生陈实功捐资修建，人们为了纪念他曾将此桥改名为"纪功桥"。由于它是当时通州最长的石桥，故名"长桥"。1995年，中远船务公司捐资翻建，更名为"中远桥"。在如今看来，"长桥"并不算长，因此成为南通一怪。

第三怪：南通南不通。这一怪其实很好理解，南通位于长江入海口北端，南临长江，在交通不甚发达的过去，自然会认为"南不通"了。但是放在交通便利的如今，"南通南不通"似乎说不过去，但仍可以当作一种趣谈说起。其实这第三怪还有另一种观点，即"观音山无山"。观音山是江苏的一个镇，是南通市主城区的副中心，建有观音庙却无山，也可当作南通之怪事。

"溱潼会船"的习俗有何由来

"溱潼会船"是有着近千年历史的特大型水上民俗节日,原称清明会或清明盛会。每逢清明时节,在碧波荡漾的溱潼喜鹊湖湖面,都会汇聚成百上千的船只,篙子船竹篙如林,划子船轻盈似燕,花船张灯结彩,贡船五彩缤纷。一万多名男女选手身着各式民族服装在水上表演、比赛,传承水乡神韵,展示民俗风采。两岸十多万观众欢声如潮,气势磅礴。溱潼会船使喜鹊湖成为欢乐的海洋,凡目睹会船盛况者,无不为之震撼感动。有关溱潼会船的历史起源至少有四种传说。

第一种:南宋绍兴元年(1131年),山东义民张荣、贾虎与金兵转战于十里溱湖,金兵大败,义民亦伤亡惨重,溱潼的百姓们按当地习俗殉葬了阵亡将士,并于每年的清明节组成篙子船争相祭扫。

第二种:据《续纂泰州志》记载,明嘉靖年间,倭寇侵入里下河溱潼关一带,防倭驻兵处的候必成

溱潼会船习俗

将军率部反击,溱潼一带的村民纷纷组成船队协助官兵杀敌,三丈竹篙既是行船工具,又是御兵武器。篙子船会就是当时的一种演武练兵形式,后流传至今。

刘伯温

第三种:水乡溱潼的民居以河湖港汊划分成自然村落,村民居住集中,祖坟地也以村落为单位,选择远离村庄的高地而为公墓。清明节前扫墓,每个家庭的男人,都要带上"三牲六眼"(猪头、鸡、鱼),集中乘船去坟地添坟祭祖。水乡青年生性豪爽好斗,在春风荡漾的河面上,不同家族和村落的船只相遇,不用扯旗鸣哨,就会在水上较量一番。

第四种:据说明朝开国皇帝朱元璋登基后,清明节要祭扫祖坟。因为打了好些年仗,朱元璋的父母死于何处,坟墓又在什么地方,他一时无处找寻,心里很着急。军师刘伯温帮他想出一个

寻找祖坟的办法。按中国民间风俗,每年清明节这天,大家都要给自家的祖坟添土,烧钱化纸,表示祭祀。刘伯温说,过了清明,第二天派人四处查访,凡是有主的坟,坟前都会留下了烧钱化纸的痕迹,剩下的无主孤坟中,就不难找到皇帝先人的坟墓了。朱元璋觉得刘伯温的话有一定道理,就乔装打扮,带了一帮人,坐着船在江淮一带寻找祖坟,他嫌船行得慢,下令添船加篙子,一只船上十几个人,十几根篙子,快速行进。至于最后朱元璋是否找到祖坟,已不得而知,但是朱元璋寻祖坟的诚心,感动了这一带的老百姓,于是每年清明节的第二天,老百姓就撑船去祭奠孤坟,从此便演变成后来会船的习俗。

传说虽多,但不管是哪一种说法,都与祭扫祖先和先人有关,而且都与水上争先和竞胜连在一起。于是久而久之,清明节的第二天,就成了里下河地区四乡八镇会船的节目。中国溱潼会船节已与傣族的泼水节同被国家旅游局列为全国十大民俗节庆活动之一。

为何宿豫人与沭阳人世代互称"老表"

宿豫区位于江苏省北部,东接沭阳。沭阳是江苏省最大的县级城市和省域副中心城市。宿豫人与沭阳人世代互称"老表",其中有什么来历呢?说起来这还跟项羽和虞姬有关。

相传,宿豫人项羽少年时曾路过沭阳虞家沟,在池塘边遇到一群采菱角的姑娘。其中一女孩不慎跌入水中,情急之下,项羽跳入水中,将那姑娘救上岸来,这姑娘就是后来的虞姬。

项羽举鼎

项羽走后,虞姬的心里一直挂念着这位不知姓名的救命恩人,她请求哥哥去打听。有一天虞姬的哥哥去赶宿迁的庙会,庙里有个千斤铜鼎,好多人上前去试,都没搬动半分,却有一个青年竟然能将铜鼎举过头顶。虞姬的哥哥见这位举鼎人很像妹妹描述的救命恩人,就向别人打听。后来,虞姬的哥哥到梧桐巷找到了项羽,二人一见如故,相见恨晚。临别时,他邀请项羽到家中做客,虞姬发现哥哥领来的小伙子正是自己日思夜想的恩人,四目相对,惊喜万分。虞姬父母见他俩郎才女貌,天生的一对,便择了吉日让二人完了婚。项羽举兵反秦后,虞姬的哥哥成了项羽手下的大将,虞姬也跟随项羽南征北战。所以,沭阳人与宿豫县人世代互称"老表",这一传统习俗便是来自于当年项家与虞家的联姻。

为何盐城百姓大年三十要听"出语",烤"元宝火"

盐城地区的人们在大年三十的晚上有两个特别的习俗,就是听"出语"和烤"元宝火"。听"出语"就是在除夕夜外躲在暗处听人说话,据说可以预卜来年的收成;所谓烤"元宝火",就是在年三十的晚上烧芝麻秸烤火。盐城地区有很多与这两种民俗有关的小故事。

盐城丹顶鹤对话

有关听"出语"。相传很久以前,有一个人特别喜欢听出语。他在三十晚上吃过晚饭、烧完香后没事干,就准备出去听出语。按照当地的迷信说法,去哪里听出语要问菩萨。但是菩萨又不会说话,于是他点起香烛,弄个调羹在面前转,调羹柄子朝哪,就到哪个方向去听。他一转转了个西北角,但他心里明白,西北角没路走,走不多远有一条河,河上还没有桥。他又重新转动调羹,意思是想请菩萨再指一个方向,一转,还是西北角。他心里想:两次都是指的西北角,神指定的地方,不得更改。就只得去那个地方。他跑到西北角,望见河对过有一条船,是穷人要饭的船,穷人没东西过年,三十晚上又不兴讨饭,只好下午四五点钟就上铺睡觉了。睡得早醒得也早,一觉醒来出来方便。听出语的听到个"雷响雨到",预兆明年是个好收成。没想到出语说对了,这年真是个好收成。

有关"元宝火"。传说有一年,冰天雪地,乾隆皇帝路过一个地方,只觉得身子冷得打战,叫随从寻点草来烤火取暖。随从领旨,急去一家草舍,花上几个铜

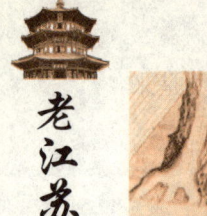

老江苏的趣闻传说

乾隆骑马南巡图

板,买来一大捆芝麻秸。谁知道这芝麻秸上的芝麻没有打尽,随从扛一路,抛撒一路,到第二年,这块地方遍地长出芝麻,而且长得非常好。当地百姓非常不解,地里无种不成苗,哪来的"神仙"下的种呢?后来还是卖芝麻秸的那家人想起来:原来是有贵人相助。从此以后,当地百姓每逢大年夜,就用芝麻秸烤"元宝火",用以告诫后代:一粒种子万粒粮,到手的庄稼,一定要精收细打,颗粒归仓。就这样一传十、十传百,用芝麻秸烤火的习俗就传开了。为了图个吉庆,后人还把芝麻秸称为"摇钱树"。直到今天,这个风俗还在流行。

老江苏的名人

常州人文始祖季札有哪些传奇

季札(前576—前484年),又称公子札、延陵季子、延州来季子、季子,是春秋时吴王寿梦的第四子,也是常州的人文始祖。季札品德高尚,很有远见卓识,喜广交贤士,对华夏文化作出了贡献。关于他的传奇故事,最有名的是"季札挂剑"和"三让天下"。

季札挂剑。也叫季子挂剑。《新序·杂事卷七》记载了这个故事:有一次,延陵季子佩带宝剑要去访问晋国,路上他顺道拜访了徐国国君。徐国国君在观赏了季子的宝剑后,嘴上虽没说什么,但脸色上透露了想要宝剑的想法。季子看出了徐国国君的意思,但因为有出使任务在身,就没有把宝剑献给他,可在心里已经答应给他了。

当季子出使晋国返回时,本想着要把宝

季札

江苏丹阳季子庙大殿

剑献给徐君,不料徐君已经客死楚国。于是,季子打算将宝剑送给继位的徐国新国君。然而,随从人员劝阻他说:"这是吴国的宝物,不能用来作赠礼。"

季子答道:"我不是赠给他的。前些日子我经过这里时,徐国国君观赏了我的宝剑,他的脸上透露出想要这把宝剑的表情。而我因为有出使上国的任务,就没有献给他。虽是这样,但我在心里已经答应给他了。如今他死了,不把这宝剑进献给他的话,我对不起自己的良心。因为爱惜宝剑而违背自己的良心,正直的人是不会这样做的。"

接着,季子解下了宝剑,预备将其送给新继位的徐国国君。结果徐国新国君说:"先君没有留下遗命,我不敢接受宝剑。"季子听后,就来到了徐国国君的坟墓前,并把宝剑挂在了坟墓旁边的树上,挥泪而去。徐国人得知此事后,十分欣赏延陵季子的品德,于是用歌来赞美他:"延陵季子兮不忘故,脱千金之剑兮带丘墓。"

从此,"季子挂剑"成为中国的一个著名典故,并被当作"信义"的标志。迄今,在朝鲜、日本、越南等原儒文化区域,"季子挂剑"一直被看作是"诚信"的代名词。

三让天下。春秋时,吴王寿梦有4个儿子,即长子诸樊、次子余祭、三子余昧、四子季札。其中,幼子季札德才兼备,最被寿梦宠爱。公元前561年,寿梦得重病,临终前他想要改变嫡长子传位制度,把王位传给季札。但是,季札坚决推辞,没有答应。这是他第一次推让王位。

寿梦死后,诸樊继承了王位。诸樊去世前,要传位给季札,对余祭说:"必以国及季札。"然而,季札再次拒绝。这是他第二次推让王位。

于是,诸樊封季札为侯,采邑在延陵。诸樊死后,余祭登位。十七年后,余祭死去,立余昧为王。四年后,余昧死去。临死前,他要传位给季札。这次,季札仍然坚决不从,他说:"吾不受位,明矣。昔前君有命,已附子臧之义。洁身清行,仰高履尚,惟仁是处。富贵之于我,如清风过耳。"这是他第三次推让王位。

接着,季札为了表明自己的心迹,就在封地隐居起来,直到余昧的儿子僚继位后,他才回到朝中,开始协助吴王僚治理朝政。季札"三让天下"的典故感动了很多人,对此,太史公司马迁在《史记》中曾发出了这样的感慨:"孔子言'太伯可谓至德矣,三以天下让,民无得而称焉'。余读春秋古文,乃知中国之虞与荆蛮勾吴兄弟也。延陵季子之仁心,慕义无穷,见微而知清浊。呜呼,又何其闳览博物君子也!"

伍子胥为何会一夜白发

有一句歇后语说:伍子胥过昭关——一夜白头。伍子胥(?—前484年),名员,字子胥,春秋末期吴国军事家。伍子胥本来是楚国人,其父伍奢为楚平王时太子建的太傅。

当楚国传至楚庄王的孙子楚平王后,国力渐渐衰落。前522年,楚平王想废掉原来的太子建。此时,太子建和他的老师伍奢正在镇守城父(今河南襄城西)。楚平王怕伍奢不同意,于是先把他叫到了国都郢(今湖北江陵西北)。

楚平王对伍奢说,太子建正在谋反。伍奢知道楚平王是在诬陷太子建,说什么也不承认。于是,他立刻被关进了监狱。楚平王一方面派人去杀太子建,另一方面又逼迫伍奢给他的两个儿子伍尚、伍员写信,企图将他们骗回来,好斩草除根。

等大儿子伍尚刚回到郢都,就和他父亲一起被楚平王杀害了。庆幸的是,太子建事先得到了风声,于是带着儿子公子胜一起逃到宋国去了。后来,伍奢的次子伍子胥,也从楚国逃了出来,并赶往宋国,找到了太子建和公子胜。

恰好,宋国这时正发生了内乱。于是,伍子胥又带着太子建、公子胜来到了郑国。伍子胥想请郑国帮他们报仇,可是郑定公没有答应。太子建报仇心切,竟然与郑国的一些大臣勾结,想夺郑定公的权,最终被郑定公给杀了。伍子胥眼看走投无路,只好带着公子胜逃出郑国,打算投奔吴国。

伍子胥和公子胜白天要躲藏,所以只能晚上赶路,最后来到了吴楚两国交界处的昭关(在今安徽含山县北)。然而,楚平王早就下令悬赏捉拿伍子胥。所以,伍子胥的画像挂在楚国各地的城

伍子胥

苏州胥门伍子胥塑像

门口，并有官吏盘查得很紧。

传说躲在昭关的时候，伍子胥夜里愁得睡不着觉，竟一夜愁白了头发。幸运的是，伍子胥遇到了好心人东皋公，把伍子胥接到了他家。东皋公还有个叫皇甫讷的朋友，模样与伍子胥相像。于是，东皋公就让皇甫讷冒充伍子胥过关。果然，守关的官吏就逮住了假伍子胥，而真伍子胥因为头发全白，蒙混出关了。

出了昭关的伍子胥，辗转到了吴国。吴国的公子光此时正想夺取王位，于是在伍子胥的帮助下，杀死了吴王僚，自立为王，即后来的吴王阖闾。吴王阖闾即位之后，伍子胥被封为大夫，辅佐他处理政事。此外，他还选用了善于用兵的大军事家孙武，拜他为将军。依靠伍子胥和孙武两人，吴王整顿兵马，先后兼并了附近的几个小国家。

公元前506年，吴王阖闾亲征楚国，并拜孙武为大将、伍子胥为副将。吴军连战连胜，把楚军打得一败涂地，最终打到了楚国都城郢都。这时，楚平王已经死去，他的儿子楚昭王也闻风而逃了。伍子胥对楚平王充满了愤恨，为报杀父、杀兄之仇，他刨了楚平王的坟，还把楚平王的尸首挖出来，狠狠地鞭尸三百。

伍子胥最终实现了复仇之志，并因功受封于申，故称申胥。吴王阖闾临死前，嘱咐伍子胥要好好辅佐少君，即后来的吴王夫差，并封他为相国公。吴越之战后，越王勾践成了吴国的囚徒。夫差即位后，开始骄傲自大起来。伍子胥多次劝阻吴王夫差除掉勾践这个心腹大患，但均遭其拒绝。

越王勾践看中时机，送给了吴国小人伯嚭大量财物和美女，让其在夫差面前进谗言。夫差听信谗言后，将伍子胥赐死。伍子胥在死前说："我死后，将我的眼睛挖出来悬挂在吴国都城的东门上，我要看着越国军队入城灭吴。"伍子胥死后仅九年，越王勾践就灭掉了吴国。

"扶不起来的阿斗"为何会死在东海

刘禅（207—271年），字公嗣，又字升之，小名阿斗。他是三国时期蜀国的第二位皇帝，其父为蜀汉先主刘备，其母是昭烈皇后甘氏。据传，刘禅的母亲甘夫人,曾在夜里做梦梦见自己仰吞北斗,而后就怀孕了。这是"阿斗"这个小名的来历。

刘阿斗幼时多遭难,曾两次得大将赵云相救。223年,刘备病危,临死前在白帝城对诸葛亮托孤。同年,刘阿斗继位,在位42年。263年,曹魏灭蜀汉,刘禅投降曹魏,受封安乐公,后在洛阳去世。

刘阿斗自从被封为安乐公后,乐不思蜀,整日沉迷于灯红酒绿之中。曹魏权臣司马昭疑心重重,对刘阿斗仍不放心。有说法认为,他后来将刘阿斗送到了东海边的云台山。这里的糜姓人家是刘阿斗的娘舅家,窝囊的刘阿斗在这里还是只知道吃喝玩乐,据说最后死在了这里。刘阿斗死后,他的娘舅亲属将他葬在了这里,并在周围造了一些假坟,以此来迷惑别人。

刘禅

据正史记载,晋武帝司马炎泰始七年(271年),刘禅去世,谥思公。刘渊建立汉国后,追谥其为孝怀皇帝。后来,人们常用"阿斗""扶不起的阿斗"来形容一些庸碌无能的人。相关的歇后语还有:"阿斗当皇帝——软弱无能""阿斗当官——有名无实""阿斗的江山——白送""阿斗式的人物——没能耐"。

刘邦是如何吹牛娶娇妻的

刘邦本来是个好酒好色的市侩小痞子,在他当上了沛县的泗水亭长后,常去两家酒馆喝酒。这两家酒馆都在泗水亭舍附近,一是王大娘的酒馆,一是武大妈的酒店。

刘邦在王大娘、武大妈的这两家酒馆喝酒,从来都是记账的。据说,泗水亭长刘邦每次到这两家店里赊酒留饮后,酒馆的酒菜就特别好卖,营业额翻倍。其实,刘邦这时也算是头面人物,确实也是怠慢不得的主顾。王大娘、武大妈每到年终,都会把刘邦的酒账免掉。

对刘邦来说,在泗水亭长任上最得意的事情,并不是能够在王大娘、武大妈家的酒馆免费喝酒,而是完成了人生中最大的一件事——结婚。刘邦的岳父称吕公,吕公有四个儿女,长子吕泽、次子吕释之、三女吕雉、四女吕须。吕泽、吕释之后来跟随刘邦起兵,立功封侯;吕须嫁给了刘邦的部将樊哙。关于刘邦如

何娶得娇妻吕雉,有这样一个有趣的故事:

单父县与沛县相邻,吕公本是单父县人,也是这里有头有脸的人物。后来,吕公在单父因事与人结仇,为躲避麻烦,举家迁到了沛县。吕公与沛县县令是相交甚深的好朋友,刚来沛县时暂居在沛县县令家,后来就定居下来。

吕公选定新邸宅后,搬出了沛县县令家。一切准备妥当后,他打算大开酒宴,以此酬谢沛县县令和沛县父老的关照之情。沛县县令亲自出席,并让县主吏掾萧何主持酒会事务,全县轰动。沛县的头面人物听说后,奔走相告,于是,一些当地的官吏豪杰纷纷备礼前来祝贺。

刘邦得知此事后,也从泗水亭赶来吕公家凑热闹。他兴冲冲地来到吕公新宅门前,但听负责接待的谒者高声唱说,某某礼钱多少、席位上下。于是,刘邦灵机一动,大声喊道:"泗水亭长刘季贺钱一万。"他话音未落,就径直向大堂上席走去。一时之间,宾客谒者无不目瞪口呆。

吕公听后,大吃一惊,亲自迎到门前。吕公喜好看相,仔细打量了刘邦一番,见他面目不凡,不是等闲之辈,立时引他入上席就座。

酒宴主事萧何是刘邦的顶头上司,他深知刘邦为人,于是凑近吕公对他说道:"刘季这个人,大话多、成事少。当不得真,顶不得用。"吕公笑而不语,只是默默观察刘邦。刘邦虚报贺礼坐了上席,不但无自责之意,酒席间还颐指气使,俨然一副主人或上客的姿态。吕公暗中察言观色,心中不禁称奇。

酒席将散之时,吕公以眼色示意刘邦留下。等宾客全部散去后,吕公与刘邦深谈起来。吕公对刘邦说:"我从小喜好看相,为人看相多了,相贵有如刘君的,我还没有见过,希望你自爱自重。我膝下有一小女,如刘君不嫌弃,请置于家内以作扫除。"

江苏沛县刘邦雕像

面对吕公的厚爱和期望,刘邦当即应诺下来,并作了一番道谢后就离开了。吕夫人知道此事,愤然指责吕公说:"你从来看重小女,认为应当许配给贵人。沛县县令与你深交多年,一直想娶小女,你不答应,现在怎会枉自将小女许配给刘季这种人?"吕公答道:"我行事自有讲究,这中间的道理不是你妇道人家所能懂的。"

刘邦的婚事,在他岳父吕公的一手操持下完成了。

忍受"胯下之辱"的韩信有何传奇

韩信(约前231—前196年),淮阴(今江苏淮安)人,中国杰出的军事家和军事思想"谋战"派代表人物,被后人奉为"兵仙""战神",与萧何、张良并称"汉初三杰"。韩信的一生充满了许多传奇故事,最著名的有"胯下之辱""萧何月下追韩信""韩信点兵""明修栈道,暗度陈仓""十面埋伏""鸟尽弓藏,兔死狗烹"等。

胯下之辱。据《史记·淮阴侯列传》记载:"淮阴屠中有侮信者,曰:'若虽长大,好带刀剑,中情怯耳。'众辱之曰:'信能死,刺我,不能死,出我胯下。'于是信孰视之,俛出胯下,蒲伏。一市人皆笑信,以为怯。"韩信甘受胯下之辱,被看作是"大丈夫能屈能伸"的典型体现。后来,韩信辅佐刘邦夺得天下,封王列侯、功成名就。返乡后,当韩信看到当年侮辱自己的屠夫时,非但没有报复他,反而赏给他一个小官当。这件事更体现了韩信的大丈夫胸怀。

萧何月下追韩信。这是从《史记》和小说《西汉演义》发展而来的一个传统的京剧剧目。故事是这样的:

项羽、刘邦推翻秦朝暴政后,按照"先入关中者为王"的约定,刘邦应立新朝。但是,项羽违背了约定,自立为西楚霸王,并封刘邦为汉中王。刘邦不甘心,于是暗中积蓄力量,等待时机以灭楚兴汉。他派遣张良前往各处搜罗可担任元帅的人才。

张良知道韩信有军事才能,但他在项羽部下未受重用,于是劝其弃楚归汉,并给他写了一封推荐信。韩信来到汉地,担心以推荐信自荐的话,会为人所轻,所以就先往招贤馆应试。夏侯婴当时为招贤官,他看到韩信确有韬略,就报知了丞相萧何。

萧何面试完韩信后,大为赏识,将其推荐给刘邦。但是,刘邦认为韩信出身低微,再加上也没收到张良的推荐信,所以最终没有允诺。韩信知道后,假意离开。萧何、夏侯婴先后闻讯,前往追赶,并在一个月夜方才追上他。接着,二人同劝韩信返回。这次,韩信给刘邦出示了张良的推荐信,被授为大将。

韩信点兵:这是淮安民间传说中的一个故事。据传,韩信拜为大将后,刘邦曾这样问

韩信

淮安汉韩侯祠

他:"你看我能带多少兵?"韩信答道:"你顶多能带十万兵吧!"刘邦心中不悦,于是又问:"那你呢?"只听韩信傲气十足地说道:"当然是多多益善啰!"刘邦听后,心中又添了三分不高兴,勉强地说:"将军如此大才,我很佩服。现在,我有一个小小的问题想向将军请教,凭将军的大才,答起来一定不费吹灰之力的。"韩信满不在乎地说:"可以可以。"

接着,刘邦叫来了一小队士兵,并让他们隔墙站队。刘邦先是让每3人站成一排,最后一排有2人;再让每5人站成一排,最后一排有3人;又让每7人站成一排,最后一排有2人。表演完后,刘邦问韩信:"敢问将军,这队士兵有多少人?"韩信不假思索、脱口而出道:"23人。"刘邦大惊,问道:"你是怎么算出来的?"韩信答道:"我从小就得黄石公传授《孙子算经》,算经中载有这类题的算法。"

陶弘景为何被称为"山中宰相"

陶弘景(456—536年),字通明,号华阳居士,南朝梁时丹阳秣陵(今江苏南京)人,著名的医药家、炼丹家、文学家,有"山中宰相"的美誉。他在医药、炼丹、天文、地理、道教典籍、经学、文学、兵学、铸剑等方面都有深入的研究,对药物学的贡献最大。主要著作有《真诰》《真灵位业图》《陶氏效验方》《陶隐居本草》《药总诀》《二牛图》等。

陶弘景自幼聪明异常,10岁时就能读东晋葛洪(284—363年)著的《神仙传》,并立志养生。他15岁时,写出了《寻山志》;20岁时被引为诸王侍读;后来拜为左卫殿中将军。492年,萧衍取得帝位,梁代齐而立。于是,36岁的陶弘景隐居于句曲山(今茅山)的华阳洞。

梁武帝深知陶弘景的才能,称帝后,几次想请陶弘景出山为官,辅佐朝政,可是均遭拒绝。最后,陶弘景还画了一张《二牛图》给梁武帝。画上的两头牛,一头在自在地吃草;一头则带着金笼头,被拿鞭子的人牵着鼻子。其实,梁武帝早年就已与陶弘景相识,并且是好朋友。当梁武帝看到《二牛图》后,便知其意,就放弃了念头。

后来,梁武帝时常写信给陶弘景,向其请教国家大事。陶弘景也时常写信给梁武帝,指点朝廷政策。这样,在朝廷和句曲山之间,音信不断来往……陶弘景身在朝廷外,但俨然像朝廷里的决策人物,所以时人都称其为"山中宰相"。

陶弘景的思想,主要结合了老庄哲学和葛洪的神仙道教,兼有儒家、佛教观点。他工于草隶,尤擅行书,还研究历算、地理、医药等。他曾整理《神农本草经》,并增收了部分新药,辑成《本草经集注》七卷。该书共载药物730种,并首创药物分类方法,对本草学的发展有重要影响。可惜的是,原书已佚,现只存残本。

陶弘景

《文心雕龙》是如何问世的

《文心雕龙》是中国历史上第一部系统的文艺理论巨著,同时也是一部理论批评著作,成书于南北朝南朝齐和帝中兴元年至二年(501—502年),历时五年而成,作者为刘勰。刘勰(约465—520年),字彦和,祖籍山东莒县。

据《梁书·刘勰传》载,刘勰早年家贫,笃志好学,终生未娶,曾官至县令、步兵校尉、宫中通事舍人,为官清廉,享有盛名。他曾寄居于江苏镇江,后在南京钟山的定林寺里跟随僧佑研读佛书和儒家经典。在定林寺里,他前后生活了20年左右。他在此潜心学习和研究,借助丰富的藏书,于32岁时写成了《文心雕龙》一书。从此,钟山定林寺因刘勰而名扬天下。

《文心雕龙》

《文心雕龙》"体大而虑周",全书共计37 000余字,分10卷50篇,包括"总论""文体论""创作论""批评论""总序"5部分。该书以孔子的美学思想为基础,兼采道家观点,主要体现了反对浮靡文风和"撰文必在纬军国"这两个重要观点。此书立论极为广泛,全面总结了南朝齐梁以前的中国美学成果,探索和论述了文学的审美本质及其创造、鉴赏的美学规律,对后世产生了很大的影响。

除《文心雕龙》外,刘勰还写过有关佛理方面的著作,并印了文集。据《梁书》记载:"勰为文长

于佛理,京师寺塔及名僧碑志,必请飙制文。"然而,他的文集在唐初已经失传。如今,只存《梁建安王造剡山石城寺石像碑》《灭惑论》两篇散文。

苏轼在徐州是如何做官的

在苏轼的名篇佳作中,描绘徐州风土人情的有很多篇。北宋时,苏轼曾担任过徐州知州,时间有1年零11个月。苏轼政绩卓著,名望颇高,深受百姓爱戴,在今徐州的云龙山地区,有许多关于苏轼的古迹,流传着许多和他有关的佳话。

徐州市内现有一座黄楼,为双层飞楼,光彩熠熠、十分夺目。不过,这黄楼可大有来历:

话说900多年前,苏轼到徐州上任不过3个月,就黄河泛滥,大水逼近了徐州。苏轼组织当地人民进行抗洪,才避免了大水灌城的惨祸。事后,为了防止黄河水泛滥再次对徐州造成威胁,苏轼打算在修筑堤岸时也加高城楼。

宋神宗元丰元年(1078年),苏轼指挥建造了一座2层高楼,因上面涂了黄土而取名为"黄楼"。九月初九重阳节那天,苏轼在此举行了黄楼落成典礼,并写了《九月黄楼作》一诗,以示纪念:"去年重阳不可说,南城夜半千沤发,水穿城下作雷鸣,泥满城头飞雨滑,黄花白酒无人问,日暮归来洗靴袜。岂知还复有今年,把盏对花容一呷,莫嫌酒薄红粉陋,终胜泥中千柄插。"

这就是云龙湖苏堤和黄楼的来历。此外,苏轼的名作《放鹤亭记》更使云龙山上的放鹤亭名扬四海。当年,苏轼常和宾客同僚来放鹤亭饮酒,每每大醉而归。有一次,他醉酒后便躺卧在一块大石上。酒醒后,曾写《登云龙山》诗一首:"醉中走上黄茅冈,满冈乱石如群羊。冈头醉倒石作床,仰看白云天茫茫。歌声落谷秋风长,路人举首东南望,拍手大笑使君狂。"现在,苏东坡当年醉卧的石床已成为一景点,即东坡石床,上面还刻满了诗词题赋,以纪念东坡当年的醉卧放歌。

当年,苏轼同乡张师厚到京城开封殿试应考时路过徐州,苏轼曾陪他游览云龙山,并在放鹤亭为其饯行,还写了《送蜀人张师厚赴殿试》诗一首:"云龙山下试春衣,放鹤亭前送落晖。一色杏花三十里,新郎君去马如飞。"

苏东坡在徐州创造了一些不

徐州云龙山苏轼石刻

朽政绩,也留下了一些潇洒逸事。徐州人民为了怀念他,在这里建了苏公山庄、苏公塔,并在花岗石上刻有苏公生平行迹图等。此外,徐州的大小饭店都有东坡肉这道特色菜。

欧阳修在扬州是如何做太守的

欧阳修(1007—1072年),"唐宋八大家"之一,北宋文坛领袖,被尊称为"文章太守"。1048年,欧阳修任扬州知州(太守)。他虽然在此只当了一年的地方行政长官,却把扬州城治理得井然有序,还创建了闻名古今的平山堂。

平山堂在扬州大明寺内,建筑雄伟而秀丽。因为坐在此堂上,江南诸山可尽收眼中,并好像与堂相平行,故名"平山堂"。该堂专为士大夫、文人而建,是供他们吟诗作赋的场所,宋代词人叶梦得将其赞誉为"壮丽为淮南第一"。

元时,平山堂曾一度荒废;明万历年间(1573—1619年),重新进行了修葺;清咸丰年间(1851—1861年),毁于兵火;同治九年(1870年)重建。

此外,欧阳修做扬州太守时,还在蕃釐观中建了一座无双亭。蕃釐观俗称琼花观,内有琼花一株,号称天下无双。欧阳修对琼花情有独钟,不仅因为它色香可人,最重要的是欣赏它那像韩琦描述的"自守幽姿粹"的品格。所以,他在观内建了这座亭子,以此来保护琼花,并按"东风万木竞纷华,天下无双独此花"这句诗为其命名。

对于无双亭中的琼花,宋人韩琦在《后土祠琼花诗》中这样写道:"维扬一株花,四海无同类。年年后土祠,独此琼瑶贵。中舍霰冰芳,外围蝴蝶戏。荼蘼不见得,芍药惭多媚。

欧阳修

扶疏翠盖圆,散乱珍珠缀。不从众格繁,自守幽姿粹。尝闻好事家,欲移金榖地。既违孤洁情,终误栽培意。洛阳红牡丹,适时名转异。新荣托旧枝,万状呈天丽。天工借颜色,深浅随人智。三春爱赏时,车马喧如市。草木禀赋殊,得天岂轻议。我来首见花,对月聊自醉。"

嘉祐元年(1056年),欧阳修的朋友刘原甫被任命为扬州太守。欧阳修在给刘原甫饯行的告别宴会上,作了《朝中措·送刘仲原甫出守维扬》一词相送:"平山阑槛倚晴空,山色有无中。手种堂前垂柳,别来几度春风。文章太守,挥毫万字,一饮千钟。行乐直须年少,樽前看取衰翁。"可惜的是,元朝至元十三年

（1276年），无双亭里的这株琼花就枯萎了。无双亭从此也就名存实亡了。

巾帼英雄梁红玉有何传奇

梁红玉原籍安徽池州，生于江苏淮安，是宋朝著名的抗金女英雄。她在正史中称梁氏，红玉是其死后在野史、话本中出现的名字，首见于明人张四维所著传奇《双烈记》："奴家梁氏，小字红玉。父亡母在，占籍教坊，东京人也。"

梁红玉的祖父、父亲都是武将出身，所以她自幼练就了一身功夫。后来，在平定方腊后的庆功宴上，她结识了韩世忠，感其恩义，遂以身相许。韩于是赎其为妾，终成眷属，在原配白氏死后成为他的正妻。

1129年3月，苗傅密谋叛乱，梁红玉一夜奔驰数百里，将消息告知韩世忠。因为她在平定苗傅的叛乱中立下殊勋，被封为安国夫人和护国夫人。后来，她多次随夫出征。

同年10月，完颜宗弼（俗称金兀术）率领金军南下，一路长驱直入，攻入了江浙。宋高宗逃到了海上。宗弼见形势不好，于是在大肆掳掠后北返了。这时，韩世忠听说金军正在北撤，于是率水军8 000人急赴镇江截击。

但是，无论从兵力、士气还是战斗力上看，韩世忠的宋军都远远不如宗弼的金军。宗弼大概也知道自己处于优势，于是下战书给韩世忠，打算约定日期开战。韩世忠接受了战书。

梁红玉泥塑

到了约定开战的日子，金军开始北渡长江。韩世忠率宋军在江面上拦截，双方展开了激烈的战斗。韩世忠之妻梁红玉前来助阵，冒着箭雨亲自擂鼓。宋军士气大振，连续打退了金军的10多次攻击，致使金军始终不能北渡过江。

金军遭遇重挫，令宗弼大失所料。于是，他打算采取和平手段，以归还所有在江南掠夺的财物和送给韩世忠名马作为条件让韩退兵。但韩世忠一口回绝了。双方接着在长江上继续开战。金军不熟悉这里的地形，最后被宋军逼入了黄天荡死港。

宗弼无奈之下，率领金军凿通了湮塞已久的老鹳河故道30里，撤向了建康（今南京）。然而，他在撤向建康的途中遭到了岳飞的阻击，不得不折回长江继续北渡。1130年4月12日清晨，韩世忠带领水军首先发起进攻，金军陷入了腹背受敌的境地。

后来，金军以小舟纵火的方式，用火箭射击宋军的船帆。宋军的海船因为连在一起而无法开动，于是都成了火箭靶子。一时，宋军的海船全都被烧毁，大将孙世询、严允战死。韩世忠不得已败回镇江，金军突围成功后北去了。

韩世忠虽然没有打败宗弼，但已达到了击退金军的战略目的。但是，其妻梁红玉反而上疏朝廷弹劾丈夫"失机纵敌"，请求"加罪"韩世忠。她的这一义举，引得举国人人钦佩，一时被传为美谈。为此，朝廷又一次加封她为"杨国夫人"。

淮安梁红玉祠

朝廷正在用人之际，并没有处罚韩世忠，反而不断地给他升官。1136年，韩世忠被任命为武宁安化军节度使，驻扎于楚州（今江苏淮安市淮安区）。梁红玉也跟随丈夫来到这里。当时，楚州刚经过战乱不久，所以遍地荆棘，军民没有粮食吃，也没有房屋住。

为了让军民有住的地方，梁红玉亲自用芦苇"织蒲为屋"；为了让军民有充饥的东西，她到处为军民寻找野菜。在勺湖岸边，她发现马在吃蒲茎，于是亲自尝食，并发动军民采蒲茎来吃。现在，淮安人吃"蒲儿菜"，相传就是从梁红玉开始的，所以蒲儿菜又称"抗金菜"。

韩世忠与其妻梁红玉驻守楚州10多年，与军民同劳役、共甘苦，"兵仅三万，而金人不敢犯"。经过苦心经营，终于使这里恢复了生机，又成为一方重镇。1151年，韩世忠病逝，后夫妇两人合葬于苏州灵岩山下。

大脚马皇后有哪些传奇

马皇后（1332—1382年），名秀英，安徽宿州人，"有智鉴，好书史"，在妇女皆缠足的封建时代，因坚不裹脚而被人称为"马大脚"，当了皇后也被称为"大脚马皇后"。12岁时，她被红巾军首领郭子兴收为养女，21岁时嫁给朱元璋。

1368年，朱元璋在南京称帝，建立大明，册立马秀英为皇后。1382年，马皇后因积劳成疾在南京病故。她死后被谥为孝慈高皇后，与朱元璋合葬于明孝陵。《明史》曾这样赞扬她："母仪天下，慈德昭彰。"

马皇后身上有着多种优秀品质，如善良、俭朴、仁慈、爱民等，被公认为是中

老江苏的趣闻传说

南京绣球公园马皇后雕像

国封建时代的"第一贤后"。关于马皇后的传奇故事和历史遗迹有许多,最著名的就是绣球山上的"马娘娘脚印"。"马娘娘脚印"长83厘米,平均宽约25厘米,深33~40厘米,前圆后方,近似鞋样。关于这个脚印,人们众说纷纭,主要有以下四种观点:

其一,1360年6月,在狮子山一带,红巾军领袖之一的朱元璋率兵与元将陈友谅作战。当时,马娘娘站在绣球山观战。她眼见陈友谅军已进入伏击圈,而丈夫朱元璋仍未发动进攻,因为担心错失良机,急得一跺脚,就踩出了这个大脚印,并且有泉水涌溢。

其二,1368年,大明开国之初,朱元璋大封功臣,对跟随自己打天下的人封王列侯。奸臣胡惟庸从中挑拨,说大将军汤和认为对自己的封赏有失公允,想和朱元璋刀枪相见。这时,马娘娘正在绣球山上求访高僧。她忽闻此事,一急之下,就猛跺脚,结果留下了这个大脚印,并有泉水涌出。

其三,朱元璋称帝后,某天,他想要登船远征,于是对马娘娘说,你不要牵挂,我很快就回来。数天后,按预约日期,马娘娘来到了当时还处在长江岸边的绣球矶恭候圣驾。然而,她一直等到日落西山,还是看不见龙船的踪影。焦急之时,忽听有人喊道:"皇上龙船到!"她抬头遥望,果见龙船驶来,朱元璋就站在船头。她十分高兴,蹬足急呼:"备轿!"没想到,由于用力过猛,将脚下的绣球矶踏出了一个鞋形凹坑,且泉水涌溢。

其四,南京城墙建成后,朱元璋领着四子朱棣等人环城巡视。当时,他问朱棣道:"皇儿,父皇修的城墙坚固否?"朱棣答曰:"城墙建造得的确雄伟壮观,只可惜,若来犯之敌将炮架在神烈山(即钟山)上的话,则炮炮都可打着后宰门(皇宫所在地)。"朱元璋性格暴戾,听后大为不悦,于是在返回途中命人给朱棣买了几只橘子吃。当晚,马娘娘得知此事后,顿觉不妙,只听她慌忙对朱棣说:"赐橘者,寓意要抽筋剥皮也,吾儿大祸临头矣。"接着,她设巧计让朱棣离开南京,渡江北上返回

大脚马皇后

燕京(今北京)。为了目送朱棣渡江,她偷偷地来到绣球山。因为目送时间较长,致使她踩在脚下的岩石下陷,泉水涌溢。

马皇后作为明朝开国皇后,还有很多让人钦佩敬仰的事情。比如,在朱元璋施行暴政时,她敢于进行劝谏,因而保全了许多忠臣良将的性命。又如,她不为娘家谋私利,善待后宫嫔妃,因而开创了明朝后宫和外戚不干政的风气。再如,马皇后一直保持着俭朴作风,平日穿洗过的旧衣服,即使破了也不忍丢弃;还有,遇到灾年时她带领官人吃粗劣菜饭,以此来体察民间疾苦。凡此种种,足见马皇后的优良风范。

沈万三缘何富甲天下

沈万三本名富,字仲荣,世称万三,出生于平江府(明改苏州府)长洲县(今江苏苏州)东蔡村,明初苏州巨贾,富可敌国。沈万三曾出资修拓观前街,助朱元璋修筑三分之一的南京城墙,财力可见一斑。相传沈万三的发家致富是因为他从一位渔翁那儿得到了乌鸦石(或马蹄金)。更多的传说则是沈家藏有聚宝盆,财宝取之不竭。其实这些皆为无稽之谈,关于沈万三致富的真实原因大致有三种说法。

一为垦殖说。在封建生产方式下,农业是主要的生产方式。沈万三的财富,主要也是依靠农业生产,依靠对大批佃农的重租剥削。沈万三"躬耕起家",继而"好广辟田宅,富累金玉",以至"资巨万万,田产遍于天下",依靠垦殖发富是根本。据记载,周庄八景之一的"东庄积雪"处的巨大粮仓,就是属于沈氏庄园。

二为分财说。《周庄镇志》卷六载:"沈万三秀之富得之于吴贾人陆氏,陆富甲江左……尽与秀。"杨循吉《苏谈》中亦载:"元时富人陆德原,皆甲天下……暮年对其治财者二人,以资产付之,其一即沈万三秀也。"意思就是,沈万三是得到了苏州陆氏的很大一笔资财,才成为江南巨富的。

三为通番说。据《吴江县志》记载:"沈万三有宅在吴江二十九都周庄,富甲天下,相传由通番而得。"历史学家吴晗也认为,苏州沈万三之所以发财,是由于从事海外贸易。这说明沈万三是由于把商品运往海外,进行国际贸易才一跃而成为巨富的。

事实上,仔细分析以上原因,沈万三之所以成为

沈万三

江南巨富，与这三个因素皆有关系，三者密不可分，缺一不可。首先，沈万三"其先世以躬稼起家……大父富，嗣业弗替，尝身帅其子弟力穑"，说明沈氏先祖以农耕立业，为沈家奠定了深厚的根基。之后沈万三得到了苏州陆氏巨资，由于具有出色的经济管理才能，"治财"有方，使他很快便完成了资本的原始积累。当沈万三拥有能使自己发展的巨资后，一方面他继续开辟田宅，另一方面他则把周庄作为商品贸易和流通的基地，利用白蚬江（东江）西接京杭大运河、东北接浏河的便利，把江浙一带的丝绸、陶瓷、粮食和手工业品等运往海外，开始了"竞以求富为务"的对外贸易活动，使自己迅速成为"资巨万万，田产遍于天下"的江南第一豪富。所以说，沈万三是以垦殖为根本，以分财为经商的资本，以大胆通番为手段而一跃成为巨富的。故周庄"以村落而辟为镇，实为沈万三父子之功"。

沈万三富可敌国，富得连朱元璋都生出妒忌之心。于是沈家在明洪武年间连续遭受朱明王朝的三次沉重打击后，很快便衰落了。刘昌《悬笥琐探》云："沈万三家在周庄，破屋犹存，亦不甚宏壮，殆中人家制耳。"出身低微的沈万三，由贫而富，又"既盈而覆"，成为元明之际江南地主豪富人生轨迹的一个缩影，但其家族结局之悲惨，也着实令人感到悲哀。

徐霞客是如何写就《徐霞客游记》的

徐霞客（1587—1641年），字振之，号霞客，明末江阴（今江苏江阴市）人，杰出的地理学家、旅行家和探险家。作为《徐霞客游记》的作者，他一生志在四方，足迹遍布大江南北，被称为"千古奇人"。5月19日是《徐霞客游记》的开篇之日，现已被确定为"中国旅游日"。

徐霞客出生在江阴的一个富庶之家，也是书香门第。其父徐有勉，一生不愿为官，喜欢到处游历，领略山川风物。幼年时，徐霞客就深受父亲的影响，好读历史、地理、探险、游记之类的书。读书让他从小就喜欢上了大自然的壮丽河山，并立志要遍游祖国的名山大川。

15岁时，徐霞客应了一回童子试，但没有考取。徐有勉看到儿子无意于功名仕途，于是就鼓励他多读读书。徐霞客的祖上在家里修了一座藏书楼，为他博览群书创造了很好

徐霞客

的条件。他读书时非常认真,但凡读过的内容,当别人问起时,他都能说出来。当家中藏书不能满足他的需要时,他还会到别处去搜集其他书籍。只要看到自己喜欢的书,即使没带钱,他也会脱掉衣服来换取。

19岁时,父亲去世。徐霞客虽然一直很想外出旅行,但因为"父母在,不远游"的道德规范的限制,他没有打算出游。但是,他的母亲鼓励他说:"男子汉大丈夫,当志在四方。留在家园,有何作为呢?"徐霞客知道母亲的心意后,非常激动,才下定决心要去远游。于是,他戴上了母亲亲自做的远游冠,肩挑行李,离开了家乡……

江阴徐霞客故居

这一年,徐霞客在完全没有任何资助的情况下,先后游历了江苏、安徽等16个省。东到浙江普陀山,西到云南腾冲,南到广西南宁,北到河北盘山,他的足迹遍布大半个中国。28岁时,他游历生活的第一阶段——纪游准备阶段宣告结束了。在这一阶段,他游历的重点是研读祖国的地理文化遗产,并没有写游记。

28岁至48岁,是徐霞客游历岁月的第二阶段——纪游前段。这一阶段历时20年,他先后游览了黄山、嵩山、五台山、华山、恒山等名山,并开始写作游记,但仅写了1卷,约占全书的1/10。51岁至54岁,是徐霞客游历生命的第三阶段——纪游后段。这一阶段历时4年,他前后游览了浙江、江苏、湖广、云贵等江南地区的大山名川,并写下了9卷游记。

至此,徐霞客写下的游记共有240多万字,只可惜大多已失散了。后人将流传下来的部分游记,经过整理后辑成《徐霞客游记》一书。该书有40多万字,融科学、文学于一体,展示了各地的农业、手工业、交通、名胜古迹和少数民族的风土人情等,成为影响后世的地理学名著。

55岁时,徐霞客身患重病,回到了江阴老家,第二年就去世了。在游历过程中,徐霞客曾经多次遭遇险境,但他不畏艰险,富有冒险、探索精神,因而被现代旅行家们誉为"徐霞客精神"。

吴承恩写《西游记》前是否到过花果山

在《西游记》的开篇中,吴承恩这样描述花果山:"东胜神州,海外有一国土,名曰傲来国,国近大海,海中有一座名山,唤为花果山。"据考证,花果山就坐落

吴承恩

在今江苏省连云港的云台山中。吴承恩在写《西游记》前,到过盱眙山、龟山、老子山,也曾到过花果山。

花果山是云台山的最高峰,原名苍梧山,也叫青峰顶。花果山前有一处吴庵,又称吴氏园林,是吴氏家族的聚居地。据当地的《吴氏家谱》载,吴氏按"世、金、承、凤、让"的顺序排行辈。吴承恩的父亲叫吴锐,是金字辈;儿子叫吴凤毛,是凤字辈。所以,这里的吴氏家族和淮安吴承恩家族有渊源关系。据考证,早在唐宋时期,吴承恩家族中就有一个分支从淮安迁入了海州。另外,他的舅舅还曾在海州为官多年。

吴承恩出生于淮安,距连云港花果山100公里。他自号"淮海浪士",淮就是淮安,海就是隶属于淮安府的海州,即今天的连云港。他出生时家道已中落,再加上儿子早夭,为他的身世罩上了一层迷雾。关于他的出生年份,史学家也众说纷纭,分别有1500年、1505年、1510年这3种观点。

花果山上有水帘洞,洞旁崖壁上有很多摩崖石刻,其中尤以"高山流水"4个大字最为醒目,是明嘉靖二十三年(1544年)由朝海州知州王同于书写的。张朝瑞是和吴承恩同时代的一位海州人,他在《云台山三元庙碑记》一书中,留下了关于水帘洞的最早文字记载。早在吴承恩写《西游记》前,水帘洞已经是云台山的胜迹了。由此可见,《西游记》中的花果山原型,应该是吴承恩在云台山受到启发后构想出来的。

在云台山半山腰,有一块《毛公碑》,实际上是一块石壁。碑上题有毛主席的一句话:"孙悟空的老家在新海连市(连云港旧称)花果山。"其实,关于花果山的具体地点,早在20世纪20年代初就已经有人开始求证了,比如胡适、鲁迅、董作宾等人都做过考证。以此来看,与胡适有师生关系的毛主席,可能是读了胡适的考证文章后才了解这件事情的。

但是,也有许多持反对意见的研究者。他们认为,《西游记》中的花果山在海中,而连云港花果山并不在海中。1983年,在云台山清理出了13块古碑,其中一块石碑上刻着清康熙年间(1662—1723年)淮安知府姚陶的《登云台山记》。按《登云台山记》所写内容,云台山当时是在海中的,并筑有三城。与《西游记》中描写的花果山位置进行对照的话,《登云台山记》中的描述能够和它相呼应。

另外，明代的《云台山志》里也有一张云台山图，图中所示情景确是云台山被汪洋大海所包围。但是，康熙七年（1668年），海州发生了7.9级大地震，致使海岸线后退，云台山逐渐与大陆相连。所以，今天看到的云台山并不在海中。

连云港花果山水帘洞

据考察，《西游记》里面描述的很多种植物，在云台山也能找到。这里共有各种植物800多种，而《西游记》中的"人参果"就是当地所说的"八月札"，药物学中叫"海州通草"。此外，花果山上还有许多山石，如"唐僧石""八戒石""沙僧石""娲遗石"等，与《西游记》中的人物很相像。据说，"娲遗石"还留有孙悟空的胎记。

唐伯虎点过秋香吗

唐伯虎，名寅，字伯虎，后字子畏，别号六如居士、桃花庵主等，明朝中期的杰出画家、文学家。无论是民间传说还是影视演绎，唐伯虎都是一个才华横溢、风流倜傥的画家、文学家。"唐伯虎卖扇记""三笑点秋香""家有九美"等与其相关的逸闻趣事在民间广泛流传。其中尤以"三笑点秋香"最为著名，达到了家喻户晓、妇孺皆知的程度。但是深究历史，其实并没有"唐伯虎三笑点秋香"一事。

唐伯虎山水画

在历史上确有"秋香"其人，在《画史》与《金陵琐记》中皆可觅其芳踪。秋香者，本名林奴儿，字金兰，号秋香，亭中人氏。她幼年罹遭不幸，无奈堕入青楼，琴、棋、书、画样样精通，是当时金陵妓院中的头牌。秋香曾拜师于明代大画家沈周。沈周亦是唐伯虎的绘画老师。因此秋香尤擅画画，所画的丹青很有名气，被时人誉为"女中才子"，正凭着过人的才气和善良的本性而改籍从良。这么一位妙人看似与唐伯虎恰

是绝配,但不巧的是,秋香至少年长唐伯虎二十岁。仅凭这一点,唐伯虎几乎不可能点到秋香。

但是历史上确实发生过与"唐伯虎点秋香"十分类似的事件。明代王同轨在笔记小说《耳谈》中叙述了这样一则故事:苏州才子陈元超,性格放荡不羁。一日,他和友人游览虎丘,途中偶遇一宦家婢女。因陈元超当时衣着奇特,内紫外白,使这位婢女见之便不禁一笑。陈公子不明就里,却被该婢女深深吸引,回家后立刻暗寻芳踪。寻到之后,陈公子为得良人不惜屈尊身份,乔装打扮到此官宦人家里做了公子的伴读书童。不久,陈元超发现两公子已经离不开他,觉得时机已到,便谎称要回家娶亲。两公子执意挽留,许诺陈元超可任意挑选府上婢女为妻。陈远超顺势表示恭敬不如从命,即点当日相遇之女为妻,成就美好姻缘。这则故事到了明末小说家冯梦龙的笔端,主人翁发生了变化,移花接木变成了《唐解元一笑姻缘》,后来又随着时间的推移,由"一笑"发展到"三笑",更衍生出许多精彩的情节。

可是为什么这个时间、地点、人物清晰的事件最后会强加在唐伯虎身上呢?这与唐伯虎放荡不羁的性格和"江南第一风流才子"的声名密切相关。因为在世人眼中,只有这样一位放浪形骸、有胆有识的人才有闯朱门豪宅、追求真爱的资本和勇气。

史可法扬州抗清的壮烈传奇知多少

史可法

史可法(1601—1645年),字宪之、道邻,号道邻,明末祥符人(今河南开封)。他自幼好学,被左光斗赏识,官至南明兵部尚书、东阁大学士。1645年,他抗清被俘,宁死不屈。死后被南明朝廷谥为忠靖,后清高宗乾隆追谥其为忠正。

明崇祯十七年(1644年)三月,李自成攻占北京,崇祯皇帝自缢于煤山(今北京景山)。此时,弘光政权在南京成立,史可法为兵部尚书,督师扬州。面临大清、大顺两个政权的逼迫,史可法想采取"联虏平寇"的策略,希望借助清军先剿灭李自成的势力,再谋打算。

然而,南明朝中党争不断,官员互相钩心斗角、争权夺利。史可法虽有才能,但不得志。后来,他受到马士英等人的排挤,于是自请督师扬州。弘光元年(1645年)正月,多铎率领清军南下。四月,清军至扬州。

五月十日,多铎兵围扬州城。史可法兵力薄弱,防守见绌。这时,多尔衮致信劝降,史可法回了《复多尔衮书》,并拒绝投降。他在《复多尔衮书》中写道:"今逆贼未服天诛,谍知卷上西秦,方图报复。此不独本朝不共戴天之恨,抑亦贵国除恶未尽之忧。伏乞坚同仇之谊,全始终之德;合师进讨,问罪秦中;共枭逆贼之头,以泄敷天之愤。则贵国义闻,炤耀千秋,本朝图报,惟力是视。……法处今日,鞠躬致命,克尽臣节而已。"

二十四日,清军用红衣大炮攻城。入夜时分,扬州城破。史可法眼见大势已去,想拔剑自刎,却被众将拦住,拥下了城楼。后来,史可法被俘。多铎劝其投降,他回答说:"城亡与亡,我意已决,即碎尸万段,甘之如饴,但扬城百万生灵不可杀戮!"接着,他被多铎杀害,壮烈就义。

但是,清军并没有实现史可法"不可杀戮"的愿望,而是实行了屠城政策。因为清军在攻城时伤亡很大,心里十分恼恨,所以通过屠杀了扬州百姓来泄愤。这场屠杀前后延续了10天,死亡17万人,史称"扬州十日"。

史可法死后,遗体下落不明。第二年,史德威在扬州城外的梅花岭为其建了衣冠冢,并在史氏宗祠东宅建了"忠烈祠"。后来,全祖望(1705—1755年)在《梅花岭记》中描述过此事,并说"忠义者圣贤家法,其气浩然,常留天地之间"。1962年,郭沫若为其题挽联曰:"骑鹤楼头,难忘十日;梅花岭畔,共仰千秋。"

金圣叹名字有何由来

金圣叹(1608—1661年),名采,字若采,苏州吴县人。他是著名的文学家、文学批评家,主要成就在于文学批评,对《水浒传》《西厢记》《左传》等著作都有评点。其人幽默风趣,史称"狂傲有奇气",最终因"笑庙案"被杀。

金圣叹本姓张,名喟。说起他改名的始末,还有一段颇有趣味的故事。

一次,金圣叹和一群秀才、监生同去"文庙"祭孔。大典刚一结束,这些平日里温文儒雅的学子们就开始哄抢供桌上的祭品。一群人你推我搡,挑大弃小,抢肥丢瘦,其间更有口出恶言者,场面混乱至极,真真是丑态百出,不堪入目。如此举动皆因当时的一种迷信行为:谁能抢到祭品中的肥肉和馒头,将

金圣叹

来就能中举、高升、做大官、得肥缺。金圣叹见状颇觉厌恶,遂即兴赋打油诗一首予以讽刺:天晚祭祀了,忽然闹吵吵,祭肉争肥瘦,馒头抢大小,颜回低头笑,子路把脚跳,夫子喟然叹:"在陈我绝粮,未见此饿莩!"从此以后,他便改姓金,名人瑞,字圣叹。"金"者,偶像之所谓金身也;"圣叹"者,孔子为之叹息也。这则故事虽未见于正史记载,但故事中描述的行事风格却极为符合金圣叹的脾气秉性。

神医叶天士有何传奇

叶天士(约1666—1745年),名桂,号香岩、南阳先生、上律老人,江苏吴县(今江苏苏州市)人。他是清代名医,与薛生白、吴鞠通、王孟英3人并称"四大温病学家"。

叶天士家学渊源深厚,其祖父叶紫帆就是医德高尚的名医,其父叶阳生的医术更精。12岁时,他随父学医;14岁时,父亲去世。此后,他独自行走江湖。不久,因为家贫难以为生,他开始行医应诊,并拜父亲的门人朱某为师,跟随老师继续学习医术。他聪颖过人,而且勤奋好学,见解往往超过教他的老师。

从小就熟读《内经》《难经》等古籍的叶天士,一直秉持着孜孜不倦、博览群书、虚怀若谷的优秀品质。此外,他还信守孔子的古训——"三人行,必有我师",所以只要是比自己医术高明的医生,他都愿意拜师学习。从12岁到18岁,他先后拜过17位名医为师,如周扬俊、王子接等著名医家。

当时,有位刘姓名医擅长针术,叶天士想拜其为师学医,但苦于没人介绍。恰好有一天,刘姓名医的外甥赵某来找叶天士治病。叶天士用了几帖药就将赵某治好了。赵某很是感激,于是同意让叶天士改名换姓,然后介绍他拜自己舅舅为师。

叶天士如愿以偿,在刘姓名医那里虚心学习。某天,有人抬来一个神智昏迷的孕妇让刘医生看,他诊脉后推辞说不能治。叶天士仔细观察了一下,发现了其中缘由,于是在孕妇脐下用针刺了一下,然后让抬回家去。没想到,那妇女到家后果然顺利产下了胎儿。刘医生得知后很是惊奇,经过询问才知道自己的徒弟原来就是大名鼎

叶天士

鼎的叶天士。他十分感动,就把自己的针灸医术全部传授给了叶天士。

有一次,叶天士母亲患病,他怎么都治不好,遍请城内外名医也不见效。于是,他问仆人道:"本城有无学问深而无名气的医生?"仆人答曰:"后街有个章医生,常夸自己医术比你高明,但请他看病的人寥寥无几。"叶天士赶忙请来了章医生。

章医生给老太太诊视后,就细看起过去的药方。过了很久,他才说道:"药、症相合,理当奏效。但病由热邪郁于心胃之间,药中须加黄连。"叶天士一听,说道:"我早就想用黄连,因母亲年纪大,恐怕会灭真火。"章医生说:"太夫人两尺脉长而有神,本元坚固。对症下药,用黄连有何不可?"叶天士表示很赞同,结果用了两剂药病就好了。以后,叶天士常对人说:"章医生医术比我高明,可以请他看病。"

叶天士除精于家传儿科病外,在温病一门可谓无所不通。在杂病方面,他补充了李东垣《脾胃论》的不足,提出"胃为阳明之土,非阴柔不肯协和"的观点,并主张养胃阴;在中风一症上,他也有独到的理论和治法;他还十分善于运用古方,并提出了"久病入络"的新观点和新方法,如此等等,不一而足。

叶天士是中国最早发现猩红热的人,也是温病学的奠基人之一,他著的《温热论》为我国温病学说的发展提供了理论和辨证的基础。他在《温热论》中首先提出了"温邪上受,首先犯肺,逆传心包"的论点,还在诊断上发展了察舌、验齿、辨斑疹、辨白㾦等方法。清代名医章虚谷曾对《温热论》作了高度评价,说它不仅是后学指南,而且弥补了张仲景的不足。

"扬州八怪"为哪八怪

"扬州八怪"之说,由来已久,但说法不一。据清人李玉棻《瓯钵罗室书画过目考》载,"扬州八怪"为罗聘、李方膺、李鱓、金农、黄慎、郑燮、高翔和汪士慎。此外,其他版本的"八怪"还有高凤翰、华喦、闵贞、边寿民等人。今人多从李玉棻说。

清代中期,"扬州八怪"活动于扬州地区,由于绘画风格相近,也被称为"扬州画派"。该画派前后延续近百年,所创作的绘画作品不仅数量大,而且流传

郑燮

广。据今人所编《扬州八怪现存画目》载,目前国内外收藏他们作品的仅博物馆、美术馆和研究单位就达200多个,作品达8 000余幅。

"扬州八怪"是指以下八人:

郑燮(1693—1765年),字克柔,号板桥,江苏兴化人。他取法于徐渭、石涛、朱耷,擅画兰、竹、石、松、菊等,画兰、竹50余年,成就最为突出。他的书法自称是"六分半书",别具一格。代表作为《竹石图》。

高翔(1688—1753年),字凤岗,号西唐、樨堂,江苏扬州人。他善画山水花卉,其山水取法于弘仁、石涛,秀雅苍润、自成格局。他还精于写真、刻印,曾为金农、汪士慎诗集线描。有《西唐诗抄》传世。

金农(1687—1764年),字寿门,号冬心,浙江仁和(今杭州)人。他长于花鸟、山水、人物画,尤擅墨梅。他独创一种隶书体,自称"漆书"。篆刻得秦汉法。作品有《墨梅图》《月花图》等,诗文集有《冬心先生集》《冬心先生杂著》。

李鱓(1686—1762年),字宗扬,号复堂、懊道人,江苏兴化人。他喜于画上作长文题跋,使画面十分丰富,对晚清花鸟画有较大影响。

黄慎(1687—1770年),字恭懋、躬懋、恭寿、菊壮,号瘿瓢、东海布衣等,福建宁化人。擅长人物写意画,有《丝纶图》《群乞图》《渔父图》《赏花仕女图》《西山招鹤图》等;间作花鸟、山水画,是"扬州八怪"中的全才画家之一。其诗被同乡人雷宏收编为《蛟湖诗抄》。

李方膺(1695—1755年),字虬仲,号晴江、秋池、抑园、白衣山人等,江苏通州(今南通)人。他出身于官宦之家,曾任乐安县、兰山县等县令,后遭诬告被罢官。善画松、竹、兰、菊、梅、虫、鱼,也作人物、山水画,尤精于画梅。传世作品有《风竹图》《游鱼图》《墨梅图》等。后人辑有《梅花楼诗草》。

汪士慎

汪士慎(1686—1759年),字近人,号巢林、溪东外史、晚春老人等,原籍安徽歙县。工于花卉,尤擅画梅。善诗,著有《巢林诗集》。

罗聘(1733—1799年),字遁夫,号两峰、衣云、花之寺僧、金牛山人、洲渔父、师莲老人,祖籍安徽歙县,后寓居扬州。他是金农的入室弟子,工于画人物、佛像、山水、花果、梅、兰、竹等。善画各种丑鬼图画,以讽刺当时社会的丑态。善诗,著有《香叶草堂集》。也善刻印,著有《广印人传》。其妻方婉仪,也擅画梅、兰、竹、石,并工于诗;其子允绍、允缵,均善画梅,故被称为"罗家梅派"。代表作有:《谷清吟图》《物外风标图》《两峰蓑笠图》《成阴障日图》《画竹有声图》《丹桂秋高图》等。

一代帝师翁同龢知多少

翁同龢(1830—1904年),字叔平,号松禅,江苏常熟(今苏州常熟)人,中国近代史上著名的政治家、书法家。他为官清廉,曾官至协办大学士、户部尚书、工部尚书、军机大臣兼总理各国事务衙门大臣等,卒后追谥文恭。翁同龢先后担任过同治、光绪两代帝师,光绪年间(1875—1908年)因卷入"帝党""后党"的政治斗争而被慈禧太后罢官。著有《瓶庐之诗文稿》《翁文恭公日记》等。

清道光二十五年(1845年),翁同龢应院试中秀才;咸丰二年(1852年)应顺天乡试中举人;咸丰六年(1856年)殿试一甲一名,中状元。同治四年(1865年),翁同龢奉旨在弘德殿行走,授读同治帝;光绪元年(1875年),奉旨在毓庆宫行走,授读光绪帝。他前后做了两代帝师,时间长达20余年。

翁同龢学识渊博,对光绪帝除了正常教授《四书》《五经》等必读课外,还特意安排了中外史地、科技和早期改良主义著作。这样,新学旧学兼顾,中学西学结合,翁同龢把

翁同龢

他经世致用的教育思想渗透在了光绪帝身上,为以后的维新变法运动打下了一定的思想基础。

光绪元年(1875年),翁同龢署刑部右侍郎。在担任刑部右侍郎期间,翁同龢处理了很多案件,其中影响最大的是为"杨乃武与小白菜案"平反昭雪。光绪八年(1882年),充任军机大臣。后免军机大臣,加太子太保,赐双眼花翎、紫缰。

光绪二十年(1894年),翁同龢再任军机大臣,深得光绪皇帝的信任。同年,甲午中日战争爆发,他坚决主战。清廷战败后,中日和议期间,他极力反对割地,并说:"宁增赔款,必不可割地。"

光绪二十三年(1897年),任户部尚书协办大学士。光绪二十四年(1898年),他被慈禧太后撵出了北京城。当时,光绪迫于慈禧的压力,下诏说:"协办大学士翁同龢近来办事多不允协,以致众论不服,屡经有人参奏。且每于召对时咨询事件,任意可否,喜怒见于词色,渐露揽权狂悖情状,断难胜枢机之任。本应查明究办,予以重惩;姑念其在毓庆宫行走有年,不忍遽加严谴。翁同龢著即开缺回籍,以示保全。"

自1856年中状元起,至1898年回籍,翁同龢在京师任要职42年,并直接参与了中法战争、甲午中日战争的决策及戊戌变法等重大历史事件。回到了故乡常熟后,翁同龢开始了他的半隐居生活。1904年,饱经忧患的翁同龢与世长辞了。临终前,他口占一绝道:"六十年中事,伤心到盖棺。不将两行泪,轻向汝曹弹。"

翁同龢书法

翁同龢终生与李鸿章结有私怨,是因为李鸿章、曾国藩曾检举过其兄。他任户部尚书期间,处处刁难李鸿章的北洋水师。当时,有一副对联是这样讥讽他们二人的:"宰相合肥天下瘦,司农常熟世间荒。"这里,"合肥"指的是安徽合肥的李鸿章,"常熟"指的是江苏常熟的翁同龢。李、翁二人的恩怨,是导致中日甲午战争中北洋舰队失利的次要因素。当时,英国人曾建议清政府"必添购快船两艘,方能备日制胜"。但是,翁同龢不断拖延,导致两艘快船为日本购去,其中一艘是"吉野号",在甲午海战中成为击沉中国舰队最多的船舰。

南通第一状元胡长龄——以名得大魁的传奇知多少

胡长龄(1758—1814年),字西庚,号印渚,江南通州(今江苏省南通市)人。他于乾隆五十四年(1789年)大魁天下,被授予翰林院修撰。乾隆五十六年(1791年)大考二等,提升为侍讲学士,武会试副考官。乾隆六十年(1795年)任国子监祭酒,并主试山东,后官至礼部尚书。

关于此人高中状元,民间流传着一个"以名字得大魁"的故事。

据野史记载，胡长龄殿试成绩排名本来在第十名。当主考官讲卷子"进呈御览"时，当时已有79岁高龄的乾隆皇帝一看胡长龄的名字，不禁喜上眉梢，叨念着"胡长龄，胡长龄，胡人乃长龄呀。"乾隆皇帝出生于北方游牧氏族，"胡人"便是古代汉族对北方边地及西域各民族人民的称呼，而这胡长龄的名字寓意正合了这位"胡人"皇帝祈求长寿的心理。于是，为借他的名字图个好彩头，乾隆帝"龙颜大悦"之下，将其提拔到了第一，点为状元。当时文人有笔记称之为《胡长龄以名得大魁》。史实如何已不可考，总之南通的第一位状元就这样诞生了。

胡长龄的名字在当时来讲并不出奇，古人在名字中添加表示长寿的字眼屡见不鲜。如汉代的陈万年、蔡千秋，曹魏时期的左延年，唐代的房玄龄，明代的陆万龄等。但像胡长龄这样恰巧名字迎合了帝王心理而为自己带来极大实惠的例子实属可遇而不可求。

胡长龄书法

清末状元张謇在历史上有哪些杰出贡献

张謇（1853—1926年），字季直，号啬庵，江苏通州（今南通）人，中国近代著名的实业家、政治家、教育家。他首次建立了棉纺织原料供应基地，还创办了我国第一所纺织专业学校，是中国棉纺织领域早期的开拓者，为中国民族纺织工业的发展壮大作出了重要贡献。

张謇

1869年，张謇考中秀才；1885年中举人；1894年考中状元。1911年任中央教育会长、江苏议会临时议会长等职。1912年为宣统帝起草退位诏书。南京国民政府成立后，任实业总长。北洋政府时期，任农商总长兼全国水利总长。后来，他弃官从商，走上了"实业救国""教育救国"之路。

1898年，张謇在南通创办大生纱厂，次年建成并投产。到1904年，该厂增加资本63万两，纱锭2万余枚。1907年，他在崇明久隆镇（今启东市）又创办了大生二厂。到1911年

南通张謇故居

为止，大生一、二两厂共获净利约370余万两。1901年起，在吕泗、海门的沿海荒滩上，张謇又建成了通海垦牧公司，这是纱厂的原棉基地，占地10多万亩。

随着资本的不断积累，张謇又创办了广生油厂、复新面粉厂、资生冶厂等，他沿江兴建的天生港，成为了当时南通的主要长江港口。近代棉纺织工业在南通的出现，使这里成为我国早期的民族资本主义工业基地之一。当然，贡献最大的就是实业家张謇。

1902年，张謇以南通城东南的千佛寺为校址，建成了我国第一所师范学校——南通师范学校，这是中国师范教育专设机关的开端。1904年，他创办了南通大达轮步（局），后又组成大达轮船公司。1905年，他与马相伯在吴淞创办了复旦公学，即复旦大学的前身。同年在通州（今南通）建立了国内第一所博物馆——南通博物苑。1907年创办了农业学校和女子师范学校。1909年创办了邮传部上海高等实业学堂船政科。

1912年，张謇创办了医学专门学校（扬州大学前身）、纺织专门学校（南通大学前身）、河海工程专门学校（河海大学前身）、江苏省立水产学校（今上海海洋大学），以及一批小学和中学。1915年建立了军山气象台，以后还陆续创办了图书馆、盲哑学校等。1919年在东台独资创办了"母里师范"学校。1921年，上海商科大学成立，后扩展为国立东南大学（今南京大学），张謇是主要创建人之一。

此外，张謇还是晚清立宪运动的领袖，曾主持发动了3次国会请愿运动。张謇说，他自己一生办事做人只有"独来独往，直起直落"8字。1926年，张謇辞世。蔡元培为其挽一联曰："为地方兴教养诸业，继起有人，岂惟孝子慈孙，尤属望南通后进；以文学名光宣两朝，日记若在，用裨征文考献，当不让常熟遗篇。"

作为中国近代著名的实业家、教育家，张謇一生创办了20多家企业、370多所学校，被誉为"状元实业家"。20世纪50年代，毛主席在与黄炎培等人谈及民族工业发展时说，"民族轻工业，不要忘记南通的张謇。"

常州革命三杰是哪三杰

常州"革命三杰"是指瞿秋白、张太雷和恽代英三人,他们都是中国共产党早期的重要领导人,也是常州4 000多名英烈中的杰出代表。

瞿秋白(1899—1935年),江苏常州人,无产阶级革命家、理论家和宣传家、散文作家、文学评论家,曾两度担任中国共产党最高领导人,是中国共产党早期主要领导人之一、中国革命文学事业的重要奠基者之一。

瞿秋白在学生时代就积极参加革命活动,是武汉地区"五四运动"的主要领导人之一。1920年创办"利群"书社、"共存社"。1921年加入中国共产党。1923年夏任上海大学教务长兼社会学系主任。同年8月,被选为中国社会主义青年团中央委员、宣传部部长,并担任中共中央机关刊物《新青年》《前锋》主编和《向导》编辑。

1924年,中国国民党第一次全国代表大会在广州开幕,瞿秋白在大会上当选为国民党候补中央执行委员。1925年起,先后当选为中央委员、中央局委员和中央政治局委员,成为中共领袖之一。6月4日,负责主编出版了我党第一张日报《热血日报》。

1927年7月,瞿秋白参加了中央常委扩大会议,讨论同意了南昌举事的提案。8月7日,被指定为临时中央政治局常委,并主持中央工作。1928年当选为共产国际执行委员、主席团委员及政治书记处成员。1931年遭王明等人打击,被解除中央领导职务。从1931年夏至1933年秋,在上海和鲁迅等人一起领导左翼文化运动。1935年2月24日,被国民党军队逮捕,6月18日英勇就义,年仅36岁。

张太雷(1898—1927年),江苏常州人,党内著名的政治活动家、宣传家,中国共产党早期的重要领导人之一,中国社会主义(后改为共产主义)青年团的创始人之一,是中国社会主义青年团最早派往青年共产国际的使者之一,同时也是中国共产党派往共产国际工作的第一个使者,还是广州起义的主要领导人。

1920年,张太雷参加了李大钊创建的中国共产党北京早期党组织。1922年,中国社会主义青年团第一次代表大会在广州召开,他在会上当选为团中央执行委员会委员。1925年,中国社会主

瞿秋白

张太雷

义青年团在上海举行第三次全国代表大会,团的名称改为中国共产主义青年团,张太雷当选为总书记。

后来,张太雷还参加过党的二大、三大、四大、五大和八七会议,是四届候补中央委员、五届中央委员、临时中央政治局五人常委之一,担任过中共湖北省委书记、中共广东省委书记等职。1927年12月12日,张太雷在广州起义中阵亡,年仅29岁,是中共历史上第一个牺牲在战斗第一线的中央委员和政治局成员。

张太雷生前曾在《前锋》《向导》《人民周刊》《中国青年》等刊物上发表过100余篇论著,李大钊称赞他"学贯中西、才华出众"。张太雷牺牲后,瞿秋白在《悼张太雷同志》一文中写道:"他在党里历次担任负责的工作,他的坚决与耐苦是一般同志所知道的……他死时,觉着对于中国工农民众的努力和负责,他死时,还是希望自己的鲜血,将要是中国苏维埃革命胜利之源泉!"

恽代英(1895—1931年),江苏常州人。1915年参加新文化运动。1919—1921年,在湖北创办"利群"书社和"共存社"。1921年,加入中国共产党。1923年当选为中国共产主义青年团中央执行委员,任宣传部长兼《中国青年》主编。

1927年,在中国共产党第五次全国代表大会上,恽代英当选为中央委员。同年先后参加南昌起义、广州起义。1928年年底到上海任中共中央宣传部秘书长、组织部秘书长等职,曾主编中央机关刊物《红旗》。1930年在上海被国民党反动派逮捕。1931年4月29日,在南京被杀害,年仅36岁。临死前,他还留下了一首绝命诗:"浪迹江湖忆旧游,故人生死各千秋。已拚忧患寻常事,留得豪情作楚囚。"

陈毅茅山试"半仙"的传奇知多少

抗日战争初期的1938年,陈毅率新四军第一支队到达茅山北麓的前塘村,并开辟了茅山抗日根据地。在这里,陈毅留下了许多奇闻逸事,其中最著名的就是"慧眼识'半仙'"。

为了建立统一战线,巩固和壮大抗日根据地,陈毅对当地的各种抗日人士都采取了积极团结的措施。有一天,他听说这里有个能掐会算的"管半仙",于是想拜会一下他。"管半仙"本名管有为,有强烈的民族自尊心和爱国精神,是陈毅部下管文蔚的远房族孙,在上海时享有"半仙"之称,现移居至此。

陈毅在得知"半仙"的情况后,对他很感兴趣,于是让管文蔚派人去请他来。当时,陈毅身穿长袍,头戴礼帽,眼戴墨镜,俨然一副富商打扮。不一会,"管半仙"来了。管文蔚让他坐下,指着陈毅对他说:"'半仙',这位是到老三(管文蔚三弟)盐栈来谈生意的仲老板,慕名而来,你给他看看相。"

"半仙"定睛一看,慌忙站起,深深作揖道:"贵客到此,有失远迎呀!"管文蔚故意逗他道:"'半仙',你平素最憎恶为富不仁的巨商大贾,今天怎么反常了?""半仙"答道:"二先生不要哄我,这位贵客决非等闲之辈的盐商。"这时,他压低了喉音,跷起大拇指说,"他是运筹帷幄、八面威风的大将军!"

陈毅和管文蔚相视一笑。管文蔚笑问:"何以见得?""半仙"答道:"二先生,你为国事奔走有年,交朋结友从无俗类,此其一。其二,这位虽作富商装扮,却与商人大相径庭。一看腰,商人再富,腰是软的,整天点头哈腰,一套生意经;军人则不分尊卑,终日昂首挺胸,腰是硬的。二看皮肉,商人细皮嫩肉;军人南征北战,日晒夜露,皮肉紫亮,粗糙结实。"

陈毅听后,微微一笑。管文蔚故意板起脸道:"'半仙'啊,你这些年在江湖上练得油嘴滑舌,尽是无稽之谈。今天且听你说下去,说得不对,看我不教训你!""半仙"朝陈毅一拱手,道:"这位仲老板不姓仲,姓陈名毅字仲弘,年望不惑,早年留学法国,当今征战茅山,乃上马雄兵百万、下马笔走龙蛇的一位儒将!"

陈毅听了,摘下墨镜,饶有兴致地望着"半仙",笑问道:"请你说说,我的娃儿有几个?大的几岁?小的几岁?""半仙"翻开相书,查阅一通后,颇有把握地说道:"将军此言差矣,婚姻尚未,何谈子息?不过一年之内,我便可喝到将军的喜酒了。"

陈毅听了哈哈大笑起来,并点头赞许。这可让管文蔚丈二和尚摸不着头脑,心里不禁纳闷道:这些情况,连我都知之不详,他"管半仙"可是头一次见到陈司令啊!其实,在见陈毅前,"管半仙"已对他的情况作了了解,所以说起来时才头头是道。

后来,陈毅司令对管文蔚说:"老兄啊,让那位'管半仙'蹲在乡下,是屈才啰!据了解,驻扎镇江城的日军头目都非常迷信,凭'管半仙'的这套本事,要迷住这些日军头目,我看没问题。"接着,他们商量了一套办

在法国时的陈毅

老江苏的趣闻传说

茅山新四军纪念馆陈毅及粟裕雕像

法出来。陈司令说:"第一,让他搞战略情报,眼光放远点嘛,不要急于搞战术情报。搞战术情报太危险,敌人容易发觉,另外派人去搞。第二,给他一些经费,给他配备助手、交通员,由你和他保持单线联系,要保护他的安全!"

第二天清晨,管文蔚就来到了"管半仙"家。"半仙"早已明白管文蔚的来意,于是对他说:"陈将军初到茅山,领兵抗日,天时、地利、人和兼而得之,定可宏图大展。然而说到指挥作战,知己知彼,方可百战不殆。他眼下正缺探察敌情的耳目,以我之长,似堪一用。"

管文蔚听后,很是钦佩,就告知了陈司令昨晚的指示。不久,"管半仙"就奉命进了镇江城,并化名张大同,以镇丰轮船运输公司副经理的身份和"奇门演命"之术为掩护,开展对敌工作。他多次利用为敌卜卦相面的机会,巧妙地搜集和转送了战略、战术情报,为巩固丹北抗日游击根据地作出了贡献。1940年3月28日,他因受叛徒出卖,光荣献身。

华罗庚在数学领域有哪些突出贡献

华罗庚(1910—1985年),江苏常州人,中国科学院院士、美国国家科学院外籍院士、第三世界科学院院士、联邦德国巴伐利亚科学院院士,法国南锡大学、香港中文大学、美国伊利诺伊大学荣誉博士。华罗庚对数学领域的贡献,在国际上以华氏命名,主要有"华氏定理""怀依-华不等式""华氏不等式""普劳威尔-加当华定理""华氏算子""华-王方法"等。

华罗庚是中国解析数论、矩阵几何学、典型群、自守函数论与多元复变函数论等多方面研究的创始人和开拓者,被称为"中国数学之神""中国现代数学之父""人民数学家"。他也是中国在世界上最有影响的世界级数学家

常州华罗庚纪念馆

之一,被芝加哥科学技术博物馆列为"当今世界88位数学伟人"之一。

20世纪40年代,华罗庚解决了世界数学的历史难题——高斯完整三角和的估计,得到了最佳误差阶估计,对G.H.哈代与J.E.李特尔伍德关于华林问题及E.赖特关于塔里问题的结果作了重大改进,其三角和研究成果被国际数学界称为"华氏定理"。

1949年,新中国成立,身在美国的华罗庚克服了种种困难后回到祖国。他回到了清华大学,并担任清华大学数学系主任。1952年,中国科学院成立数学研究所,他担任所长。在这里,他为新中国培养了大批数学人才,如王元、陆启铿、龚升、陈景润、万哲先等,他们以后都成了世界级数学家。

华罗庚雕像

1957年,华罗庚的论文《典型域上的多元复变函数论》获国家发明一等奖,并先后出版了中、俄、英文版专著;1957年出版《数论导引》;1959年在莱比锡首先用德文出版了《指数和的估计及其在数论中的应用》,又先后出版了俄文版和中文版;1963年《典型群》一书出版。此外,他和钱三强被认为是中国计算机界的两位功勋科学家,对计算机科学做出了重大贡献。

华罗庚曾多次被邀请到国际数学大会作报告,可惜由于各种原因都未能成行。1985年6月12日,华罗庚因心脏病突然发作,于日本东京病逝。华罗庚影响最广的名言是:"人家帮我,永志不忘;我帮人家,莫记心上。"

华罗庚一生共写就了10部数学巨著,即《堆垒素数论》《指数和的估价及其在数论中的应用》《多复变函数论中的典型域的调和分析》《数论导引》《典型群》(与万哲先合著)《从单位圆谈起》《数论在近似分析中的应用》(与王元合著)《二阶两个自变数两个未知函数的常系数线性偏微分方程组》(与他人合著)《优选学》《计划经济范围最优化的数学理论》。其中,8部已在国外翻译出版,并被列入20世纪数学的经典著作。此外,他还发表了150余篇学术论文,以及科普作品如《优选法评话及其补充》《统筹法评话及补充》等,被辑成《华罗庚科普著作选集》一书。

林散之为何被称为"当代草圣"

林散之(1898—1989年),原名林霖,字散之,号三痴、左耳、江上老人等,江

林散之书法

苏江浦县（今南京市浦口区）人，现当代书法家、画家。其诗、书、画，被赵朴初、启功等称为"当代三绝"，本人也被称为"当代草圣"。代表作有草书《中日友谊诗》《许瑶诗 论怀素草书》《自作诗 论书一首》等，其中《中日友谊诗》被誉为"林散之第一草书"。

林散之自幼开始学画，1930年拜入黄宾虹门下。新中国成立后，曾任江浦县副县长等职。1963年被聘为江苏省国画院专职画师，曾任江苏省书法家协会名誉主席。1972年，在中日书法交流选拔时一举成名，"中日友谊诗"书法手卷被认为是中国近300年来草书艺术的最高成就，专家赞为"神品""第一草书""林散之王"。

1977年，林散之草书毛主席《水调歌头·重上井冈山》《念奴娇·鸟儿问答》合册由江苏人民出版社出版。1980年，先后在南京、合肥举办个人书画展，展出作品140件。1981年，上海美术出版社出版《林散之书画集》。1984年，日本书道访华团拜访林散之，时为团长的日本书坛巨匠青山杉雨敬赠"草圣遗法在此翁"。

1985年，安徽黄山书社出版《林散之诗书画选集》，江苏美术出版社出版《林散之书法选集》。1988年，林散之向故乡江浦县捐献书法精品170件、画40幅等，江浦县为其建书画陈列馆。1989年12月6日，林散之因病在南京辞世，终年92岁。

林散之书法以南北朝晋唐碑刻为基础，取法于唐、宋、元、明诸名家手札，同时临习汉隶名碑。总体上说，他的书法刚中见柔，兼有碑骨、帖韵，及汉隶朴拙之意。他以杜甫的"书贵瘦硬始通神"审美观念为标准，这也是他书法风格的基本特点。

林散之谋求诸家草法的融合，尤以怀素、王铎两家草法为主，并用汉隶改造王铎草法，返熟为生、以拙破巧，从而造就了自己的独特草体。他将笔法与墨法互为作用，充分利用长锋羊毫蓄水多、下注慢和便于连续书写的特性，以笔锋产生浓淡干湿的无穷变化，为中国书法技法宝库提供了创造性的成果。所以，他被称为"当代草圣"。

刘海粟一生有哪些传奇

刘海粟（1896—1994年），名槃，字季芳，号海翁，祖籍安徽凤阳，生于江苏常州,现代著名画家、美术教育家。历任南京艺术学院院长、上海美术家协会名誉主席、中国美术家协会顾问。被英国剑桥国际传略中心授予"杰出成就奖",被意大利欧洲学院授予"欧洲棕榈金奖"。

刘海粟自幼酷爱书画,1910年就已在乡里办图画传习所。1912年,他与乌始光、张聿光创办了上海图画美术院(上海美术专科学校前身),并担任校长。1914年,他在上海美专开设了人体写生课,最初只以男孩为模特儿。

1917年,在上海美专成绩展览会上,刘海粟陈列出了人体习作。没想到,某女校校长看后随即谩骂道:"刘海粟是艺术叛徒,教育界之蟊贼!"一时之间,舆论哗然,艺术界保守派人士群起而攻之。刘海粟不以为然,一如西方开先河的"野兽派"一样,干脆自号"艺术叛徒"。

1918年,刘海粟到北京大学讲学,并举办第一次个人画展。1919年到日本考察美术教育,回国后创办天马会。1920年7月20日,刘海粟聘到女模特陈晓君,于是在上海美专画室第一次出现了裸体少女。然而,世俗议论仍然不绝于耳,有人甚至说:"上海出了三大文妖,一是提倡性知识的张竞生,二是唱《毛毛雨》的黎锦晖,三是提倡一丝不挂的刘海粟。"

1920年10月,刘海粟赴日本出席帝国美术学院开幕大典,回国后写了《米勒传》《塞尚传》等介绍西洋艺术。1925年1月,他大力向国人推荐荷兰大画家梵·高,并称他为"艺术叛徒",还说"非性格伟大,决无伟大人物,也无伟大的艺术家"。

同年8月,上海市议员姜怀素在《申报》上写了呈请当局严惩刘海粟的文章,刘海粟立即写文章反驳。当时,上海总商会会长兼正俗社董事长朱葆三也在报纸上发表了致刘海粟的公开信,骂他是"禽兽不如"。

1927年,刘海粟去了日本,与日本画界人士交游。1929年赴法国、意大利、瑞士、比利时等国考察美术,与毕加索、马蒂斯等画家交游论艺,油画作品《森林》《夜月》入选法国秋季沙龙与蒂勒黎沙龙,国画《九溪十八涧》还获得比利时"独立百年纪念展览会"荣誉奖,并出版画册《海粟油画》。

1931年,刘海粟在德国法兰

刘海粟与裸体女模合影

克福大学中国学院讲学;在巴黎举办个展;回国后在上海、南京举办个展,编译《世界名画集》。1933年赴德国,筹备展出"中国现代绘画展览"。后又在巴黎克莱蒙画堂举办旅美画展,作品《卢森堡之雪》被法国亦特巴姆国家美术馆收藏。

1938年,刘海粟写成80万言巨著《海粟丛书》6卷。1940年主持中国现代名画筹赈展览会,并在雅加达、吉隆坡等地展出。1947年在上海"中国艺苑"举行个展。1949年后历任华东艺术专科学校校长、南京艺术学院院长、教授。1952年任华东艺专(现南京艺术学院)校长,后任南京艺术学院院长,并致力于中西绘画。

刘海粟书法

1957年,刘海粟在上海美术馆举办"刘海粟油画国画展览会"。1979年文化部、中国美术家协会举办"刘海粟美术作品展览"。1981年,被意大利国家艺术学院聘任为院士,并颁赠金质奖章。1988年在上海美术馆举办"刘海粟十上黄山画展"。

1989年,刘海粟应邀赴德国德累斯顿银行举办个展。1990年在台湾省台北历史博物馆举办个人画展。1991年接受香港大学颁发的名誉文学博士学位;获国务院首批颁发的《政府特殊津贴证书》。1992年香港大学冯平山博物馆举行刘海粟夫妇捐赠作品盛大仪式。1993年7月,举行"刘海粟美术馆"奠基仪式。

1994年5月9日,刘海粟将作品和藏品全部无偿捐献给国家。8月7日凌晨,他因肺部感染并发心力衰竭,在上海华东医院逝世。11月29日,夫人夏伊乔遵照刘海粟生前遗愿,将其收藏的书画藏品和刘海粟自己的作品共913件遗赠给上海的"刘海粟美术馆"。